Jochen Krautz
Ware Bildung

Jochen Krautz

Ware
Bildung

Schule und Universität
unter dem Diktat
der Ökonomie

Diederichs

FSC
Mix
Produktgruppe aus vorbildlich
bewirtschafteten Wäldern und
anderen kontrollierten Herkünften
Zert.-Nr. SGS-COC-1940
www.fsc.org
© 1996 Forest Stewardship Council

Verlagsgruppe Random House FSC-DEU-0100
Das für dieses Buch verwendete FSC-zertifizierte Papier
Munken Premium liefert Arctic Paper Munkedals AB, Schweden.

2. Auflage 2009
Copyright © Diederichs-Verlag, München,
in der Verlagsgruppe Random House GmbH

Umschlaggestaltung: Eisele Grafikdesign, München
Titelabbildung: © Jan Stromme/Photographer's Choice/GettyImages
Satz: EDV-Fotosatz Huber/Verlagsservice G. Pfeifer, Germering
Druck und Bindung: GGP Media GmbH, Pößneck
Printed in Germany

ISBN: 978-3-7205-3015-6

www.diederichs-verlag.de

Inhalt

Einleitung

In einem großen Raum sitzen 50 Schüler einzeln an Arbeitstischen. Die Tische sind durch Sichtschutz voneinander getrennt. In der Mitte des Raums sitzen mehrere Coaches (früher: Lehrer). Sie haben »Ampeln« an ihrem Platz. Rot heißt: Ich will auf keinen Fall gestört werden. Gelb: Du kannst kommen, wenn es unbedingt sein muss. Grün: Ich habe gerade Zeit. Mit den Coaches vereinbart jeder Schüler seinen individuellen Lernoutput. Dazu bearbeiten sie Lernjobs, bestimmen den dazu notwendigen Input, ermitteln die Ressourcen und Prozessvariablen. Dann gehen sie an ihren Arbeitsplatz und produzieren ihren »Output«. In eine Tafel an ihrem Arbeitsplatz tragen sie ihren Lernfortschritt in ein Kompetenzraster ein.

Wir beginnen mit einer hochmodernen Erfindung, einer Schule, in der Schüler als »Unternehmer ihrer selbst« gelten. Hier ist bereits Gegenwart, was andere noch als »Zukunftsvision« beschwören: Die Schule der Zukunft soll »eine Dienstleistungsorganisation im Bereich Bildung und keine soziale Einrichtung« sein, so das Wunschbild etwa des Hessischen Unternehmerverbandes.[1]

Dass Bildung und Erziehung dazu beitragen sollen, die Humanität des Menschen zu entfalten, ist eine alte Überzeugung des Abendlandes. Das ist der *soziale* Erziehungsauftrag der Schule und der Bildungsauftrag der Hochschulen. Wenn Bildungseinrichtungen Dienstleister sind, ist das, was sie verkaufen, eine Ware und ihre Schüler und Studenten sind die Produkte. Dann läuft es ab wie in einem Produktionsbetrieb: Input geben, Maschine läuft, Output präsentieren. Die Großraumklasse ist nichts anderes: Sie reduziert die Kinder auf Lernmaschinen, die unverbunden und vereinzelt vor sich hinwerkeln.

Das Beispiel führt mitten hinein in die gegenwärtige Diskussion um das Bildungswesen, mitten hinein ins Gewitter der Reformen. Zwischen PISA-Panik, Elitedebatten, Hochschulreformen und Beschwörung der Disziplin gehen die Grundfragen verloren: Welche Aufgabe haben eigentlich Schule und Hochschule? Worum geht es bei Bildung und Erziehung? Seit der legendären PISA-Studie scheinen diese Fragen letztgültig geklärt: um einen besseren Rangplatz. Und dazu brauchen »wir« im Bildungssystem mehr Wettbewerb und Effizienz, Eigenständigkeit und Selbstverantwortung, moderne Management-Methoden, Leistungsmessungen und Evaluationen, Bildungsstandards und zentrale Prüfungen, Sprachtest im Vorschulalter, Entrümpelung der Lehrpläne, Verkürzung der Schulzeit, Wirtschaftskenntnisse, neue Lernformen und vor allem Laptops für alle Schüler. Denn jeder soll lebenslang am Computer weiterlernen können. Lehrer sollen nur noch Lernprozesse moderieren statt zu unterrichten. Und man braucht wieder Disziplin. An den Universitäten soll schneller und praxisorientiert studiert werden, Studiengebühren und internationale Abschlüsse müssen her.

Fazit: »Unser starres Bildungssystem ist überholt«, weiß zum Beispiel der Vorsitzende der Bertelsmann-Stiftung.[2] Folgerung: Wir brauchen Reformen, Reformen, Reformen. Und zwar jetzt. Denn sonst können »wir« nicht im globalen Wettbewerb bestehen.

So oder ähnlich klingen die gängigen Formeln. Sie prägen bereits heute den Alltag von Schülern und Studenten, von Eltern, Lehrern und Hochschuldozenten. Schon jetzt ist spürbar, dass Schule und Hochschule nicht mehr Bildung und Erziehung um des Menschen willen leisten, sondern als Standortfaktor im globalen Wirtschaftskampf gelten: Der Markt diktiert, welches Wissen relevant sein soll. Aus Bildung wird Ausbildung, Wissen wird zur Ware, Schüler und Studenten zu »Humankapital«.

Dies ist kein Buch über PISA. Davon kann man – zu Recht – kaum mehr hören. Dies ist ein Buch über viel mehr: Über die Bedeutung einer Bildung und Erziehung, die human heißt und zu sozialer Verantwortung beiträgt. Und darüber, wie Bildung und Erziehung heute auf Verwertbarkeit reduziert werden, wie das Bildungswesen so umgebaut wird, dass junge Menschen für ein reibungsloses Funktionieren in der globalen Ökonomie angepasst werden. Eine globalisierte Wirtschaft, die immer mehr Ungerechtigkeit produziert, die über dem Profit den Menschen vergisst, ja ihn zum Mittel degradiert.

Will man in dieser Situation über Bildung reden, ist es wichtig, zuerst aufzuräumen. Noch einmal geistig reinen Tisch zu machen. Alles, was in den öffentlichen Debatten so an Meinungen und Vorannahmen herumgeistert, beiseite zu schieben und den PISA-Kleister aus dem Kopf zu kratzen, sich zu besinnen. Und dann die Fragen zu stellen, von denen dieses Buch handelt: Was ist denn Bildung eigentlich? Worum geht es in der

Erziehung wirklich? Und was geschieht derzeit in Deutschlands Bildungs-wesen? Sind die genannten Schlagworte Antworten auf diese Fragen? Was bedeuten sie tatsächlich? Was geschieht, wenn man Bildung und Erzie-hung unter den Maßstab der Effizienz und der Rankings stellt? Und wie hängt damit all das zusammen, was die am Bildungswesen Beteiligten täg-lich erleben?

Diesen Fragen folgt der Aufbau: Wir fragen in einer Grundlegung zu-nächst, was Bildung eigentlich ist, was die Aufgaben von Schule und Hoch-schule sind. Auf dieser Grundlage baut das Weitere auf. Das zweite Kapitel resümiert dann den heutigen Zustand der Schulen und Universitäten: Wie konnte es überhaupt zu der allseits beklagten »Bildungskatastrophe« kom-men und welche Rolle spielt eigentlich PISA dabei? Der dritte Teil geht hinein in die Schlagworte und Annahmen der heutigen Diskussion und beleuchtet die ökonomisch geprägten Vorstellungen, nach denen Schulen und Hochschulen funktionieren sollen. Die Auswirkungen solch einer Bil-dung unter der Führung der Betriebswirtschaft werden im vierten Kapitel beleuchtet. Zahlreiche Beispiele machen klar, dass die Ökonomisierung der Bildung längst begonnen hat, dass Eltern, Lehrer und Professoren die Aus-wirkungen täglich spüren. Das fünfte Kapitel stellt dann die Frage, wer denn eigentlich solche »Reformen« vorantreibt. Wer steckt hinter der Kommerzialisierung der Bildung? Wer verdient daran und welche politi-schen Absichten gibt es? Ein Ausblick sucht schließlich Antworten auf die entscheidende Frage: Was tun?

Die Ausführungen begnügen sich nicht mit pauschalen Antworten. Sie bemühen sich um Genauigkeit und Differenzierung, zeigen Grundla-gen, Entwicklungen und Zusammenhänge auf, um ein möglichst klares Bild zu zeichnen. Wer aber aus gezieltem Interesse zunächst Antwor-ten auf bestimmte Fragen sucht, kann auch »modular« lesen: Die einzel-nen Abschnitte sind in sich abgeschlossen und verständlich. Gleichwohl entsteht das Gesamtbild am besten aus den nacheinander entfalteten Gedankengängen.

Die hier behandelten Fragen sind brennend. Das deutsche Bildungssys-tem steht tatsächlich am Scheideweg. Die bildungspolitischen Weichen-stellungen der Gegenwart und das Handeln aller am Bildungswesen Beteiligten werden entscheiden, ob wir weiterhin Menschen bilden oder funktionierende Ich-AGs herstellen. Die Frage, die tatsächlich alle angeht, ist: Wollen wir eine wahre oder eine Ware Bildung?

Dieses Buch steht auf den Schultern von vielen, die nicht explizit genannt werden können. Neben all den Vorarbeiten in der Wissenschaft, auf die es sich stützt, wäre es niemals zustande gekommen ohne die ungezählten Gespräche mit Familie und Freunden, Kollegen in Schule und Hochschule, Studenten und Schülern, Eltern und Bürgern aller Berufe und politischer Anschauungen. Zahlreichen Freunden, Kollegen, Studenten und meinen Geschwistern danke ich für ihre tragende und ermutigende Hilfe und Unterstützung. Meiner Frau Bianka, die viel entbehren musste, verdanke ich die Kraft und den Mut für dieses Unternehmen. Ihr, der besten Lehrerin, die ich kenne, sei das Buch gewidmet.

1 Was ist Bildung?

1.1 Der Mensch im Mittelpunkt: Personale Bildung

Was Bildung eigentlich ausmacht, zeigt das Relief über dem Eingang einer Volksschule in einer kleinen Stadt in Nordböhmen. Wenn die harmonisch wirkende Darstellung des Jugendstils auch aus einer anderen Zeit stammt, uns beinahe schon fern zu sein schient, bleibt die menschliche Essenz doch gültig.

Rechts kniet die Mutter vor ihrem Sohn und macht ihn liebevoll zurecht, damit er in die Schule gehen kann. Ihre Sorge gilt nicht seinem Aussehen, sondern in der Gestik und Mimik liegt neben der Liebe zu ihrem Kind auch ein gewisser Ernst. Das Zurechtrücken der Kleidung heißt auch: »Du gehst da hinaus ins Leben, an deine Aufgabe als Schüler. Da hast du so auszusehen, wie es ein geordnetes Miteinander verlangt. Du musst diese Aufgabe, das Lernen, ernst nehmen. Du musst bereit sein für das, was das Leben von dir verlangt und deinen Beitrag dazu leisten.« Mütterliche Sorge ist hier also nicht ängstliches Beschützen und Nicht-Zutrauen. Es ist eine handfeste, zutrauende und ermutigende Fürsorge. Die Mutter gibt dem Sohn eine »Ausrüstung« für seine Aufgabe mit. Die besteht nicht im neusten, ergonomisch optimierten und sicherheitsgetesteten Scout-Schulranzen. Der hilft ihm nicht bei den Aufgaben, die sich im Leben stellen. Nein, sie gibt im etwas viel Wesentlicheres mit: Liebe, festen Rückhalt und Zutrauen. Sie fördert ihn durch ihre Zuneigung und fordert ihn, indem sie ihn an seine Aufgabe schickt. Und Schule ist eine Aufgabe: Keine Spaßveranstaltung, sondern der Beginn der öffentlichen Verantwortung des Kindes. Hier beginnt das Kind, in die gemeinsame Kultur und Tradition hineinzuwachsen. Mit seinem Lernen kommt es nicht nur persönlich voran. Zur Schule zu gehen ist ein verantwortungsvoller Beitrag zum Werden und Wachsen des gemeinschaftlichen Lebens. Der junge Mensch muss hineinwachsen in Gesellschaft und Kultur, muss fähig sein,

Abb. 1 Relief an einer Volksschule in Roudnice nad Labem, Tschechien (Foto: Jochen Krautz)

am Arbeitsleben und an der Selbstbestimmung als Bürger aktiv teilzunehmen. Und er soll dabei nicht nur als Rädchen funktionieren, sondern
selbstbewusst und kritisch an einem menschlicheren Zusammenleben
mitwirken. Diese große Perspektive kann der Mutter Sicherheit und Halt
geben, den Knaben auch zu schicken, wenn er gerade mal »keine Lust« hat.

Die Szenerie wird eingerahmt von angedeuteten Naturformen, Baum-
ästen und einem Bienenstock im Hintergrund. Dies verweist zum einen
auf die ländliche Gegend, in der sich die Schule befindet. Gemeint ist aber
noch mehr: Bildung und Erziehung sind eingebettet in einen großen
Zusammenhang von Mensch und Natur. Der Mensch ist Teil der Welt.
Wachsen und Werden der Pflanzen verweisen auf den Kreislauf des Lebens, auf das Heranwachsen der Jugend. Bildung und Erziehung finden
nicht im Nirgendwo statt, sondern sind Teil des Lebens und bereiten auf
dieses vor. Das Sammeln und Horten der Bienen deutet auf die Beschaf-
fung der Nahrung und die Notwendigkeiten des Lebens. Gleichzeitig sind
die Bienen ein Symbol der Kultur, versinnbildlichen eine aktive Gemeinschaft, die in und durch Zusammenarbeit lebt. Zugleich sind die Bienen-
stöcke wiederum vom Menschen angelegt und gepflegt, sind Teil seiner
Kultur.

In diesem, von Natur und Mensch aufgespannten Bogen gehen die Kin-
der zur Schule. Sie werden empfangen von der Lehrerin. Diese sitzt in
Augenhöhe mit ihren Schülern. Die Lehrerin ist gekennzeichnet durch das
Symbol der Eule, die seit dem alten Griechenland symbolisch für die
Klugheit steht. Die Lehrerin ist also klug, sie verfügt über Wissen und
kann die Welt erklären. Die Bücher enthalten dieses Wissen der Welt, die

Kenntnisse über die Welt. Der Globus steht dabei nicht nur für das Fach Erdkunde, sondern zeigt, dass die ganze Welt mit ihren Phänomenen und ihren Problemen Thema der Schule ist. Die Welt kann nicht außen vor bleiben, sondern ist der eigentliche Vermittlungsgegenstand der Schule: Man lernt die Welt kennen, reduziert auf ein altersgemäß verstehbares Maß und aufgeteilt in bewältigbare Probleme. So kommen die Schulfächer zustande: Sie behandeln die für den Menschen wesentlichen Themen der Welt: Die Welt der Zahl (Mathematik), die der Sprache (Deutsch, Fremdsprachen), der Natur (Naturwissenschaften wie Biologie, Physik, Chemie), das Zusammenleben der Menschen heute und früher (Politik, Geschichte, Wirtschaft), die Kultur der Menschen (Kunst, Musik) und blendet auch den Körper nicht aus (Sport).

Wie funktioniert nun diese Vermittlung? Das Bild macht hier den *eigentlichen Kern von Pädagogik, von Bildung und Erziehung* deutlich. Die Lehrerin legt ihren Arm auf die Schulter des Schülers. Sie schaut ihm in die Augen. Sie nimmt also eine direkte Beziehung zu ihm auf. Blick und Geste der Hand verdeutlichen, dass Erziehung wesentlich Führung bedeutet: Erziehung bedeutet liebevolle, aber klare Anleitung. Sie leitet den Schüler zur Sache, die hier durch das Buch symbolisiert ist. Im Bild greift der Arm des Schülers zu dem Buch, das die Lehrerin hält, und er nimmt so Verbindung zur Sache auf. Diese Sache ist wiederum unmittelbar mit der Lehrerin verbunden. Die Themen und Gegenstände in der Schule sind also an die Vermittlung durch die Person der Lehrerin oder des Lehrers gebunden. Lernen geschieht in diesem Bezug von Lehrer, Schüler und Sache.

Dieses im Bild erkennbare Dreieck zwischen Lehrer, Schüler und Sache beziehungsweise Welt ist das Kerngeschäft aller Erziehung und Bildung. Die Lehrerin vermittelt über ihre Person die Dinge der Welt, der Schüler findet Zugang zu den Sachen und Themen über die Person der Lehrerin, er baut seinen persönlichen Bezug zur Welt über die zwischenmenschliche Beziehung auf. Das wusste schon der große Humanist Erasmus von Rotterdam (1469 – 1536): »Der erste Schritt beim Lernen ist die Liebe zum Lehrer«. Hier sehen wir, was das bedeutet: Nicht Verliebtsein in den Lehrer (was ja auch vorkommen soll …), sondern die menschliche Verbindung ist die Brücke zur Sache. Das kann dazu führen, wie Erasmus weiter erklärt, dass einem Unterrichtsfächer, deren Nutzen und Wert man eigentlich noch gar nicht beurteilen kann, gefallen »durch die Zuneigung zum Lehrer«. Das ist beinahe jedem Menschen, der eine Schule besucht hat, bekannt. Ob man ein Fach oder ein Unterrichtsthema besonders mochte, hing oft mit dem Lehrer oder der Lehrerin zusammen: Ob sie/er es interessant und spannend vermittelte, ob sie/er über Schwierigkeiten hinweg-half, ob sie/er ermutigte oder lobte, unterstütze oder auch einen kräftigen »Tritt« gab und ermahnte oder sogar die Eltern anrief, die einen dann wie-der auf die richtige Bahn setzten, wenn es notwendig war. All das macht aus, ob und wie ein Schüler Zugang zur Sache findet. Vorlieben und Abneigungen, Stärken und Schwächen hängen oft mit diesen zwischen-menschlichen Vermittlungsprozessen zusammen. Oftmals sind es die Fächer eines Lehrers, den man besonders mochte, die noch den Berufs-wunsch prägen.

Leider wird heute in der pädagogischen Theorie wie auch in der Praxis oft unterschätzt, wie entscheidend für das Unterrichten einer Sache die Person des Lehrers ist. Eine literarische Schilderung wie etwa Tschingis Aitmatows ergreifende Erzählung »Der erste Lehrer« vermag wieder vor Augen zu führen, welches Glück im Lernen von einem leibhaftigen Lehrer liegen kann.

Weil also Lehren und Lernen, Erziehen und Bilden letztlich nur im per-sönlichen Bezug von Lehrer und Schüler, von Professor und Student funk-tioniert, sprechen wir im Weiteren von *personaler* Bildung und Erziehung. Das Dreieck der pädagogischen Beziehung kann als Hintergrund dienen, um die heutigen Entwicklungen zu beurteilen. Zum Beispiel erscheinen dann die immer wieder auftretenden Versuche, den Lehrer – wie früher durch Radio oder Fernsehen oder wie heute durch Computer, Internet und Lernsoftware – zu ersetzen, als notwendig zum Scheitern verurteilt: Sie werden dem Bedürfnis des Menschen nicht gerecht.

Bildung und Erziehung beziehen sich zwar beide auf das Heranwachsen des jungen Menschen, betrachten dieses aber aus leicht unterschiedlicher Perspektive und sind deshalb nicht dasselbe.

Bildung meint eigentlich *Selbstbildung*. Man wird nicht gebildet, son-dern man bildet sich. Niemand kann gezwungen werden, sich zu bilden. Der Mensch kann nur aus eigenem Entschluss zur Bildung kommen. Hier erscheint der Mensch gewissermaßen als *Autor* seiner selbst. Die Pädago-gik betont diese »Selbstherstellung«, um deutlich zu machen, dass der Mensch nicht von anderen gemacht wird. Er ist Herr seiner selbst. Das ist seit der Aufklärung gemeinsame Überzeugung in Europa: Der Mensch ist frei und darf von niemandem zu irgendwas gemacht oder gebraucht wer-den. Er wird nicht gebildet und erzogen für den Staat, für die Wirtschaft oder die Kirche – sondern nur um seiner selbst willen.

Nun haben wir andererseits im Bild gesehen, dass der Bildungsprozess tatsächlich aber nicht im luftleeren Raum völliger Unabhängigkeit geschieht, sondern in Beziehung zum Mitmenschen. Tatsächlich macht der Schüler nicht, was er gerade will, sondern er wird geführt, »gezogen«, also erzogen. Während »Bildung« eher die Selbstbildung, die selbständige innere Entwicklung betont, verweist »Erziehung« auf die notwendige Führung in einer Beziehung. Beides gehört untrennbar zusammen, auch wenn das zunächst reichlich widersprüchlich klingt.

Aus der Erforschung des frühsten Erziehungsverhältnisses, nämlich der Beziehung von Mutter und Säugling, kennt man dieses merkwürdige Doppelverhältnis: Nur eine Mutter, die eine enge Bindung zum Kind aufbaut, ermöglicht ihm später, selbständig zu werden. Die so genannte Bindungsforschung hat gezeigt, dass nur Kinder mit einer verlässlichen Beziehung, einer sicheren Bindung zur Mutter, sich dann auch trauen, die Umgebung zu erkunden und auf andere Menschen zugehen. Unsicher gebundene Kinder »fremdeln«, weinen, schreien, lösen sich nicht vom Arm der Mutter.

So ist das auch später in Bildung und Erziehung: Nur durch eine persönliche Beziehung, durch ein neues Erziehungsverhältnis, kann Unabhängigkeit entstehen. Die Ruhe, das Zutrauen und die innere Freiheit, sich zu bilden, entstehen nur durch eine sichere Bindung. Ohne diesen inneren Halt, ohne Verbindung zum Mitmenschen, bleibt das Leben hohl, unsicher und eindimensional. Erst *in* diesem Bezug bildet sich die Persönlichkeit aus.

Unabhängigkeit und Autonomie bedeuten also gerade nicht Ungebundenheit, was nämlich mangelnde Rücksichtnahme und Verantwortung heißen würde. Freiheit ist gebunden an die Verantwortung gegenüber den Mitmenschen. Solche verantwortete Freiheit kann nur entstehen, wenn Kinder zur Selbstbildung in Beziehung zu den Mitmenschen erzogen werden. Der Individualpsychologe Alfred Adler hat es daher als Ziel aller Erziehung angesehen, das »Gemeinschaftsgefühl« des Menschen zu fördern und auszubilden. Der Begriff meint die tief im Gefühl verankerte innere Verbindung zum Mitmenschen, die allein verhindern kann, dass man andere ausnutzt, dass man kriminell und gewalttätig wird oder Krieg führt. Nur eine solche innere Verbindung macht möglich, dass das Leiden anderer einen Menschen nicht kalt lässt. In Adlers Worten: »Man muss mit den Augen des anderen sehen, mit den Ohren des anderen hören und mit dem Herzen des anderen fühlen, man muss sich mit ihm identifizieren.«[3] Daher sei, so Adler, die zentrale Frage der Schulbildung: »Wie entwickeln wir Menschen, die im Leben selbständig weiterarbeiten, die alle Erfordernisse notwendiger Art nicht als fremde Angelegenheiten, sondern auch als ihre eigene Sache betrachten, um daran mitzuwirken?«[4] Das heißt heute zum Beispiel: Wie erziehen, wie bilden wir Schüler und Studierende, die nicht allein auf den eigenen Erfolg, auf Karriere und Gewinn achten, die den anderen als Mitmenschen betrachten und nicht primär als Konkurrenten, denen jene nicht egal sind, denen es schlechter geht, und denen es nicht gleichgültig ist, dass der größere Teil der Menschheit unter Ausbeutung und Krieg leidet?

Im Mittelpunkt von Bildung und Erziehung steht nicht die Frage, wie man möglichst gut verdienende Arbeitnehmer herstellt. Oder welches Wissen morgen zur Förderung des Wirtschaftswachstums gebraucht wird. Im Mittelpunkt steht der Mensch und seine freie Entwicklung zu mehr Menschlichkeit.

Damit schließt eine personal verstandene Erziehung und Bildung auch ein bloßes »Wachsenlassen« des Kindes oder des Schülers aus. Man kann Schüler nicht alles selbst machen, entwickeln, lernen, steuern lassen. Das klingt zwar modisch und soll vielleicht »Selbständigkeit« erzeugen, lässt die Schüler jedoch tatsächlich im Stich. Selbständigkeit fällt nicht vom Himmel, sondern braucht geduldige und genaue Anleitung in der pädagogischen Beziehung. Wird dies unterlassen, haben die Schüler keine Orientierung, dann entsteht statt Selbständigkeit Egoismus oder das Recht des Stärkeren. Selbständigkeit ist also das Resultat eines Entwicklungsprozesses. Der ist auch nicht, wie manche Eltern und Lehrer meinen, bereits in der Pubertät zu Ende. Jugendliche Abgrenzungsversuche heißen eben nicht: »Lass mich in Ruhe!«, sondern: »Versteh' mich und fordere mich! Aber rechne auch damit, dass ich erst mal dagegen protestiere.« Da braucht der Erzieher den längeren Atem, Geduld und Zuversicht.

Selbstverständlich zielt der Bildungsprozess im Ergebnis auf unabhängige Persönlichkeiten, die gelernt haben, selbständig zu lernen. Der Lehrer muss also sehr wohl langfristig darauf hin arbeiten, sich mehr und mehr überflüssig zu machen. In der Universität etwa erwarten wir gerade diese Fähigkeit bei den Studenten: selbständig arbeiten zu können. Die Fähigkeit ist aber das Ergebnis eines schulischen Bildungs- und Erziehungsprozesses, der eben zu solcher Selbständigkeit hinführen soll. Doch findet auch und gerade in der Hochschule noch Bildung im Austausch zwischen Personen, zwischen Professor und Student statt. Hier erzieht der Professor nicht, sondern man begegnet sich auf einer grundsätzlich gleichberechtigten Ebene und diskutiert wissenschaftliche Fragen. Aber auch diesen Prozess leitet der Lehrende an.

Um zu verstehen, was Bildung ist, hilft es zu klären, was Bildung nicht ist: Bildung ist nicht Wissen. Das widerspricht einem Bestseller wie Dietrich Schwanitz' »Bildung. Alles, was man wissen muss«. Hier wird gerade behauptet, dass eine Ansammlung von Wissensinhalten etwas mit Bildung zu tun hätten. Schwanitz sieht den Zweck der Bildung darin, an gesellschaftlichen Anlässen wie Cocktail-Partys oder Geburtstagsfeiern klug mitreden zu können und nicht peinlich aufzufallen. Das mag ein angenehmer Nebeneffekt sein, wenn man denn Bildung am Erfolg bei Cocktail-Partys messen möchte. Ein anderer Nebeneffekt könnte sein, dass man bei Günter Jauchs »Wer wird Millionär?« einige 10.000 € gewinnen kann. Hierzu reicht aber eigentlich, das Konversationslexikon auswendig zu lernen und zu trainieren, dieses Wissen zu »vernetzen«, wie es heute so schön heißt. Denn gefragt ist hier Einzelwissen von Fakten aus allen möglichen und unmöglichen Bereichen: Literatur ist ebenso wichtig wie Sport oder Darsteller einer Soap-Opera, biologische Faktenkenntnis genauso entscheidend wie Automarken, Werbespots oder das Liebesleben von Filmstars. Das bedeutet nicht, dass Jauchs Sendung nicht etwa amüsant, unterhaltsam und mitunter spannend ist. Dies liegt im übrigen auch daran, dass Jauch selbst sehr wohl über Bildung verfügt. Man merkt seiner Person an, dass er nicht bloß totes Wissen angehäuft hat, sondern mit alldem etwas anzufangen weiß (und sei es, sich als Oberlehrer gegenüber den Kandidaten aufzuführen).

Man kann also viel wissen, ohne gebildet zu sein. Andererseits kann man aber nicht gebildet sein ohne Wissen. Wissen ist angeeignete Information: Ich weiß von einer Tatsache, die ich irgendwo gelesen oder gehört habe. Bildung dagegen ist personalisiertes Wissen. Also Wissen, dass für mich irgendwie wichtig geworden ist, das mir etwas gesagt hat, mich beeinflusst, mich gar geprägt hat, mit dem ich mich beschäftigt habe, an dem ich mich abgearbeitet habe. Wissen kann man anhäufen, ohne dass irgendetwas von dem stattgefunden hätte, was wir oben als Bildung beschrieben haben. Bildung entsteht daraus, dass der Umgang mit Wissensbeständen persönlichkeitswirksam geworden ist, die Person geprägt hat. Aus Wissen entsteht nicht Verantwortung, Ich-Stärke, Mitgefühl und kritisches Bewusstsein. Das kann erst entstehen, wenn das Wissen zu etwas Eigenem umgearbeitet worden ist: Bildend wirkt Wissen, für das man sich begeistert, das einem etwas bedeutet, über das man nachdenkt, das man kritisch befragt, über das man streitet, das man immer wieder im Geiste hin und her wendet.

Ein Beispiel aus der Kunst: Wissen bedeutet etwa, das Entstehungsdatum des berühmten Isenheimer Altars von Matthias Grünewald zu kennen. Man kann wissen, wo sich das Werk befindet, warum es sich dort befindet, wie es entstanden ist. Man kann die Maltechnik kennen, den Bildaufbau erklären, es dem Stil einer Epoche begründet zuordnen . Man kann wissen, dass darauf Maria Magdalena zu sehen ist und was dieses seltsam blutende Lamm im Vordergrund soll. Dieses Wissen kann man verschriftlichen oder digitalisieren. Das kann man im Brockhaus finden oder bei Wikipedia abrufen. Damit könnte man bei Günther Jauch eine Million gewinnen oder und bei Herrn Schwanitz' Cocktail-Party schlau tun. All das muss einen aber nichts angehen, ja nicht einmal interessieren. Wenn heute von der »Wissensgesellschaft« geredet wird, dann ist das gemeint: Fakten, die man kennt, die einem aber vollkommen gleichgültig sein können.

Bildend kann nur die eigene Begegnung mit dem Kunstwerk wirken (ob als Abbildung oder im Original): Bildend kann wirken, sich auf den Ausdruck des Werks einzulassen, den Schmerz nachzufühlen; in intensiver Betrachtung zu spüren, wie ihn der Maler mit Farbe und Form hervorbringt; sich in die pestkranken Menschen, für die das Bild gemalt wurde, hineinzuversetzen, die Hoffnung zu spüren, die für sie davon ausging; was es bedeutete, im Angesicht des Todes den Leib Christi zu sehen, der genauso zerschunden war wie man selbst, der aber von den Toten auferstanden war; etwas vom Leben und Leiden der Menschen durch die Jahrhunderte zu ahnen; zu merken, wie sich unser Blick dagegen verändert hat und welchen Wert dennoch solch ein Bild, das die Zeiten überdauert hat, heute noch für uns haben kann, weil wir immer noch Menschen sind usw. Dann ist das Kunstwerk nicht mehr gleichgültig: Es geht mich etwas an, es spricht mich an. Das muss nicht positiv sein, es kann auch zu Ablehnung oder Kritik führen. Ich kann diese Auferstehungsgeschichte für faulen Zauber und einen Betrug an den Menschen halten. Aber die Frage nach unserem Umgang mit Not und Leiden, die Frage der Hoffnung und die Bedeutung der Kunst hierfür, die ist einmal in meinen Betrachtungsbereich gerückt.

Bildendes Lernen braucht also *Selbsttätigkeit als innere Haltung*. Nicht äußerliches geschäftiges Basteln an Arbeitsblättern in »Freiarbeit« führt zu selbsttätiger Bildung. Es geht vielmehr um einen inneren Prozess, den man nicht per PISA-Test erfassen kann, sondern er muss von gebildeten und pädagogisch geschulten Lehrer durch didaktische, methodische und pädagogische Hilfen angeregt werden. Solche Bildung ist eben Selbstbildung und kann daher nur angestoßen, nicht aber verordnet werden.

Abb. 2 Matthias Grünewald: Kreuzigung, Isenheimer Altar, 1515

Bildendes Lernen ist auch nicht dadurch garantiert, dass man etwa Goethe und Schiller liest. Klassische Literatur und Musik bieten zwar große Bildungsmöglichkeiten. Man kann aber auch den »Faust« lesen und ihn einfach nur »ätzend« finden. Die Schule und auch die Hochschule müssen Bildungsprozesse anregen, provozieren und begleiten. Die Hoffnung, dass es reicht, die »hohen Bildungsgüter« den Schülern vorzusetzen, ist im 20. Jahrhundert tragisch enttäuscht worden. Romane wie Erich Maria Remarques »Im Westen nichts Neues« schildern, wie im Kaiserreich hochgebildete Studienräte, die Griechisch und Latein fließend sprachen, ihren Schülern all das klassische Bildungsgut vorgekaut hatten – und ihre Schützlinge dann beim Kriegsausbruch 1914 mit »Hurra!« an die Front schickten, für Volk und Vaterland. Weder Schüler noch Lehrer sahen darin irgendeinen Widerspruch zur erworbenen »Bildung«. Das ist eine bittere Lehre, die sogleich die zweite pädagogische Tragödie im letzten Jahrhundert nach sich zog: Man warf die klassischen Bildungsinhalte aus den Lehrplänen, weil sie ja nichts »nützen«, weil sie nicht zu Kritikfähigkeit und Friedfertigkeit führten. Damit waren diese potentiell bildungswirksamen Gehalte auch noch verschwunden. Übrig blieb Beliebigkeit und Zweckdenken. Tatsächlich wäre es darum gegangen zu überlegen, wie Bildung wirklich entsteht.

Allgemeine Bildung ist also nicht bloß allgemeines Wissen. Es geht nicht um Wissen und Redenkönnen, sondern um verantwortliches Handeln. Das hat kein anderer als Wilhelm von Humboldt hervorgehoben. Gerade mit seinem Namen wird bis heute eine angeblich schöngeistige, lebensferne Bildung im Wolkenkuckucksheim verbunden. Tatsächlich betonte er:»Nur die Wissenschaft, die aus dem Innern stammt und ins Innere gepflanzt werden kann, bildet auch den Charakter um.« Demnach gehe es nicht »um Wissen und Reden, sondern um Charakter und Handeln«. Die bitteren Erfahrungen des letzten Jahrhunderts zeigen, wie wesentlich eine Bildung ist, die nicht auf Wissen reduziert wird. Eine Bildung, die Menschlichkeit fördert und Verantwortlichkeit stärkt. So auch Simone Weil, die französische Philosophin und Widerstandskämpferin gegen Hitler-Deutschland mitten im Krieg 1943: »Das Wesen der Erziehung (…) besteht darin, dass sie seelische Antriebe zum Handeln hervorruft. Dem eigentlichen Unterricht liegt es ob, aufzuzeigen, was vorteilhaft, was verpflichtend, was gut ist.«

An dieser Stelle wird heute nun gerne eingewandt: »Das ist ja alles schön und gut. Sicherlich sollen die Schüler in einer guten Atmosphäre lernen und zu vernünftigen Menschen werden. Man soll sie nicht zwingen und ihnen Freiraum lassen. Aber sie sollen ja auch etwas lernen, mit dem sie später etwas anfangen können. Es geht doch nicht nur um Bildung, um Schöngeistigkeit, sondern um *Ausbildung*. Die Schüler müssen vorbereitet werden für das Leben im Beruf. Sie müssen sich durchsetzen können im Konkurrenzkampf um Arbeitsplätze.«

Solche Einwände basieren auf einem Missverständnis: Wie gesagt geht es gerade nicht um Schöngeistigkeit. Es geht um Handeln, gerade auch im späteren Beruf. Selbstverständlich dienen Schule und Hochschule auch der Ausbildung. Junge Menschen müssen einen Beruf erlernen, dazu müssen sie Wissen und Fähigkeiten erwerben. Und sie müssen in der Lage sein, im Arbeitsleben zu bestehen. Aber: Das ist nicht die ganze Aufgabe der Schule und der Universität. Schule dient nicht allein, ja, nicht einmal vorrangig der Vorbereitung auf einen Beruf. Schule ist kein vorgelagertes Ausbildungsinstitut der Betriebe, ein Studium ist kein ausgesourctes Job-Training von Konzernen. Es geht um allgemeine Bildung, um Menschenbildung. Und das ist mehr als der künftige Job.

Allgemeine Bildung findet nicht *für etwas* anders statt, sondern Bildung geschieht nur *für den* jeweiligen *Menschen*. Und nur deshalb, weil er ein Mensch ist. Weil er uns als Mensch so wertvoll erscheint, dass er die Möglichkeit haben muss, sich zu entwickeln und seine Fähigkeiten zu entfalten. Das ist noch völlig unabhängig davon, was er später damit machen möchte.

Richtet man diese Entwicklung schon von Beginn an auf den Zweck »Job« aus, so verunmöglicht man diese freie Entwicklung, man schneidet dem jungen Menschen die Möglichkeit zur Selbstbestimmung ab. Genau hiergegen hatte vor zweihundert Jahren wiederum Wilhelm von Humboldt sein Konzept einer allgemeinen Bildung für jeden entwickelt. Er wusste sehr wohl, dass der junge Mensch in Arbeitsverhältnisse eintreten und einen Beruf lernen muss. Aber er wehrte sich dagegen, dass diese Zwecke den Menschen von Anfang an bestimmen. Gegen die »Abzweckung« (ein schönes altertümliches Wort) bestand er darauf, dass jeder Mensch auf seinem Niveau zuerst eine allgemeine Bildung durchläuft. Dies müsse, so Humboldt, der einzige Zweck jeder Schule sein, gleichgültig, ob Volksschule, Realschule, Gymnasium oder Universität. Danach könnten dann Spezialisierungen und Ausbildungen stattfinden. Aber zuerst die Menschenbildung. Humboldt hatte nämlich genau das beobachtet: Dass Schüler allein *für* die Interessen der Kirche, *für* den Staat oder *für* ein Handwerk ausgebildet wurden. Und er hatte mit eigenen Augen gesehen, wie die großen Hoffnungen der französischen Revolution auf »Freiheit, Gleichheit und Brüderlichkeit« in einem Blutbad des Terrors geendet waren. Daraus folgerte er aber nicht, dass diese falsch gewesen seien. Doch schien ihm ein gesellschaftlicher Fortschritt, ein menschenwürdiges Leben nicht durch eine blutige Revolution möglich, sondern nur, wenn der einzelne Mensch gebildet würde, wenn er sich und sein Schicksal selbst bestimmen könne. Daher dürfe der Mensch keinesfalls politischen, wirtschaftlichen oder religiösen Zwecken untergeordnet werden, denn, so Humboldt: »Zu dieser Bildung ist Freiheit die erste und unerläßliche Bedingung.«[5] Nur in Freiheit könne jeder Mensch seine Möglichkeiten entfalten und zu einem Fortschreiten der Menschheit beitragen.

Es ist nicht einzusehen, warum diese Einsicht, dass der Mensch nicht zu etwas gemacht werden, sondern sich selbst zu etwas machen soll, heute veraltet wäre. Wer sich, wie 1997 der damalige Bundesbildungsminister und heutige Ministerpräsident von Nordrhein-Westfalen, Jürgen Rüttgers, nicht entblödet zu verkünden: »Humboldt ist tot!«, erklärt mit dieser

Phrase, dass er diese Freiheit der Bildung abschaffen will. Er will, dass Bildung zu einer Anpassung an äußere Bedingungen werden soll, heute also vor allem an die angeblichen Notwendigkeiten einer globalisierten Wirtschaft.

Wenn man also Bildung vor allem als Ausbildung versteht, als Vorbereitung auf das konkurrenzgeprägte Wirtschaftsleben, bleibt noch ein gewichtiger Einwand zu ergänzen. Die Beschreibung stimmt ja leider: Die Ökonomie ist von einem brutalen Verdrängungswettbewerb gekennzeichnet, heutige Schulabgänger werden einem knallharten Wettbewerb ausgesetzt, in dem nicht Bildung, Persönlichkeit und Werte zählen, sondern Flexibilität, Anpassungsbereitschaft, Mitläufertum einerseits und gezielte Qualifikationen in bestimmten, anwendungsorientierten Bereichen andererseits. Wenn wir nun argumentieren, dass Schule und Hochschule der Anpassung an diese Situation dienen müssten, dann bejahen wir diese Zustände vollkommen. Aber wollen wir tatsächlich unsere Kinder ohne Zögern in ein Haifischbecken stoßen, in dem sie entweder fressen oder gefressen werden? Dann müssen wir ihnen beibringen, brutaler und skrupelloser als alle anderen zu sein. Dann müssen wir sie lehren, nicht auf Gewissen und Mitgefühl zu achten, sondern über Folgen und Zusammenhänge ihres Handelns nicht nachzudenken. Dann müssen wir fieberhaft darauf hinarbeiten, dass sie nicht zu den Verlierern des Systems gehören, Hilfsarbeiten machen müssen oder zum Heer der Arbeitslosen gehören. Dann ist nicht nur Humboldt tot, sondern eben jene Menschlichkeit, auf die seine Bildungsidee zielte.

Selbstverständlich können wir uns nicht mit dem Hinweis auf Bildungsideale der Realität der heutigen Arbeitswelt, des Arbeitsmarktes und der Wirtschaftsweise entziehen. Die auf Profitmaximierung gerichtete Ökonomie setzt Arbeitnehmer unter hohen Druck. Der Zwang zur Flexibilität bestimmt die Gegenwart. Unsicherheit prägt das Leben vieler Menschen. Gerade deshalb kann es aber umso wichtiger sein, dass Schule und Hochschule Menschen heranbilden, der einerseits auf diese Anforderungen reagieren, in ihnen leben und überleben können. Die aber zugleich um die weiteren Möglichkeiten des Menschen wissen, die es nicht dabei belassen, für das eigene Fortkommen zu sorgen, denen die Verlierer nicht gleichgültig sind. Die eine ethische Orientierung haben, die wissen, dass trotz allen Drucks diese Art von Leben nicht das eigentliche Leben ausmachen kann. Müssen wir nicht gerade heute Menschen bilden, die versuchen, das Unmenschliche zu verändern, im Kleinen wie im Großen?

Die Bildungsfrage lässt sich nicht unabhängig von dem diskutieren, was in der Welt, was in Politik, Gesellschaft und Wirtschaft vor sich geht. Es stellt sich die Frage, ob wir die Folgen der gnadenlosen Globalisierung einfach so hinnehmen wollen. Ob wir die eigenen Kinder schlicht in dieses System der brutalen Bereicherung eingliedern wollen. Oder ob es nicht zur Menschenpflicht gehört, für die Zukunft der eigenen und die anderer Kinder daran etwas zu ändern. Tun wir das nicht, dann ist Bildung nicht mehr »als eine resignierende Anpassung an die jeweiligen Zeitumstände«, so der Humboldt-Experte Clemens Menze. Eine Anpassung an den Zeitgeist. Eine Unterwerfung unter das Diktat fremder Interessen. Wenn wir zustimmen, dass schulische Bildung und das Studium für das Leben tauglich machen sollen, dass sie auf das Leben vorbereiten sollen, dann müssen wir auch die Frage beantworten: Was ist das für ein Leben? Was ist sein Zweck? Was ist sein Sinn? Ist der Zweck des Lebens, sein Sinn, möglichst viel Geld für sich und andere zu verdienen? Ist sein Sinn, dabei alles andere zu vergessen? Stellen und beantworten wir die Frage nicht selbst, tun es andere für uns. Dann wird für uns definiert, was wir, was unsere Kinder sein, tun und werden sollen. Wollen wir das?

1.2 Erziehen und bilden: Die pädagogische Aufgabe der Schule

Wer nun meint, das alles sei aber doch »die Welt von gestern«, hat natürlich ein gutes Stück recht: Schüler flanieren heute nicht an Bienenstöcken vorbei, wenn sie zur Schule gehen, und werden auch nicht von Lehrerinnen in wallenden Gewändern und mit geflochtenem Haar empfangen (was man je nach Geschmack auch bedauern kann …). Schüler fahren heute in U-Bahnen durch Trabantenstädte, lungern an Kiosken mit Porno-Magazinen herum, spielen unterwegs auf ihren Handys Gewaltspiele, sind in eine Prügelei verwickelt oder werfen sich zumindest üble Schimpfworte zu, bekommen auf dem Schulhof noch Drogen angeboten und finden sich schließlich in heruntergekommenen Klassenräumen eines Betonbaus der 70er Jahre wieder. So weit, so richtig. Aber, und dieses *Aber* ist für alles weitere in dieser Darstellung die entscheidende Grundlage: Es ändern sich zwar die Szenerie, die Moden, die Umstände, aber es ändern sich weder die beteiligten Personen noch das beschriebene Beziehungsgeschehen. Bildung und Erziehung funktionieren auch in Brennpunktschulen und mit Schülern in Baggy-Pants, die kaum Deutsch sprechen, noch genauso wie damals: Nämlich in dem Dreieck von Lehrer, Schüler und Sache bzw. Welt. In der *Beziehung* von Menschen und Sachen. Mögen die Unterrichtsthemen sich auch ändern, mögen die Schüler nervös, abgelenkt, verunsichert sein und mögen sie nicht mehr so deutlich auf die Erwachsenen ausgerichtet sein wie im Bild zu Beginn: Die Natur des Menschen ändert sich nicht. Der Mensch ist grundsätzlich auf den Mitmenschen ausgerichtet, das ist seine Natur, die »conditio humana«, die Bedingung des menschlichen Lebens. Jüngere lernen von den Älteren: Diese Weitergabe von Wissen und Können, von Werten, Einstellungen und Gefühlen außerhalb unseres Erbguts durch das Lernen, durch die Kultur, in die wir hineinwachsen, ist unser Vorteil in der Evolution gewesen. Der Mensch konnte auf alle Veränderungen der Umwelt erfinderisch reagieren, weil er lernen konnte. Und weil er seine Kinder erziehen konnte. Die waren nicht genetisch vorgeprägt wie kleine Schafe, die kurz nach der Geburt auf vier Beinen stehen und beginnen zu fressen – aber dann auch nicht mehr viel hinzulernen. Nein, der kleine Mensch ist hilflos, er muss und kann unendlich viel lernen in der Beziehung zu den älteren Menschen.

Und auch heutige Schüler sind und bleiben ausgerichtet auf den Lehrer, den Erwachsenen, auch wenn sie den hoffnungsfrohen Pädagogen erst mal begrüßen: »Boah, nööö, nicht schon wieder Mathe heute!« Sie versuchen so – mitunter schwer zu erkennen –, eben jenen Beziehungsfaden herzustellen, den wir aus dem Bild kennen. Es ist nun am Lehrer, diesen Ball aufzunehmen, zu verstehen, warum die Schüler das so machen, sie auf die Sache zu lenken und einen vernünftigen Umgang anzuleiten.

Daher ist die Kernaufgabe der Schule eine *pädagogische*. Das klingt scheinbar banal, ist aber nahezu vergessen. Denn von der Schule verlangt man heute alles Mögliche und Unmögliche: Sie soll »Rechenkompetenz« schulen und PISA-tauglich machen, soll vermitteln, wie man Bewerbungsschreiben verfasst und Verkehrserziehung betreiben, soll in Computer-Handhabung und Internetrecherche einführen, zugleich Kreativität ermöglichen und Disziplin beibringen, soll Börsenkurse verstehen lehren und zur Nachhaltigkeit erziehen, soll auf gesunde Ernährung der Schüler achten und Anti-Mobbing-Trainings durchführen usw. Man könnte die Liste beliebig erweitern, weil die Auswahl beliebig ist: Es gibt kein verbindendes, grundlegendes Prinzip. Jedem fällt noch etwas Neues, noch etwas Anderes ein, was Schule soll. »Die aktuelle Diskussion um die Schule zeigt, dass es einen enormen Bedarf an Orientierung in der Frage nach dem

Grund, dem Sinn und dem Zweck von Schule gibt. Will die Schule nicht den wechselnden gesellschaftlich-politischen Bedürfnissen, Interessen, Moden und Vorstellungen ausgesetzt sein, bedarf es eines Grundprinzips, auf das sie sich gründen kann«[6], so die Erziehungswissenschaftlerin Gabriele Weigand. Und sie verfasst dann ein ganzes Buch über die »*pädagogische* Grundlegung von Schule«: Der *Mensch*, die *Person* kann alleiniger Maßstab jeder Schultheorie, jeder bildungspolitischen Entscheidung und jeder einzelnen pädagogischen Handlung sein.[7]

Was heißt das nun, wenn die Schule vor allem eine pädagogische Aufgabe hat? Zum Beispiel, dass alle angeführten Inhalte, Ziele und Wünsche zwar bedenkenswert sind, aber zunächst daraufhin geprüft werden müssen, ob sie die allgemeine Bildung und Erziehung der Schüler fördern. Das heißt zum Beispiel auch, dass Unterrichten eben nicht bei Didaktik und Methodik endet, wie man es heute Studenten und Referendaren in der Ausbildung zum Lehrer weismachen will: Wie ich die Dezimalrechnung einführe, den Konjunktiv erkläre oder ein Musikstück einübe, ob ich dazu Gruppenarbeit wähle, ein Stationenlernen organisiere oder ein Klassengespräch führe, wie ich eine Unterrichtsreihe über die Römer sinnvoll aufbaue, ein Arbeitsblatt gestalte oder eine Klassenarbeit verstehbar stelle – das ist zwar wichtiges Handwerkszeug, hat aber mit Pädagogik noch nichts zu tun. Und genauso wenig sagen Schulfeste, Projektwochen, Werbebroschüren, Internetauftritte und sonstige öffentlichkeitswirksame Aktionen, mit denen sich Schulen heute überall hervortun müssen, über die Qualität von pädagogischer Arbeit einer Schule aus.

Diese besteht im Kern darin, was der Pädagoge Otto Friedrich Bollnow einmal die »pädagogische Atmosphäre« genannt hat. Den Untertitel seines Buches werden heutige Junglehrer, Schulmanager, PISA-Forscher und methodenfetischistische Seminarausbilder nicht nur nicht kennen, sondern wahrscheinlich nicht einmal mehr verstehen. Bollnow schreibt über »die gefühlsmäßigen zwischenmenschlichen Voraussetzungen der Erziehung«. Er meint damit menschliche Haltungen, innere Einstellungen, gefühlsmäßige Bedingungen, die notwendig sind, »damit überhaupt so etwas wie Erziehung gelingen kann«.[8] Dazu gehören für den Erzieher, den Lehrer, das Vertrauen zum Kind, das Zutrauen in seine Fähigkeiten, die erzieherische Liebe, die Geduld, die Hoffnung sowie Heiterkeit, Humor und Güte. All das sind gefühlsmäßige Grundlagen der Erziehung und Bildung, die sich weder messen noch testen lassen, die man nicht zu praktischen Methodenpaketen schnüren und als Ratgeber verkaufen kann, die man nicht auf der Schulhomepage anpreisen und per Power-Point-Präsentation vorführen kann. Und doch sind dies die unleugbaren Voraussetzungen von erfolgreicher Erziehungs- und Bildungsarbeit.

Wenn also der oben zitierte Schüler kein »Mathe« machen will, dann bringt man heutigen jungen Lehrern bei, ihm Freiarbeit anzubieten, bei der er selbst wählen kann, was er denn gerne machen möchte. Der Witz ist, dass der Schüler gar nicht wählen *kann*, was er will, weil er sich das ja gerade nicht zutraut. Freiarbeit gibt ihm allenfalls Gelegenheit, auszuweichen und alle möglichen anderen Dinge zu tun, nur nicht, sich seinen Schwierigkeiten in Mathematik zu stellen. Er bräuchte die ermutigende Beziehung zum Lehrer, der ihm zutrauen muss, dass er auch Mathematik lernen kann. Der Lehrer muss ihn fordern und fördern. Dazu braucht er eben Geduld, Liebe zum Schüler, die Hoffnung, dass er das schaffen wird, und er braucht eine große Portion Humor, natürliche Heiterkeit und schließlich Güte. Güte, so Bollnow, versteht die Schwäche des Schülers, sie versteht, warum er Mathe »Scheiße« findet, aber sie erhält sehr wohl »in stiller Selbstverständlichkeit« den Anspruch aufrecht, dass er dies lernt, und zwar jetzt. Der Schüler wird also nicht für sein Verhalten abgewertet, abgestraft, es geht nicht einfach um »Unterrichtstörungen« und »Disziplin«, er wird aber auch nicht einfach in Ruhe gelassen oder mit einem »Methodenschnickschnack« versorgt; nein, der Lehrer *wendet sich ihm zu.* Das kann innerlich oder äußerlich geschehen, deutlicher oder nebenbei. Klar ist aber: So benimmt man sich nicht und wenn man Schwierigkeiten hat, kann man fragen. Und vor allem: Man beginnt zu lernen. So wird der Schüler gefordert und gefördert, so wird er ermutigt und erfährt klare Werte. Denn das stärkt ihn.

Die Bedeutung der pädagogischen Beziehung für das Lernen hat mittlerweile auch die Hirnforschung erkannt[9]. So fasst etwa Manfred Spitzer zusammen: »Gelernt wird, wenn positive Erfahrungen gemacht werden. Dieser Mechanismus ist wesentlich für das Lernen der verschiedensten Dinge, wobei klar sein muss, dass für den Menschen die positive Erfahrung schlechthin in positiven Sozialkontakten besteht. (…) Menschliches Lernen vollzieht sich immer schon in der Gemeinschaft, und gemeinschaftliche Aktivitäten bzw. gemeinschaftliches Handeln ist wahrscheinlich der bedeutsamste ›Verstärker‹. Die biologischen Wurzeln der Gemeinschaft von Lehrenden und Lernenden werden so unmittelbar deutlich.«[10]

Die hier beschriebene pädagogische Kunst bezweckt letztlich, die Schüler für die eigentlichen Bildungsinhalte aufzuschließen, aufnahmefähig zu machen. Denn dass die Fächer der Schule eine Bedeutung für die Persönlichkeitsentwicklung der Schüler besitzen, ist die Überzeugung, aus der heraus die Schule so organisiert ist, wie sie es ist. Wir nehmen an, dass die Inhalte der Schulfächer bildenden Gehalt besitzen. Mathematik und Deutsch, Physik oder Chemie, Erdkunde, Geschichte, Englisch oder Latein, Kunst und Musik werden nicht nur gelernt, weil man »das braucht«. Vieles davon »braucht« man später überhaupt nicht mehr. Würde die Schule sich auf das beschränken, was Jugendliche heute unmittelbar »brauchen« oder was diese für nützlich halten, würden wir sie wahrscheinlich nach einer Einführung in Internet und Playstation, einem Kurs »SMS-Schreiben für Fortgeschrittene«, einem Überblick über die angesagten Schuh- und Klamottenmarken sowie einem Mofaführerschein ins Leben entlassen. Man mag sich kaum vorstellen, mit welch beschränktem Horizont diese Schüler leben müssten. Sie wären immer abhängig von dem, was Medien, Politik und Wirtschaft ihnen vorsetzen und vorgaukeln.

An den Fächern der Schule kann man grundsätzliche Dinge in der Welt verstehen, weil sie für bestimmte Grundfragen stehen: Für Sprechen, Schreiben und Verständigung, für das Erfassen und Verstehen von Natur und Technik, für die abstrakte Welt der Zahl, für Vergangenheit und Gegenwart, für Kultur und Selbstausdruck usw. Die Auseinandersetzung mit diesen Dingen ist eine Bereicherung. Selbst die Themen, durch die man sich hindurchgequält hat, hinterlassen oft tiefere Spuren, als man meint. Und dies ist nicht negativ gemeint. Wir verstehen Zusammenhänge, Einzelheiten, Gründe, Ziele, Herkunft und vielleicht ein bisschen Zukunft. Wir können uns orientieren in der Welt, uns selbst ein Bild machen, kritisch darüber nachdenken, zu einem eigenen Urteil kommen. Die Auseinandersetzung mit den Themen und Stoffen der Schule ist also nicht nur Pauken und Lernen von zwangsweise verordneten Aufgaben. Wenn es das ist, hat die Schule ihre Aufgabe verfehlt. Und wer seine Kinder in dieser Meinung zur Schule schickt, hat den Zweck der Schule nicht verstanden. Im guten Falle wissen Schüler am Ende der Schule etwas genauer, was sie im Leben machen wollen. Sie haben Interessen herausgebildet und eine erste Anschauung vom Leben. Sie haben sich gebildet.

In diesem Zusammenhang ist eine kurze Anmerkung zur Frage der Leistung wesentlich: Nachdem der Begriff lange verpönt war, fordert man heute wieder allerorts »Leistung« und »Leistungsbereitschaft« ein. Nachdenklich daran stimmt allerdings, dass damit jetzt vor allem gesellschaftliche und wirtschaftliche Nützlichkeit gemeint ist. Leistung wird heute als maximale Verwertbarkeit verstanden. Leistung ist dann gleichgesetzt mit wirtschaftlicher Effizienz: Es soll möglichst viel für geringe Kosten dabei herauskommen.

Diese Forderung widerspricht aber einer pädagogisch gedachten Schule. Selbstverständlich sollen Schüler leistungsfähig sein. Und es ist auch unstrittig, dass dies viele Schüler heute nicht sind. Das ist aber ein pädagogisches Problem, kein wirtschaftliches. Und es muss auch pädagogisch gelöst werden, nicht durch ökonomischen Druck. Leistung hat einen pädagogischen Sinn, sie ist ein Anreiz für den Schüler, über seinen momentanen Stand hinaus zu wachsen, mehr zu lernen, sich weiterzuentwickeln. Leistung hat ihren Sinn für die Persönlichkeitsentwicklung des Schülers. Und zugleich kann eine solche leistungsfähige Persönlichkeit im späteren Leben auch notwendige und sinnvolle Beiträge im gesellschaftlichen und wirtschaftlichen Leben leisten. Leistung ist aber nicht Selbstzweck, und sie ist vor allem keine Forderung, die Politik oder Ökonomie an den jungen Menschen stellen darf, um ihn möglichst effektiv auszubeuten. Das ist ein scheinbar kleiner, kaum merklicher, aber entscheidender Unterschied.

Woher die Forderung nach »Leistung« stammt, erklärt der Pädagoge Herman Nohl: »Leistung als pädagogische Forderung ist entwickelt worden in der Staatspädagogik des aufgeklärten Absolutismus, die das Individuum ganz in den Dienst der Zwecke des Staats stellte. Sie hat in der preußischen Pädagogik immer eine besondere Bedeutung gehabt und sie erscheint überall wieder, wo der Staat dem Individuum gegenüber absolut gesetzt wird.«[11] Lassen wir uns das auf der Zunge zergehen: Wenn der Staat – oder die Wirtschaft – vom Heranwachsenden Leistung für seine oder ihre Zwecke fordert, so setzt er sich damit über den jungen Menschen hinweg, er zwingt ihm einen Willen auf, der nicht der seine ist. Er handelt absolutistisch, also losgelöst vom Willen der Bürger, also gegen die Freiheit des Menschen. Nohl wusste, wovon er redete: Er schrieb diese Zeilen am Vorabend des Dritten Reiches. Damit ist es jedoch vorbei. Der Mensch ist nicht Zweck des Staates oder Zweck der Wirtschaft. Er ist Selbstzweck. Macht sich der Staat oder die Wirtschaft unabhängig vom Bürger, versuchen sie uns zu regieren, dann »ist etwas faul im Staate Dänemark«.

Und anhand von Nohls eigener Darstellung des Leistungsbegriffs wird deutlich, wie viele Lichtjahre die standardisierten Schulleistungstests wie PISA von einer solchen pädagogischen Auffassung entfernt sind: »Die Leistung hat pädagogisch aber zunächst nur einen subjektiven Sinn, das ist ihr Wert als Wachstumsreiz (...). Sie darf nie als Leistung an sich gesucht werden, sondern immer relativ für einen bestimmten Menschen. (...) Für die Pädagogik ergibt sich daraus die Aufgabe, die Leistung in dem Zusammenhang ihrer Arbeit pädagogisch zu bewerten, sie ist nicht Selbstzweck, sondern nur Mittel, um mit ihrer Hilfe die Kräfte im Kinde und im jungen Menschen zu entfalten, die später den ernsten Bau des Lebens tragen sollen (…).«[12]

Den eigentlichen pädagogischen Auftrag der Schule formulieren auch die Verfassungen und Richtlinien. Dort spielen Gewissensbildung und Friedenserziehung eine zentrale Rolle. So formuliert etwa die Verfassung von Nordrhein-Westfalen in Artikel 7:

»(1) Ehrfurcht vor Gott, Achtung vor der Würde des Menschen und Bereitschaft zu sozialem Handeln zu wecken, ist vornehmstes Ziel der Erziehung.

(2) Die Jugend soll erzogen werden im Geiste der Menschlichkeit, der Demokratie und der Freiheit, zur Duldsamkeit und zur Achtung vor der Überzeugung des anderen, zur Verantwortung für die Erhaltung der natürlichen Lebensgrundlagen, in Liebe zu Volk und Heimat, zur Völkergemeinschaft und Friedensgesinnung.«

Dieser Artikel ist den Richtlinien aller Schulformen vorangestellt, wird von Lehrern jedoch gerne als weltferne »Präambel-Lyrik« abgetan. Dabei sind diese Anforderungen an Bildung und Erziehung für das demokratisch geregelte Zusammenleben zentral. Denn Bürger mit Gewissen und Friedenswillen sind der einzige Garant dafür, dass der Staat sich nicht unabhängig von ihrem Willen macht und totalitär wird. Das sind die Lehren aus unseren historischen Erfahrungen im 20. Jahrhundert.

Dabei ist unbestritten, dass Friedenserziehung und Gewissensbildung die pädagogisch anspruchsvollsten Aufgaben sind. Hier muss außer Wissen und kritischem Denken auch eine gefühlsmäßige Einstellung, eine innere Haltung herangebildet werden, die Gewalt und Krieg in jedem Fall ablehnt. Und das sowohl im alltäglichen Umgang wie in der großen Politik. Eine Haltung also, die Unrecht erkennen kann, die es beurteilen kann und dann auch noch zum entsprechenden Handeln befähigt. Schauen wir uns dazu ein »Best-Practice-Beispiel« an, wie man heute so schön modisch sagt. Erstaunlich ist dabei, dass hier Juristen und Richter sehr genau formulieren, was das Ziel solcher Erziehung sein muss:

Das Bundesverwaltungsgericht hat am 21.6.2005 den Major der Bundeswehr, Florian Pfaff, von dem Vorwurf der unrechtmäßigen Befehlsverweigerung freigesprochen. Pfaff hatte im Irak-Krieg 2003 den Befehl verweigert, an der Entwicklung einer Software mitzuarbeiten, die indirekt den völkerrechtswidrigen amerikanischen Angriff gegen den Irak unterstützt hätte. Er berief sich dabei auf sein Gewissen und seine Verpflichtung, das im Grundgesetz verankerte Völkerrecht einzuhalten, welches die Führung von Angriffskriegen verbietet. Pfaff war nach dieser Befehlsverweigerung innerhalb der Bundeswehr schikaniert worden, er wurde sogar zur psychiatrischen Untersuchung ins Krankenhaus eingewiesen. Das Gericht hat ihn vollständig rehabilitiert und festgehalten, dass das Gewissen als oberste Instanz nicht verfügbar ist. Der Soldat hat das Recht und die *Pflicht*, Befehle auf ihre Rechtmäßigkeit hin zu prüfen und gegebenenfalls zu verweigern. Dazu führt das Bundesverwaltungsgericht im Urteil aus: »Dem liegt die Vorstellung vom Menschen als einem geistig-sittlichen Wesen zugrunde, das darauf angelegt ist, in Freiheit sich selbst zu bestimmen und sich zu entfalten. Diese Freiheit versteht das Grundgesetz allerdings nicht als diejenige eines isolierten und selbstherrlichen, sondern als die eines gemeinschaftsbezogenen und gemeinschaftsgebundenen Individuums. Dies bedeutet, dass auch in der Gemeinschaft grundsätzlich jeder Einzelne als gleichberechtigtes Glied mit Eigenwert anerkannt werden muss. Es widerspricht der menschlichen Würde, den Menschen zum bloßen Objekt im Staate zu machen. Die Maxime ›Der Mensch muss immer Zweck an sich selbst bleiben‹ gilt uneingeschränkt für alle Rechtsgebiete, auch für den Bereich der Streitkräfte. Denn die unverlierbare Würde des Menschen als Person besteht gerade darin, dass er ausnahmslos als selbstverantwortliche Persönlichkeit anerkannt wird.«[13] Das Gericht beschreibt in seiner juristischen Sprache genau das, was für das Bildungswesen hier entwickelt worden ist: Der Mensch ist Zweck seiner selbst, der Staat darf ihn nicht zum Objekt machen, er ist Individuum, das sich selbst bestimmt, und andererseits immer an die Verantwortung für die Gemeinschaft gebunden. Dieses Menschenbild liegt dem Grundgesetz und damit dem Erziehungsauftrag de öffentlichen Schule zugrunde.

Zugleich liefert das Gericht eine exakte Beschreibung dessen, was Gewissen und Gewissensbildung ist. Diese Ausführungen sind für die Pädagogik unmittelbar von Bedeutung. Zur Gewissensbildung gehöre »die Aufnahme dieser ethischen Pflichten und Normen in das Innere der Persönlichkeit«, sie sei der »Prozess, der zur Errichtung des Gewissens als ›Zensor‹ führt.«[14] Das Gewissen sei als Stimme präsent, die vor Missachtung warnt. In der Beschreibung der Person des Angeklagten liefert das Gericht eine bemerkenswerte Charakterisierung einer vom Gewissen geleiteten Persönlichkeit:

»Der Soldat ist eine (…) Persönlichkeit, die sich nicht leichtfertig zu folgenreichen Schritten entschließt. Vielmehr ist er stets bemüht, zunächst eine sichere Beurteilungsgrundlage zu gewinnen und seine darauf aufbauenden

Einschätzungen mit anderen – vor allem auch gegenteiligen – zu konfrontieren. Er ist (…) von einem starken Gerechtigkeitsempfinden sowie einem außergewöhnlichen Pflicht- und Verantwortungsbewusstsein geprägt, ohne der Gefahr des Moralisierens oder gar des Eifertums zu erliegen. Dabei ist er – wenn aus seiner Sicht erforderlich und geboten – unbequem und standhaft auch gegenüber starken Herausforderungen und Widerständen. Auffallend ist sein nachhaltiges und offenkundig erfolgreiches Bemühen um Wahrhaftigkeit und Gradlinigkeit. Opportunismus und Liebedienerei sind ihm zuwider. Sein ersichtlich aufrichtiges Wesen und seine persönliche und kollegiale Hilfsbereitschaft werden von seinen Vorgesetzten und Kameraden ebenso uneingeschränkt geschätzt wie sein fachliches Können und seine Zuverlässigkeit. Insgesamt hat der Senat von ihm den Eindruck gewonnen, dass er eine Persönlichkeit von hoher Glaubwürdigkeit ist.«[15]

Zu solcher Persönlichkeitsbildung beizutragen, würde der gesellschaftlichen und personalen Verantwortung der Schule gerecht. Ein solcher umfassender Erziehungsauftrag ist jedoch nicht in Vergleichsarbeiten, Bildungsstandards und Schulrankings auszudrücken. Neben der Vermittlung von Sach- und Fachkenntnis gehört hierzu kritische Aufklärung sowie das Anleiten von Diskussionsfähigkeit, von Mitgefühl und Hilfsbereitschaft. Und alle Erfahrung zeigt, dass auch heutige Jugendliche solche Orientierung und Auseinandersetzung mit den wirklich wichtigen Fragen gerne aufgeifen. Sie nehmen gerne Anteil an dem, was in der Welt passiert, wenn man ihnen diese Welt jenseits von Ballerspiel und Einkaufsstraße in ihren Horizont rückt.

1.3 Wissenschaft und Bildung in Freiheit – der Sinn der Hochschulen

»Die Wahrheit wird euch frei machen« – dieses stolze Motto ziert die Fassade der Universität Freiburg. Der Satz entstammt eigentlich der Bibel: Dort meint er, dass das Erkennen der göttlichen Wahrheit den Gläubigen frei macht. An der Universität studieren jedoch nicht mehr nur Theologen. Und trotzdem macht Wahrheit frei? Was soll das heißen?[16]

An der Universität geht es heute nicht (mehr) um das Erkennen einer vorgegebenen göttlichen Wahrheit. Das ist nicht Gegenstand der Wissenschaft, kann es auch nicht sein. Der Wissenschaft geht es um Annäherung an eine immer bessere Erkenntnis der Welt: Die Naturwissenschaften forschen den Phänomenen der Natur nach, die technischen Wissenschaften bringen diese in Anwendung, die Geisteswissenschaften fragen nach dem Warum und Wozu.

Dass man bei diesem Forschen um Erkenntnis niemals an einem Punkt ankommen wird, den man als letzte Wahrheit bezeichnen kann, ist heute Konsens in der Wissenschaft. Das heißt deshalb noch nicht, wie manche meinen, dass es überhaupt nichts Wahres und Unwahres gebe, dass sich das Bemühen, nach Wahrheit zu suchen, gar nicht mehr lohne. Vielmehr macht gerade das Bemühen darum, etwas wenigstens so gut wie möglich zu erkennen, das Ethos der Wissenschaft aus.

Was macht daran nun frei? Jemand, der sich um möglichst genaue Erkenntnis bemüht, der an der Annäherung an Wahrheit arbeitet, wird dadurch *geistig* frei. Und nur eine solche geistige Freiheit kann hier gemeint sein. Eigenes Forschen und Suchen macht unabhängig von Vorurteilen, oberflächlichen Meinungen, allgemeinem Gerede und der Meinung der Mehrheit. Wenn das Suchen nach Wahrheit zum inneren Ziel eines Menschen wird, wird er unabhängiger, lässt sich nicht so schnell beeinflussen und manipulieren. Frei macht also nicht erst die kaum zu findende »Wahrheit«, sondern die Suche nach ihr, das Bemühen um sie, also die Haltung der *Wahrhaftigkeit*.

Zugleich erlangt man hierdurch Freiheit *zu* einer eigenen, begründeten Auffassung, die auf der Fähigkeit beruht, Dinge kritisch zu durchleuchten und unabhängig zu beurteilen. Wer solche Freiheit und Fähigkeit erworben hat, hat damit zugleich die Verantwortung, diese auch im Sinne des Wohls der Allgemeinheit zu nutzen.

Damit sind die beiden zentralen Aufgaben der Universität beschrieben, die eng miteinander verbunden sind: An der Universität soll wissenschaftliche Forschung zu Erkenntnisfortschritt führen, zur Annäherung an »Wahrheit«. Zugleich soll diese wissenschaftliche Arbeit auch junge Menschen bilden, also ihre Persönlichkeit im beschriebenen Sinn prägen, so dass sie später verantwortlich urteilen und handeln können.

Wissenschaft und Bildung, Forschen, Lehren und Lernen hängen also unmittelbar zusammen. Es werden nicht nur, wie an der Schule, fertige Inhalte vermittelt, sondern der Prozess des Wissensgewinns selbst soll den Lernenden, also den Studenten, deutlich werden. Sie können erleben, dass Wissenschaft immer bedeutet, weiter zu fragen und genauer zu forschen, den Dingen auf den Grund zu gehen. Die Studenten müssen teilhaben können am Forschungsprozess ihres Lehrers, des Professors. Sie sollen selbst beginnen, auf diese Weise zu arbeiten. Derart können sie sich durch Wissenschaft bilden. Das bedeutet, nicht allein Wissen auswendig zu lernen, sondern den Prozess des Wissensgewinns selbst zu erleben. *So* kann die beschriebene geistige Unabhängigkeit entstehen sowie die Entstehung von Wissen und seine Folgen auch ethisch reflektiert werden.

Nach Wahrheit zu suchen und zu geistiger Unabhängigkeit und Verantwortlichkeit zu bilden, ist demnach Aufgabe und »Nutzen« der Universität. Sie ist weder Lieferant neuer Erfindungen für Autokonzerne und Computer-Firmen noch Ausbildungsmaschine für hochqualifizierte Vielverdiener. Das ist eine Perversion ihrer Idee. Sie muss den Menschen zur Unabhängigkeit, zur Freiheit und zur Verantwortung befähigen, damit er als Bürger dem Gemeinschaftsleben, sei es in Wirtschaft, öffentlichem Leben, Politik, Kultur oder wo auch immer, dienen kann.

Wissenschaft und Studium müssen in diesem Sinne frei von vordergründigen Zwecken sein. Das bedeutet nun gerade nicht, dass Universitäten die berühmten »Elfenbeintürme« sein dürfen, in denen zerstreute Professoren weltfernen Fragen nachgehen. Nein, die Universität muss mitten im Leben stehen, sie muss das Leben kennen und dessen Fragen und Notwendigkeiten. Das kann sie aber am besten, wenn sie unabhängig ist: frei von direkten Verwertungsinteressen. *Zweckfrei* bedeutet also keineswegs *zwecklos*.[17] Ein Studium in Freiheit, das der Wahrheit verschrieben ist, ist sogar enorm *nützlich* – wenn man Nützlichkeit nicht vordergründig als ökonomischen Output versteht: »Natürlich kann man sich damit begnügen, künftigen Biologen, Richtern, Ärzten, Pfarrern oder Lehrern das Handwerkszeug beizubringen. Mit Handwerkern der Gentechnik, des Rechts, der Gesundheit, der Seelsorge, der Erziehung allein ist der Gesellschaft jedoch nicht gedient.«[18] Denn all diese Berufe müssen ihr Handeln verantworten, deshalb müssen sie nach Wahrheit fragen: Der Biologe darf die Gentechnik nicht einfach nur weiterentwickeln und verkaufen, sondern muss die Frage nach deren ethischen Problemen mitbedenken und öffentlich machen. Der Richter muss unbestechlich urteilen, am Recht orientiert bleiben, auch wenn ein Generalstaatsanwalt, der juristische Mainstream und die Medien anderes verlangen. Der Arzt muss auch in Zeiten der durch die Gesundheitsreform erzwungen Leistungskürzungen für den Patienten da sein, darf seinen Eid, Leben zu retten, nicht aufgeben. Der Pfarrer muss seiner Wahrheit verpflichtet bleiben, seelische Not lindern und christliche Werte auch gegen wachsenden Widerstand aufrechterhalten. Der Lehrer muss das Interesse seiner Schüler und ihr Recht auf Menschlichkeit und Bildung auch gegen kontraproduktive Reformen verteidigen.

Gerade von den akademischen Berufsgruppen erwarten wir eine Haltung kritischer Unabhängigkeit, die für Wahrhaftigkeit, Menschlichkeit und Gerechtigkeit einsteht. Und auch ein Betriebswirt soll an der Universität nicht allein auf das erfolgreiche Führen eines Unternehmens vorbereitet werden, wenn Erfolg die rücksichtslose Profitmaximierung meint, die heute allerorts praktiziert wird. Ein Betriebswirt müsste aus seinem Studium eine ethische Einstellung mitnehmen, die um die Verantwortung für die Arbeitnehmer und das ganze Gemeinwesen weiß und sich nicht allein den Marktmechanismen hingibt. Auch einem Betriebswirtschaftler, einem Ingenieur, einem Architekten, einem Künstler muss es auf seine Weise also um die Wahrheit gehen: Die Brücke, die der Ingenieur baut, muss so »wahr« sein, dass sie hält, wenn wir darüber fahren; die Häuser, die der Architekt baut, müssen ein wahrhaftiges, ein menschgerechtes Wohnen ermöglichen; und auch der Künstler sollte seine Freiheit so nutzen, dass seine Kunst nicht in autistischer Selbstverliebtheit verbleibt, sondern irgendeine Wahrheit sucht, die von Belang sein kann.

Diese Überlegungen zu Aufgabe und Anspruch der Universität beschreiben letztlich nichts anderes, als die bereits für tot erklärten Ideen, die Wilhelm von Humboldt vor 200 Jahren entwickelt hat. An diesen kurzen Ausführungen kann man erkennen, dass Humboldt eben kein Phantast war, der die Universität als ein Refugium zur weltfernen Selbstverwirklichung ansah. Es zeigt sich und wird sich im weiteren noch viel deutlicher zeigen, dass die Prinzipien, die Humboldts Konzeption der Universität prägten, aktuell wie eh und je sind: Die Universität solle, so Humboldt, »die objective Wissenschaft mit der subjectiven Bildung« verbinden.[19] Eine etwas altertümlich klingende Formulierung für das, was wir eben entwickelt haben: Das Bemühen um objektive Erkenntnis prägt zugleich die Bildung des einzelnen Subjekts. Wenn Studenten also heute nur noch Vorlesungsskripte und Lehrbuchtexte auswendig lernen, die dann in Klausuren abgefragt werden, so erfahren sie gerade nicht mehr das selbstständige Denken und Forschen. So bleiben sie leicht unselbstständig und unkritisch.

Humboldts Idee der »Einheit von Forschung und Lehre« ist kaum mehr Realität. Zum einen, weil Studierenden oft notwendige Voraussetzungen aus der Schule fehlen, die dann zunächst nachgeholt werden müssen. Zum anderen ist dafür kaum Zeit: Die Studenten werden mit übervollen Stundenplänen durch die Universität gehetzt, die Lehrenden ächzen unter Veranstaltungen mit Hunderten von Teilnehmern. Es fehlt gerade an der »Einsamkeit und Freiheit«, die Humboldt als wichtige Voraussetzung für das

Studieren und Forschen ansah. Das bedeutet nicht, dass Studenten und Professoren weltfremde, menschenferne und zurückgezogene Exzentriker sein sollen. Aber Wissenschaft und Erkenntnissuche brauchen Zeit, Ruhe und Freiheit. Lehren, Lernen und Forschen an den Universitäten ist nicht möglich unter dem Druck eng gefasster Stundenpläne, fehlender Finanzmittel, staatlicher oder wirtschaftlicher Vorgaben und unter der ständigen Aufsicht von Evaluationen. So bildet sich kaum mehr eine »Gemeinschaft von Lehrenden und Lernenden«. Damit war das grundsätzlich gleichwertige Verhältnis von Studierenden und Lehrenden gemeint, die beide damit beschäftigt sind, sich um Wahrheit zu bemühen. Auch der Lehrende lernt ständig in der Auseinandersetzung mit den Lernenden.

Damit sich eine solche Universitätskultur entfalten kann, war auch schon Humboldt klar, dass sich Staat, Kirche und Wirtschaft aus den Angelegenheiten der Hochschulen herauszuhalten haben. Der Staat muss die Universitäten finanzieren. Nur so ist deren Unabhängigkeit und damit die Unabhängigkeit von Wissenschaft und Bildung gesichert: »Der Staat duldet und schützt die Universität als einen aus seiner Machtwirkung ausgesparten Raum, den er gegen andere Machteinwirkungen sichert.«[20] So formulierte einmal der Philosoph Karl Jaspers in seinem berühmten Buch über die »Idee der Universität«. Das ist heute selbstverständlich nur noch ein frommer Wunsch, denn alle Bestrebungen gehen da hin, direkten staatlichen Einfluss auf die Universitäten auszuüben oder dritten, also der Wirtschaft, zu ermöglichen. Hierzu später mehr. Doch ist die Idee der Universität nicht veraltet, nur weil sie derzeit mit Füßen getreten wird.

Die »Unparteilichkeit der Universität setzt Unabhängigkeit vom Staat, aber auch Unabhängigkeit von der Wirtschaft voraus«[21], so der Staatsrechtler Karl-Albrecht Schachtschneider. Wenn die Universitäten nicht mehr unparteilich sind, bringen sie nicht nur schlechte Wissenschaftler und geistig unfreie Absolventen hervor, sondern sie können den demokratischen Meinungsbildungsprozess nicht mehr mit wahrheitsgemäßen Erkenntnissen unterstützen. Die Wissenschaft wird dann Teil der großen medialen Manipulationsmaschine, die die öffentliche Meinung zu steuern versucht. Wenn Wahrheit frei macht, dann sieht man an dieser Meinungs- und Wahrheitsmanipulationsmaschine, dass Unwahrheit unfrei macht: Mit Lügen begründet man Kriege, mit Lügen kürzt man Gesundheitsleistungen, mit Lügen entlässt man Arbeitnehmer und mit Lügen versucht man auch noch, die nächste Wahl zu gewinnen.

Wenn man so viel von Freiheit, Wahrheit, Wissenschaft und Bildung redet, wird heute in der Regel eingewendet, dass aber doch die Universitäten etwas für die Praxis leisten müssten. Sie müssten durch Forschung und Ausbildung zum Wirtschaftswachstum beitragen und sollten daher näher an der Praxis orientiert sein. Das, was an den Hochschulen geschehe, sei viel zu lebensfern und nicht notwendig für das Berufs- und Wirtschaftsleben.

Das ist in der Tat ein schwieriges Problem, das verschiedene Facetten hat. Zunächst sind viele Teile der Wissenschaft tatsächlich nicht unmittelbar relevant für die Praxis. Wissenschaft kann und soll gar nicht immer unmittelbar auf Praxis zielen. Sie beschäftigen sich mit Grundlagenforschung, grundsätzlichen Fragen und wissenschaftsinternen Diskussionen. Die sind deshalb aber nicht überflüssig. Es gibt Erkenntnisse, die jenseits der unmittelbaren Anwendung enorm wichtig sind. Solche Erkenntnisse unabhängig von der Marktnachfrage zu suchen, gehört zur Freiheit des Menschen.

Richtig ist aber auch, dass sich im Wissenschaftsbetrieb durchaus fragwürdige Entwicklungen ergeben haben. Es werden mitunter durchaus abstruse Theorien gepflegt, deren Weltferne geradezu als Markenzeichen gesehen wird. Man macht sich nicht gerne die Finger schmutzig an Ansprüchen oder gar Widersprüchen der Wirklichkeit. Eine Beobachtung, die leider auch für manche Teile der akademischen Pädagogik gilt. Hier verliert Wissenschaft mitunter durchaus den Kontakt zu den Anforderungen des realen Lebens. Doch sind solche Entwicklungen letztlich nur innerhalb der Universitäten und ihrer Wissenschaften zu korrigieren: Sobald man beginnt etwa politisch zu entscheiden, welche Theorien weiter verfolgt werden dürfen und welche nicht, hat man Verhältnisse wie im ehemaligen Ostblock. Dort wusste auch die Partei, was die richtige Lehre sei. Und die wurde dann »erforscht«. Der Preis der Freiheit von Wissenschaft und Bildung an den Universitäten ist also in der Tat, dass mitunter auch solche Entwicklungen ausgehalten werden müssen. Der Preis einer direkten Steuerung wäre nämlich zu hoch: Das wäre der Totalitarismus.

Das bedeutet wiederum nicht, dass die Öffentlichkeit nicht an der Entwicklung der Wissenschaften kritisch teilnehmen soll. Das ist ein wichtiges Korrektiv. Denn Wissenschaftler müssen sich sehr wohl vor dem gemeinsamen Wohl aller Menschen verantworten: Was sie tun, muss dem Gemeinwohl dienlich sein. Das ist allerdings keine Strafinstanz, sondern eine ethische Forderung.

Was den Vorwurf der »Praxisferne« weiterhin angeht, ist zudem selbstverständlich, dass Hochschulen auch die Aufgabe haben, auf einen Beruf vorzubereiten. Nur geschieht dies in einer allgemeineren Weise als etwa in einer Berufsausbildung. Die spezielle Ausbildung müssen dann die Betriebe selbst leisten. Für speziellere Berufsbildung gibt es zudem traditionell die Fachhochschulen. Sie haben ihre eigene Begründung und Bedeutung. Sie haben andere Aufgaben als die Universität. Sie vermitteln wissenschaftsbasiertes Anwendungswissen, sie bereiten also viel konkreter auf ein berufliches Feld vor. Derzeit wird allerdings die Universität der Fachhochschule und die Fachhochschule der Universität angeglichen. Beide machen ein bisschen Theorie und ein bisschen Praxis. Heraus kommt von beidem das Schlechtere.

»Praxisorientiert« muss die Universität aber insofern sehr wohl sein, als sie auf verantwortliches Handeln in Gesellschaft, Staat und Wirtschaft vorbereiten soll. Akademische Bildung ist ein Privileg und muss auf verantwortliches Leben zielen. Die Verantwortung der Universitätsabsolventen ist daher besonders hoch. Sie müssen ihr Wissen und Können, das durch die Steuern ihrer Mitbürger finanziert wurde, verantwortlich *für alle* einsetzen – für das allgemeine Wohl.

All das macht den hohen Anspruch, den Glanz und zugleich auch das Elend der Universität deutlich: Sie ist letztlich weitgehend abhängig von der Einstellung der Personen, die in ihr forschen, lehren und lernen. Wenn Professoren und Studierende diesem hohen Anspruch nicht genügen, verkommt die Universität zu dem, was sie heute vielerorts ist: einem Gemisch aus höherer Schule, Berufsausbildungsstätte, Paukanstalt einerseits und Ort der Produktion geistiger Unverbindlichkeiten oder nutzbringender Auftragsforschung andererseits. Sicherlich ist dieses Bild überzeichnet: Es gibt immer noch und immer wieder Lehrende und Lernende, die etwas anderes zu leben versuchen. Dass und wie die Idee der Universität dabei seit 30 Jahren von permanenten Reformen, Überlastung und Unterfinanzierung systematisch torpediert wird, wird im zweiten Kapitel noch Thema sein.

Doch ist diese Idee erst dann tot, wenn man sie aufgibt und für tot erklärt. Herr Rüttgers sprach nur aus, was viele andere denken und praktizieren. Es hängt alles davon ab, ob wir mit dieser schlechten Praxis einfach leben und sie für die eigentliche Universität halten wollen, oder ob wir die ursprüngliche Idee der Universität weiterhin als Richtschnur nehmen, an der sich tägliches Handeln orientieren kann. Und wir werden noch zu fragen haben, wem es eigentlich nutzt, die Universität »zur Wissensfabrik einerseits, zur abgemagerten Berufsschule andererseits zu degenerieren«[22], wer Interesse daran hat, nicht mehr nachdenkliche Menschen heranzubilden, sondern »den Typus des Informationssammlers und Wissensanhäufers«.[23] Wer hat Interesse daran, dass Universitäten nicht mehr Bildung, ja nicht einmal mehr Halbbildung, sondern sogar Unbildung produzieren?

1.4 Das Bildungswesen in der Republik

Bis hierhin haben wir Bildung und ihre Bedeutung vor allem für den einzelnen Menschen, für Schüler und Studenten betrachtet. Bildung – das klang bereits mehrfach an – hat jedoch auch eine tragende Bedeutung für das gesellschaftliche Zusammenleben. Diesen Zusammenhang zu klären, auch wenn er zunächst etwas abstrakt klingt, ist von zentraler Bedeutung. Denn die im Weiteren beschriebenen Entwicklungen zielen allesamt darauf, aus einem öffentlichen, gemeinsam verantworteten Bildungswesen ein privates zu machen. Junge Menschen werden dann nicht mehr in gemeinsamer Verantwortung aller Bürger für das Leben im demokratischen Staat gebildet, sondern für private Einzelinteressen, also vor allem für wirtschaftlichen Nutzen.

Eine solche Bildung z.b. für »die Wirtschaft« ist jedoch keine Bildung im Sinne der Allgemeinheit, weil Wirtschaftsinteressen immer nur einen Teil der Interessen einer Gesellschaft ausmachen. Sie sind private Teilinteressen, auch wenn heute meist behauptet wird, an diesen Interessen und Notwendigkeiten müsse sich alles andere ausrichten. Öffentliche Schulen aber müssen dem öffentlichen, also *allgemeinen* Interesse dienen. Und dieses allgemeine Interesse muss auch von *allen* Bürgern bestimmt sein.

Das sind starke Worte. Ist es also nicht gerechtfertigt, einen Hauptschüler für das Leben im Beruf vorzubereiten, so dass er mit ehrlicher Arbeit selbstständig sein Geld verdienen kann? Klingt das alles nicht reichlich abstrakt und abgehoben, wenn man weiß, wie viele Schüler überhaupt keinen Schulabschluss schaffen? Haben nicht gerade sie das Problem, dass ihre Schullaufbahn zwecklos ist, weil sie damit nichts anfangen können? Müssen Sie nicht handfestes Wissen und Können haben, um im harten Wettbewerb um Ausbildungsplätze überhaupt eine Chance zu haben?

Doch, selbstverständlich. Es ist selbstverständlich Aufgabe von Schule, Schüler zu berufsfähigen Menschen zu bilden. Und jeder Handwerksbetrieb ist auf Auszubildende angewiesen, die in der Lage sind, den Anforderungen des Berufes zu entsprechen. Friseure oder Installateure, die kaum lesen und schreiben können, können ihren Beruf nicht ausüben. Künftige Facharbeiter müssen fundierte Kenntnisse im mathematischen und naturwissenschaftlichen Bereich haben. Und alle Absolventen müssen in ihrer Persönlichkeit so gestärkt sein, dass sie den Anforderungen standhalten, aktiv und auch innovativ tätig sein können. Die Schule und auch die Hochschule hat also sehr wohl die Pflicht, qualifizierte und arbeitsfähige Absolventen zu entlassen, die im Arbeitsleben bestehen können. Dass hier in der Tat Defizite bestehen, ist ebenso unbestritten. Auch hierzu später mehr.

Dennoch sind die heute vorgebrachten Ansprüche insbesondere von großen Konzernen und Wirtschaftsverbänden, die – wie wir im Weiteren sehen werden – Bildung bis ins Detail bestimmen wollen, nicht legitim. Schüler und Studenten werden dann zum zweckdienlichen Mittel. Allgemeine Bildung muss junge Menschen vorbereiten, verantwortlich zum gemeinsamen Leben in der Demokratie beitragen zu können. Und dazu kann auch gehören, der Vereinnahmung aller Lebensbereiche durch ökonomische Interessen zu widersprechen.

Die Möglichkeit zu allgemeiner Bildung in öffentlichen Bildungseinrichtungen ist demnach im Sinne des *Allgemeinwohls* unabdingbar. *Das allgemeine Wohl ist das, was für jeden gut sein kann* und nicht nur für die Interessen einzelner. Damit jeder die Möglichkeit hat, am Gemeinwohl teilzuhaben und vor allem auch dazu beizutragen, muss das Bildungswesen staatlich organisiert sein und es muss demokratisch verantwortet werden, also von den Bürgern selbst. Diesem allgemeinen Interesse, dem, was für alle gut sein kann, muss sich auch die Privatwirtschaft unterordnen. Eigentum und Wettbewerb müssen insgesamt der gemeinsamen Sache aller Bürger dienen. Das hat nichts mit Sozialismus zu tun, aber mit Sozialverträglichkeit.

Diese fundamentale Bedeutung der Bildung für den einzelnen Menschen wie für das gemeinsame Wohl kommt auch darin zum Ausdruck, dass Bildung heute als Menschenrecht gilt. Das Recht auf Bildung und Erziehung ist Bestandteil der Allgemeinen Erklärung der Menschenrechte der UNO von 1948. Dort heißt es in Art. 26:

»1. Jeder Mensch hat das Recht auf Bildung. Der Unterricht muss wenigstens in den Elementar- und Grundschulen unentgeltlich sein. Der Elementarunterricht ist obligatorisch. Fachlicher und beruflicher Unterricht soll allgemein zugänglich sein; die höheren Studien sollen allen nach Maßgabe ihrer Fähigkeiten und Leistungen in gleicher Weise offen stehen.

2. Die Ausbildung soll die volle Entfaltung der menschlichen Persönlichkeit und die Stärkung der Achtung der Menschenrechte und Grundfreiheiten zum Ziele haben. Sie soll Verständnis, Duldsamkeit und Freundschaft zwischen allen Nationen und allen rassischen oder religiösen Gruppen fördern und die Tätigkeit der Vereinten Nationen zur Aufrechterhaltung des Friedens begünstigen.«

Es ist also nicht nur das Recht festgeschrieben, an schulischer Grundbildung unentgeltlich teilzunehmen. Auch die höhere Bildung, die Hochschulen, sollen jedem nach seinen Fähigkeiten offen stehen. Insofern ist etwa die Frage der Studiengebühren ein äußerst heikler Punkt, da hier andere Kriterien hinzutreten, nämlich finanzielle Möglichkeiten.

Vor allem aber ist das Menschenrecht auf Bildung nicht nur ein Recht auf Ausbildung, sondern eben auf Bildung der ganzen Persönlichkeit im hier gemeinten Sinne. Darüber hinaus sind auch die beschriebenen ethischen Ansprüche formuliert: Toleranz, Verständigung und Friedfertigkeit sind zentrale Ziele von Erziehung und Bildung. Mit dem Recht auf Bildung ist also auch die Verantwortung gegenüber dem Gemeinwesen verbunden. Die Einhaltung der Menschenrechte und des Völkerrechts selbst soll durch Bildung gestärkt werden.

Damit zeichnet sich der gesamte Umfang der Aufgabe des Bildungswesens in einem demokratisch verfassten Staat, in einer Republik ab:

Wir leben nicht mehr in einem Obrigkeitsstaat. »Alle Staatsgewalt geht vom Volke aus«, so Artikel 20, Abs. 2 des Grundgesetzes. Das heißt, »der Staat« ist nicht irgendetwas von den Bürgern Unabhängiges. Der Staat sind die Bürger selbst. Wir sind das Volk. Und das Volk ist der Staat. Dieser Staat ist eine »Republik«. Und in dieser Bezeichnung, die uns so selbstverständlich über die Lippen geht, steckt das Grundprinzip der Selbstbestimmung der Bürger: Die kürzestmögliche Definition dieser Idee stammt vom römischen Staatsmann und Philosophen Marcus Tullius Cicero: »*Res publica res populi*«. *Die öffentlichen Angelegenheiten sind Sache des Volkes.* Also: Alle Angelegenheiten, die sich aus dem Zusammenleben der Bürger ergeben, alle öffentlichen Fragen sind allein vom Volk zu entscheiden. Die Bürger entscheiden über ihre Angelegenheiten selbst, sie regieren sich selbst. Es darf keine Macht geben, die nicht direkt durch die Bürger legitimiert ist. Sonst widerspricht eine solche Macht der Freiheit und damit der Würde des Menschen. Denn der Mensch kann nur in Freiheit seine Selbstbestimmung und Würde entfalten. Der Begriff der »Republik« hat sich genau aus diesem römischen Gedanken der »res publica« entwickelt: Die Republik, der Staat, das sind die Angelegenheiten der Bürger, die diese gemeinsam regeln wollen.[24]

Nun heißt dieser Staat zwar »Bundes*republik*« und es finden alle Jahre Wahlen statt. Aber ist es faktisch so, dass wir, die Bürger, die Selbstbestimmung über das öffentliche Leben haben? Die Rede ist nicht von *Mit*bestimmung, auf die Demokratie gerne reduziert wird. Wenn wir nur *mit*bestimmen, wer bestimmt dann den Rest? Die Parteien, die Abgeordneten, die Regierung? Die Wirtschaftslobbys, Konzerne und Verbände? Ziel der Republik ist *Selbst*bestimmung in und zur Freiheit jedes Einzelnen. Alles andere ist Fremdherrschaft, die seit der Aufklärung als nicht mehr legitim gilt. Die politische Wirklichkeit zeigt, wie wenig der Zustand unserer Demokratie dem entspricht.[25] Dabei wird seit Jahren ignoriert, dass das Grundgesetz zur Ausübung dieser Staatsgewalt durch das Volk nicht nur Wahlen, sondern auch *Abstimmungen* vorsieht (Art. 20, Abs. 2). Das bedeutet also Abstimmungen über Sachfragen durch Volksbegehren und Referenden. Die Einführung solcher, auch realisierbarer direktdemokratischer Elemente, die das Grundgesetz vorsieht, wird seit Jahrzehnten von der politischen Klasse verhindert. Dabei wären Volksabstimmungen auf allen Ebenen des politischen Lebens *das* Mittel einer tatsächlichen Selbstbestimmung.

Doch ist Demokratie nicht nur ein *Verfahren* der Abstimmung. Demokratie ist eine *Lebensweise.* Die lebt vom Dialog der Bürger, von der Möglichkeit und dem Willen, sich zu beteiligen. Diesen Zusammenhang erklärt der Demokratieexperte Jens Loewe sehr einleuchtend:

»*Das wesentliche Element der Demokratie* ist damit das Zusammentreffen von Menschen, in ihrer Verschiedenartigkeit; sowie die Entwicklungsmöglichkeiten des Einzelnen, durch Begegnung und Beratung, in Freiheit. Damit erzeugt Demokratie einen mehrfachen Nutzen. Ein voneinander Lernen, eine höhere Qualität in der Entscheidung und das Durchdringen der Gemeinschaftsentscheidung mit einer moralischen, bzw. ethischen Qualität. (…) Die bloße ›Anhörung‹, wie es im politischen Alltag üblich ist, kann deshalb nicht heilsam wirken, weil erst durch die tatsächliche Entscheidungsmöglichkeit des Individuums eine Verantwortung gegenüber sich selbst und gegenüber der Welt empfunden werden kann. Demokratie bedeutet Selbstbestimmung einer Gemeinschaft und das bedeutet die Entscheidung der Gemeinschaft für die Gemeinschaft, sowie Gestaltungsmöglichkeit durch den Einzelnen. Damit wird deutlich, dass die Idee der Demokratie etwas ist, was sich ›von unten‹ gestalten und entwickeln muss, also von der untersten Ebene aus. Die unterste Ebene, die kleinste ›Zelle‹ in der Demokratie ist der einzelne Mensch. Die nächst höhere Ebene ist das konkrete Zusammentreffen von Menschen. (…) so bedeutet dies, dass Demokratie notwendigerweise verlangt, dass die volle Entscheidungsmacht auf den Menschen, dem Souverän lastet, und nicht durch trickreiche Manöver der Politik unterlaufen wird. Denn auch hier entsteht die verantwortungsbildende Wirkung erst dadurch, dass die Verantwortung vom Einzelnen auch gespürt und tatsächlich erlebt werden kann.«[26]

Damit wird die Bedeutung der Bildung für diese Form tatsächlicher Demokratie unmittelbar deutlich: *Demokratie braucht gebildete Bürger.* Je besser die Menschen gebildet sind, desto freier, unabhängiger, sachverständiger und kritischer kann der öffentliche Diskussionsprozess verlaufen und desto weniger sind die Menschen durch mediale Meinungsmache zu beeinflussen. Und je mehr sie an Toleranz, Gewissensbildung und Friedfertigkeit gelernt haben, desto besser kann sich der Prozess der Meinungsbildung im wechselseitigen Gespräch entfalten, desto größer ist das Verantwortungsgefühl für die gemeinsame Sache, die »res publica«. Der Erhalt und die oben als notwendig beschriebene Neuausrichtung der Demokratie hängen letztlich davon ab, dass die Schulen es den heranwachsenden Bürgern ermöglichen, zu freien, selbstbestimmten und sozial verantwortlichen Personen zu werden.

Weil also das Funktionieren der Demokratie von der Bildung der Bürger abhängt, muss der demokratisch verantwortete Staat für diese Bildung sorgen, die es den Menschen ermöglicht, sich selbst zu bestimmen. Das ist der Sinn der *öffentlichen* Schule und Hochschule. Diese sind staatlich finanziert und verantwortet. Die eigentliche Idee dahinter ist, dass die Bürger gemeinsam für die Bildung ihrer Kinder sorgen, dass sie dies in gemeinsamer Verantwortung und mit gemeinsam vereinbarten Zielen tun.

Aus diesem Grunde besteht auch *Schulpflicht*. Sie entstand in der Zeit der Aufklärung, deren Ziel es war, für jeden Menschen die Möglichkeit zu schaffen, aus der Unmündigkeit herauszuwachsen. Damals war es noch der von einem Monarchen regierte Staat, der die Schule verordnete. Der aufgeklärte Staat wollte also letztlich gegen seine unmittelbaren Herrschaftsinteressen eine Bildung ermöglichen, die gerade unabhängig von seinen direkten Interessen machte. Manche sehen auch hierin nur einen Schachzug der Macht, um die Bürger besser an die sich wandelnden Verhältnisse und Anforderungen anzupassen. Wie dem auch sei, Ergebnis war und ist eine öffentlich organisierte und verantwortete *Zwangsschule* für jeden. Sie ist nur dann vertretbar, wenn der Staat ein Staat der Bürger ist, also eine Republik, und diese demokratisch geführt wird. Wenn »der Staat« etwas von den Bürgern Unabhängiges ist, wenn er eine eigene Macht darstellt, die gnädig Chancen zuteilt oder auch nicht, wenn er also letztlich herrschaftlich oder absolutistisch agiert, dann verliert auch die öffentliche Schule ihre Berechtigung.

Und in der Tat empfinden viele Bürger diesen Mangel an Selbstbestimmungsmöglichkeiten gerade im Bildungswesen: Es scheint nahezu unmöglich, auf Bildungspolitik direkten Einfluss zu nehmen. Bildungspolitik, von der aber die Zukunft der eigenen Kinder unmittelbar abhängt. Daher wenden sich viele Eltern, die sich dies leisten können, privaten

Schulen zu. Diese verständliche Reaktion kann aber auf Dauer den sozialen Zusammenhalt der Gesellschaft gefährden und schwächt die gemeinsame demokratische Verantwortung weiter.

Der jetzt deutlich gewordene thematisierte Zusammenhang von Bildung und Demokratie, von Schule, Hochschule und der Freiheit und Selbstbestimmung der Bürger hat für unser Thema sehr grundsätzliche Folgen: Wir können das Problem der Schule und der Hochschule nicht diskutieren ohne zugleich den Zustand unseres Staates, unserer Republik, unserer Demokratie ins Auge zu fassen.

2 PISA und andere Katastrophen: Was Bildung kaputt macht

Dass der reale Zustand der Bildung in Deutschland schlecht ist, weiß heute jeder. Oder besser: es meint jeder zu wissen, spätestens seit der famosen PISA-Studie. Die hat vermeintlich »wissenschaftlich« mit harten Zahlen belegt, wie schlecht Deutschlands Schüler, Lehrer und Schulen sind. Die von Medien und Politik verbreitete PISA-Hysterie hat die Stimmung eines nationalen Notstands erzeugt. Und alle wissen vor allem eins: jetzt muss gehandelt werden. Wie, was und warum kann dagegen kaum noch jemand sagen.

Bevor wir im weiteren Verlauf danach fragen, welche Rezepte denn nun angepriesen werden und wie Bildung und Bildungswesen immer stärker unter den Druck ökonomischer Effizienz gerät, versuchen wir zunächst die Einflüsse zu beschreiben, die das Bildungswesen bis heute wesentlich geprägt haben.

Denn selbstverständlich ist der Zustand von Schulen und Hochschulen nicht ideal und entspricht den im ersten Kapitel entworfenen Grundlagen oftmals nicht. Seit langem ist es – zumindest nördlich der Mainlinie – ein offenes Geheimnis, dass es mit der Bildung in Deutschland nicht zum Besten steht, ja, eigentlich bergab geht. Keinem, ob er nun als Lehrer im Bildungsbereich arbeitete oder dessen Auswirkungen als Eltern oder am Arbeitsmarkt zu spüren bekam, konnte verborgen bleiben, dass sich die Leistungen deutscher Schüler seit den Siebziger Jahren verschlechterten. Eltern wunderten sich zunehmend darüber, welches Gekrakel in den Hausaufgabenheften die Schule durchgehen ließ; warum Rechtschreibfehler nicht mehr korrigiert wurden; mit welch absurden Methoden Kinder Lesen lernen sollten und nur Verwirrung dabei herauskam; warum immer mehr Stunden gekürzt wurden, aber die Bildungsqualität angeblich besser werden sollte; warum die Hochschulen immer voller und gleichzeitig Professorenstellen gestrichen wurden. Aus Wirtschaft wie Hochschule häuften sich die Klagen über schwindende Grundkenntnisse der Schulab-

gänger. Gleichzeitig nahmen Unruhe, Unkonzentriertheit, Leistungsver-
weigerung, Gewalttätigkeit und Verwahrlosung in den Schulen immer
mehr zu. Lehrer fühlten sich zunehmend überfordert. Die Rede von der
Fun-Generation machte die Runde, Hilferufe wie der der Berliner Rütli-
Schule schreckten auf.

Einige der Ursachen für diesen Bildungsverfall sollen hier knapp umris-
sen werden. Diese Schilderung muss summarisch und knapp bleiben.
Diese Schlaglichter sollen nur dazu dienen, das für unseren Zusammenhang zentrale Problem zu erhellen: Das Bildungswesen in Deutschland ist
so angeschlagen, dass es nun leichte Beute noch ganz anderer Interessen
werden kann. Wie ein taumelnder Boxer, der unter einem Feuerwerk von
Schlägen langsam die Kontrolle verliert und wankt, so droht nun auch
dem Bildungswesen der finale Hieb, der es niederstreckt. Die Wucht, mit
der die später thematisierten Bestrebungen einer Ökonomisierung von
Bildung einschlagen, sind nur zu verstehen, wenn man zuvor herausgearbeitet hat, wie wehrlos und desorientiert das Bildungswesen dahinwankt.

Was hat also Bildung und Erziehung kaputt gemacht? Schauen wir uns
verschiedene Faktoren an, die von endlosen Versuchen der Reform der
Institution Schule und Hochschule bis zur Erziehungshaltung von Eltern
und Lehrern reichen. Nur wenn man das komplexe Zusammenspiel dieser
Probleme versteht, können mögliche Lösungen entwickelt werden. Und
wir haben erst dann den Hintergrund, zu beurteilen, ob und was PISA
eigentlich über diese Probleme sagt und zu ihrer Lösung beiträgt.

2.1 Reales Bildungselend:
Bildung und Erziehung in Not

Ein Hauptproblem heutiger Schulen und Hochschulen ist die seit mindestens Ende der Sechzigerjahre während permanente Bildungsreform.
»Reform« ist zum Zauberwort des Bildungswesens geworden. Es unterstellt, dass grundsätzlich alles Alte schlecht und alles Neue besser ist. Jede
neue Regierung legt neue Reformen auf. So wurde ins öffentliche
Bewusstsein implantiert, dass sich im Bildungswesen »dringend« etwas
ändern müsste.

Die erste Runde der Bildungsreform eröffnete nach dem Zweiten Weltkrieg der Sputnik-Schock: Da hatten 1957 doch tatsächlich die Russen den
ersten Satelliten ins All geschossen und nicht der sich immer überlegen
wähnende Westen! Die nachfolgende Hysterie sah die Ursachen dafür vor

allem im »Versagen« des Bildungswesens. In Deutschland rief Georg Picht die »Bildungskatastrophe« aus: Man bräuchte unbedingt mehr Abiturienten und mehr Hochschulabsolventen und daher eine umfassende Reform. Das Argument war das gleiche wie heute: Bildung wird als Instrument verstanden, damals, um die Kommunisten in Schach zu halten, heute, um die Globalisierung zu bewältigen. Bereits damals wurde also nicht aus pädagogischen Überlegungen reformiert, sondern aus ökonomisch-ideologischen.

Richtig an dieser Reform war die Öffnung der höheren Bildungsabschlüsse für größere Bevölkerungskreise. Andererseits begann damit das Problem, das bis heute nicht gelöst ist: Wie soll die Abiturientenquote erhöht werden, wenn nicht zugleich eine wundersame Intelligenzvermehrung stattfindet? Man hätte also diskutieren müssen, wie es sich *pädagogisch* erreichen lässt, dass mehr Schüler zu Erfolgen kommen. Tatsächlich führten die angestoßenen Reformen zwar zur Steigerung von Abiturientenquoten und Universitätsabsolventen, aber zum Preis der Absenkung des Anspruchsniveaus.

Die Sechzigerjahre, die von der Studentenbewegung und ihrer Aufbruchstimmung geprägt waren, brachten insbesondere die sozialdemokratische Idee gleicher Beteiligungschancen für alle Menschen mit sich. Bildung sollte nicht länger von Einkommensverhältnissen und Schichtzugehörigkeit abhängen. »Bildung für alle« war das Schlagwort. Eine Idee, die durchaus dem eingangs formulierten Menschenrecht auf Bildung entspricht. Leider wurde sie mittels verhängnisvoller Maßnahmen umgesetzt. Die Reform der gymnasialen Oberstufe und die Einführung von Gesamtschulen waren aus dem Optimismus geboren, Benachteiligungen aufzuheben, individuelle Interessen zu fördern und eine bildungsmäßige Klassengesellschaft aufzuheben. Wie viele andere Bildungsreformen verkannte die im Ansatz wohl unbestreitbar richtige Idee, gleiche Chancen zu schaffen, dass sich pädagogische Aufgaben eben *nicht* durch *institutionelle* Reformen lösen lassen. So hat man wohl von Beginn an unterschätzt, dass die Auflösung des Klassenverbandes in der gymnasialen Oberstufe ein massives pädagogisches Problem darstellt. Die Unverbindlichkeit und Lustlosigkeit, die viele Oberstufenschüler prägt, entstand unter anderem aus dem Mangel an sozialer Verbindlichkeit, aus einem verlässlichen Bezug in einer Klassengemeinschaft. Auch übersah man, dass die Möglichkeit der Abwahl bestimmter Fächer selbstverständlich zuerst die so genannten »schweren« Fächer treffen wird, also Mathematik, Naturwissenschaften und heute auch Französisch oder Musik. Andere Fächer bekamen den zweifelhaften Ruf als »Laber-Fächer« einfacher zu sein und erfreuten sich daher erhöhter Beliebtheit, so dass Abiturienten mit Abiturfächern wie Sozialwissenschaften, Pädagogik, Sport und Kunst keine Seltenheit waren. Letztlich stahl sich diese Oberstufenreform aus der pädagogischen Verantwortung: Denn so wurden Lernschwierigkeiten zementiert, indem es den Schülern ermöglicht wurde, ihnen aus dem Weg zu gehen. Für die Fächer, in denen Schüler Schwächen hatten, entwickelten sie eine überhebliche Verachtung. Dies ist ein Grund, warum heute allerorten Studenten in den »schweren« naturwissenschaftlichen und technischen Studiengängen fehlen. So vermittelt man nicht Zutrauen und Mut in die eigenen Fähigkeiten. So erzieht man gerade nicht eigenständige, selbstbewusste Menschen, sondern Duckmäuser und Verächter all dessen, was man nicht versteht.

Der ebenfalls in den Siebzigerjahren entwickelte Versuch, Bildungsgerechtigkeit durch eine gemeinsame Schule, die Gesamtschule, zu erreichen, kann ebenfalls als tragisch gescheitert gelten. Auch die Gesamtschule ist trotz des hohen Motivationsgrades, trotz des hohen und des großen Optimismus vieler ihrer Lehrer letztlich an institutionellen Fragen gescheitert. Obwohl Gesamtschulen immer besser ausgestattet waren und mehr Lehrer hatten, waren die Schwierigkeiten völlig heterogener Lerngruppen nicht zu bewältigen. Hier war der pädagogische Optimismus zum Teil zur Ideologie geronnen. So übersah man, dass eine Trennung nach Leistungsfähigkeit pädagogisch sinnvoller sein kann, als an einer Einheitsschule festzuhalten, weil diese einer vorgefassten politischen Meinung entspricht. Verständlich ist dies insofern, als viele engagierte Pädagogen sich nicht mit einer faktisch bestehenden Ungleichheit im Bildungswesen zufrieden geben wollten. Umso schlimmer ist, dass mit dem Scheitern der Gesamtschule oft auch diese Idee als gescheitert abgetan wird.

Seit den Achtzigerjahren verlagerte sich das Reformieren vor allem auf didaktische und methodische Reformen des Unterrichts: »Neue Lernformen« wie offener Unterricht, selbstgesteuertes Lernen, Gruppenarbeit, »Ganzheitlichkeit«, Methodentrainings, die Diffamierung des Klassenunterrichts als »Frontalunterricht« (die Assoziation zur Kriegsfront war gewollt), der angeblich die Kinder vergewaltige, die Schwächung des Lehrers hin zu einer Rolle als »Moderator« usw. wurden nun wiederum durch Erlasse, permanente Fortbildung und als Glaubenzwang in der Lehrerausbildung versucht durchzusetzen. Wieder einmal wurde an äußeren Stellschrauben herumgedreht, statt am eigentlichen pädagogischen Kern, jener beschriebenen pädagogischen Beziehung, zu arbeiten. Schulen wurden oftmals zum Versuchslabor für alle möglichen, meist unausgereiften pädagogischen Ideen. In der Grundschule etwa sollte alles möglichst »spielerisch« und »frei« sein, weil normaler Unterricht nicht kindgemäß sei, so der Pädagoge Hermann Gieseke: »Alles zusammen deutet daraufhin, dass Anstrengung und Leistung in der Grundschulkultur keine zentralen Werte darstellen. Klassische Lerntechniken wie Einmaleins, Auswendiglernen von Gedichten, Vorlesen von Texten und vor allem ständiges Üben des Gelernten sind weit gehend verloren gegangen.«[27]

In den Neunzigerjahren begann dann der Umbau von Schulen in Unternehmen, was mit so harmlos oder gar positiv wirkenden Schlagworten wie der »Öffnung von Schule« und der »autonomen Schule« einherging. Dass diese »Reform« letztlich verheerender wirken wird als alles bislang Dagewesene, wird im Weiteren noch zu beschreiben und zu belegen sein.

Die Folgen der permanenten Reform erinnern in ihrer destabilisierenden und umstürzenden Wirkung an Trotzkis Konzept der permanenten Revolution. Heute ist eine Generation von Lehrern in der Schule tätig, die vor allem mangelnde Verlässlichkeit, Kontinuität und Klarheit erfahren haben. Mancher hat den Eindruck, nicht mehr zu wissen, wo oben und unten ist. Orientierungen und Werte, an denen sich Bildung und Erziehung ausrichten soll, sind weitgehend unklar – bei Eltern, Lehrern und akademischen Pädagogen. Jede neue Reform kam in den Schulen vor allem als zusätzlich Belastung an, die keiner verstand. Und da sie autokratisch verordnet wurden und es keine wirklichen Diskussionen gab, haben viele Lehrer eine Art Totstellreflex entwickelt: Der durchschnittliche deutsche Lehrer ist vor allem müde, permanent neue Verordnungen umzusetzen. Er weiß, dass mit jeder neuen Regierung neue Erlasse ins Haus stehen, dass jeder neue Minister neue Ideen hat, die umgehend umzusetzen sind, und vor allem, dass all dies weit an der pädagogischen Praxis und seinen alltäglichen Problemen vorbeigeht. Dass all dies nie dazu führt, dass er mehr Zeit für seine Schüler hat. Im Gegenteil: Die Errungenschaften der Schulreform wie Schulautonomie, Schulprogramme, Vergleichsarbeiten, Evaluationen etc. erhöhen die Arbeitslast exorbitant und lassen kaum mehr Luft, einen klaren Gedanken zu fassen.

Ebenso hat der durchschnittliche Professor, der heute emeritiert wird, mindestens vier bis fünf grundlegende Universitäts- und Studienreformen hinter sich. Man könnte denken, das sei selbstverständlich, schließlich müsse jemand, der mit Forschung und Lehre zu tun hat, flexibel bleiben. Das könnte man meinen, wenn man die eigentlichen Anforderungen und

Aufgaben einer Universität nicht kennt. Bildung und Forschung brauchen Zeit, Ruhe und Kontinuität. Viel wichtiger als ständige Neuausrichtungen, die dann in der Praxis doch nicht viel verändern, wäre Verlässlichkeit.

In den Jahrzehnten der permanenten Reformen ist den Schulen und Universitäten die Sicherheit über ihren eigentlichen Auftrag abhanden gekommen. Kaum jemand kann noch klar formulieren, wozu Schulen und Hochschulen eigentlich da sind. Die Infragestellung des eigenen bisherigen Handelns durch ständige Neuerungen, bei denen jeweils das bisherige als schlecht galt, hat zur Verunsicherung geführt. Lehrende merken sehr genau, ob eine Neuerung einen pädagogischen Sinn hat oder nur als neuer Profilierungsversuch der Regierenden sie von ihren eigentlichen Aufgaben abhält. Zudem hat sich ein eigener Reformzynismus etabliert: Faktischer Abbau von Stellen und Qualität wird vollmundig als »Zukunftspakt« oder »Qualitätsoffensive« verkauft. Die Folge ist, dass sich die Kluft zwischen Ministerien und Verwaltungen auf der einen Seite und Schulen und ihren Lehrern auf der anderen Seite immer weiter vergrößert hat. Die Verwaltungsebene spielt die Rolle einer autoritären Befehls- und Kontrollgewalt, die am eigentlichen Geschäft von Erziehung und Unterricht hindert und die man sich deshalb am besten vom Hals hält.

Daher ist die erste und wichtigste Forderung in dieser Lage: *Es muss Schluss sein mit Reformen.* Statt einer nächsten Reform wäre es viel notwendiger, Schulen und Hochschulen schlicht einmal *in Ruhe zu lassen.*

Damit soll nicht Stillstand zementiert werden. Nein, notwendig wäre ein Reformstopp und dann eine breite, offene und ehrliche Debatte darüber, welche Aufgabe Bildung denn eigentlich hat, wie der Stand der Dinge ist und was zu einer Verbesserung in der tatsächlichen pädagogischen Praxis zu tun wäre. Das müsste eine wirkliche gesellschaftliche Diskussion sein im Sinne des demokratischen Prinzips, wie es zuvor beschrieben wurde. Daneben müssten die Schule und Hochschulen so entlastet werden, dass sie sich dieser Frage ebenfalls in Ruhe zuwenden könnten: Was wollen wir eigentlich? Worum geht es? Es müsste um wissenschaftliche Argumente und bildungstheoretische Grundfragen gerungen werden. Aus einem solchen Dialog von Bürgern mit denen, die in Schulen und Hochschulen tätig sind, könnte eine neue Kultur der Verantwortlichkeit resultieren. Das geht jedoch nur, wenn nicht permanenter Druck ausgeübt wird, allenfalls der, diese Selbstverortung etwa in pädagogischen Konferenzen tatsächlich zu beginnen.

Nahezu alle der beschriebenen Entwicklungen hatten jeweils ihre wissenschaftliche Begleitung oder theoretische Vorbereitung. Hinter all den

Reformen standen Theorien und Konzepte, die meist an den Universitäten ausgearbeitet wurden.

Damit begeben wir uns auf ein schwieriges Feld. Denn grundsätzlich gehört es zur Wissenschaft, auch falsche Theorien aufzustellen: Deren Falschheit muss sich erst erweisen in einem Verfahren wechselseitiger Verifizierung oder Falsifizierung. Man weiß ja oft im Vorhinein gerade nicht, was sich als richtig erweisen wird. Daher macht man Versuche, Experimente, Studien. Dies ist in der Pädagogik schwieriger. Denn Pädagogik ist keine reine Theorie. Sie soll eine Theorie der Praxis seien. Damit ist sie für diese Praxis auch mit verantwortlich, Theorien müssen sich an ihrer Praxistauglichkeit messen lassen. Pädagogische Theorien müssen darüber hinaus umso sorgfältiger auf ihre Angemessenheit reflektiert werden, denn sie können nicht einfach erprobt werden, da die Kandidaten dieser Experimente nicht Laborratten sind, sondern Schüler. Da sich die pädagogischen Grundprobleme zudem nicht grundsätzlich verändern, wie eingangs deutlich wurde, ist zudem vor jeder neuen Theorie in der Pädagogik ein gewisses Maß an Vorsicht geboten. Das Neuere muss nicht automatisch besser sein als das Alte. Wirklicher Erkenntnisfortschritt ist sehr viel schwerer zu erreichen und zu belegen als etwa in einer Naturwissenschaft. Eine pädagogische Theorie kann vor allem nicht alles bis dahin Gewesene für null und nichtig erklären, denn Erziehung und Bildung gibt es seit tausenden von Jahren, weshalb deren Tradition an sich einen hohen Aussagewert hat. Ein Bildungsreformer, der erklärt, dass nun alles anders werden müsse, muss zunächst einmal glaubwürdig erklären, warum bisher alles schlecht war. Und dies fällt, wenn man es nicht bei ein paar Klischees und Pauschalitäten lässt, sicherlich schwer. Seriöse Pädagogik ist deshalb auch immer historisch ausgerichtet, nicht weil früher alles besser war oder sie sich nicht mit der Gegenwart auseinandersetzen möchte, sondern weil aus dem Fundus der Tradition sich vieles für die Gegenwart erkennen lässt. Diese Tradition schützt zudem vor Schnellschüssen, die auf dem Rücken von Schülern ausgetragen werden. Pädagogik muss also eine Balance zwischen bildungstheoretisch gewonnenen Zielen, die notwendig an Idealvorstellungen orientiert sind, sowie der Realität des Erziehungsgeschehens und seiner gesellschaftlichen Bedingungen finden. Die reine Orientierung am Ideal wird schnell zur wirklichkeitsblinden Ideologie; die rein empirische Ausrichtung an den Anforderungen der aktuellen Praxis führt ebenso schnell zur Aufhebung der Entwicklungs- und Entfaltungsmöglichkeiten des Menschen.

Eine der pädagogischen Theorien, die eine langanhaltende und tragische Wirkung entfaltet haben und bis in die Gegenwart wirken, ist die so genannte »antiautoritäre Erziehung«. Die im Umfeld der 68er Bewegung propagierte Laissez-faire-Erziehung, die das Gewährenlassen des Kindes als Erziehung zur Freiheit verstand, wird oft nur mit den damaligen Kinderläden, Hippie-Kommunen oder mit Alexander Neill und seiner »Summerhill School« in Verbindung gebracht. Ihr Widerstand gegen eine autoritäre, schwarze Pädagogik, die das Kind bricht und Gehorsam einfordert, war so verständlich wie für viele sympathisch. Sie war in gewisser Hinsicht eine Korrektur pädagogischer Missstände. Tragisch dagegen ist, dass hieraus ein allgemeines Vermeiden von Erziehung resultierte, was sich als Grundhaltung in viele Elternhäuser fortgesetzt hat. Eltern sind heute verunsichert, sie zögern, ihren Kindern eine klare Anleitung zu geben, Grenzen zu setzen, Stopp zu sagen, weil sie der Meinung sind, man dürfe generell nicht zu viel verbieten, man müsse die Kinder machen lassen, damit sie eigenständig und selbstbewusst würden. Die Folge sind Kinder, die etwa im Wartezimmer eines Arztes so lange gegen die Tür treten, bis der Arzt seine Behandlung abbrechen muss, während die Mutter zuschaut. Oder Kinder, die schreiend durch den Supermarkt laufen und zetern, bis die Eltern das 1001. Spielzeug gekauft haben, das dann achtlos in die Ecke des übervollen Spielzimmers geworfen wird. Kinder, die in den Schulen nervös auf ihrem Stuhl zappeln, nicht zuhören, sich beschweren, wenn sie nicht im Mittelpunkt stehen, keine Lust auf Hausaufgaben haben und darin noch von ihren Eltern unterstützt werden, die sich beim Lehrer beschweren, der ihren Kindern nicht genügend Freizeit gewähren würde. Lehrer bekommen heute beigebracht, sich als Erziehungsperson zurückzuhalten, Unterricht nicht mehr zu führen, sondern nur noch vorbereitetes Arbeitsmaterial auszuteilen, den Unterricht »offen« zu gestalten. Gemeinsame Klassengespräche, ein zielorientiertes Arbeiten und gezielte pädagogische Unterstützung gelten als rückständig. Diese Meinungen werden heute von Eltern und Lehrern vertreten, die mit dem Stichwort »antiautoritäre Erziehung« nichts anfangen können, die davon nicht einmal mehr etwas wissen. Die Theorie, dass Kinder dann frei und selbstständig würden, wenn man sie nicht mehr erzieht, hat sich aber zum unbewussten Allgemeingut gewandelt.

Dabei hätte man schon Ende der Sechzigerjahre wissen können, dass diese Theorie der antiautoritären Erziehung nicht funktionieren kann. Schon in den Zwanzigerjahren hatten Pädagogen erkannt, dass der Lehrer weder autoritär und hart sein darf noch nachgiebig und ohne Führung.

Man hatte damals schon Möglichkeiten erarbeitet, wie man den individuellen Schüler verstehen und ihm helfen kann, wie man klare Führung gibt, ohne deshalb das Kind zu missachten. Und man hatte Möglichkeiten der Erziehungsberatung und Elternschulung entwickelt. Doch im aufgeheizten politischen Klima der Jahre nach 1968 wurden alle nicht auf so genannte »Emanzipation« zielenden Erziehungskonzepte als rückständig und »autoritär« abgetan. Tatsächlich hat diese Erziehung nicht emanzipierte, also selbständige Kinder und Jugendliche hervorgebracht, sondern orientierungslose junge Menschen, die den Versuchungen der Konsumgesellschaft noch viel stärker erliegen, weil sie selbst keine Werte ausgebildet haben, nichts haben, woran sie sich halten können. Eine falsche Theorie hat hier mindestens eine ganze Generation geprägt und wirkt bis heute untergründig fort.

Ähnlich einschneidend wird sich auswirken, dass die Pädagogik seit ihrer Wende zur »Erziehungswissenschaft« vor allem auf empirische Forschung setzt. In der Hoffnung, »wissenschaftlich« zu sein und mit dem ganzen unsicheren Theoretisieren Schluss zu machen, beschränkt man sich jetzt auf Statistiken und Untersuchungen des vorhandenen Unterrichts. So meint man, einzig »verlässliche« Aussagen machen zu können, weil man etwas zählen, messen oder mindestens genau beschreiben kann. PISA ist für eine solche Erziehungswissenschaft das Paradebeispiel. Bereits jetzt ist absehbar, dass mit dieser Form von Forschung nicht mehr geklärt wird, warum und wozu wir denn Bildung und Erziehung eigentlich betreiben. Denn das sind letztlich philosophische Fragen, denen man nicht mit Statistiken beikommen kann. Diese Grundsatzfragen werden nicht mehr gestellt und so bleibt es dabei, das Bestehende oder die Einflussnahmen Dritter auf das Erziehungswesen »empirisch« zu begleiten. Was das bedeutet und wessen Interessen man damit dient, wird im Weiteren noch deutlich werden. Jedenfalls scheint es für ganze Scharen von Erziehungswissenschaftlern derzeit einträglicher zu sein, diese Thesen nachzubeten, weil solche Theorie politisch gefordert und gefördert wird. Sie verspricht Forschungsgelder, neue Professorenstellen und Aufträge für die nächsten PISA-Studien.

Andere Theorien, die heute im Bereich der Pädagogik vertreten werden, sind für normal Denkende schlichter Irrwitz. Der so genannte »Konstruktivismus« hat radikale Vertreter, die behaupten, dass es keine Realität gebe. Da jeder Mensch seine eigene, subjektive Wahrnehmung von der Welt habe, könnte man gar nicht sagen, wie diese wirklich sei. Es gibt sozusagen gar keine allgemein gültige Wirklichkeit. Sie ist nur von jedem Einzelnen konstruiert. Vereinfacht gesagt handelt es sich dabei um eine Art wissenschaftliche »Matrix«-Science-Fiction: Wir leben in einer Scheinwelt, die wir nicht erkennen können. Dann ist logisch, dass man auch Kinder nicht erziehen kann, dass man Schülern nichts Vorgegebenes beibringen kann. Denn man weiß ja nicht, wie diese die Dinge wahrnehmen. Da es keine gemeinsame Wahrnehmung gibt, wäre es eine Anmaßung, anderen etwas über die Welt erklären zu wollen. Schüler können allenfalls ihr eigenes Weltbild konstruieren, sich aus angebotenen Wirklichkeitsteilchen etwas zurechtzimmern.

Nimmt man diese Theorie ernst, dann dürften solche Pädagogen gegen einen Jugendlichen wie Sebastian B., den Schüler aus Emsdetten, nichts einzuwenden haben: Er hatte sich aus den Gewaltvideos und Killerspielen eine eigene Welt und eine eigene Identität konstruiert, sich sein Selbstbild zurechtgebastelt. In dieser fiktiven Welt war er ein Rächer, der es allen zeigt, die ihn seiner Meinung nach je gepeinigt hatten. Und er hat es ihnen gezeigt: Er hat sie erschossen. Das Sterben war dann allerdings sehr real und für alle gleichermaßen gültig und erkennbar. Hier läuft eine Theorie gegen den dann wohl doch nicht abweisbaren Einspruch der Realität. Aber muss man erst ein solch krasses Beispiel wie Sebastian B. heranziehen, um deutlich zu machen, dass Erziehung selbstverständlich notwendig ist? Dass man über Relativität von Werten zwar trefflich philosophieren kann, die pädagogische Praxis aber unmöglich ohne sie auskommt? Und dass man auch Werte setzt, wenn man versucht, keine zu vermitteln: nämlich Beliebigkeit? Wem dienen eigentlich solche Theorien? Wer hat eigentlich Interesse an Verwirrung und Orientierungslosigkeit?

Tragisch ist, dass nun wieder ganze Generationen von Studenten und jungen Lehrern mit diesen Theorien beglückt werden. Ihnen wird weisgemacht, dass sie sich vor allem zurückzuhalten hätten, Lernprozesse nur »moderieren« sollten, da letztlich nicht erkennbar sei, was und wie die Schüler lernten. Und in vielen Schulen kann man schon beobachten, wie die jungen Kollegen permanent mit Karteikarten, Tapetenstücken und Materialkisten durch die Klassen ziehen, um möglichst vielfältige »Lernumgebungen« zu inszenieren, in denen die Schüler isoliert arbeiten, Kärtchen und Zettel ausfüllen, um so ihre eigene Welt zu »konstruieren«. Vereinzelung und Egoismus als Folge sind absehbar.

Hinzu kommt, dass nicht wenige Forscher vom hohen Thron der Theorie verächtlich auf die Niederungen der Praxis schauen, in denen die Lehrer sich plagen. Neue und neueste didaktische Konzeptionen werden entworfen, neue Methoden ersonnen und als das Nonplusultra verkauft. Und sei es nur, um sich krampfhaft zu profilieren. Zugleich schwingt in den Publikationen vieler Hochschuldidaktiker der latente Vorwurf mit, dass die Lehrer in den Schulen rückständig, nicht auf den neuesten Stand seien, veraltete Methoden anwenden würden und im Prinzip den Kindern schreckliche Dinge antun würden. Dass dieser Vorwurf oft von Professoren erhoben wird, die entweder nie als Lehrer in der Schule waren oder als schlechte Lehrer an die Hochschulen geflüchtet sind, sei dabei nur am Rande bemerkt.

Sicherlich muss die Wissenschaft die Praxis mit ihren realen Problemen beobachten und reflektieren. Das ist ihr Auftrag und sie soll daraus Folgerungen ziehen. Wenn etwa ein Erziehungswissenschaftler heute immer noch gegen ein Bild von Schule anwettert, wie sie vielleicht vor 100 Jahren gewesen ist, und aufgrund eines angeblich furchtbar autoritären Umgangs fordert, es ginge um eine »radikale Befreiung der Schüler«, so ist dies nicht nur falsch und naiv, sondern auch kontraproduktiv. Er entlässt dann Lehrerstudenten in die Schule mit dem inneren Auftrag: »Ihr müsst alles verändern! Ihr seid die Avantgarde! Ihr müsst alles Bisherige über den Haufen werfen!« Nicht wenige Schulpraktikanten, die im zweiten Semester studieren, treten aus diesem Grund heute mit einer Arroganz gegenüber altgedienten Kollegen auf, die Angst und Bange macht. Sie fühlen sich als Vertreter der neuen Lehrer, die alles besser wissen und alles besser können. Tatsächlich haben sie schlicht keine Ahnung. Nur bemerken sie dies nicht mehr, da sie gar nicht darauf eingestellt sind, aus der Praxis zu lernen.

Aus der Verbreitung solcher Theorien entstehen oft unbemerkte und unbewusste Meinungen und Haltungen, die in der Erziehungspraxis enorme Wirkung entfalten können. Es entsteht so etwas wie ein »pädagogischer Zeitgeist«. Eine bestimmende Auffassung ist dabei, dass Schule vor allem »Spaß machen« solle, dass Anforderungen eigentlich eine Zumutung seien, dass die Schule sich nach den Befindlichkeiten des Kindes zu richten habe: »Vergessen wurde dabei der *politische* Charakter der Schule als einer Einrichtung der Gesellschaft bzw. des Staates, die – wenn auch pädagogisch modifiziert – *Forderungen* an die nachwachsende Generation zu stellen hat«[28], so Giesecke, wobei wir gesehen haben, dass dies Forderungen der Gemeinschaft der Bürger zu deren besseren Zusammenleben sind.

Der pädagogische Zeitgeist hat also vergessen, dass Forderungen sehr wohl erziehend und bildend wirken. Die reine Orientierung an »Bedürfnissen« und »Spaß« des Kindes lässt es letztlich im Stich. »Schülerorientierung« des Unterrichts bedeutet eben nicht, die Schüler zu fragen: »Na, was wollt ihr denn heute machen?«. Das ist Flucht aus der pädagogischen Verantwortung oder auch schlichte Anbiederung. Schülerorientierung heißt, genau zu überlegen, was ein Inhalt für heutige Schüler bedeuten kann. Und das muss ihnen nicht spontan gefallen. Sondern entscheidend ist, was sie daran lernen können, woran sie sich stoßen können, womit man sie provozieren kann, über ihren bisherigen Horizont hinauszudenken, hinauszublicken, hinauszuempfinden. Das sind dann die bildend wirkenden Prozesse. Wer immer auf die Zustimmung der Schüler schielt, hat als Lehrer keine Chance. Er belässt die Schüler in ihrer Unmündigkeit, die dann aber nicht mehr selbstverschuldet ist, sondern die Schuld des Lehrers. Im Übrigen zeigt alle Erfahrung, dass solche Lehrer zwar vordergründig beliebt sind, weil man bei ihnen machen kann, was man will. Die meisten Schüler verachten aber mindestens im Nachhinein diese Lehrer zutiefst, denn sie erkennen deren Schwäche ganz genau und fühlen sich verraten.

Wenn heute in Universitäten und Lehrerseminaren behauptet wird, guter Unterricht bestehe vor allem darin, dass nicht mehr unterrichtet werde, dass der Lehrer sich überflüssig mache, dass alles »offen«, »selbstgesteuert«, »individualisiert« und »bedürfnisorientiert« vor sich zu gehen habe, so ist das eine Illusion, die als Spätfolge aus dem Geist der antiautoritären Erziehung erwächst: Kindern etwas strukturiert zu vermitteln, zielorientiert zu arbeiten und in der Klassengemeinschaft zu lernen erscheint als Zwang. Stattdessen hofft man auf der Grundlage der konstruktivistischen Theorie, dass sie sich »irgendwie« selbst organisieren. Diese »Abneigung gegen jede Art von gedanklich geordnetem und systematischem Unterricht« fasst man unter den Slogan »Neue Lernkultur« und begründet ihn – zu Unrecht – auch noch mit PISA.[29]

Dazu gehört auch die Forderung nach mehr »Praxisorientierung« an Schule und Hochschulen. »Theorie« wird als lebensfern und öde abqualifiziert. Es ginge doch vor allem um das Handeln. Doch lernt man das so wesentliche *selbständige Denken* eben nicht allein in der Praxis, sondern gerade im Freiraum von den Zwängen der Praxis, den Schulen und Universitäten bieten können. Tatsächlich beruht die Forderung nach Praxisorientierung »im Wesentlichen *auf der inneren Unfähigkeit zum Studieren und zur geistigen Auseinandersetzung.* Genau daran – nicht am Intelligenzquotienten – unterscheiden sich leistungsfähige Schüler und Studenten von den weniger erfolgreichen.«[30] Praxisorientierung verweigert also die eigene Bildungsanstrengung: Bildung kann wie beschrieben nur in einer innerlich aktiven, geistigen Auseinandersetzung geschehen. Lustige Arbeitsblätter und kurzweilige Internetrecherchen, Herumwuseln im Klassenraum an verschiedenen »Arbeitsstationen« und ein Wissensquiz ergeben zwar äußere Aktivität: Da wird praktisch was gemacht. Sieht toll aus. Mit innerer, bildender Lernaktivität hat das jedoch nicht zwangsläufig zu tun. Im Gegenteil: Im Gewusel geht die Ruhe verloren. Es findet nicht mehr personale Bildung in menschlicher Beziehung zur Selbständigkeit statt, sondern unverbindliches Lernen von Wissensfragmenten, die zusammenhanglos und damit für Schüler und Studenten letztlich persönlich wertlos bleiben, weil sie auf reine Anwendung zielen. Schüler verharren in egoistischer Vereinzelung, sind nur gewohnt, ihren »Interessen« nachzugehen, sind unfähig zu kooperieren und Dinge zu bearbeiten, die ihnen zunächst fremd sind. Die »Neue Lernkultur« produziert das Gegenteil von dem, was sie postuliert: nämlich geistige Unmündigkeit statt Selbständigkeit.

Das hat zwei weitere fatale Folgen: Diese Lernformen sind und wirken – wenn man es auf den Punkt bringt – asozial. Man weiß schon seit den Achtzigerjahren, dass etwa »offener Unterricht« gerade die schwächeren Schüler benachteiligt. Die Erklärung ist einfach: Gerade Schüler mit geringerer Vorbildung, aus Elternhäusern, in denen sie wenig Anregung, Anleitung und Vorwissen erhalten, die unruhig und unkontrolliert sind, weil ihnen zu Hause eine stabile Beziehung fehlt, gerade diese Kinder sind mit offenen Situationen heillos überfordert. Sie gehen im Gewusel unter, werden alleine gelassen. Sie bräuchten eine stabile, emotional warme Beziehung zum Lehrer bei gleichzeitig klarerer Führung und guter Strukturierung des Lernstoffs. Die »Neue Lernkultur« ist nur für Kinder aus bürgerlichen Verhältnissen verkraftbar, die soweit stabil sind in ihrer Persönlichkeit, dass sie damit umgehen können. Die Verlierer sind einmal mehr die sozial Schwachen.

Daher kommt Giesecke zu Recht zu dem vernichtenden Urteil, »dass nahezu alles, was die moderne Schulpädagogik für fortschrittlich hält, die Kinder aus bildungsfernem Milieu benachteiligt. (…) Der pädagogische Zeitgeist hat das Bildungsprivileg der Mittelklasse nach unten hin verteidigt.«[31] Kinder aus benachteiligten Familien brauchen »eine Schule, in der der Lehrer nicht nur ›Moderator‹ für ›selbstbestimmten Lernprozess‹ ist, sondern die Führung übernimmt und die entsprechende Orientierungen vorgibt. (…) Die Schulreformpädagogik der letzten Jahrzehnte hat entgegen ihren Beteuerungen für diese Kinder gar nichts bewirkt, wie sich jetzt herausgestellt hat.«[32]

Dieser pädagogische Zeitgeist hat demnach einen wesentlichen, aber kaum thematisierten Anteil an der in der Tat erschütternde Bilanz des deutschen Schulwesens, dem es entgegen aller Postulate gerade nicht gelungen ist, soziale Unterschiede auszugleichen und Chancengleichheit herzustellen.

Wie kommt es aber, dass ein solcher Zeitgeist in den Köpfen gerade von Lehrern verankert wird? Eine weitgehend unbekannte und daher unterschätzte Rolle spielt hierbei die zweite Phase der Lehrerausbildung. Sehr viel prägender als die Universität sind oft die zwei Jahre Referendariat. Die Lehramtsanwärter sind zum einen an Schulen und machen dort Unterrichtserfahrungen, zum anderen in sogenannten Seminaren, wo sie von Seminarleitern in ihren Unterrichtsfächern und in allgemeiner Pädagogik und Didaktik ausgebildet werden. Diese besuchen die Kandidaten auch im Unterricht, das sind dann die berühmten »Lehrproben«, in denen die Referendare Vorführstunden zeigen müssen. Gerade die Seminare waren lange Zeit und sind zum Teil bis heute der Hort dieses »fortschrittlichen« pädagogischen Zeitgeists. Und im Unterschied zur Universität wird hier nicht auf eigener Forschung basierend gelehrt und kritisch diskutiert. Vielmehr sind die Kandidaten vollständig abhängig von ihren Seminarleitern, die ihre Unterrichtsleistungen benoten. So entsteht schnell die Gefahr, dass deren persönliche Auffassungen von dem, was guter Unterricht sei, zur verbindlichen Doktrin wird, nach der sich die Referendare zu richten haben. Selbst wenn sie bemerken, dass das absurd ist oder nicht funktioniert, müssen sie so unterrichten, denn von der der Note im zweiten Staatsexamen hängen ihre späteren Einstellungschancen ab. Und leider verstehen sich gerade Studienseminare gerne als Speerspitze der oben genannten Sinne »Fortschrittlichkeit« und zwingen den Referendaren mit gar nicht fortschrittlichem Druck ihre Meinungen auf. Die Junglehrer lernen also zum einen oft nur absurde Methoden, zum anderen aber nicht, wie man tatsächlich guten Unterricht macht. Kaum zu glauben? Drei Beispiele aus dem realen Leben:

Ein Seminarleiter hat ein Jahr lang gemäß seiner tiefen Überzeugung die Veranstaltungen nur mit sorgsam vorbereiteten Arbeitsblättern bestritten, die die Teilnehmer in Gruppenarbeit zu bearbeiten hatten. Gruppenarbeit galt ihm als *die* Methode des »selbständigen Arbeitens«: Die Junglehrer sollten am eigenen Leibe erproben, was sie mit den Schülern auch machen sollten. Die Referendare bemerkten bald, dass diese Arbeitsform sie nicht weiterbrachte, da sie ja gerade all das, was der erfahrene Leiter wusste, nicht wussten: Wie sollten sie praktische Fragen von Unterricht und Erziehung nur aus Arbeitsblättern lernen? So entwickelten sich die Gruppenarbeiten mit der Zeit zu Kaffeekränzchen und gemeinsamen Sonnenbädern auf der Wiese, bei denen man versuchte, die pädagogischen Fragen zu diskutieren, die einen wirklich beschäftigten. Auch da kam man nicht recht weiter, weil der Seminarleiter sich ja weigerte, ein vernünftiges Gespräch zu führen. Nach einem Jahr platzte dem sanftmütigen Leiter der Kragen: Es sei eine Unverschämtheit, dass bei den Gruppenarbeiten nie etwas herauskomme, das sei vergeudete Zeit, das Material würde gar nicht genutzt, Gruppenarbeit sei so wichtig und so weiter. In einem halblaut gemurmelten Nachsatz erklärte er dann noch, dass allerdings auch bei den Seminarleiter-Fortbildungen, an denen er selbst teilnimmt, die Gruppenarbeit nie funktionieren würde … Die Referendare brachen in schallendes Gelächter aus, aber die Gruppenarbeit musste weitergehen. So gerinnt der pädagogischer Zeitgeist zur Ideologie: Wenn die Idee in der Wirklichkeit nicht funktioniert, ist das Pech für die Wirklichkeit. Dabei hätte der Seminarleiter einmal zur Kenntnis nehmen können, dass die pädagogische Psychologie sehr genau belegen kann, dass und wieso Gruppenarbeit zu geringeren Leistungen führt.[33]

Ein Fachleiter für Naturwissenschaften erklärt in seinem Seminar den sogenannten »offenen Unterricht« zur allein möglichen Unterrichtsform. Nachdem die ersten Lehrproben von Referendaren mit »5« bewertet wurden, die sich noch trauten, ein Klassengespräch zu führen, wussten alle, wo der Hammer hängt: Man soll keine Sicherung der Ergebnisse der Stunde vornehmen, man soll nur offene Angebote an die Schüler machen, man darf keine verpflichtenden Abläufe vorgeben, alles soll »selbst entdeckend« ablaufen, nicht vom Lehrer vorstrukturiert. Die Referendare verzweifeln an der Unmöglichkeit, so zu unterrichten. Damit wenigstens die Lehrproben funktionieren, werden die Schüler vorher genau instruiert, was sie in dieser Unterrichtsstunde zu machen haben. Von da an ist der Fachleiter hoch zufrieden. Nur ein Referendar stellt ihn zur Rede und weist ihm haargenau nach, dass das gleiche Arbeitsergebnis in einem normal geführten Unterricht in der Hälfte der Zeit zu erreichen gewesen wäre. Doch das interessiert den Fachleiter nicht: »Wenden Sie die Methoden jetzt an, was Sie später machen, ist mir egal.« Zugleich empfiehlt er aber dem verblüfften Referendar, diese Methode keinesfalls in der Examensstunde vorzuführen, da dann ein Fremdprüfer anwesend sei. So etwas kann man wohl institutionalisierte Schizophrenie nennen.

Und auch hier würde ein Blick in die Forschung helfen, die zeigt, dass es letztlich überhaupt nicht so sehr auf die *Methoden* des Unterrichts ankommt, sondern auf grundsätzliche Techniken der Klassenführung. Dann können verschiedene Methoden positive Wirkungen zeigen: »Wer keine anderen Unterrichtsformen als den Offenen Unterricht beherrscht, sollte nicht so tun, als seien alle anderen Möglichkeiten des Unterrichthaltens von vornherein rückständig und altmodisch und würden keine Effekte haben. Das ist eine durchsichtige Strategie der Selbstwerterhöhung.«[34] Bei einer für das Lernen sinnvollen Klassenführung kommt es vor allem anderen – wir erinnern uns an das einführende Bild – auf die Beziehung zum Lehrer an, denn die »*Bindung an Bezugspersonen ist unverzichtbar*«. Damit Lust am Lernen entsteht, bedarf es »charismatischer, enthusiastischer Lehrerpersönlichkeiten«, es muss »zu einer echten Begegnung von Mensch zu Mensch im Unterricht kommen«. Und dies gilt, so der Schulpsychologe Dollase, auch bei älteren Kindern und Jugendlichen. »Ein erfolgreiches Lernen, ein Lernen mit Lust ohne die Bindung an eine Lehrperson kann es nicht und wird es auch nicht geben, insofern sind alle Bewegungen, die auf den Verzicht von Personal ausgerichtet sind, zum Scheitern verurteilt und senken weiter das Niveau der Leistungsfähigkeit unseres Schulsystems. Lehrer, die, einer pädagogischen Floskel nach zu urteilen, nur noch ›Moderatoren selbstgesteuerter Lernprozesse‹ sind, haben von Psychologie nichts gehört, nichts verstanden, ja, sie haben darüber hinaus Lern- und Entwicklungsprozesse von Kindern und Jugendlichen nicht verstanden.«[35]

Gleichwohl wird den Jungelehrern auch mittels regelrechtem Psychoterror der Tarif durchgegeben. Wenn ein Seminarleiter zu Beginn der Ausbildung verkündet: »Ich werde in Ihre Köpfe hineinkriechen« und eine mehrtägige Blockveranstaltung mit dem Resümee beendet: »Pädagogische Halbwochen finde ich erotisch, weil ich dann noch mehr Macht und Einfluss als sonst habe«, dann sind dies leider nicht nur Ausfälle eines psychisch Verwirrten. Ähnliche Vorfälle werden immer wieder berichtet, dringen aber auf Grund des internen Machtgefüges kaum nach außen.

Das Ergebnis ist wiederum tragisch: Nicht nur, dass immer wieder Referendare in der Psychiatrie landen, auch die Absolventen werden mit untauglichen Methodenrezepten, falschen Vorstellungen und fehlendem Handwerkszeug in die Schule entlassen. Die Gefahr ist groß, dann sehr schnell an der Schulrealität zu scheitern, Frustration und Burn-Out-Symptome sind die Folgen.

Doch hat der pädagogische Zeitgeist nicht nur in den Schulen und bei den Lehrern um sich gegriffen. Er prägt auch das Erziehungsverhalten der Eltern und anderer außerschulischer Erziehungspersonen. Dies ist für unsere Bildungsfrage von besonderer Bedeutung, weil familiäre Voraussetzungen einen weitaus größeren Einfluss auf die schulische Leistungsfähigkeit eines Kindes haben als etwa unterrichtsmethodische oder schulsystemische Fragen. Was die Kinder zuhause lernen oder nicht lernen, mit welcher inneren Einstellung sie zur Schule kommen und sich im Leben bewegen, ist entscheidend nicht nur für ihre Lernerfolg, sondern für ihren Lebensweg.

Diese häusliche Erziehung leidet jedoch unter einer Art flächendeckender »*Erziehungsvergessenheit*«, wie es der Erziehungswissenschaftler Bernd Ahrbeck treffend nennt. Erziehungsvergessenheit meint, »dass zunehmend mehr Eltern Erziehungsaufgaben nicht mehr ausreichend wahrnehmen, mitunter die Erziehung ihrer Kinder sogar gänzlich verweigern. Es geht hier nicht um gescheiterte Erziehungsversuche, sondern darum, dass Erziehung an sich unterbleibt. Eltern verzichten auf Erziehung, weil sie von ihrer Notwendigkeit nicht mehr überzeugt sind. (…) Aber auch bei professionell Erziehenden wie Sozialpädagogen und Lehrern ist eine tiefe Irritation darüber eingetreten, ob sie der nachfolgenden Generation etwas Wertvolles mit auf den Weg geben können – und ob sie das Recht dazu haben, Entbehrungen einzufordern, die untrennbar mit dem Erziehungsprozess verbunden sind.« Ahrbeck resümiert, dass das Wort »Erziehung« selbst weitgehend zum Unwort geworden sei.[36]

Diese allgemeine Erziehungsverweigerung differenziert Michael Felten in einem gerade für Eltern sehr lesenswerten, weil konkreten und hilfreichen Buch in drei fundamentale Defizitbereiche häuslicher Erziehung aus:[37]

1. »Selbständigkeitseuphorie«: Seit den Siebzigerjahren breitete sich ein neues Leitbild in der Erziehung aus. Eine ganze Elterngeneration ging dazu über, Kinder mehr und mehr sich selbst zu überlassen, auch und besonders, was das Lernen angeht. Die Parole hieß »Die kommen schon alleine zurecht!« Behüten war zunehmend »out«, Eigenständigkeit galt bedenken und schrankenlos als »in«. Diese erzieherische Haltung kam auch einem wachsenden Bedürfnis vieler Erwachsener entgegen, den »Dienst« an der jüngeren Generation zugunsten der Beschäftigung mit eigenen Interessen zurückzufahren.

Was aber zunächst eine Aura von Modernität umwehte, das riecht mittlerweile eher nach Kapitulation. Denn es zeigte sich, dass unverhältnismäßige Autonomie Kindern schadet und verweigerter Unterstützung gleichkommt. Das Erziehungsideal der ausschließlichen Selbstentfaltung hat – und das war für viele verblüffend – auf Heranwachsende wie eine Pädagogik der Gleichgültigkeit gewirkt. Sie haben sich vernachlässigt, überflüssig, im Stich gelassen gefühlt. Die Folgen sind allenthalben zu beobachten, nicht nur in den miserablen Leistungsbilanzen des Schulwesens. Auch die Ausbreitung von Drogenkonsum und Vandalismus drückt deutlich die Verunsicherung und Vereinsamung der jungen Generation aus.

2. »Verwöhnungsfalle«: Unter dem Motto »Das ist doch noch zu schwer! Das ist doch zu viel!« hat sich die Überzeugung etabliert, es würde die Entwicklung junger Menschen fördern, wenn man ihnen die Begegnung mit dem Ernst des Lebens – insbesondere den Mühen des Lernens – möglichst erleichtere. So hat sich ein förmlicher Trend ergeben, dem Kind Tätigkeiten abzunehmen oder gar nicht erst zuzutrauen, die es gut alleine bewältigen – und dabei daran wachsen könnte.

Mittlerweile zeichnet sich ab, dass sich übertriebene Fürsorglichkeit keineswegs stärkend auswirkt, sondern entmutigend. Geringe Belastbarkeit beim Lernen, Ängstlichkeit vor Prüfungen, Langeweile in der Freizeit – das sind nur einige der gängigen Folgen einer Pädagogik der Ermäßigung und Verschonung. Wer junge Menschen ständig in Watte packt, wer sie nicht immer wieder auch zu Neuem oder Besserem anregt, ihnen alle möglichen Anstrengungen ersparen will, wer versucht sie mit einem lückenlosen Freizeitprogramm permanent bei Laune zu halten und ihnen das Leben wunsch- und mundgerecht zu servieren, wer ihnen zu viele Steine aus dem Weg räumt, der unterschätzt sie und enthält ihnen wichtige Entwicklungsanreize vor. Der verwöhnende Erziehungsstil bewirkt eine vermeidbare Schwächung von Kindern. Die Folgen dieser Erziehung scheinbarer »Erleichterung« sind in den Schulen ablesbar, insbesondere an leistungsunwilligen Schülern, denen selbständiges Denken als überflüssige Mühsal erscheint.

3. »Strengetabu«: Viele Mütter und Väter haben sich eine Art Gleichheitsfiktion zu eigen gemacht: Sie fürchten, sie könnten die kindliche Seele durch ein gelegentliches Nein beschädigen und einen angepassten Charakter heranziehen – womöglich würden sie gar die kindliche Zuneigung verlieren, wenn sie ihm seinen Willen nicht ließen. Autorität wird nur noch verschämt ausgeübt und bleibt deshalb unwirksam. Eltern fällt es zunehmend schwer, ihren Kindern als selbstbewusste Erwachsene gegenüber zu treten und die Einhaltung von Regeln, die Achtung sinnvoller Grenzen zu erwarten und einzufordern.

Diese erzieherische Zurückhaltung hat dazu geführt, dass zahllose junge Menschen ohne stabile Orientierung dahindriften. Diese falsch verstandene Demokratisierung des Pädagogischen hat aber keineswegs mehr Lebenstüchtigkeit geschaffen, sondern sich in hohem Maße entmutigend ausgewirkt. Die Pädagogik des »Bitte, würdest Du vielleicht …?« lehrt

Kinder nämlich weniger eine Grundhaltung des Respekts voreinander als vor allem eines: Dass es aufs Verhandeln ankommt – und dass man damit eigene, für seine Entwicklung eigentlich wichtige Anstrengungen umgehen kann. Herzliche Strenge wäre dem gegenüber eine elterliche Haltung, die das Kind spüren lässt: Mir liegt dein Wohl am Herzen; mir ist nicht egal, was aus dir wird.

Diese Erziehungsverweigerung wirkt sich in Hinblick auf die Schule oft so aus, dass Eltern ihre Kinder vor den Ansprüchen des Unterrichts in Schutz nehmen. Wenn der Sohn eine schlechte Zensur mit nach Hause bringt, steht zunächst einmal der Lehrer in Verdacht, nicht richtig unterrichtet zu haben. Es geht hier nicht darum, Lehrer von allen Fehlern freizusprechen. Gemeint ist vielmehr jener Reflex, die Schuld erst einmal anderen zuzuschieben und die eigenen Kinder von Verantwortung zu entlasten. Daher spricht Giesecke von einer »tief sitzenden und weit verbreiteten, wie selbstverständlich erscheinenden Bildungsfeindlichkeit« bei Schülern und Eltern.[38] Zwar wollen alle Eltern gute »Bildung« für ihre Kinder. Aber diese soll gewissermaßen von außen als Service angeliefert werden. Wir haben gesehen, dass Bildung aber ein innerer, eigenaktiver Prozess ist und nur als *Selbstbildung* funktioniert. Wenn nun Kinder zu äußerer und – in den Folgen noch viel schlimmer – innerer Passivität, zu Lustlosigkeit und Desinteresse erzogen werden, weil man ihnen alles abnimmt, verunmöglicht man zugleich eben jene Bildung. Erziehung und Bildung erwächst aus Reibung an Personen und Dingen. Und die müssen einem nicht immer passen und zusagen.

Was Bildung und Erziehung heute wesentlich beeinträchtigt, sind die Scheinwelten, in denen Kinder und Jugendliche aufwachsen. Konsumtempel, Freizeitindustrie und vor allem die Medien prägen die Lebenswelt der Heranwachsenden so stark, dass sie mit den Notwendigkeiten und Möglichkeiten realen Lebens oft kaum mehr in Kontakt kommen. Schule und Lernen erscheinen dann als nervige Unterbrechung einer fortgesetzten Unterhaltungskultur und müssen daher mindestens genauso viel »Spaß machen«. Und Eltern tendieren dazu, dies zu unterstützen, wenn die Jugendlichen nicht nur die Playstation im Zimmer haben, sondern in der Freizeit noch in Disneyparks und Fun-Action-Bäder gekarrt werden, wenn die Kinder von klein auf daran gewöhnt werden, dass Kaufen und »Sich was leisten« sowie die neuesten Klamotten und DVD-Player das Leben bestimmen. Kinder lernen so nie, den Wert von Geld einzuschätzen, sie lernen, dass alles selbstverständlich und immer da zu sein hat. Und sie erfahren nicht, dass es Werte jenseits des materiellen Scheins, des Glitzers und Geflimmers gibt. Die Wirkung dieser Wirklichkeitsvergessenheit, dieses Lebens in Scheinwelten lässt sich in Schulklassen durchaus ablesen: Von Tagträumerei bis zum Lernunwillen, von Nervosität bis vollkommenem Desinteresse ist alles zu finden.

Die massivste Wirkung haben jedoch die Medien, insbesondere Fernsehen, Video, Computerspiele und Internet. Studien belegen inzwischen, dass ein klarer Zusammenhang von schlechten Schulleistungen zur Dauer des Medienkonsums besteht. Darunter leiden besonders die Jungen, was deren schlechteres Abschneiden bei den Leistungsvergleichstudien wie PISA erklärt. Und wiederum trifft der Effekt die Schüler mit bildungsfernem Hintergrund stärker, weil sie mehr Medien konsumieren. Zudem lassen gewalttätige Mediendarstellungen die Merkfähigkeit absinken, da das am Vormittag oder während der Hausaufgaben am Nachmittag Gelernte durch die schockierenden Bilder verdrängt wird: Horror macht vergesslich. Weiterhin gibt es Belege, dass Fernsehen im frühen Kindesalter die Gefahr von Aufmerksamkeitsstörungen sowie Lese-, Sprach- und Rechenschwächen erhöht.[39] Und so weiter. Diese Zusammenhänge sind aufmerksamen Pädagogen schon lange aus der Praxis vertraut: Kinder, die viel vor der Glotze sitzen und ganze Nachmittage und Nächte mit Computerspielen verbringen, sind oft nervös oder schläfrig, unkonzentriert und tendenziell gewalttätiger.

Daran, dass gerade Gewaltdarstellungen wesentliche Anteile des Medienkonsums von Schülern ausmachen und nicht ohne Wirkungen auf sie bleiben, lässt die Medienwirkungsforschung inzwischen keinen Zweifel mehr.[40] Die belegten Zusammenhänge zwischen medialem Gewaltkonsum und aggressivem Verhalten sowie der Abstumpfung gegenüber Gewalt sind so hoch, dass bei solchen Gefahren in anderen Bereichen längst umfangreiche Präventions- und Aufklärungskampagnen auch an den Schulen gestartet wurden. So ist etwa der »Zusammenhang zwischen Kondombenutzung zur Verhinderung der Ansteckung mit dem AIDS-verursachenden Virus (HIV) (…) etwa ebenso groß« wie die Gefahr der Steigerung von aggressiven Gedanken, aggressiven Gefühlen und aggressivem Verhalten durch gewalthaltige Computerspiele.[41]

Dass immer noch viele so genannte »Experten« behaupten, das sei alles nicht so genau belegt und eindeutig, befremdet daher und man muss fragen, für wen solche Leute arbeiten. Insbesondere wenn man einbezieht, dass etwa die US-Armee mit einem Computerspiel Rekruten wirbt (www.americasarmy.com), das genauso funktioniert wie das überaus beliebte »Counter-Strike«, das auch Robert Steinhäuser, der Amokläufer von Erfurt, spielte. Für welche Kriege sollen die Kinder und Jugendlichen eigentlich vorbereitet werden?[42]

Angesichts der massiven Auswirkungen hat Gustav Seibt in einer sehr lesenswerten Polemik auf das »Paradox von blödelnder Masse und Bildungselite« hingewiesen: Behütete Bürgerkinder würden vielfältige Förderung und Anregung erfahren. Die Kinder der sogenannten »Unterschicht« seien dagegen dem Dreck der Medien schutzlos ausgeliefert: »Die einen also werden mit Musikunterricht und wertvollen Kinderbüchern gepäppelt, die anderen nennen einander schon im Volksschulalter ›Schlampe‹ und ›Opfer‹; hier Hexameter und Sprachferien im Ausland, da Drogen und Handyschulden, hier Google und Wikipedia, da Zombiefilme oder Killerspiele im Internetcafé. Das sind die Pole, und sie sind nur unwesentlich überzeichnet.« Die Medien zementieren so eine überall neu entstehende Zweiklassengesellschaft: »Unsere Bildungskatastrophe hat neben ihrer ökonomischen und sozialen Seite einen kulturell-medialen und, ja, moralischen Hintergrund. (…) Reiche Leute haben die Möglichkeit, ihre Kinder sinnvoll zu beschäftigen, auf sie aufzupassen, sie von den Rohheiten der virtuellen ›Straße‹ fern zu halten und sie in einen verantwortlichen Medienkonsum einzuüben. Dagegen erreichen die Dreckfluten des medialen öffentlichen Raums die neuen Unterschichten – die man gönnerhaft gern als ›bildungsfern‹ bezeichnet – überwiegend ungefiltert. (…) Dass arme Kinder heute größere Chancen haben, auch seelisch und moralisch zu verkommen, ist ein Skandal, der erst allmählich ins allgemeine Bewusstsein dringt.« Man müsse heutige Kindern und Jugendlichen schlicht beibringen, »dass Medien kraft ihrer Technologien und Unverfrorenheiten krank an der Seele machen können.« Und Seibt schießt dann noch eine deutliche Salve gegen jene »Experten«, denen solche Medienkritik zu »platt« und »undifferenziert« ist: »Der feintuerische Hohn gegenüber der Kulturkritik – er muss sein Ende finden, wo es um die Seelen der Kinder geht.«[43]

Medienerziehung kreist also letztlich um die Frage, wie wahr oder falsch ein solches Leben im Banne der Medien insgesamt ist: Kann es einen menschlichen Sinn ergeben, auf einem Bildschirm stundenlang Menschen blutig zu massakrieren – selbst wenn das völlig ohne psychische Wirkung bliebe? Gibt es nicht anderes, wichtigeres zu tun? Müssen Kinder und Jugendliche nicht an die Aufgaben des realen Lebens herangeführt werden? Ja, muss man als Erzieher nicht dafür sorgen, dass sich solche Aufgaben in einer Welt des Scheins überhaupt wieder stellen?

Jedenfalls belegt eine Studie der Universität Stanford von 2001, dass ein erster Schritt schlichter Medien*verzicht* sein könnte: Nach einer *Auf-*

klärung über die Wirkung medialer Gewaltdarstellungen erklärten sich Schüler einer amerikanischen Grundschule *freiwillig* bereit, zunächst für 10 Tage ganz auf Fernseh- und Videospielkonsum zu verzichten und ihn während weiterer 20 Wochen auf weniger als sieben Stunden in der Woche zu reduzieren. Eine Kontrollgruppe an einer zweiten Grundschule ging ihren gewohnten Konsumgewohnheiten weiter nach. Von beiden Gruppen wurde vor Beginn des Experiments das verbale und körperlich gewalttätige Verhalten erhoben. Das frappante Ergebnis: Nach 20 Wochen waren bei der ersten Gruppe ein 40-prozentiger Rückgang der körperlichen und ein 50-prozentiger Rückgang der verbalen Gewalt im Vergleich zur Kontrollgruppe messbar. Am meisten profitierten dabei die zuvor aggressivsten Kinder.[44] Medienverwahrlosung muss also nicht sein. Man kann etwas tun.

Redet man über Bildung, so redet man über Lehrer. Und wenn man über Lehrer redet, geht das Gespräch in der Regel in kurzer Zeit zum »Lehrer-Bashing« über: Denn jeder kennt doch mindestens einen furchtbar schlechten Pädagogen, einen, der nichts tut, einen, der nichts kann, einen, der nur Ferien hat, und einen, der immer nur jammert usw.

Die in Deutschland mittlerweile in der Öffentlichkeit etablierte Verachtung für Lehrer dürfte ein weiterer wesentlicher Grund für unsere »Bildungskatastrophe« sein: Wie sollen Schüler Achtung für ihre Lehrer entwickeln, wenn diese von Eltern und Öffentlichkeit ständig in Frage gestellt werden? Warum sollen sie eine Einrichtung ernst nehmen, in der solch verachtenswerte Gestalten wie Lehrer sie traktieren? So giften Eltern auf einem Elternabend die Klassenlehrerin an, sie habe doch für die Motivation der Schüler zu sorgen und Hausaufgaben müssten ihren Kindern Spaß machen! Und was ihr einfiele, über ein verlängertes Wochenende etwas aufzugeben, man wolle schließlich Urlaub machen. Sie würde doch von ihren Steuergeldern sehr gut bezahlt, also solle sie dafür sorgen, dass die Kinder lernen! Auch dies keine Fiktion, sondern reales Geschehen in einem wohlbehüteten Gymnasium. Dazu erneut Giesecke: »*Hier zu Lande gibt es (…) ein inzwischen selbstverständliches Bündnis der Eltern mit ihren Kindern gegen die Lehrer – was in diesem Maße nur auf dem Boden einer diese Haltung unterstützenden öffentlichen Meinung möglich ist.*«[45] Wobei dieser Reflex meist so ins Unterbewusste gerutscht ist, dass es vom Einzelnen kaum mehr bemerkt wird. Und die öffentliche Hetze auf »die Lehrer« gibt allen Recht, die es schon immer wussten. Kanzler Schröders berüchtigtes Diktum von den »faulen Säcken« und Kurt Becks Auffassung, dass er bis Dienstagabend geschafft habe, was Lehrer in einer Woche arbeiten, sind Symptome dieser Stimmung und schüren sie zugleich.

Der Philosoph Karl Jaspers hat gesagt: »Es ist ein Schicksal des Volkes, welche Lehrer es hervorbringt und wie es seine Lehrer achtet.« Und nicht umsonst werden im Land des PISA-Siegers Finnland Lehrer nicht als faule Säcke tituliert, sondern gelten als die »Kerzen des Volkes«: »Sie beleuchten Entwicklungswege – und sie wärmen dabei.«[46]

2.2 Zwischen Klitsche und Eliteanstalt: Schulen und Hochschulen in Not

Nachdem wir das reale Bildungselend besichtigt haben, das vor allem aus falschen Theorien, unnötigen Reformen und bildungsfeindlichem Zeitgeist erwächst, soll die Bedeutung der »Hardware« nicht unerwähnt bleiben: Gute Bildung geht nicht ohne Geld. Und gute Bildung wird in heute existierenden Schulen und Hochschulen unnötig erschwert.

Hierzu kann es sehr klärend sein, die Sicht eines »Normalbürgers« ernst zu nehmen: Der Fachbereich einer deutschen Universität soll in ein neues Gebäude ziehen. Der Umzug wird deshalb angeordnet, weil dafür ein anderes Gebäude aufgegeben werden kann, für das die Universität Miete zahlt. Nun denkt sich eben jener Normalbürger, dass die Renovierung eines alten Gebäudes und ein solcher Umzug gigantische Summen kosten muss. Richtig. Rechnet sich das? Für die Universität schon, da auf verschlungenen Verwaltungswegen die Renovierung des alten, asbestbelasteten Gebäudes die Landesregierung zahlen muss. Nun werden also die hoch bezahlten Professoren und Mitarbeiter monatelang damit beschäftigt, ihren Umzug zu planen, ihre Sachen zusammenzupacken, wieder auszupacken und den Betrieb wieder zum Laufen zu bringen.

Was da eingepackt wird, ist eigentlich Müll: Schränke, Tische, Stühle, die 30 oder 40 Jahre alt sind; Arbeitsgeräte und Werkzeuge, die die Schrottreife längst hinter sich haben; veraltete Computer, klappernde Drucker und ein defektes Faxgerät werden vom Mitarbeiter des Umzugsunternehmens mit einem bedauernden Lächeln in Kartons verfrachtet. Er kann schließlich nicht mehr an sich halten und es bricht aus ihm heraus: »Da kommen einem doch die Tränen! Was ihr hier einpackt, ist doch alles Schrott! Neulich waren wir bei der XY-Versicherung, da haben wir eine komplette Büroausstattung, die drei Jahre alt war, auf den Müll geworfen. Das können die von der Steuer absetzen. Die ganzen Büros wurden komplett neu ausgestattet! Wir haben dann einige Schreibtische an eine Hauptschule weitergegeben. Die hatten genau so einen Schrott wie ihr hier. Das ist unglaublich. Da sieht man, was Bildung in Deutschland wirklich wert ist. Wofür zahlen wir eigentlich unsere Steuern?«

Eine gute Frage. Wenn man also jenseits von Ruck-Reden der Bundespräsidenten in schicken Hotels in die real existierenden Schulen und Hochschulen schaut, hat der Umzugsunternehmer wohl vollkommen recht: Es kommen einem die Tränen. Schulen in heruntergekommenen, trostlosen Betonbunkern, Klassenräume, die nur noch neu gestrichen werden, wenn die Eltern das selbst machen. Zerschundenes Mobiliar und statt Computer für alle gibt es noch nicht einmal Tageslichtprojektoren. Lehrer müssen die Fotokopien für ihre Schüler selbst bezahlen und es gibt nicht einmal für jeden Kollegen einen Stuhl im Lehrerzimmer. Universitäten, in denen man für jeden Bleistift einen Antrag stellen muss, in denen frei werdende Stellen grundsätzlich erst mal drei Jahre unbesetzt bleiben, um Geld zu sparen, in denen Studenten sich zu 500 in einen Hörsaal für 200 quetschen und dafür auch noch Studiengebühren bezahlen.

Und in Schulen und Hochschulen fehlt permanent Personal: zu wenig Lehrer, zu wenig Professoren, zu wenig Mitarbeiter, zu viele Schüler, zu große Klassen, überfüllte Vorlesungen, aus den Nähten platzende Seminare. Lehrer müssen 28 Unterrichtsstunden die Woche mit 30 Schülern pro Klasse halten, diese vorbereiten, dazu immer noch Vertretungen machen, da keine Stellenreserve an den Schulen vorhanden ist, dann stapelweise Hefte korrigieren, Pausenaufsichten machen, AGs betreuen, den Computerraum am Laufen halten, die Chemiesammlung betreuen, Material beschaffen, endlose Listen führen und Akten verwalten, nebenbei noch die Referendare ausbilden, stundenlange Konferenzen am Nachmittag absolvieren, permanent neue Konzepte und Gutachten schreiben, Eltern beraten, die noch abends um halb zwölf anrufen, Förderpläne aufstellen, sich fortbilden und natürlich noch innovative Konzepte für die Außendarstellung der Schule entwickeln und so weiter und so weiter … Es ist unbestreitbar: Lehrer an deutschen Schulen sind in den meisten Fällen hoffnungslos überlastet und die ihnen aufgebürdeten, oft völlig sinnlosen Arbeiten werden immer noch mehr. Für den Kern ihrer Arbeit, sich also um ihre Schüler zu kümmern, bleibt kaum Zeit. Unterricht läuft oft nur noch nebenher. Für einen ruhigen Gedanken oder ein ernsthaftes Gespräch mit Kollegen über einen Schüler mit Schwierigkeiten bleibt kaum Zeit. Die Kollegen winken nur ab: »Du, wenn ich mir über jeden Schüler so viele Gedanken machen würde, käme ich gar nicht mehr zum Schlafen.«

Am schlimmsten sind die Kollegen dran, die es an Hauptschulen oder Gesamtschulen in schwierigen sozialen Umfeldern mit verhaltensauffälligen, lernschwachen, gewalttätigen Schülern zu tun haben. Hier sind die Probleme kaum noch in den Griff zu bekommen, weil schlicht die Kapazitäten fehlen. Viele Lehrerinnen und Lehrer, die mit Enthusiasmus und Begeisterung in ihren Beruf gestartet sind, brechen bereits nach wenigen Jahren entweder zusammen oder ziehen sich in eine innere Emigration zurück, die oft in Resignation und Zynismus gegenüber den Schülern endet.

Neben allen Schwierigkeiten im deutschen Bildungswesen, über die bereits geredet wurde und über die noch geredet wird, ist ein entscheidender Faktor schlicht: Deutsche Schulen und Hochschulen sind unterfinanziert, es fehlt an Personal, Ausstattung und Material. Und es ist nicht einmal der Wille erkennbar, hieran grundlegend etwas zu ändern. Dieser fehlende Wille, die permanente Missachtung, die Pädagogen in der alltäglichen Praxis spüren, trägt ihren guten Teil zu Resignation, Wut und Unwillen in Schulen und Hochschulen bei. Die seit Jahren angewandte Methode, Lehrern und Professoren einfach immer noch mehr Arbeit aufzubürden, sie unter Druck zu setzen, zu kontrollieren und auf ihre Beamtenmentalität zu hoffen, die brav ihre Pflicht erfüllt, wird irgendwann erschöpft sein. Nicht umsonst ist die Rate an ausgebrannten Lehrern, die mit 50 am sogenannten »Burn-Out-Syndrom« leiden, so erschreckend hoch: »Geschätzte fünf- bis sechstausend Lehrer und Lehrerinnen scheiden jedes Jahr vorzeitig aus dem Dienst, im Schnitt zehn Jahre vor Erreichen der regulären Pensionsgrenze. Hinter jeder zweiten Frühpensionierung steckt laut einer Studie der Universität Erlangen-Nürnberg von 2001 eine psychiatrische oder psychosomatische Erkrankung.«[47] Berufsunfähigkeitsversicherungen wissen sehr genau, dass Lehrer zu versichern ein hohes Risiko darstellt, da kaum einer die Pensionsgrenze im Beruf erreicht.

Wer immer deutsche Schule mit ausländischen Vorbildern vergleicht, müsste als erstes danach fragen, wie die Lehrer-Schüler-Relationen und wie groß die Klassen sind, wie die Ausstattung der Schulen ist, welche Unterstützung die Lehrer im Verwaltungsbetrieb erhalten usw. Es ist mittlerweile allseits bekannt, dass Deutschland mit dem für Bildung ausgegebenen Anteil am Bruttosozialprodukt weit hinten im internationalen Vergleich liegt. Das so genannte »Mega-Thema« Bildung ist dann, wenn es nicht um Musterschulen und Eliteuniversitäten geht, eine schlichte Lüge. Elite wird gefördert. Alles andere vegetiert vor sich hin, verwaltet den Mangel. Hier wäre erste Abhilfe leicht zu schaffen, indem Lehrer von überflüssigen Verwaltungsaufgaben entlastet werden, indem die Stundendeputate reduziert und die Klassen verkleinert werden. Wenn dazu eine wirklich fach- und sachkundige Anleitung käme, wie man mit Problem-schülern umgeht und diese fördern kann, wäre vielen Lehrern und Schü-lern wirklich geholfen. Das dazu notwendige Geld wären angesichts der Dringlichkeit und Notwendigkeit der Aufgabe in der Tat »Peanuts«. Wenn dies verweigert wird, muss dahinter politischer Wille stehen. Denn so dumm kann kein Politiker sein.

Wer hiergegen einwendet, es sei nun einmal kein Geld vorhanden, die öffentlichen Haushalte verschuldet, wir müssten sparen, man müsse halt effizienter wirtschaften, den Gürtel enger schnallen usw., muss sich aller-dings auch fragen lassen, wo denn Steuergelder eigentlich hinfließen und warum so viele große Unternehmen nahezu keine Steuern mehr bezahlen. Auch hier wird erneut deutlich, dass man die Bildungsfragen nicht disku-tieren kann, ohne die gesamte politische Lage miteinzubeziehen. Könnten die Bürger selbst über die Mittelverteilung im Haushalt entscheiden, sähen die Prioritäten vermutlich anders aus.

Die Folgen permanenter Reformen, falscher Theorien und mangelnder finanzieller Ausstattung sind am Zustand unserer Schulen ablesbar: Deut-lich erkennbar sind die Zeichen einer neuen Elitebildung, der eine große Masse von Schülern gegenübersteht, die mit Halbbildung abgefertigt wer-den oder ganz auf der Strecke bleiben. Gut geführte, anspruchsvolle Gym-nasien, oft in privater Trägerschaft, können sich kaum retten vor Anmel-dungen. Eltern wissen sehr wohl, was eine gute Schule ausmacht, und setzen – wenn sie können – alles daran, ihre Kinder dorthin zu bekom-men. Insgesamt ist ein Ansturm auf die Gymnasien erkennbar, Schüler, die keine gymnasiale Empfehlung am Ende der Grundschule erhalten, gel-ten bereits als abgestempelt. Die Schere geht immer weiter auseinander: Kinder aus städtischen Vororten werden so gefördert, dass sie die Gymna-sien besuchen können; Kinder aus sozial schwachen Verhältnissen, aus Problemgebieten mit hoher Arbeitslosigkeit und fehlende Perspektive haben solche Förderung nicht. Diese Jugendlichen finden sich vor allem an den Hauptschulen wieder, die oft nur noch die Verwalter von Schülern sind, um die sich niemand mehr kümmern kann oder will. Wer hier noch durchfällt, kommt an die Sonderschule. Wobei dies mitunter noch besser ist, weil diese wenigstens mehr auf die Förderung und Betreuung dieser Jugendlichen ausgerichtet und dafür ausgestattet sind. Und die, die hier noch durchfallen, schickt man als »Crash-Kids« nach Sibirien.

Doch gerade das Schicksal der Hauptschule müsste ein Stachel im Fleisch jedes Bildungspolitikers und auch jedes Bürgers sein. Einst durch-lief ein Großteil der Schüler die Hauptschule. Sie war auf solides Wissen, auf grundlegende Bildung für eine Tätigkeit in einem handwerklich-technisch geprägten Beruf ausgerichtet. Sie vermittelte solide Grundlagen, war an den Realitäten orientiert und bildete für viele Arbeitnehmer die Grundlage, auch in höher qualifizierte Positionen aufzusteigen. Aufgabe und Anliegen der Hauptschule und ihrer Lehrer war es, dass die Schüler ihr Leben verantwortlicher bewältigen konnten, etwas wussten und konnten, aber zugleich als Bürger mit realistischem Sachverstand zur Lösung wichtiger Fragen beitragen konnten.

Die Hauptschule ist durch die Bildungsoffensive der Siebzigerjahre in den Strudel einer permanenten Abwertung geraten: Immer mehr Schüler wurden von ihren Eltern trotz fehlender Empfehlung ans Gymnasium geschickt, scheiterten dort nach wenigen Jahren, wechselten dann an die Realschulen und waren oft so entmutigt, dass sie schließlich an der Hauptschule landeten. Die Hauptschule wurde zum Auffangbecken der Gescheiterten oder Hoffnungslosen. Zudem trägt sie die Hauptverantwortung für all die Schüler mit Migrationshintergrund, muss deren Integrationsprobleme und Sprachschwierigkeiten auffangen. Die Beispiele von Berliner Schulen, an denen nur noch 30 Prozent der Schüler deutschen Familien entstammen, sind bekannt.

Dieser Trend hat sich in den letzten fünf Jahren, insbesondere seit der Hysterie um die PISA-Studie, noch einmal verschärft. Nun, da jeder weiß, wie »schlecht« Deutschlands Schulen angeblich sind, legen Eltern, die sich dies leisten können, noch mehr Wert darauf, eine angemessene Schule für ihre Kinder zu suchen. Eltern beginnen jetzt spätestens in der zweiten Klasse zu fiebern, ob denn ihr Kind die Empfehlung für das Gymnasium schafft. Überhitzung und Nervosität machen sich breit, die Kinder werden viel zu früh unter Leistungsdruck gesetzt, Bildung reduziert sich auf das Erfüllen der Anforderungen, für mehr ist auch im Denken vieler Eltern kein Platz mehr.

Wenn nun heute von verschiedenen Seiten gefordert wird, die Hauptschule aufzulösen, so ist dies eine sehr schwierige Angelegenheit. Aus den beschriebenen Fakten mag man diese Konsequenz ziehen. Vielleicht wäre es in der Tat besser, diese Kinder und Jugendlichen in eine gemeinsame Sekundarschule zu integrieren und ihnen das Stigma des Versagens zu nehmen. Wie schwierig solche Integration ist, hat andererseits das Schicksal der Gesamtschule gezeigt. Sie hat sich oft eher den Schwächsten angepasst, was zum Niveauverlust der Schulen beigetragen hat.

Auch für dieses gravierende Problem gilt letztlich: Eine Reform der Institutionen, also eine Veränderung der Schulformen, wird allein das

Problem nicht lösen. Es bedarf einer gesellschaftlichen und pädagogischen Neubesinnung. Denn wir haben bereits darauf hingewiesen, was für einen begrenzten Stellenwert schulorganisatorische Fragen im Vergleich zu einer sinnvollen Klassenführung in einer angemessen ausgestatteten Schule haben. Pädagogische Aufgaben und Schwierigkeiten können nur pädagogisch gelöst werden. Und hierzu wäre weniger eine weitere Reform als eben Ruhe, Personal und öffentliche Unterstützung notwendig: kein Methodenzauber, keine Selbstdarstellungen, keine schnellen Rezepte, sondern ein Prozess der Besinnung auf die eigentlichen Aufgaben der Schule innerhalb der Gesellschaft, innerhalb der Wissenschaft und innerhalb der Lehrerkollegien selbst. Das sind selbstverständlich keine medienwirksamen Hauruckmaßnahmen, sondern die Mühen der Ebene. Und das hat auch nichts mit der heute viel beschworenen »Professionalität« zu tun, die sich darauf beschränkt, Bildungsstandards abzutesten, Defizite zu diagnostizieren und Therapien zu verpassen. Eine solche technokratische Kälte hat mit Pädagogik nichts zu tun. Was es braucht, sind Menschen, die mit Liebe, Wertbewusstsein, Sachkenntnis, Klarheit und Konsequenz mit den Schülern arbeiten. Schulen müssten Freiraum haben, sich wirklich der pädagogischen Arbeit zu widmen. Und die dafür die entsprechende Unterstützung und Wertschätzung aus Politik und Gesellschaft erfahren.

Ganz ähnlich sieht es an den Universitäten aus. Die Zunahme an Abiturienten führte zur so genannten Massenuniversität. Studieren ist nicht mehr ein Privileg weniger, sondern selbstverständlich. Auch hier hat die Bildungspolitik der Siebzigerjahre zunächst zu wichtigen Erfolgen geführt. Dass Kinder von Arbeitern und Angestellten selbstverständlich ein Studium machen können, war eine Neuerung, hinter die nicht zurückgegangen werden darf. Der große Andrang an die Universitäten selbst ist auch nicht das Problem. Wenn richtig studiert wird, ist dies auch in großen Zahlen möglich. Niemand sollte von der Möglichkeit zur Bildung abgehalten werden: »Chancen für viele gefährden nicht den Gehalt der Bildung, wenn dieser als objektive Anforderung verstanden wird, der Beliebigkeit ausschließt. (…) Demokratie wenigstens kann es ohne breite Bildung für viele nicht geben, was nicht heißt, dass Demokratie Bildung nivellieren muss.«[48]

Das hat allerdings zwei Voraussetzungen: Zum einen müssen dann auch hier die räumlichen und personellen Voraussetzungen geschaffen werden. Dass auf einen Professor 200 bis 300 Studenten kommen, ist selbstverständlich ein Unding. Zwar kann man Vorlesungen für 500 halten, doch ein persönlicher Austausch, eine direkte Anleitung ist so unmöglich. Es gibt viele Studenten, die ihren Professor das erste Mal persönlich in der Examensprüfung sprechen. Der größte Teil der Professoren hat über Jahrzehnte enorme Arbeit geleistet, um diese Überlasten zu bewältigen. Doch auch hier ist jetzt ein Limit erreicht. Denn zum anderen werden die realen Bedingungen dieser Massenuniversität auch geprägt durch die Studierenden. Und diese bringen aufgrund des zunehmenden Niveauverlusts des Abiturs immer weniger Voraussetzungen für das Studium mit. Dies betrifft neben fachlichen Mängeln und grundlegenden Schwierigkeiten, etwa in der Rechtschreibung, vor allem persönliche Voraussetzungen und Einstellungen: Wen das Fach, das er studiert, eigentlich gar nicht interessiert, wen eigentlich gar nichts besonders interessiert, wer eigentlich lieber Freizeit hätte und mit Kommilitonen Videos anschaut, ist an einer Universität falsch. Ein Studium braucht Selbstständigkeit, braucht Interesse, braucht den Willen, etwas selbst zu tun und heute auch gegen die Widerstände des Massenbetriebs. Aus diesem Grund wird der Massenbetrieb zum Schweizer Käse: Durch die vielen Löcher, die auf Grund der hohen Studentenzahl entstehen, schlüpfen viele durch, die Anforderungen vermeiden möchten. So sinkt dann auch das Niveau der Universitäten selbst. Auch hier macht sich dann Resignation unter den Lehrenden bereit, Lehre wird oft dann nur noch lieblos abgehalten, man widmet sich lieber dem Schreiben neuer Bücher.

Der Trend zur Spaltung in Eliteuniversität und reine Lehranstalten wird hier noch mehr vorangetrieben als an den Schulen: Milliardenbeträge werden bereitgestellt, um einigen wenigen Universitäten den Titel der »Elitehochschule« zu verleihen und sie mit Geld auszustatten. Das trifft natürlich gerade die, die ohnehin besser dastehen. Dagegen sacken immer mehr Universitäten in den unteren Durchschnitt ab, müssen Studentenmengen bewältigen, haben für Forschung kaum Zeit, leiden unter der Geldknappheit, die künstlich vorangetrieben wird. Dies ist so gewollt: Die Einheit von Forschung und Lehre soll aufgehoben werden. In Nordrhein-Westfalen plant man jetzt die Einführung von reinen Lehrprofessuren. Das sind also Professoren, die nicht mehr selbst forschen, sondern nur noch Lehrbuchwissen vermitteln. Eine Art Schullehrer im Hochschuldienst. So soll es also »Leuchttürme« geben und eine Vielzahl von »Klitschen« – so bezeichnete der ehemalige baden-württembergische Wissenschaftsminister von Trotha diese heruntergewirtschafteten Lehranstalten wörtlich.[49]

Wenn man hinzunimmt, dass gleichzeitig die Schulzeit um ein Jahr gekürzt wird, andererseits die Studiengänge verkürzt werden, ist abzusehen, dass die neuen Bachelor-Abschlüsse ungefähr auf dem Niveau eines vormaligen Abiturs liegen. Der Trick ist also, Universitätsabschluss drauf zu schreiben, tatsächlich aber nicht mehr zu liefern als vorher. Die tatsächliche Bildung breiterer Schichten, das Versprechen, ein Hochschulstudium jedem engagierten, interessierten und fähigen jungen Menschen zu ermöglichen, ist damit unterlaufen. Denn was man nun bekommt, ist Schmalspurwissen, das mit einem Studium nichts mehr zu tun hat. Wissenschaftliches Arbeiten bleibt dann wieder einer kleineren Elite vorbehalten. Statt also wirklich diejenigen, die interessiert sind, zu fördern, werden nun alle mit weniger abgefertigt. Nicht umsonst kursiert die Formel von den Universitäten als »Durchlauferhitzer«: Sie sollen große Mengen kostengünstig lauwarm machen.

Und für das lauwarme Schnellgericht sollen die Studenten auch noch selbst bezahlen. Das Problem der Studiengebühren ist nicht nur, dass so die Chancengleichheit wieder verringert wird. Studiengebühren verändern auch das Klima an den Universitäten: Die Universität muss nun geldwerte Leistung bieten. Wir haben gesehen, dass universitäre Bildung gerade nicht in Geld zu messen ist. Man kauft also Bildungsleistung. Studenten werden zu Konsumenten, Lehrende zu Marktanbietern. Statt freier Bildung durch freie Wissenschaft werden die Universitäten »zum Ausbildungsdienste leistenden Unternehmen degradiert, denen das Ethos der Wissenschaft, ausschließlich den Erkenntnissen von Wahrheit und Richtigkeit zu dienen, verloren geht.«[50]

Auch die Lösung des Universitätenproblems klingt ähnlich einfach und ist genauso schwierig wie das der Schulen: Die Hochschulen müssen vernünftig ausgestattet werden. Wenn man große Mengen an jungen Menschen mit Hochschulzugangsberechtigungen versieht, dann müssen sie auch studieren können. Sie müssen allerdings auch studieren wollen. Die, die studieren wollen, dürfen wiederum nicht mit einem Schmalspurlehrgang abgespeist und damit um ihre Bildungschancen betrogen werden.

Wenn Universitäten heute noch solide Ergebnisse in Forschung und Lehre hervorbringen, so liegt das an den Personen, die mit hoher Motivation den besagten Schwierigkeiten trotzen. Qualität entsteht also allenfalls *gegen* die Verhältnisse, nicht *ihretwegen*.

2.3 Exkurs: Problem Lehrerausbildung

Die Lehrerausbildung ist mindestens so oft »reformiert« worden, wie es Schulreformen -und Lehrplanrevisionen gab. Weil aber die Lehrer den pädagogischen Kern der Schule bilden, ist diese Lehrerbildung in der Tat enorm wichtig.

Lehrer brauchen zunächst ein fundiertes Wissen darüber, was sie unterrichten. Um zu unterrichten, muss man selbst unterrichtet sein. Dabei genügt es nicht, im Lehrbuch zwei Seiten weiter zu sein als die Schüler. Sicherlich, in Notzeiten ist auch dies möglich. Um aber die Fachinhalte so auszuwählen, dass sie für die Sache stellvertretend stehen können und gleichzeitig für die Schüler eine bildende Wirkung besitzen, muss man einen Überblick über das Fach und seine Methoden haben. Man muss komplexe Zusammenhänge auf einfache Beispiele reduzieren können. Die Kunst des Lehrens macht gerade aus, schwierige Zusammenhänge so zu vermitteln, dass sie auch Fünftklässlern einsehbar werden. Wer von der Sache zu wenig versteht, ist abhängig von vorgefertigten Lehrmaterialien und durchschaut weder deren Methoden noch mögliche versteckte Ziele. Um vollverantwortlich unterrichten zu können, muss der Lehrer Sachentscheidungen treffen können. Zudem ist Sicherheit in der Sache die Basisvoraussetzung, um überzeugend und ruhig vor der Klasse zu stehen. Wer in der Sache unsicher ist, wird als Lehrer scheitern. Und mehr noch: Der Lehrer muss nicht nur sachkundig, sondern von seiner Sache überzeugt sein, die Schüler für das begeistern, was er vermittelt und vertritt.

Die Tiefe und Breite dieser notwendigen fachbezogenen Kenntnisse ist bei Grundschul- und Gymnasiallehrern zwar unterschiedlich. Doch alle Studenten, die einmal Lehrer werden, müssen eigenständiges Arbeiten, kritisches Überprüfen sowie selbstständiges Denken und Urteilen gelernt haben. Es ist ein Irrtum, ein Lehramtsstudium vor allem auf Didaktik und Pädagogik reduzieren zu wollen. Methoden der Vermittlung nutzen nichts, wenn man nichts zu vermitteln weiß. Pädagogisches Wissen und Können nutzen ebenso wenig, wenn man Schüler fachlich schlicht überfordert, weil man sich nicht auskennt.

Gleichwohl ist pädagogische und didaktische Reflexionsfähigkeit wesentlich: Der Lehrer muss sich klar werden, wozu Schule und Unterricht eigentlich da sind, was Bildung ist und fördert, man muss begründen können, warum, wozu und wie eine Sache vermittelt werden soll. Lehrer müssen Unterricht so planen können, dass er der Sache und den Schülern gerecht wird. Und sie müssen schließlich über all jene pädagogischen Qualitäten verfügen, die am Anfang beschrieben wurden. Insbesondere die Entwicklung pädagogischer Feinfühligkeit, aber auch didaktischer Routine ist tatsächlich eine Arbeit von Jahren oder Jahrzehnten beruflicher Erfahrung. Sie kann nicht im Studium vermittelt werden, und auch die zweite Phase der Lehrerausbildung legt hierzu nur die Grundlagen. Unterrichten und Erziehen ist eine enorm komplexe, schwierige und anspruchsvolle Arbeit. Eine Studie hat gezeigt, dass ein Lehrer in einer Unterrichtsstunde (45 Minuten) an die 200 Entscheidungen treffen muss: Entscheidungen auf der Sacheebene (ist das richtig oder falsch, wo liegt das fachliche Problem), Entscheidungen auf der didaktischen Ebene (welche Vermittlungswege und Methoden wählt man, wie erklärt man schülergerecht, wie leitet man an) und Entscheidungen auf der pädagogischen Ebene (wie geht man auf einen Schüler ein, liegt ein Unverständnis an einer zu komplexen Sache oder an Lernblockaden des Schülers usw.). Mit dieser Komplexität umgehen zu lernen, braucht vor allem Ruhe und Anleitung zur Reflexion und ist nicht mit Rezepten zu lösen. Wer einfache Methoden und Modelle verkaufen will, hat andere Absichten als gute Lehrer zu bilden.

Pädagogische Fähigkeiten erwirbt man nicht durch schlichte Übertragung von theoretischem Wissen in die Praxis. Erziehungswissenschaftler, die behaupten, »Professionalität« in empirisch belegter Weise im Hörsaal antrainieren zu können, entlocken jedem erfahrenen Kollegen an der Schule nur ein müdes Lächeln. Professionalität entsteht in der Profession, also in der Berufsausübung. Aufgabe der Lehrerausbildung ist, hierzu die fachlichen, intellektuellen und geistigen sowie, soweit möglich, auch die persönlichen Grundlagen zu legen. Dies entsteht insbesondere in einem Klima geistiger Regsamkeit und Unabhängigkeit, in Auseinandersetzung mit den fachlichen Gehalten und den sie vermittelnden Personen.

Dabei hat sich grundsätzlich bewährt, eine Phase des Erwerbs entsprechender Fachkenntnisse vor das eigene Unterrichten zu setzen. Zu dem Schluss kommt auch ein aktuelles Gutachten für die Lehrerbildung in NRW: »Die Universität vermittelt primär berufsfeldbezogenes fachliches Wissen und konzeptuell-analytisches Verständnis der Berufstätigkeit, die Zweite Phase (der Vorbereitungsdienst) reflexionsbezogene Handlungskompetenzen.«[51] Es wird daher empfohlen, die Stärken beider Phasen auszubauen, statt mittels vermeintlicher »Praxisorientierung« der Studiengänge beides zu vermischen und schwächer zu machen.

Die viel beschworene »Praxisorientierung« der Studiengänge kann also nur bedeuten, das Fachstudium mit Blick auf die spätere Tätigkeit in der Schule zu absolvieren und eben jenes »analytische Verständnis« der späteren Tätigkeit zu erwerben, um sich darin orientieren und einen Standpunkt beziehen zu können. Didaktik und Pädagogik sollten nicht auf von der schulischen Praxis losgelöster Ebene stattfinden, aber sie müssen auch mehr sein als unreflektiertes Einüben von Unterrichtsmethoden. Denn Ausprobieren allein führt nicht zum Nachdenken und zu eigenständiger Beurteilung. Und auch nicht jeder fachliche Inhalt muss unmittelbar auf Schule hin bezogen werden. Die Auseinandersetzung mit der Sache selbst bringt den künftigen Lehrer in seinem Wissen und in seiner Persönlichkeit voran. Er selbst muss Lernprozesse durchlaufen und sich gebildet haben, um überhaupt eine Ahnung davon zu gewinnen, was eine solche Auseinandersetzung mit einer Sache bringen kann. Wenn er nur Wissen vorgesetzt bekommen hat, das er auswendig gelernt hat, um dann in Ankreuz-Tests darüber abgefragt zu werden, hat er nicht studiert. Sicherlich ist es auch wichtig, die Entscheidung, Lehrer zu werden, frühzeitig zu überprüfen, also am besten noch vor dem Studium Praktika zu absolvieren und während des Studiums betreute Phasen in der Schule durchzuführen. Doch hat wohl kein Politiker und auch kein Professor das Recht, einem Studenten zu verweigern, Lehrer zu werden, weil er eine »ungeeignete Persönlichkeit« sei. Selbst wenn sich dieser Eindruck aufdrängt, kann man nicht mehr als Empfehlungen geben. Alles andere wäre massiver Eingriff in die persönliche Freiheit. Ein »Lehrer-TÜV«, wie ihn der »Aktionsrat Bildung« Anfang 2007 einmal mehr forderte, ist also eine totalitäre Veranstaltung.

Sehr wohl wäre es dagegen für angehende Lehrer von Bedeutung, früh genug pädagogische Erfahrungen zu sammeln. Das könnte auch in der außerschulischen Jugendarbeit geschehen. Dort lernt man, mit Kindern und Jugendlichen umzugehen, ohne schon viel Fachwissen vermitteln zu müssen, die Situation ist ungezwungener und mit weniger Druck versehen als in der Schule. Solche Praktika könnte man Lehramtsstudenten z.B. ohne weiteres als Zugangsvoraussetzung zum Studium abverlangen.

Doch hat die Forderung nach »Praxisorientierung« der universitären Lehrerstudiengänge noch eine weitere Facette: Ganz schlaue Politiker wittern hierin die Chance, die zweite Phase der Lehrerausbildung, in der die Referendare vom Staat bezahlt werden, in die Universitäten zu verlegen. So wird gleich mehrfach Geld gespart: Man muss keine Gehälter zahlen, die Studenten zahlen aber Studiengebühren, die Ausbildung wird kürzer und die Lehrer können länger arbeiten. Um die Qualität der Ausbildung geht es dabei wie in vielen anderen kursierenden Vorschlägen selbstverständlich nicht.

Zur Bedeutung und den Problemen der zweiten Phase der Lehrerausbildung wurde bereits einiges gesagt. Rektoren klagen heute, dass viele junge Kollegen nicht mehr unterrichten können. Zwar schleppen sie wie im Referendariat gelernt haufenweise Material an, machen offenen Unterricht, lassen bunte Wandzeitungen kleben, ziehen spektakuläre Projekte auf und basteln für jeden Schüler individuelle Arbeitsblätter. Sie sind aber nicht mehr in der Lage, einen Unterricht zielorientiert zu führen, ein Klassengespräch zu gestalten, Ergebnisse zu sichern oder einzelne Schüler genauer zu erfassen und zu unterstützen. Gerade diese jungen Kollegen tendieren dazu,»Problemschüler« einfach an die nächste Schulform abzuschieben, weil sie nie gelernt haben, die Kinder zu verstehen und ihnen in der persönlichen Beziehung zu helfen. Sie bleiben distanziert und ziehen sich zurück auf gelernte Methodenrezepte.

Auch in der Lehrerausbildung kommt es also weniger auf Formen und Strukturen an. Viel wichtiger sind Einstellungen, Inhalte und das Bild von Schule und Erziehung, das vermittelt wird.

2.4 PISA – Bildungsmisere oder Testkatastrophe?

Über die berüchtigte PISA-Studie ist inzwischen so viel geredet und geschrieben worden, dass man kaum mehr davon hören mag. Konsens scheint zu sein, dass sie ein für allemal gültig und zweifelsfrei den katastrophalen Zustand der »Bildung« in Deutschland bewiesen hat. Jede bildungspolitische Rede beginnt heute mit »Wie PISA gezeigt hat…«. Mit PISA wird seitdem jede noch so absurde Reform im Bildungswesen begründet.

Dennoch lohnt hier ein kurzer Blick darauf, was denn PISA wirklich gezeigt hat und was nicht. Und darauf, was PISA eigentlich ist und macht. Danach wird öffentlich nämlich kaum gefragt. Dies ist jedoch umso wichtiger, als PISA eben die Standard-Legitimation für den im weiteren dargestellten ökonomistischen Umbau des Bildungswesens ist.

Doch beginnen wir zunächst mit einer Geschichte. Märchenhafte Geschichten helfen mitunter die Wirklichkeit klarer zu sehen. Unsere Geschichte geht so:

Im schönen Land Absurdistan lebte Frau Meier. Sie hatte mit ihrem Mann vier Kinder. Mit vier Kindern galt man in Absurdistan schon als »kinderreich«. Ihr Mann arbeitete zwar sehr viel, verdiente aber trotzdem nicht genug, um die Familie gut über die Runden zu bringen. Daher arbeitete auch Frau Meier an drei Vormittagen die Woche. Sie bemühte sich aber, zum Mittagessen zu Hause zu sein, und auch der Vater kam manchmal mittags zum Essen. Beiden war es wichtig, eine gute Beziehung zu den Kindern zu haben. Sie machten sich viele Gedanken, wie sie in den schwierigen Zeiten die Kinder zu ehrlichen, engagierten und tüchtigen Menschen erziehen konnten. Sie nahmen sich Zeit, gemeinsam zu lesen, diskutierten viel, was in der Welt passiert, setzten sich mit den Kindern über die vielen Medienangebote kritisch auseinandner. Und sie achteten sehr darauf, dass die Kinder die Schule erfolgreich machten, leiteten sie an, sich dabei gegenseitig zu unterstützen. Das war manchmal recht nervenaufreibend, brauchte Zeit und Geduld. Zeit, die Frau Meier dann fehlte, um öfter zu staubsaugen und aufzuräumen, auch wenn sie die Kinder anleitete hierbei mitzuarbeiten. Auch kam sie manchmal mit dem Waschen nicht hinterher. »Mach dir nicht so viel Gedanken«, sagte ihr Mann oft zu ihr, »ich finde, wir kriegen das gut hin mit den Kindern, da kann auch mal etwas herumliegen, und ich kann ein Hemd auch einen zweiten Tag anziehen. Der Haushalt läuft doch, wir wollen ja nicht vom Boden essen. Unsere Familie, die Kinder sind doch das Wichtigste.« So dachte Familie Meier.

Eines Tages klingelte es an der Haustür von Frau Meier. Zwei Herren in schicken Anzügen standen vor der Tür mit einigen großen Messgeräten. »Guten Tag. Sie sind im Zufallsverfahren ausgewählt worden, an einer internationalen Haushaltsvergleich-Studie teilzunehmen. Wir sind vom »Programm für Internationale Sauberkeitsanalyse«, kurz PISA. Wir möchten Sie bitten, an unserem Test teilzunehmen, der der Verbesserung der Haushaltsführung und Hygiene im Land dient. Und Sauberkeit ist die wichtigste Voraussetzung, um gesunde Kinder zu erziehen.« Frau Meier war ganz verdattert und bevor sie sich noch richtig besinnen konnte, analysierten die Tester bereits eifrig ihre Wohnung: Gemessen wurden die Konzertration von Staubteilchen pro Quadratmeter Teppich und Kubikmeter Luft, die Anzahl schmutziger Kaffeetassen im Spülbecken, sie wurde nach der Häufigkeit der Fensterreinigung befragt, wobei ihre Aussage mit einem Mikroschmieranalyseverfahren nachgeprüft wurde. Schließlich wurde noch anhand einer komplizierten Formel das Verhältnis von Wohnraumfläche und umherliegenden Kleidungsstücken berechnet und vieles mehr. Irgendwann verabschiedeten sich die Tester freundlich und Frau Meier vergaß den Vorfall, nachdem sie ihrem Mann kopfschüttelnd davon erzählt hatte.

Dann, sechs Monate später. Mit einem Paukenschlag legten alle Medien zeitgleich los: »Absurdistan – eine verdreckte Nation?« titelte das Magazin

»Sternenspiegel« in einer Vorab-Reportage. Die Fernsehnachrichten waren voll: »Heute wurden die Ergebnisse der ersten Studie des Programms für Internationale Sauberkeitsanalyse (PISA) bekannt gegeben. Die Ergebnisse für Absurdistan zeigen deutliche Schwächen in Staubsaug- und Ordnungskompetenz. Auch bei der Fensterreinigung liegt unser Land nur auf Platz 15. Führende Politiker von Regierung und Opposition haben betont, dass nun eine gemeinsame Anstrengung notwendig sei, um die Hausfrauen zu qualifizieren. Es sei nicht hinnehmbar, dass die Gesundheit der Kinder gefährdet würde. Die Ausbildung zur Haushälterin soll grundsätzlich reformiert werden. Hausfrauen müssten neben modernen Managementmethoden vor allem Mirkobiologie kennen und die Ergebnisse ihrer Arbeit evaluieren können. Es ginge nicht an, das Absurdistan angesichts der Globalisierung hier zurückstehe. Hausfrauen müssten lebenslang lernen, es sollten Maßnahmen der verpflichtenden Fortbildung eingeführt werden, um Kompetenzen in den Bereichen Staubsaugen, Fensterputzen und Spüllappenauswringen zu stärken.« Die skeptische Stellungnahme des Hausfrauenverbandes zur PISA-Studie wurde nur erwähnt. Die Kritik der Frauenrechtsorganisation wurde ganz verschwiegen, die hierin eine infame Unterdrückungsstrategie der Frau sah, die wieder zurück an Heim und Herd solle.

Dem Kanzler Schreier unterlief ein peinlicher Fehler, als er gegenüber Parteigenossen losließ: »Das sind doch eh' alles faule Schlampen!« Sein dicker Kollege Fleck pflichtete bei: »Was die in der ganzen Woche nicht schaffen, mache ich am Samstagnachmittag mit links!« Darauf titelte die »Bilder-Zeitung«: »Hausfrauen: Absurdistans Super-Schlampen!«

Frau Meier verstand die Welt nicht mehr. Plötzlich war nur noch von »Prozessanalyse-Management« und »Reinigungskompetenzen« die Rede. Die Talkshows waren voll mit Professorinnen für Hauswirtschaft und Experten aus Winland, das bei der PISA-Studie auf Platz eins lag. Aber keiner redete mehr über Kindererziehung und Familienleben. Plötzlich ging es nur noch um Sauberkeit. Als ob das das Wichtigste wäre. Aber damit stand Frau Meier ziemlich alleine da. Ihre Nachbarinnen und Freundinnen liefen nur noch geduckt herum und belegten schnell einige von den neuen Weiterbildungskursen in Haushaltshygiene. Und verteilten auch mal ein paar Ohrfeigen an ihre Kinder, wenn die mit schmutzigen Schuhen den Staubkonzentrationsindex auf dem Teppich nach oben trieben und so die Reinigungskompetenz ihrer Mütter in Frage stellten. Denn man wusste ja nie, wann der nächste PISA-Test kam. Langsam zog in vielen Familien ein scharfes Klima von Ordnung und Gehorsam ein. »Mein

Gott«, dachte Frau Meier, »das ist ja wie vor fünfzig Jahren.« Aber daran erinnerte sich kaum mehr jemand.

Doch seit der PISA-Studie stieg der der Verkauf von Reinigungsmitteln und Haushaltsgeräten um 85 Prozent an. Die Aktienkurse der Unternehmen brummten. Kaum mehr jemand nahm zur Kenntnis, als einige Wissenschaftler herausfanden, dass die Messgeräte der PISA-Tester viel zu ungenau waren, um die angegebenen Ergebnisse hervorzubringen, und als Mathematiker die Untauglichkeit der Aufräum-Formel bewiesen. Und nur in kleinen kritischen Blättern war zu lesen, dass einige Journalisten herausgefunden hatten, wer die PISA-Studie entwickelt und an die Regierung verkauft hatte: Eine Stiftung, die von den drei größten Reinigungsmittel-Konzernen gegründet worden war …

Quid fabula docet – was lehrt die Geschichte? Welche Parallelen möglicherweise zur Wirklichkeit bestehen, wird sich im Weiteren zu zeigen haben. Wir wollen hier nicht mit unbelegten Behauptungen vorgreifen.

Was die Geschichte zunächst einmal lehrt, ist Fragen zu stellen. Das Selbstverständliche in Frage zu stellen. Also nicht zu fragen, warum denn unser Bildungswesen so schlecht ist. Sondern zu fragen, was PISA überhaupt darüber aussagt, aussagen kann. Wie die Studie überhaupt zu ihren Ergebnissen kommt. Fragen, die wir hier an die echte PISA-Studie stellen müssen und die neue, erhellende Blickwinkel eröffnen und andere Einsichten produzieren können, lauten daher: Was wird eigentlich gemessen? Ist das überhaupt messbar? Wie wird gemessen? Woran wird gemessen? Wer misst überhaupt und wozu? Welche Folgerungen werden aus den Messungen gezogen? Das klingt trocken wissenschaftlich. Das kann es auch sein. Wir wollen versuchen, anschaulich zu halten, welche Bedeutung die Fragen haben.

Wenn wir also zunächst fragen, was PISA eigentlich misst, so reicht ein Blick auf den Titel der Studie, um zu klären, dass sie gar nicht das misst, was landläufig behauptet wird: »*Basiskompetenzen* von Schülerinnen und Schülern im internationalen Vergleich« werden getestet. Von *Bildung* ist also gar nicht die Rede. Und daran tun die Tester auch gut: Denn Bildung lässt sich per Test sicher nicht messen. Wenn wir uns das eingangs entworfene Bild von Bildung vor Augen halten, ist unmittelbar einleuchtend, dass die Wirkungen solcher komplexen interpersonalen Prozesse sehr viel differenzierterer Formen von Untersuchung bedürften. Man müsste mit qualitativen Methoden einzelne Schüler, Klassen oder allenfalls Schulen untersuchen. Qualitative Forschung versucht durch Interviews und genaue Beobachtungen inhaltlich komplexe Phänomene zu erfassen. Das kann und will das Testmuster von PISA gar nicht: »Man kann gar nicht nachdrücklich genug betonen, dass PISA keineswegs beabsichtigt, den Horizont moderner Allgemeinbildung zu vermessen«, so die Autoren der Studie.[52] Man beschränkt sich vielmehr auf die Untersuchung von »Lesekompetenz«, »mathematischer Modellierungsfähigkeit« und »naturwissenschaftlicher Grundbildung«. Was es dabei mit dem Kompetenzbegriff auf sich hat, den wir hier scheinbar selbstverständlich übernehmen, wird in Kapitel 3 noch deutlich werden. Jedenfalls erhebt PISA gleichwohl den Anspruch, mit diesen Kompetenzen verallgemeinerbare Voraussetzungen »für die Teilhabe an Kommunikation und damit auch für Lernfähigkeit« messen zu können.[53] PISA behauptet also sehr wohl eine Lebensbedeutsamkeit der getesteten Kompetenzen, denn erfasst würden Basiskompetenzen, »die in modernen Gesellschaften für eine befriedigende Lebensführung in persönlicher und wirtschaftlicher Hinsicht sowie für eine aktive Teilnahme am gesellschaftlichen Leben notwendig sind.«[54] Obwohl man also offiziell nicht von Bildung reden will, erhebt man den Anspruch, lebenswichtige Fähigkeiten nun doch testen zu können. Denn eine »befriedigende Lebensführung« und »aktive Teilnahme am gesellschaftliche Leben« sind Ziele, die wir auch für den klassischen Bildungsbegriff formuliert haben.

Dabei wird dieser Bildungsbegriff jedoch inhaltlich anders gefüllt. Auf welchem Bild vom Menschen PISA beruht und auf welche Bildung des Menschen PISA abzielt, hat Manfred Fuhrmann in der *inhaltlichen* Analyse der Fragen des PISA-Tests deutlich herausgearbeitet. Er hat nicht gefragt, *wie viel* man für PISA wissen muss, sondern einmal überprüft, *worauf* die PISA-Fragen eigentlich abzielen, *welche Art von Wissen* sie abfragen. Der Befund ist recht eindeutig. PISA zielt auf rein zweckorientiertes Denken und ökonomische Verwertbarkeit von funktionalem Wissen: »Der PISA-Test zielt auf den *homo oeconomicus*. Es geht darin um die materiellen Bedingungen des Lebens, um Nutzen und Profit. (…) Der Idealtyp des PISA-Test ist derjenige, der sich später einmal am besten in Industrie, der Technik und der Wirtschaft auskennen wird. Von allen übrigen Bereichen der Kultur (…) sieht der Test rigoros ab.«[55] Und weiter: »Es ist daher konsequent, dass das PISA-Werk in der Regel von ›Kompetenzen‹ und nicht von Bildung spricht. (…) Der PISA-Test zielt nicht auf Bildung, sondern auf etwas, das in der Öffentlichkeit fälschlicherweise für Bildung gehalten werden könnte, auf ein Bildungssurrogat.«[56] Ein Surrogat ist ein mehr oder weniger passender Ersatz. So wie Süßstoff für Zucker. PISA-Kompetenzen sind solch ein Ersatzstoff für echte Bildung:

Sie schmecken genauso wenig wie Aspartam und haben noch unbekannte Nebenwirkungen.

Die Behauptung einer »Bildungskatastrophe« lässt sich aus PISA also nicht ableiten. Vielmehr wird hier in katastrophaler Weise Bildung umgedeutet.

Auch bei Frau Meier war gar nicht deren gesamte Haushaltsführung und Fähigkeit zur Kindererziehung getestet worden. Sondern man hatte »nur« Bodenproben des Teppichs genommen und von dort Rückschlüsse auf die Sauberkeit gezogen. Dass Frau Meier plötzlich als »Super-Schlampe« dastand, kam durch die Hysterie von Medien und Politik zustande.

Ganz so arglos ist unsere PISA-Studie also nicht. Denn was passiert hier? Weil man Bildung so nicht messen kann, definiert PISA einen eigenen Maßstab. Denn jede Messung braucht etwas, an dem gemessen wird. Man kann nur sagen, etwas ist ein Meter lang, weil man sich einmal auf diese Strecke als einen Meter geeinigt und ein entsprechendes Muster für diese Länge als Metallstab irgendwo in Paris in einen Safe gelegt hat (»Urmeter«). Diesen eigenen Maßstab erklärt PISA dann aber – wie oben zitiert – als verallgemeinerbar und für den heute angemessenen Bildungsbegriff: »Die PISA zu Grunde liegende Philosophie richtet sich also auf die Funktionalität der bis zum Ende der Pflichtschulzeit erworbenen Kompetenzen für die Lebensbewältigung im jungen Erwachsenenalter (…)«.[57] PISA geht also nach eigener Aussage von einem *funktionalistischen* Begriff von Wissen, Lernen, Können aus. Was man lernt, muss zu etwas dienen und zwar zu etwas konkret Anwendbarem, das man messen kann. Hier wird langsam das Kernproblem von PISA deutlich: Die Studie definiert den Bildungsbegriff um. Denn wir haben eingangs herausgestellt, dass die Reduktion von schulischem Lernen auf Anwendbarkeit gerade dem Bildungsgedanken widerspricht, dass also schulische Bildung sich nicht auf funktionales Wissen beschränken darf, wenn sie den Menschen nicht »abzwecken« will. Der Bildungsbegriff von PISA widerspricht damit dem (noch) in deutschen Richtlinien und Lehrplänen gemäß der Verfassung und den Menschenrechten verankerten Bildungsbegriff. PISA misst Bildungserfolge nicht gemäß diesen nationalen Lehrplänen, sondern an eigenen Maßstäben. Nicht einmal die konkreten Aufgaben in Lesen und Schreiben, Mathematik und Naturwissenschaften stimmen mit den Lehrplänen der Länder überein. Denn da überall dieselben Aufgaben gestellt werden, ist ein Eingehen auf nationale Besonderheiten nicht möglich und auch gar nicht gewünscht, denn man will ja gerade den eigenen Maßstab anlegen: »Die Definition der Bereiche deckt nicht nur die Beherrschung des im Curriculum vorgesehenen Lehrstoffs ab, sondern auch wichtige Kenntnisse und Fähigkeiten, die man im Erwachsenenleben benötigt.«[58] Man gibt also offen zu, Dinge zu testen, die im Curriculum, im Lehrplan *gar nicht vorgesehen* sind. Im Klartext: PISA testet Fähigkeiten, die die Schüler überhaupt nicht gelernt haben *können*, weil sie nicht Gegenstand des Unterrichts waren.

Denn: »Das Hauptaugenmerk liegt auf der Beherrschung von Prozessen, dem Verständnis von Konzepten sowie auf der Fähigkeit, innerhalb eines Bereiches mit unterschiedlichen Situationen umzugehen.«[59] Der Pädagoge Volker Ladenthin hat sehr genau nachgewiesen, dass hier etwa in Mathematik eine Form von anwendungsbezogenem mathematischem Denken gefordert wird, die in Deutschland so gar nicht gelehrt wird.[60] Auch der Mathematik-Didaktiker Gellert verweist darauf, dass PISA keineswegs eine mathematische Allgemeinbildung gemessen habe, wie sie dem traditionellen deutschen Bildungsbegriff entspreche, sondern (unter dem Leitbegriff »mathematische Grundbildung«) nur eine bestimmte Variante von »mathematical literacy«, nämlich die »funktionale Anwendung von mathematischen Kenntnissen in ganz unterschiedlichen Kontexten«.[61] Man kann nun bedauern, das Mathematik in Deutschland eher abstrakt und weniger anwendungsbezogen unterrichtet wird. Man müsste dann eine Diskussion in der Fachöffentlichkeit anregen, Argumente genau abwägen und ggf. auf dem Wege der politischen Willensbildung die Lehrpläne ändern. Auch kann PISA durchaus eine solche veränderte Schwerpunktsetzung testen – aber die Ergebnisse sind dann auch mit Vorsicht zu genießen: Die festgestellte Mittelmäßigkeit deutscher Schüler bezieht sich dann eben nicht auf das Gelernte, sondern auf das Getestete.

Was tatsächlich geschieht, ist, *dass PISA an der Fachöffentlichkeit und an den Bürgern vorbei einen neuen Bildungsbegriff einführt.* Und auch dies wird nicht verheimlicht: »Man muss sich darüber im Klaren sein, dass die PISA-Tests mit ihrem Verzicht auf transnationale curriculare Validität (…) und der Konzentration auf die Erfassung von Basiskompetenzen ein didaktisches und bildungstheoretisches Konzept mit sich führen, das normativ ist.«[62] Leider versteht man den Explosivstoff in diesem komplizierten Satz nicht ohne weiteres. Dabei fasst er die hier dargestellten Probleme exakt zusammen: PISA »verzichtet« auf eine Angleichung der Testfragen an die nationalen Lehrpläne; weil man sich auf funktionales Anwendungswissen beschränkt, legt PISA ein eigenes didaktisches Konzept zu Grunde (Lesen, Rechnen, Naturwissenschaften sollen in Anwendungsbezügen vermittelt werden) und einen eigenen Bildungsbegriff (Bildung reduziert sich auf das Anwenden dieses Wissens). Und damit wirkt PISA *normativ*: PISA setzt eine neue, eigene Norm für Bildung. PISA ist somit *normative Empire*. Während der Anschein erweckt und vor allem in der Öffentlichkeit herumposaunt wird, PISA habe nun mit erfahrungswissenschaftlichen Methoden, mit objektiven Tests und Zahlen erwiesen, was Schüler alles nicht können, wird tatsächlich durch die Hintertür ein neuer Bildungsbegriff eingeführt. Die vermeintlich objektive empirische Forschung, die nur nüchtern die vorhandene Schulrealität testet und analysiert, setzt in Wirklichkeit selbst neue Werte.

Ein solches Verfahren ist wissenschaftlich insofern nicht zu beanstanden, als es in der Studie selbst offen gelegt wird. Die Studie hat dann aber letztlich kaum einen Aussagewert, weil sie nur etwas über die eigenen, neuen Maßstäbe aussagt, nichts über den Erfolg der bisher geltenden Maßstäbe. Da man jedoch nicht horrende Gelder verpulvert, um nutzlose Studien anzufertigen, ist offensichtlich, dass genau die Wirkung, die nachher einsetzte, auch beabsichtigt war: nämlich die Bildungslandschaft in Europa undeklariert und an den Bürgern vorbei umzukrempeln. Insofern ist der Test politisch und auch wissenschaftlich ein Skandal. Er ist pseudowissenschaftliche PR-Arbeit – früher sagte man dazu noch schlicht Propaganda.

Etwas Vergleichbares geschah auch Frau Meier: Haushaltsführung wurde durch die Tests auf Sauberkeit reduziert. Ihre Bemühungen und ihre Erfolge in der Kindererziehung interessierten plötzlich nicht mehr. Aber als »wissenschaftlich« belegt galt, dass die Hausfrauen Absurdistans schlecht seien. Auch hier dient Wissenschaft der Propaganda.

Die Zweifel an der Wissenschaftlichkeit der PISA-Studie werden zudem von zahlreichen Experten genährt, die deren Methodik genauer untersucht haben. Viele Autoren haben unlängst in dem Buch »PISA & Co.« verschiedene Analysen zu PISA zusammengetragen. Deren Ergebnisse kratzen gewaltig am Image der Unantastbarkeit, das eine transnationale Untersuchung wie PISA umgibt.

So hat der Physiker Joachim Wuttke neben einem seines Erachtens erheblichen Messfehler allerlei Bedenkliches festgestellt:[63] PISA sei auf eine bestimmte, *extrem reduktionistische Auswertung* hin angelegt. Das reichhaltige Datenmaterial (hundert Testaufgaben werden durch jeweils viele zehntausend Schüler bearbeitet) werde nur zur Bestimmung von zweierlei Kennzahlen in drei Aufgabenfeldern genutzt: dem Schwierigkeitsgrad der einzelnen Aufgaben und den Kompetenzen der einzelnen Schüler. Die statistische Verteilung der Schülerkompetenzen sei dann vorrangig in Form nationaler Ranglisten in den einzelnen Aufgaben-feldern veröffentlicht worden; dies habe den Eindruck eines Nationen-Wettkampfes und entsprechende emotionale Reaktionen geradezu provoziert.

Die Aussagekraft dieser Verteilungswerte hält Wuttke jedoch für äußerst begrenzt. Schon die *Stichprobenqualität* sei recht zweifelhaft: Die Daten nicht voll entwickelter Länder seien wenig repräsentativ für die Gesamt-bevölkerung; behinderte Schüler und Sonderschulen (die es nur in 7 Ländern gebe) hätte man in uneinheitlicher Weise vom Test ausgeschlossen bzw. berücksichtigt; die Stichprobenziehung würde vielfach auf inkonsistenten Daten beruhen; die Teilnahmequote in den USA habe unter der selbst gesetzten Grenze gelegen; bei der Datenerfassung sei es in Kanada und Polen zu Unregelmäßigkeiten gekommen.

Vor allem aber sei die *Aufgabenqualität* höchst problematisch. Zum einen sei sie größtenteils gar nicht beurteilbar, denn 60 Prozent der Test-Aufgaben seien bisher überhaupt nicht veröffentlicht worden. Dann passten Aufgaben mit offenem Format, also der Möglichkeit mehrerer Lösungswege, gar nicht zu einer eindimensionalen Auswertung – und seien ohne Kenntnis der Schülerantworten kaum interpretierbar. Vor allem aber stelle sich das Problem der Fairness: Die Schüler verschiedener Länder seien in sehr unterschiedlichem Maße mit den Aufgabenformaten oder der Testmethodik vertraut gewesen: So sei in manchen Staaten fast keine Aufgabe unbearbeitet geblieben, es müsse also im Zweifel auf gut Glück angekreuzt worden sein. Außerdem habe man ein länderspezifisch unterschiedliches Nachlassen der Leistung im Testverlauf beobachtet. Zudem entstammten die Aufgaben spezifischen Sprach- und Denkräumen. So sei bei PISA 2000 die Hälfte aller Leseaufgaben auf Englisch eingereicht worden – die damit nahe liegende Verzerrung der Werte für England und Irland übertreffe den angesetzten Standardfehler um das Doppelte. Hinzu kämen Verzerrungen durch die je nach Sprache unterschiedliche Länge der Aufgabentexte, das zum Verständnis benötigte Hintergrundwissen sowie die Übersetzungsqualität.

Bei der *Auswertung* schließlich sei es zu einer erstaunlichen Häufung gravierender Fehler bei der Skalierung der Aufgabenschwierigkeiten und Kompetenzstufen gekommen. Auch sei die Umrechnung der erreichten Testpunkte in entsprechende Kompetenzstufen sowie die Interpretation von Testpunkt-Differenzen als Schuljahrsabstände mehr als fragwürdig, da nicht inhaltlich abgesichert. Darüber hinaus korrelierten die Kompetenzwerte in den einzelnen Aufgabenfeldern derart stark miteinander, dass anzunehmen sei, dass PISA – bei allem Aufwand – lediglich einen Generalfaktor kognitiver Fähigkeiten messe. Wahrscheinlich habe die Methode der Kompetenzstufen-Interpretation dazu geführt, dass die tatsächlichen Fähigkeiten vieler Schüler unterschätzt worden seien.

Am Beispiel der getesteten mathematischen Fähigkeiten bemängelt zudem stellvertretend für viele Eva Jablonka[64], dass es recht fraglich sei, ob die gemessenen PISA-Punkte überhaupt die zu untersuchende mathematischen Fähigkeiten angemessen widerspiegeln. Schon gar nicht könne aus der Bewertung dieser Fähigkeiten auf die Leistungsfähigkeit eines ganzen Bildungssystems geschlossen werden. Die eine Schwachstelle sei die Operationalisierung: Operationalisierung meint die Messbarmachung von theoretischen Annahmen, wozu man passende Messgrößen, Erhebungsmethoden und Erhebungsinstrumente auswählen muss. Bei vielen PISA-Aufgaben sei es schlicht nicht entscheidbar, ob sie für die zu testenden Dimensionen überhaupt repräsentativ seien, ob sie also das vorgeblich Getestete überhaupt messen könnten. Das andere Problem sei die Skalierung: So habe man sich nur aus Praktikabilitätsüberlegungen für ein Auswertungsverfahren (»Rasch-Modell«) entschieden, das in seiner Eindimensionaliät weder der Art aller Aufgaben noch dem avisierten Fähigkeitskonstrukt angemessen sei.

Sind solche Fehler Fahrlässigkeit, Arglosigkeit oder Absicht? Frau Meiers Geschichte gibt darauf eine Antwort, die für unsere noch zu finden sein wird.

Nicht weniger abenteuerlich sind die Folgerungen, die aus den Messungen gezogen wurden und werden. Wie erwähnt zieht jeder die PISA-Studie für Folgerungen und Erklärungen heran, die er gerade benötigt.

Großstudien wie PISA sind in Planung, Durchführung und Auswertung aufwändig und teuer. Dafür liefern sie riesige Datenmengen – und erwecken damit den Eindruck, aussagekräftige Einblicke in Bildungssysteme und -prozesse zu geben. Das ist aber aus verschiedenen Gründen fraglich. Was besagt eigentlich die gängige Formulierung, dass finnische Schüler im europäischen Vergleich an der Spitze seien? Und wenn man sich auf eine solche Länderrangskala einlässt: Warum sind sie es? Weil sie Gesamtschulen besuchen – oder weil sie dort vorwiegend Frontalunterricht erleben? Weil Filme im Land der tausend Seen häufig nicht synchronisiert sind, also frühes Lesen nötig machen – oder weil es dort wenig Migranten gibt? Oder wenn wir im Lande bleiben: Warum waren bayerische Fünfzehnjährige bei PISA 2000 den Schülern im Rheinland um bis zu zwei Jahre voraus? Weil es dort ein gegliedertes Schulsystem gibt? Weil die Klassenarbeiten im Alpenvorland schwerer sind – oder die Familienstruktur vergleichsweise intakter ist?

Das Problem beginnt bereits bei der *Genauigkeit*. Eigentlich kann man nicht sagen: Das Bildungssystem des Landes X erzielt die drittbeste Leistungsfähigkeit in Mathematik. Richtig wäre vielmehr: Im Land X waren so und so viel Prozent der Befragten in der Lage, in begrenzter Zeit bei bestimmten Aufgabensorten die richtigen Lösungen anzukreuzen, und in dieser Hinsicht lag Land X unter so und so viel Ländern an dritter Stelle. Eine solche Unterscheidung hört sich nach Haarspalterei an, ist es aber keineswegs. Bei anderen Aufgabentypen oder einer anderen Stichprobenziehung könnte nämlich ein ganz anderes Ergebnis entstehen. So folgen etwa die bei PISA verwendeten Aufgabentypen einem Schema, das Schülern in angelsächsischen Ländern viel vertrauter war als den deutschen. Zudem lässt ein angekreuztes Falsch-Ergebnis nicht erkennen, ob die Aufgabe überhaupt nicht gekonnt oder aber in Teilen richtig gelöst wurde.

Die größte Problematik liegt in der unterstellten *Kausalität* zwischen Lernbedingungen und Lernergebnissen. So ist es gängige Praxis, aus dem unterschiedlichen Rangwert zweier Länder den Schluss zu ziehen, das eine der beiden Schulsysteme sei besser und das andere schlechter. Ein solcher Vergleich wäre indes aus wissenschaftlicher Sicht völlig haltlos. Schließlich wurden viele verschiedene Daten von den Befragten erhoben, aber sie sind Teilaspekte eines komplexen Systems, zwischen denen zunächst keine linear kausalen Zusammenhänge, sondern höchstens komplexe Wechselbeziehungen bestehen.

In komplexen Bedingungsgefügen kann aber niemand präzise und mit Gewissheit sagen, dieser Befund resultiere eindeutig aus jenem Umstand. Felten[65] nennt dies das Storchendilemma: Wenn es noch so viele Häuser mit Neugeborenen gibt, auf denen auch Storchennester thronen, so besagt dies doch nicht, dass Störche die Kleinen bringen – unter den Dächern hat sich eben auch noch anderes abgespielt, bevor der Nachwuchs krähte … Die Gleichzeitigkeit zweier Phänomene ist eben kein Hinweis auf einen Ursache-Wirkungs-Zusammenhang: Womöglich haben die Dinge gar nicht miteinander zu tun, vielleicht gibt es auch ein Drittes als gemeinsame Ursache, eventuell existieren gar mehrere Bedingungsfaktoren.

Dieses Manko haftet auch den großen Schulleistungsstudien an: Zwar liefern sie eine Fülle interessanter Daten, entgegen dem populärmedialen Anschein aber keine eindeutigen Kausalzusammenhänge. Verlässliche Aussagen darüber, welche Lernumstände sich tatsächlich leistungsförderlich auswirken, erfordern extrem aufwändige Untersuchungen.

Im Übrigen sind die in der öffentlichen Debatte beliebten *Länderrangreihen* höchst fragwürdig. Die Erstellung solcher Rangreihen scheint zwar einem menschlichen Bedürfnis zu folgen. Bei so komplexen Systemen wie Schulen haben sie unter wissenschaftlichen Fragestellungen jedoch enorm begrenzte Aussagekraft. Meyerhöfer[66] zeigt dies an einer so einfachen Frage wie der, welches Land die besten Leistungen bei den Olympischen Spielen erbracht hat. Nach dem Medaillenspiegel wäre Land X mit 2 Goldmedaillen weit besser als Y mit nur einer Bronzemedaille. Dabei könnte X ein sehr großes Land mit entsprechend guten Rekrutierungsmöglichkeiten sein oder eines mit zwei traditionell besonders gepflegten und daher starken Sportarten; Land Y könnte aber in einer Disziplin den bisherigen Weltrekord gebrochen haben. Ein Medaillenspiegel – auf welche Weise auch immer gewonnen – eignet sich also höchstens zur übersichtlichen Darstellung der Verteilung von Teilplatzierungen, nicht aber als Instrument genereller Leistungsmessung – und schon gar nicht zum Vergleich der Wirksamkeit nationaler Sportförderungen.

Zu dieser grundsätzlichen Problematik von Länderrangreihen kommt hinzu, dass die verschiedenen, ineinander greifenden Fehler von Konzeption und Auswertung die Ranglisten zusätzlich in einem noch nicht abschätzbaren Maße verzerrt haben. Und ausgleichende Maßnahmen könnten schnell andere Fehler erzeugen. Bei einer Neuauswertung würden die offiziellen Ranglisten zwar vermutlich nicht auf den Kopf gestellt (Deutschland geriete sicher nicht vor Finnland!), aber Korrekturen um bis zu +/- 20 Punkte wären durchaus nennenswert. Denn der weitgehenden Stabilität im Groben steht eine weitaus erheblichere Unsicherheit in den Randgruppen gegenüber. Gerade beim schwächsten Zehntel oder Viertel der Schülerschaft wird die Datenlage durch frühzeitige Schulabgänge, uneinheitliche Berücksichtigung von Sonderschulen, Testverweigerung oder -abbruch sowie Leseprobleme unsicher.[67]

Diese Verzerrungen können an einem besonders krassen Fall kurz demonstriert werden. Bekanntlich hat das geringere Leseverständnis der Migrantenkinder den deutschen PISA-Wert in allen Fähigkeitskategorien erheblich und für einen Vergleich problematisch abgesenkt. Andere Länder mit vergleichbar umfangreichen Migrantenzahlen haben aber ganz andere Bedingungen: Kanada lässt nur Einwanderer ins Land, die bereits hochqualifiziert sind; französische Immigranten verfügen als Folge der Kolonialpolitik über französische Sprachkenntnisse. Wieder andere Siegerländer müssen kaum oder gar keine Integrationsarbeit leisten: In Japan etwa gibt es nur sehr wenige Immigranten und in Finnland leben die wenigen auch nur im engeren Umfeld von Helsinki und erhalten im Vorschulbereich professionellen Sprachunterricht. Der deutsche PISA-Wert sagt deshalb nichts über die Bildungswirksamkeit des mehrgliedrigen Schulsystems im Vergleich zu einem integrierten aus, sondern beleuchtet lediglich eine spezifische Migrantensituation und den bisherigen Umgang damit.[68]

Warum also diese Fokussierung auf Ranglisten in der öffentlichen Darstellung der Ergebnisse, wenn doch die Materie derart kompliziert ist?

So problematisch der plumpe Vergleich verschiedener Länder, so heikel ist auch der von aufeinander folgenden Testungen. Unterschiede zwischen den Befunden von PISA 2000 und 2003 müssen keineswegs eine Veränderung der Leistungsfähigkeit bedeuten, sie könnten ebenso gut von Veränderungen des Testsettings herrühren. Bevor man also vermeintlichen Aufstieg, Niveaustabilität oder Niedergang im Vergleich zu anderen Staaten feststellt und entsprechend jubeln bzw. trauern mag, wäre zu fragen: Haben in beiden Fällen überhaupt die gleichen Länder teilgenommen? Mit identischer Stichprobe? War die Herkunft der Aufgaben vergleichbar? Wurde die Auswertung mit identischer Punktzuweisung vorgenommen?

Andererseits wird aus der PISA-Studie all das herausgelesen, was geringere Ausgaben oder neue Geschäftszweige verspricht. Volker Hagemeister hat dazu eine Reihe von Beispielen aufgelistet.[69] So hat PISA angeblich gezeigt, dass *Früheinschulung* förderlich ist. Das ist indes äußerst fraglich. Einerseits schulen (»erfolgreichere«) Länder wie Finnland und Schweden durchweg erst mit 7 Jahren ein, andererseits zeigen innerdeutsche Studien, dass frühzeitig eingeschulte Kinder im Laufe der Schulzeit signifikant häufiger als altersgemäß eingeschulte einmal nicht versetzt werden – ein zweites Mal Sitzenbleiben ist bei ihnen sogar fünfmal so wahrscheinlich. Auch eine flexible Eingangsstufe kann dieses Problem kaum lösen, solange es den Lehrern an diagnostischer Kompetenz sowie personaler Verstärkung fehlt. Desweiteren soll PISA erwiesen haben, dass *zentrale Prüfungen* den Leistungswert erhöhen – weil es in einigen »Siegerländern« eben zentrale Prüfungen gibt. Man findet aber auch gut abschneidende Staaten, die ohne zentrale Prüfungen arbeiten. Die Staaten ohne zentrale Prüfungen haben sogar im Durchschnitt besser abgeschnitten als die ohne. Schließlich habe PISA gezeigt, dass *Ganztagsbetreuung/-schulen* erfolgreicher arbeiteten als Halbtagssysteme. Das erscheint fraglich: In Finnland jedenfalls findet man vorwiegend Halbtagsschulen, und deutsche Akademikerkinder schnitten besser ab als Vergleichskinder an schwedischen oder französischen Ganztagsschulen. Ganztagseinrichtungen werden nur dann förderlicher sein können, wenn sie eine exzellente Ausstattung erhalten, insbesondere hinsichtlich des Personals. Die gemessene Leistungsfähigkeit hängt nämlich weitaus stärker von Voraussetzung des Elternhauses ab als von schulischen Faktoren. Auch die (aufgrund der Bund-Länder-Konkurrenz) überhastete Einführung von *Bildungsstandards* wirft Fragezeichen auf. Die Neuerungen wurden von oben verordnet, das neue Kompetenzmodell ist unklar, fachlich ertragsarm und widersprüchlich. Die berechtigten Bemühungen um eine neue Aufgabenkultur drohen zur einer oberflächlichen Aufgabendidaktik zu verkommen.

Auch der Schulpsychologe Dollase macht darauf aufmerksam, dass einige wichtige Faktoren, die die PISA-Ergebnisse erklären könnten, überhaupt nicht einbezogen wurden, weil sie wohl politisch nicht gewünscht waren. So ist etwa in den PISA-Sieger-Ländern Finnland und Japan die Lehrerarbeitszeit wesentlich kürzer als in Deutschland.[70] Zudem ist klar bewiesen, dass in kleineren Klassen besseres Lernen möglich ist: »Einen wirklichen Qualitätsfortschritt gibt es unterhalb der Gruppengröße von etwa 17 Personen und noch weiter darunter ist der Lernfortschritt dramatisch.«[71] Auch hier wird die Erfahrung von Praktikern bestätigt, die seit langem kleinere Klassen fordern. So etwas will natürlich niemand hören, da dies neue Stellen bedeuten und somit Geld kosten würde.

Andererseits könnten, so Dollase, aus den PISA-Ergebnissen keinerlei Schlüsse auf besonders wirksame Unterrichtsmethoden abgeleitet werden: Wenn überhaupt, würde sich sogar erweisen, dass der vielgescholtene »Frontalunterricht allen anderen Mätzchen im Unterricht überlegen ist«, der in Japan und Korea und auch Finnland dominiert.[72] Eine finnische Pädagogin sagt selbst: »In Wahrheit ist finnischer Unterricht in der Regel ›solides Handwerk‹ in ganz traditionellem lehrerzentriertem Stil, nicht mehr und nicht weniger.«[73] Ebenso wenig ließe sich aus PISA die Überlegenheit der Gesamtschule ableiten, nur weil in Finnland ein integriertes System existiere. Dollase kann belegen, dass organisatorische Faktoren grundsätzlich nur einen geringen Effekt auf die Lernleistung haben.[74] Vielmehr habe er bereits nach der TIMSS-Studie 1995 »folgende zwei Krisen im deutschen Unterrichtswesen ausgemacht: die Herzlichkeitskrise und die Krise der Unterrichtskunst.« Und diese seien auch nach PISA nach wie vor relevant.

Unsere Frau Meier war in ihrer Erziehungskunst mit ähnlich billigen Argumenten, die aus scheinbar objektiven Messwerten gefolgert wurden, überrumpelt worden.

Dass die OECD (Organisation für wirtschaftliche Zusammenarbeit und Entwicklung), die PISA durchführt, eine europäische *Wirtschafts*entwicklungsgesellschaft ist, ist eine der Merkwürdigkeiten, die uns im Weiteren noch beschäftigen wird (vgl. Kapitel 3 und 5).

Hier kann man als Zwischenstand jedenfalls einmal festhalten, dass sich die OECD mit ihrer PISA-Studie anmaßt, einen eigenen Bildungsbegriff zu definieren, als normative Setzung den nationalen Bildungswesen überzustülpen und durch den Druck der Testergebnisse verbindlich zu machen. Sie greift damit undeklariert in hoheitliche Aufgaben, in die Selbstbestimmung der Bürger ein. Sie unterläuft nationale Curricula und sogar Verfassungen und etabliert unter Ausschaltung der wissenschaftlichen und öffentlichen Diskussion einen Bildungsbegriff, der weit entfernt ist von dem, was eigentlich demokratisch legitimierter Konsens in unserem Staat ist.

Unmittelbaren Nutzen von der internationalen Inflation von Bildungstests haben zunächst einmal diejenigen, die Tests entwickeln und verkaufen, durchführen und auswerten. In der Studie selbst wird ein Konsortium von »internationalen Forschungseinrichtungen« genannt, das mit Planung und Koordination der Studie beauftragt worden sei.[75] Elisabeth Flitner hat herausgearbeitet, dass diese »Forschungseinrichtungen« gar keine sind, sondern private Unternehmen.[76] Und zwar die größten »Global Player« auf dem Feld der Bildungsdienstleistungen, von denen sich eines selbst als »multimillion dollar corporation« bezeichnet. Dieses Firmen-Konsortium hat PISA entwickelt und den Test an bisher 58 Staaten verkauft, wobei die freundliche Vermittlung von der OECD geleistet wurde, so dass die Unternehmen nicht selbst in Erscheinung treten mussten.[77] Geschickt hat man dabei PISA von Beginn an als mehrteilige Studie konzipiert, so dass den beteiligten Staaten gleich ein Test-Abo nahe gelegt werden konnte. Da man mit der Implementierung dieser Tests zugleich die Ausrichtung von Bildung auf Testleistungen selbst mit vorantreibt, schafft man sich also einen gigantisch wachsenden Markt. 2005 hatte alleine eines der Unternehmen 72 Bildungstestprojekte weltweit laufen. »PISAs wirtschaftlicher Erfolg im engeren Sinn besteht in der Schaffung und Erschliessung staatlicher Nachfrage für Schulleistungstests. Dabei handelt es sich um einen globalen Wachstumsmarkt mit eindrucksvollen Zuwachsraten«.[78]

Interessanterweise wurden in Deutschland, anders als in anderen Ländern, eine Vielzahl einheimischer Experten in die Studie eingebunden. »Hier wurden schon in der Vorbereitung der ersten PISA-Welle, PISA

2000, zahlreiche empirische Bildungsforscher, führende Erziehungswissenschafter verschiedener Sektionen der *Deutschen Gesellschaft für Erziehungswissenschaft* und namhafte Mitglieder der *Gewerkschaft Erziehung und Wissenschaft* in einer oder mehreren Funktionen als Mitglieder eines nationalen *PISA-Konsortiums*, als ausführende Forscher, als Experten oder als wissenschaftliche Beiräte an PISA beteiligt.«[79] Dies dürfte jedoch nicht nur zur Bekanntheit und Anerkennung der Studie beigetragen haben, wie Flitner vermutet. Vielmehr handelt es sich hierbei wohl um eine gezielte Strategie, um mögliche Opposition und Kritik durch Einbindung ruhig zu stellen. Wenn verschiedenste Wissenschaftler und die Gewerkschaft mit im Boot sitzen, denken sie wohl nicht mehr allzu kritisch und öffentlich über das nach, was geschieht. Und genau so kam es ja auch. Gerade weil Deutschland eine ganz andere Bildungstradition hat, musste hier wohl mit besonderen Maßnahmen vorgegangen werden, um es für den Testmarkt zu öffnen.

Wie also früher mit Schulmöbeln und Lehrmaterialien Gewinn gemacht werden konnte, ohne dass aber dies die Tätigkeit der Schulen inhaltlich beeinflusst hätte, so haben heute transnationale Bildungsdienstleister damit begonnen, schulische Arbeitsformen im Sinne ihrer neuen Produkte umzubauen. So wird Bildung äußerlich wie innerlich ökonomischen Prinzipien unterworfen: von der vereinfachten Auswertbarkeit von Tests (durch Multiple-Choice-Fragen) über die Operationalisierung von Bildungszielen (durch die Einführung von Leistungsstandards und den Vorrang der Alltagskompetenz) bis hin zu weltweit angebotenen Bildungsmodulen (durch E-Learning). Die Folge: Das jüngste Bildungsprogramm des amerikanischen Präsidenten George W. Bush, lanciert unter dem anrührenden Slogan »No child left behind«, wird in den USA mittlerweile nur noch spöttisch unter »No child left untested« verbucht.[80]

Meyerhöfer[81] vertritt denn auch die Auffassung, dass PISA kein wissenschaftliches Unterfangen sei, selbst wenn in seinem Umfeld das ein oder andere Nützliche geschehe. Die Tendenz und der Tenor der daraus abgeleiteten Aktivitäten seien administrativ-normativer Natur. Es werde kaum Erkenntnis produziert, sondern gehe vorrangig um Produktion: heute Studien, morgen Entwicklungsmodule. Deshalb bestehe auch kein Interesse an, ja, Widerwille gegenüber grundsätzlicher Skepsis seitens der Forschergemeinschaft – dies könnte ja Umsatzstörung bedeuten. Allenfalls werde Nachbesserung erwogen, das typische »Reparaturverhalten von Paradigmengemeinschaften«.

Die weitere Darstellung wird allerdings zeigen, dass es hier noch um sehr viel mehr geht als das Profitstreben des »pädagogisch-industriellen Komplexes«[82] – insofern endet hier auch die Analogie zu unserer Absurdistan-Geschichte. Eine solche Sichtweise würde zu kurz greifen.

2.5 Fazit: Leichte Beute für Radikal-Reformer

So wie einst im Mittelalter die stolzesten Burgen und unbezwingbarsten Festungen durch lange Belagerung mürbe gemacht wurden, so ist heute das Bildungswesen sturmreif geschossen: Das Trommelfeuer von Dauerreformen, systematischer Unterfinanzierung, permanenter Überlast, öffentlicher Lehrerhetze, pädagogischem Zeitgeist und schließlich die Großexplosion der PISA-Hysterie haben Schulen und Hochschulen äußerlich und vor allem innerlich bereit zur feindlichen Übernahme gemacht. Hierbei ist vor allem diese innere Orientierungslosigkeit entscheidend. Schulgebäude kann man schnell in Stand setzen, ohne Probleme kann man mehr Lehrer einstellen und Klassen verkleinern, man kann Hörsäle bauen und Studienplätze einrichten. Viel schwerer wiegen aber die Folgen jenes pädagogischen Zeitgeists und der Erziehungsvergessenheit. Verunsicherung oder schlichte Unkenntnis darüber, worum es in Schule und Hochschule eigentlich geht, prägen Eltern, Lehrer, Professoren, Studenten und Schüler. Diese geistige Verunsicherung und Haltlosigkeit macht das Bildungswesen innerlich widerstandslos gegen die nun einsetzenden Rezepte von Radikal-Reformern. Es wurde bereits angedeutet und wird das Thema im Weiteren sein, dass es sich hierbei vor allem um Rezepte aus der Wirtschaft handelt, um eine ökonomische Umstrukturierung von Schule und Hochschule und der Bildung selbst. Die Invasoren stehen also als Investoren getarnt vor den Toren: »Bertelsmann ante portas!« müsste der Warnruf lauten. Doch der bleibt bisher nur leise vernehmbar. Die ökonomische Eroberung des Bildungswesens geschieht schleichend, aber umso radikaler.

Müdigkeit, Überdruss und Orientierungslosigkeit innerhalb der Institutionen machen viele empfänglich für solche neuen Heilsversprechen. Wenn ohnehin niemand mehr weiß, worum es eigentlich geht, lauscht man den Schalmaientönen aus der Wirtschaft umso begieriger. Und sie machen das sehr geschickt: Die Radikal-Reformer kennen all die nun beschriebenen Schwächen des Bildungswesens sehr genau. Sie setzen an den real existierenden Problemen an, beschreiben also die richtigen Mängel und verstehen dank entsprechender PR-Büros genau, wie sie ihre falschen Lösungen als richtige Antworten auf diese Fragen verkaufen können. So hat man in letzter Zeit den Eindruck, dass eigentlich Wirtschaftsverbände die besseren Schulministerien seien. Sie sind handfest, konkret, haben Geld und »Mut zur Veränderung«. Die Strategie ist perfide. Man greift reale Defizite auf, verspricht blühende Landschaften, wirft mit Geld und Gutachtenaufträgen um sich, hat damit viele Eltern auf seiner Seite, streut den Lehrern Sand in die Augen, kauft die Professoren mit Bezahlung von Forschungsleistungen oder besetzt ganze Lehrstühle neu, die entsprechende »Erkenntnisse« produzieren.

Die weitere Diskussion erfordert daher Genauigkeit: Denn die benannten Mängel und auch manche der heute kursierenden Lösungsvorschläge sind grundsätzlich nicht falsch. Aber man muss den Kontext berücksichtigen. Man muss fragen: »Wer fordert hier was? Wer schlägt welche Lösung warum und mit welchem Ziel vor?« Am Beispiel PISA wurde deutlich, wie hier der Bock zum Gärtner gemacht wird: Statt zur Lösung der Bildungsmisere beizutragen, macht die Testkatastrophe alles noch schlimmer.

Halten wir fest: Pädagogische Probleme sind nur pädagogisch zu lösen, also weder politisch und organisatorisch noch ökonomisch. Politik, Organisation und Ökonomie können äußere Bedingungen von Schule und Hochschule betreffen, niemals jedoch den pädagogischen oder wissenschaftlichen Kern. Und weder politische Rezepte, noch organisatorische Reformen, noch Wirtschaftlichkeitsberechnungen können die aufgezeigten Ursachen der Bildungsmisere beheben. Daher gibt es auch »keine Patentrezepte und auch keine schnellen Lösungen«, so erneut Giesecke: Übrig bleibt einstweilen nur, den gegenwärtigen Zustand weiterhin möglichst präzise zu erforschen, ihn ungeschönt zu beschreiben, Fehlentwicklungen zu erkennen, sie behutsam zu korrigieren, den wohl klingenden Zauberworten zu misstrauen und nicht wie bisher den Novitäten aus den Wissenschaften, der Wirtschaft oder der Organisationslehre auf den Leim zu gehen, nur weil sie sich gerade marktschreierisch in Szene setzen.[83]

3 Zwischen Propaganda und Lüge: Schlagworte und Blindgänger der Bildungsökonomie

Hören wir zu Beginn einer näheren Beschäftigung mit dem, was man unter »Ökonomisierung von Bildung« verstehen kann, einen jener Marktschreier. Hören wir einen geschickten Verkäufer von Ideen, die nicht seine eigenen sind, die er vielleicht nicht einmal selbst in ihrer Wirkung begreift (der Herr ist Jurist, nicht Pädagoge), die aber seitdem im öffentlichen Raum in Deutschland herumschwirren. Gemeint ist Roman Herzog, der Bundespräsident mit der »Ruck-Rede«, einer der verkaufstärksten Krämer der Bildungsreform nach Wirtschaftskriterien. Was hatte er alles im Sortiment?[84]

Man solle mit Reformmodellen experimentieren, Freiräume schaffen und nutzen, neue Studiengänge, internationale Abschlüsse und ein Credit-Point-System an den Hochschule einführen, Schulen dem internationalen Leistungsvergleichen aussetzen. Das Bildungssystem brauche Wettbewerb und Effizienz, Eigenständigkeit und Selbstverantwortung, wozu selbstverständlich ein modernes Schulmanagement vonnöten sei. Die Bildungseinrichtungen bräuchten Vergleichbarkeit, Transparenz und Geldzuweisung nach Leistungsmessung. Lerninhalte stünden auf dem Prüfstand, der Unterrichtsstoff müsse reduziert werden, stattdessen gehörten neue Medien in den Unterricht, Computer müssten Bestandteil aller Fächer werden, ein PC sei in jedem Klassenzimmer Pflicht. Das Berufsleben müsse in den Unterricht einbezogen und Studenten ab dem ersten Semester praktisch auf ihren Beruf vorbereitet werden. Erst recht müsse die Lehramtsausbildung praxisorientierter reformiert werden. Und selbstverständlich müssten die Lernmethoden überarbeiten werden, Lehrer sollten nicht Wissensvermittler, sondern Moderatoren von Gruppenprozessen sein, Lernende sollen sich selbst organisieren. Dazu müssen das Dienstrecht der Beamten verändert oder am besten ganz abgeschafft werden, Leistungslohn gemäß der Bewertung von Unterrichtsqualität solle eingeführt werden. Das ginge am besten, wenn Staat und Wirtschaft eng zusammenarbeiteten und man die Konsensgesellschaft in Frage stelle. Und so weiter und so fort.

Wem nun der Kopf schwirrt ob solch einer Flut zusammenhangloser Schlagworte, muss sich nicht wundern. Denn mit Bildung scheinen sie nicht viel zu tun zu haben. Dennoch werden mit diesem Konvolut heute »Bildungsreformen« propagiert.

3.1 Das Bildungswesen als Wirtschaftsbetrieb?

Doch zunächst: Was meint und wie funktioniert »Ökonomisierung von Bildung«? Angesichts der beschriebenen desolaten Lage des Bildungswesens und der scheinbar fehlenden finanziellen Mittel erscheint die Idee, Schulen und Hochschulen nun nach Kriterien wirtschaftlicher Effizienz zu führen, bestechend: Nun endlich ist Schluss mit dem Schlendrian. Die »faulen Säcke« in den Schulen und die Elfenbeinturmbewohner in den Hochschulen sollen endlich auf Trab gebracht werden. Warum sollen sie es besser haben als die vielen Arbeitnehmer in der freien Wirtschaft, die mit massivem Druck zu kämpfen haben? Der Staat hat kein Geld mehr, deshalb muss jetzt aus jedem herausgepresst werden, was möglich ist. Schluss mit dem Beamtentum, Schluss mit der staatlichen Finanzierung, Konkurrenz und Markt werden es richten.

So oder ähnlich lauten die populären »Argumente«. Davon setzt sich in der Regel bei den Bürgern, die diese Diskussion in den Medien verfolgen, nur ein diffuser Eindruck fest. Nämlich, dass auf jeden Fall alles anders werden muss, dass Nutzen und Effizienz gesteigert werden müssen. Dass es so nicht weitergeht, dass wir kein Geld haben. Und überhaupt: Man hat doch selbst auch so schlechte Lehrer gehabt und ungute Erinnerungen ans Studium, da soll ruhig mal was passieren.

Die Grundannahme hinter solchen Argumenten ist, dass mit dem Wettbewerbsprinzip die Leistung von Schulen und Hochschulen verbessert werden könnte. Nach unseren bisherigen Einsichten müsste man hier sogleich nachfragen: Welche »Leistung« ist denn gemeint? Bildung? Wie soll die mit betriebswirtschaftlichen Instrumenten verbessert werden? In diesen Argumenten steckt die unbewiesene Behauptung, dass die beschriebenen Defizite mit einer anderen Finanzierung und Steuerung zu beheben seien. Es sollen also Muster betriebswirtschaftlichen Denkens und betriebswirtschaftlicher Steuerung auf die äußere und innere Organisation der Schulen und Hochschulen und damit auf den eigentlichen Kern ihrer Arbeit, nämlich auf Bildung und Erziehung, übertragen werden. Das klingt zunächst abstrakt.

Grundsätzlich gemeint ist, dass Schulen und Hochschulen selbst als Wirtschaftsunternehmen effizient, das heißt profitabel arbeiten sollen. Wenn man Schulen und Hochschulen als Wirtschaftsbetriebe betrachtet, dann ist ihr Produkt, das sie herstellen, der Schüler oder der Student. Diese müssen – wie überall in der Marktwirtschaft – möglichst gut und möglichst kostengünstig produziert werden. Die geforderten Eigenschaften dieses »Produkts Schüler/Student« bestimmt dann die Marktnachfrage, also hier die »abnehmenden« Wirtschaftsbetriebe. Damit ändert sich die grundsätzliche Ausrichtung von Schulen und Hochschulen radikal: Denn nun werden Kinder, Jugendliche und junge Erwachsene nicht mehr um ihrer selbst willen gebildet und erzogen, sondern weil der Wirtschaftsapparat Absolventen mit bestimmten Qualifikationen fordert. Und das soll möglichst kostengünstig – nennen wir es ruhig billig – geschehen.

Schulen und Hochschulen als Wirtschaftsbetriebe zu führen, bleibt dann nicht nur eine äußerliche Organisationsfrage von Verwaltung und Finanzierung. Das damit einhergehende Konkurrenzdenken greift direkt in den Kern der Bildungs- und Erziehungsarbeit ein. Dieser Kern ist zum einen die Beziehung zwischen Schüler und Lehrer, zwischen Student und Hochschullehrer. Zum anderen sind es die in Schule und Hochschule vermittelten Inhalte. Konkurrenz und Effizienz untergraben das Vertrauensverhältnis der pädagogischen Beziehung und bestimmen, was und wie gelehrt und gelernt wird. Roman Herzogs obenstehende Postulate einer Veränderung der Lerninhalte und -methoden meinen genau das. Auf diese Weise werden die zwischenmenschlichen Verhältnisse und die Bildungsinhalte ökonomisiert. Wenn man sich noch einmal das in der Einführung entworfene Bild von Bildung und Erziehung vor Augen führt, ist kaum denkbar, wie dieses pädagogische Verhältnis »effizient« und »ökonomisch« funktionieren soll. Wie soll das gemessen werden? Wie misst man Persönlichkeitsreifung, Auseinandersetzung mit der Welt, Mitmenschlichkeit, Verantwortlichkeit? Und wie soll das wirtschaftlich bewertet werden? Und welches Recht hat ein gesellschaftlicher Teilbereich wie die Wirtschaft, die Inhalte, an und mit denen Schüler sich bilden, zu bestimmen? Die Ökonomisierung der Bildung greift also den Kernbereich von Bildung und Erziehung an: Sie gefährdet die zwischenmenschlichen Beziehungen und sie gefährdet die kulturelle Tradierung.

Erzählen wir auch hierzu eine beispielhafte Geschichte:

Bislang konnte eine demokratisch gewählte Landesregierung oder auch eine ihrer Verwaltungseinheiten etwa beschließen, die Schule A im Stadtteil X zu verkleinern oder zu schließen. Stattdessen wurde dann die Schule B im benachbarten Stadtteil Y vergrößert. Oder es wurden aus aktueller Finanznot Lehrerstellen gestrichen. Das sind keine angenehmen Vorgänge, aber immerhin bildungspolitische Entscheidungen, die zumindest indirekt demokratisch legitimiert sind. Hiergegen können etwa Eltern und Lehrer entsprechend politisch aktiv werden. Sie können also als Bürger in ihrem Staat eine andere Meinung artikulieren und versuchen, diese politisch durchzusetzen. Das Ganze geschieht im Rahmen des Rechtsstaates, das heißt notfalls können sie auch versuchen, vor Gericht ihr Recht durchzusetzen. So hat staatliche Schulverwaltung bislang funktioniert, das ist nicht immer erfreulich und oft auf Grund interner Abläufe ineffizient. Hier wären sicherlich Verbesserungen möglich.

Wenn man nun aber die oben gehörten Vorschläge anwendet, passiert Folgendes: Jetzt sagt die Regierung: »Wir kürzen die Gelder für beide Schulen und um einen zusätzlichen Anteil müssen sich beide streiten, indem sie miteinander in Konkurrenz treten. Wer mehr neue Schüler aufnimmt und mehr Schulabgänger hat, bekommt mehr Geld.« Das wird dann zugleich noch als »Autonomie« verkauft, weil die Schulen jetzt selber bestimmen sollen, was sie mit ihrem Geld machen. Sogleich überlegt sich nun der Schulleiter der Schule A eine Werbekampagne, um auf seine Schule aufmerksam zu machen. Lehrer müssen Internetauftritte entwerfen, eine Imagekampagne für den Stadtteil wird mit einer Werbeagentur entwickelt, man versucht möglichst viel Präsenz in der Lokalpresse zu bekommen, indem dauernd tolle Projekte und glänzende Schulfeiern veranstaltet werden, denn das ist nach außen sichtbar und verbessert den Ruf der Schule. Dass dabei an der A-Schule allerlei Unterricht ausfällt, stört zunächst einmal nicht, man macht ja jetzt »Projekte«. Der schlitzohrige Schulleiter der Schule B kommt auf die Idee, die Lehrer mit sanftem Druck und pseudopädagogischen Argumenten zu einer milderen Notengebung zu veranlassen: Die Schüler sollen schließlich »Spaß haben« und nicht unter den Noten leiden. Plötzlich steigt der Notendurchschnitt, weniger Schüler bleiben sitzen, mehr Abgänger werden gezählt. Schule B steigt im Schulranking der Stadt auf Platz eins, der Etat wächst, die Neuanmeldungen kommen inzwischen von weit her. Da nun Schule A aufgrund der kostspieligen Kampagnen und der schwindenden Schülerzahlen das Geld ausgeht, kommen die Lehrer auf die Idee, lokale Wirtschaftsvertreter einzuladen und über »Kooperationen« zu beraten. Und dem Informatiklehrer gelingt es sogar, einen Vertreter des Softwarekonzerns »Microbluff« zu gewinnen. Die Schule bekommt jetzt Computer gesponsert und verpflichtet sich im Gegenzug, ihre Schüler als Praktikanten in die Betriebe zu schicken und Themen aus den Geschäftsfeldern der Unternehmen in alle Fächer aufzunehmen. Die Lehrpläne werden entsprechend umgeschrieben, plötzlich gibt es Jobtrainings, man lernt Präsentationsmethoden mit dem Programm »Kraft-Punkt« und lässt Microbluff-Mitarbeiter Unterricht übernehmen. Da muss Schule B nachziehen, sie benennt sich nach einer großen Supermarktkette um. Die Sponsorengelder werden dafür eingesetzt, eine Laptop-Klasse einzurichten. Doch langsam gewinnt Schule A die Oberhand, immer mehr Eltern melden ihre Kinder nun dort an, die Schule gilt jetzt als angesagt. Warum, kann keiner so genau sagen, aber wenn Frau Müller ihre Anna-Julia dahinschickt und der Kevin aus der Grundschulklasse auch da hingeht, dann …

Was geschieht aber nun eigentlich in der Schule selbst? Die Lehrer geraten plötzlich unter Druck, ihren Unterricht so auszurichten, dass möglichst viele Absolventen ohne Sitzenbleiben produziert werden. Sie werden nervös, arbeiten darauf hin, dass ihre Schüler bei den Vergleichstests gut abschneiden. Sie pauken ihnen den entsprechenden Stoff zunehmend rücksichtsloser ein, denn die Ergebnisse sind bares Geld wert. Immer mehr Arbeitszeit geht für Marketingaktionen und unterrichtsferne Projekte drauf, die nach außen dargestellt werden müssen. Weil Zeit für die Unterrichtsvorbereitung fehlt, greifen Lehrer gerne auf die von den Unternehmen bereitgestellten Materialien zurück. Zweifel daran, was sie da eigentlich gerade vermitteln, gehen im Stress unter. Schwierige Schüler werden zunehmend härter angefasst, unter Druck gesetzt und gegebenenfalls von der Schule verwiesen. Sich um einzelne Schüler länger zu kümmern, ist nun reichlich uneffektiv. Nach Zeit und Mühe für pädagogische Arbeit fragt niemand, denn das bringt ja nichts für die Zahlen. Die Schüler wiederum werden ebenfalls nervös, ob sie denn die nächsten Vergleichstest schaffen, besser sind als die Nachbarschule. Zeit für Diskussionen und Erörterungen bleibt im Unterricht nicht mehr viel. Die Eltern wollen auch kein Gequatsche, sondern Ergebnisse sehen. Ein Lehrer, der es nicht für sinnvoll hält, seinen Unterricht auf das neue gesponserte Lernprogramm umzustellen, wird vom Rektor gemaßregelt, verlässt schließlich die Schule …

Eine kleine Maßnahme, nämlich die Schulen als konkurrierende Unternehmen zu behandeln, zerstört in der Folge die Bildungs- und Erziehungsaufgabe der Schule, schafft ein Fiebern und Hasten bei Schülern,

Eltern, Lehrern, wird zum Einfallstor für fremde Inhalte und Interessen, für die »Abzweckung« des Menschen, um noch einmal das Wort Humboldts zu verwenden. Dass dies nicht der Anfang eines schlechten Science-Fiction-Romans über die unbemerkte Errichtung einer ökonomischen Diktatur ist, sondern unserer Realität und unmittelbaren Zukunft entspricht, wird im Weiteren zu belegen sein.

Als These sei festgehalten: Schulen und Hochschulen können nicht unter betriebswirtschaftlichen Kriterien geführt werden. Sie der Konkurrenz und Effizienz auf einem »Bildungsmarkt« auszusetzen, verändert sie im Kern grundsätzlich. Bildung ist keine Ware, und wenn sie dazu wird, ist es keine Bildung mehr. Entgegen heute gängiger Behauptungen gibt es also Bereiche des menschlichen Lebens, die durch Wettbewerb und das Marktprinzip nicht besser funktionieren, sondern die gerade davor geschützt werden müssen, um sich überhaupt entfalten zu können. Ansonsten können Schule und Hochschule nicht mehr die Aufgabe erfüllen, die wir Bürger ihnen eigentlich zugedacht haben: nämlich die Erziehung und Bildung unserer Jugend zu Menschen und Bürgern. Bildung ist dann nicht mehr Bildung in Selbstbestimmung zu verantworteter Freiheit, sondern fremdgesteuerte Abrichtung zu Marktzwecken.

3.2 Wirtschaft und Allgemeinwohl: Vom Nutzen der Bildung für die Wirtschaft

Hier wird nun gerne eingewendet, dass dies doch ein reichlich übertriebener und konstruierter Widerspruch sei. Schließlich trage doch die Wirtschaft zum Wohl aller bei, also müssten die Schulen und Hochschulen die jungen Leute auch tauglich für den Beruf entlassen. Dann kann die Wirtschaft florieren und wachsen und davon haben doch wieder alle etwas. Somit trägt eine auf die wirtschaftlichen Anforderungen zugeschnittene Bildung doch zum Wohlstand der Gesellschaft bei.

Ein richtiger und zugleich schwieriger Einwand. Richtig ist zunächst: Das Gemeinwohl hängt auch an der wirtschaftlichen Leistung der Bürger, meint also auch das materielle Wohlergehen. Wenn man die Wirtschaft als Teil der Gesellschaft versteht, dann hat die Wirtschaft einer legitimen Anspruch an gut ausgebildeten jungen Menschen, die in der Lage sind, den Anforderungen der Arbeit nachzukommen. Und hier gibt es reale Defizite. Dies gilt jedoch in der Tat *nur dann*, wenn die Wirtschaft faktisch Teil der Gesellschaft ist, also zu deren allgemeinen Wohl beiträgt. Wenn die Bürger also selbst die Wirtschaftenden sind. Eine an das globalisierte Finanzkapital verkaufte Wirtschaft, die aus den jeweiligen Standorten nur den maximalen Profit herauspresst, den Gewinn nicht versteuert, sondern ins Ausland auslagert und anschließend die Mitarbeiter auf Kosten der nationalen Staaten entlässt, ist nicht auf das Allgemeinwohl ausgerichtet. Diese Wirtschaftsweise läuft dem Gemeinwohl zuwider, so der Staatsrechtler Schachtschneider, denn hier brechen die Unternehmen aus dem Staat aus und entziehen sich damit der Bestimmung durch die jeweiligen Bürger. Damit stellen sie sich aber »gegen das jeweilige Volk und dessen Staat, vor allem aber gegen dessen Recht. Das aber ermöglicht ihnen die republik-, vor allem sozialwidrige Liberalisierung des Kapitalverkehrs, die Ausdruck der ebenso liberalistischen wie globalistischen Unternehmensordnung ist.«[85] Aus dieser staatsrechtlichen Sicht sind die Unternehmen Eigentum der Bürgerschaften, nicht allein der Aktionäre oder Inhaber, da die Bürger ihre Arbeitsleistung darin erbringen. Daher dürfen sich die Unternehmen auch nicht außerhalb des Staates stellen und sich der Verfügungsgewalt der Bürger entziehen, wie dies durch die Liberalisierungsgesetze für den Kapitalverkehr geschehen ist. Denn so können sie sich gegen den Willen und das Wohl der Bürger stellen – ein Vorgang, den wir derzeit ständig erleben. Dieses allgemeine Wohl ist aber die Angelegenheit der Bürger, sie ist eine öffentliche Angelegenheit und muss deshalb der Selbstbestimmung des Volkes unterliegen. Daher, so können wir für unseren Zusammenhang folgern, hat eine solche globalisierte Wirtschaft auch kein legitimes Recht, irgendwelche Forderungen bezüglich der Bildung an den Staat, seine Bürger und deren Kinder zu richten.

Anders verhält es sich mit den Wirtschaftsteilen, die unmittelbarer mit dem Gemeinwesen verbunden sind: So ist etwa die Forderung des Mittelstands nach Schulabsolventen, die lesen und schreiben können und überhaupt in der Lage sind, Berufsausbildungen zu absolvieren, vollkommen legitim. Dass hier zum Teil katastrophale Zustände herrschen, ist unbestritten. Wenn selbst für einfache Ausbildungsberufe keine hinreichend qualifizierten Schulabgänger zu finden sind, dann ist dies ein Problem nicht nur für die Wirtschaftbetriebe, sondern für den ganzen Staat. Legitim als Forderung der Wirtschaft an die staatlichen Schulen ist also, dass sie berufsfähige Schüler entlassen, also junge Menschen mit einer ausreichenden Allgemeinbildung und einer Persönlichkeit, die sich nicht vor Anforderungen drückt, die Selbständigkeit und Verantwortlichkeit besitzt. Ähnliches gilt für die Hochschulen, wobei hier die Qualifizierung jedoch unspezifischer ist. Diese Forderungen kommen insbesondere aus mittelständischen Unternehmen und dem Handwerk, die sich ihre Bewerber nicht aus einem größeren, überregionalen Pool aussuchen können.

Doch müssen dies immer noch die Bürger selbst entscheiden können. Wenn die Wirtschaft versucht, direkten Einfluss auf Inhalte und Methoden sowie auf die Formen und Institutionen des Bildungswesens zu nehmen, so ist das nicht mehr legitim. Denn dann wird über Wissen, Denken und damit auch Handeln der Schüler und Studenten bestimmt. Schule und Hochschule sind nicht dazu da, Verhaltensdispositionen und Weltbilder heranzuzüchten, die möglichst nahtlos an das internationale Wirtschaftssystem angepasst sind. Eine solche Abrichtung widerspricht dem Ziel der Mündigkeit. PISA ist ein Beispiel hierfür: Wenn Lesekompetenz auf das Verstehen von Sachtexten und Bedienungsanleitungen reduziert wird, dann ist das möglicherweise für bestimmte Wirtschaftszweige effizient, widerspricht aber dem Recht auf allgemeine Bildung. Tatsächlich waren ja frühere Schüler, die eine solide sprachlich-literarische Bildung genossen hatten, auch hervorragend für spätere Berufe vorbereitet. Eine reine Anwendungsorientierung des Wissenserwerbs ist also auch sachlich unsinnig. Worüber die Wirtschaft berechtigt klagen kann, ist das mangelnde *Niveau* dieser allgemeinen Bildung: Schüler sind oft einfach zu schlecht vorbereitet.

3.3 Die Ökonomisierung aller Lebensbereiche: Das Problem des »Neoliberalismus«

Wie aber kommt eigentlich dieser allumfassende Anspruch der heutigen Wirtschaft zustande? Wie kommt es dazu, dass nicht nur die Bildung, sondern letztlich alle Lebensbereiche der Logik der Betriebswirtschaft unterworfen werden sollen? Wie kommt jene von Schachtschneider klar als republikwidrig charakterisierte Liberalisierung zustande? Wie kommt es, dass heute auf alle Fragen die gleichen Antworten gegeben werden: Deregulierung, Privatisierung, Wettbewerb?

Dieses »Modell des neoliberalen Wahrheitsregimes« ist »eine für alle Lebensbereiche durchgesetzte Vorzugsregel, nach welcher unter konkurrierenden Betrachtungsweisen die jeweils marktnächste systematisch und mit Anspruch auf Alternativlosigkeit prämiert wird. Man könnte auch sagen: Die Logik *eines* gesellschaftlichen Bereichs, der Wirtschaft, geht der aller anderen voraus, oder die Marktlogik überformt die Eigenlogik aller anderen gesellschaftlichen Bereiche wie etwa der Bildung.«[86] Damit ist ein zentraler Begriff gefallen, der sogenannte »Neoliberalismus« als diejenige Idee oder Ideologie, nach der heute weltweit gewirtschaftet wird. Er hat sich für eine vor allem auf Profitmaximierung gerichtete Wirtschaftsweise eingebürgert, die nicht mehr durch gemeinsame Regeln der sozialen Verpflichtung des Eigentums nachkommt, die das Grundgesetz festschreibt. »Neoliberalismus« ist zu einem Kampfbegriff insbesondere der Anti-Globalisierungs-Bewegung geworden, der krasses ökonomisches Unrecht brandmarkt.

Doch ist hier jenseits der Kampfbegriffe ein genauerer Blick nötig: Denn die Bezeichnung »Neoliberalismus« für die heutige Wirtschaftsweise ist eigentlich falsch. Historisch bewusste Wirtschaftswissenschaftler verstehen unter »Neoliberalismus« jene Ökonomen, die nach dem Zweiten Weltkrieg die theoretischen Grundlagen für die soziale Marktwirtschaft der Bundesrepublik entwarfen. In Abgrenzung zur Planwirtschaft der sozialistischen Länder betonten sie in Wiederaufnahme des alten Liberalismus (daher Neo-Liberalismus) die Bedeutung der Freiheit als Grundlage des Wirtschaftslebens. Ausgangspunkt und Ziel des Liberalismus ist die Freiheit des Einzelnen. Er hatte deshalb eine gewisse grundsätzliche Skepsis gegen staatliche Macht.[87]

Der größeren Zahl der alten Neoliberalen war klar, dass Markt und Wettbewerb sich nicht selbst erhalten können, dass die Marktwirtschaft Regeln braucht, um sich nicht gegen die Marktteilnehmer, die Bürger zu wenden. Diese Regeln sollten Freiheit und Gemeinwohl in Einklang bringen. Alle Interessen sollten »*unter Rechtfertigungszwang vor dem allgemeinen Wohl* gesetzt werden«[88]. Demnach darf wirtschaftlicher Liberalismus nicht heißen, dass jeder Profit auf Kosten der anderen macht und sich nicht darum schert, was aus diesen wird. Wirtschaftlicher Gewinn muss ein Beitrag zum allgemeinen Wohl sein. Nicht Wirtschaftsinteressen sollten die Gesellschaft formen, sondern einer Ordnung, in der Freiheit und Gemeinwohl vereint werden. So formulierte Wilhelm Röpke, einer der wichtigsten Exponenten jener alten Neoliberalen: »Die Marktwirtschaft ist nicht alles. Sie muss in eine höhere Gesamtordnung eingebettet werden, die nicht auf Angebot und Nachfrage, freien Preisen und Wettbewerb beruhen kann.«[89] Ähnlich betonte Alexander Rüstow, »dass der Marktrand, der Marktrahmen, das eigentliche Gebiet des Menschlichen ist, hundertmal wichtiger als der Markt selbst. Der Markt hat lediglich eine dienende Funktion. Der Markt ist ein Mittel zum Zweck, ist kein Selbstzweck, während der Rand eine Menge Dinge umfasst, die Selbstzweck sind, die menschliche Eigenwerte sind.«[90]

Daher wussten diese alten Neoliberalen auch, dass der Markt auf gesellschaftliche Grundlagen angewiesen ist, die er selbst nicht herstellen kann. Die Werte, die ein fairer Wettbewerb braucht, resultieren nicht aus dem Markt. Sie beruhen auf geistigen, kulturellen, ethischen Fundamenten, die unabhängig vom Markt entstehen müssen und als solche bei den Marktteilnehmern vorhanden sein müssen, damit Marktfreiheit nicht in Unmenschlichkeit ausartet: »Selbstdisziplin, Gerechtigkeitssinn, Ehrlichkeit, Fairness, Redseligkeit, Maß halten, Gemeinsinn, Achtung vor der Menschenwürde des anderen, feste sittliche Normen das alles sind Dinge, die die Menschen bereits mitbringen müssen, wenn sie auf den Markt gehen (…). Familie, Kirche, echte Gemeinschaften und Überlieferungen müssen sie damit ausstatten.«[91] Und wir können hier ergänzen: Die Schule und die höhere Bildung müssen hierzu ganz entscheidend beitragen. Solche Persönlichkeitseigenschaften sind für Röpke auch wieder nicht nur Zweck, nicht ein Mittel, damit die Wirtschaft funktioniert. Damit würde man auch Ethik und Werte noch funktionalisieren. Sondern sie sind der eigentliche Kern des menschlichen Lebens, machen es sinnvoll, wertvoll und tragen unter anderem auch dazu bei, das Marktgeschehen menschlich zu gestalten. Im Denken der klassischen Neoliberalen ist *der Mensch der Maßstab, nicht der Gewinn.* Wirtschaft hat eine dienende Funktion.

Daher muss es staatliche Regeln geben, damit die Freiheit des Marktes nicht entartet. Wilhelm Röpke hat sehr deutlich einen Freiheitsbegriff verurteilt, der sich als reines Tun-was-man-will versteht: »Freiheit ist, woran man leider erinnern muss, ein moralischer Begriff allerhöchster Ordnung, und es kann keinen schlimmeren Missbrauch der Freiheit geben als ihre Umdeutung in ein beliebiges Tun- und Lassen-Können, in eine Lösung von allen Bindungen und Schranken.«[92] »Freiheit ohne Normen und Regeln, ohne moralische Selbstdisziplin der Einzelnen ist die furchtbarste Unfreiheit für alle diejenigen, die dabei zertrampelt und versklavt werden.«[93] Man hat bei diesen Worten unwillkürlich das Schicksal abertausender heutiger Arbeitnehmer im Sinn, die entlassen werden, obwohl die Konzerne Milliarden verdienen, damit Börsen-Spekulanten noch höhere Renditen einfahren können. Hier wird der Mensch tatsächlich unfrei und versklavt durch eine zur Willkür gewordene Freiheit, die sich aller Bindungen und Verpflichtungen entledigt hat. Hier geht der Profit über die Menschen hinweg, er widerspricht dem Gemeinwohl. Das ist jener schlimmste Missbrauch der Freiheit.

Um das zu verhindern, hatten Ökonomen wie Röpke nicht nur Wirtschaftspolitik im Sinn, sondern eine Vorstellung von einer Gesamtreform menschlichen Lebens, die alle menschlichen Bedürfnisse berücksichtigt. Es war ein Gesellschafts- und Lebensentwurf, der auf den Traditionen christlich-abendländischer Ethik basierte: »So wenig wie wir die wirtschaftliche Nützlichkeit verachten, so wenig sollte sie uns tyrannisch beherrschen (…). Wir sollten eben nicht bloß Ökonomisten sein, sondern zugleich Philosophen, die weder die natürliche Ordnung der Dinge noch die echte Rangfolge der Werte missachten.«[94] Daher sind, so Röpke, entscheidend »die Dinge jenseits von Angebot und Nachfrage, von denen Sinn, Würde und innere Fülle des Daseins abhängen, die Zwecke und Werte, die dem Reiche des Sittlichen im weitesten Verstande angehören.«[95] Sonst verwahrlosen der menschliche Verstand und die menschliche Seele, indem sie sich nur noch auf Geld und Profit konzentrieren: »Gibt es einen sicheren Weg, die Seele des Menschen völlig auszudörren als die durch unser Wirtschaftssystem geförderte Gewohnheit, unsere Gedanken ständig um Geld und Geldeswerte kreisen zu lassen? Und ein schärferes Gift für echte Kultur als eine Kommerzialisierung, die alles durchdringt?«[96] Man könnte meinen, hier würde der Zustand der Gegenwart kritisch diagnostiziert.

Der Wert dieser Ausführungen zeigt sich auch für das hier behandelte Problem der Bildung. Beobachten wir nicht gerade jenes »Ausdörren« der Seelen in Konsumrausch und Medienspektakel? Werden auch wir nicht ständig verlockt und gezwungen, unser Denken und Fühlen andauernd um Geld, Sonderangebote, Sparen, kleinen Luxus und unerfüllte Wünsche kreisen zu lassen? Und sind damit nicht auch und gerade Kinder und Jugendlichen hauptsächlich beschäftigt? Ist das *menschliches* Leben? Und wenn nun auch noch Schule und Hochschule, Bildung und Erziehung nach diesem Prinzip funktionieren sollen, welche vertrockneten Gemüter werden dann erst entstehen? Welche öden Wüsten werden sich im Denken und Fühlen der Kinder und Jugendlichen ausbreiten? Wenn auch die Schule nichts anderes mehr kennt als Angebot und Nachfrage, wie sollen die heranwachsenden jungen Menschen je erfahren, dass es Wertvolles jenseits des Wettbewerbs gibt? Denn genau das war ja die Einsicht dieser alten Neoliberalen: Marktmechanismen sind nützlich, wenn es um Wirtschaftsdinge geht. Aber Sie töten das menschliche Miteinander in allen Bereichen, die nicht wirtschaftlichen Kriterien unterliegen.

Insofern hatten wir eigentlich einmal ein Modell, das dieses Problem berücksichtigte und versuchte, zwischen planwirtschaftlichen Sozialismus und ungeregeltem Kapitalismus einen dritten Weg zu gehen: nämlich den der Sozialen Marktwirtschaft. Das ist allerdings nicht jener »Dritte Weg«, den Gerhard Schröder und Tony Blair vollmundig verkündeten. Deren

Initiative oder auch Kampagnen wie die für eine »Neue Soziale Marktwirtschaft« sind bei genauerem Hinsehen kaum versteckte Propagandalügen für die Auflösung gerade jener alten Sozialen Marktwirtschaft. Sie propagieren gerade jenen neuen Neoliberalismus, den Wilhelm Röpke als »liberalen Anarchismus« bezeichnet hat: »Ja, es gibt eine Anschauung, die man nicht anders als liberalen Anarchismus nennen kann, wenn wir an diejenigen denken, die Markt, Wettbewerb und wirtschaftliche Vernunft für ausreichende Antworten auf die Frage der sittlichen Grundlage unserer Wirtschaft halten.«[97] Dieser Anarchokapitalismus prägt als »neuer Neoliberalismus« nicht nur das Bildungswesen, sondern die ganze Welt. Er bedingt die heutige, sogenannte »neue Weltordnung«, die von Sozialleistungskürzungen, grassierender Armut, Verelendung der Dritten Welt, zunehmenden Kriegen auf der einen Seite und exorbitant steigenden Gewinnen großer Konzerne, Aktienbooms und neuen Superreichen auf der anderen Seite geprägt ist.

Doch wie kam es dazu? Wie kommt man von einer vernünftigen Wirtschaftsordnung, wie sie die alten Neoliberalen beabsichtigten, zu einem brutalen, ausbeuterischen System? Auch hier ist der Ausgangspunkt eine *falsche Theorie.* Einer der Ökonomen aus der Gruppe der alten Neoliberalen, Friedrich August von Hayek, entwickelte deren Theorie so weiter, dass er den Gedanken der staatlichen Ordnung der Wirtschaft aufgab. Ihm schien es unmöglich, durch vernünftige Einsicht auf das sich gewissermaßen nach Naturgesetzen entwickelnde Marktgeschehen Einfluss zu nehmen. Das sei ein Eingriff in die Freiheit. Hayek hatte hier wohl die Erfahrungen des Ostblock-Sozialismus seiner Zeit vor Augen, gegen den er sich abgrenzte. Doch schüttete er das Kind mit dem Bade aus: »Er lehnt es grundsätzlich ab, die Wirtschaftsordnung rational gestalten oder überhaupt verstehen zu wollen«.[98] Das heißt, Wirtschaft entwickelt sich nach eigenen Gesetzen, auf die man keinen Einfluss nehmen kann und darf. Diese falsche Theorie, die letztlich leugnet, dass es eine Vernunft gibt, die Wirklichkeit erkennen und gestalten kann, ist die unmittelbare Begründung für das, was man heute »Deregulierung« nennt, also die Aufhebung staatlicher Regularien für die Wirtschaft, die eben zu jenem Willkür-Kapitalismus führt, der oben beschrieben wurde. Dieser neue Neoliberalismus führt »zu einer ›Markthörigkeit‹, indem sich die Politik ihr Handeln von den Märkten diktieren lässt. Der Markt wird zum moralischen Subjekt des Handels, die Politik zum Objekt«.[99]

Nun basiert die heutige Situation nicht mehr allein auf jener Theorie von Hayek. Maßgebliche Wirtschaftswissenschaftler wie der Nobelpreisträger Milton Friedman haben später diese Theorie zur Doktrin ausgebaut und ihr ihren brutalen Anstrich gegeben. Friedman schlug übrigens schon 1962 Schulprivatisierungen, Wettbewerb, Effizienzorientierung und Bildungsgutscheine vor.[100] Ein erstes, explizites Experiment mit dieser neuen neoliberalen Theorie waren die Wirtschaftsreformen Margaret Thatchers in England und Ronald Reagans in Amerika, deren verheerende Wirkungen bekannt sind. Daneben wurden seit den Siebzigerjahren durch den Internationalen Währungsfond (IWF) und die Weltbank und seit 1994 durch die Welthandelsorganisation (WTO) solche neoliberalen Reformen in unzähligen Ländern Lateinamerikas, Afrikas und Asiens durchgesetzt. Deren erschütternde Auswirkungen, die regelmäßig zu Massenverarmung, Hunger, Aufständen auf der einen Seite und enormem Gewinn weniger Superreicher geführt hat, sind in Michel Chossudovskys Buch »Global brutal« dokumentiert.[101] Er zeigt minutiös und gut verständlich auf, wie der entfesselte Welthandel, der deregulierte globale Kapitalismus massive Armut und Krieg provoziert hat.

Nicht nur ein linker Kritiker wie Chossudovsky, sondern auch ein Nobelpreisträger für Wirtschaft wie Josef Stieglitz, der selbst Chefökonom der Weltbank war, zeigt auf, wie vorgegangen wird[102]: Der neue Neoliberalismus beruht heute auf dem so genannten »Konsens von Washington«. Das sind Vereinbarungen darüber, wie der IWF und die Weltbank Volkswirtschaften von Drittweltländern angeblich »reformieren«. Angeblich soll so mehr Stabilität der Wirtschaften erreicht werden. Faktisch bewirken radikale Haushaltskürzungen, Steuersenkung, Liberalisierung des Handels, Öffnung für ausländische Direktinvestitionen, Privatisierung und Deregulierung das Gegenteil. Die Auswirkungen dieser Politik sind auch in Deutschland zu beobachten. Hier werden die gleichen Instrumente eingesetzt, unter denen Arbeitnehmer und Steuerzahler leiden. Die »marktfundamentalistischen« Maßnahmen drängen den Staat zurück und überlassen alles dem Markt. Dazu gehören auch die Privatisierung öffentlicher Unternehmen und von Bereichen der Daseinsvorsorge wie Bahnen und Busse, Telekommunikation, Post, Wasserversorgung, Müllentsorgung bis hin zu Krankenhäuser und eben Schulen und Hochschulen. Alles Einrichtungen, die die Bürger mit ihren Steuergeldern bezahlt und aufgebaut haben, damit sie ihnen dienen, damit sie eben nicht unter den freien Wettbewerb fallen und so für jeden zugänglich bleiben. Denn diese Grundbedürfnisse müssen in einer gerechten Ordnung jedem Bürger zur Verfügung stehen. Nun soll sich der Staat, also die Bürger, aus der Verantwortung zurückziehen, der freie Markt, der Wettbewerb würde es schon richten. Diese Maßnahmen können von IWF und Weltbank so breit durchgesetzt werden, weil sie ihre Kreditvergaben an diese Bedingungen knüpfen. Man setzt armen und verschuldeten Ländern einfach die Pistole auf die Brust: Entweder ihr macht, was wir sagen, oder wir drehen den Kredithahn zu. Dass auch in Europa und Deutschland ähnliche Maßnahmen durchgesetzt werden, zeigt, wie groß der Einfluss der Finanz- und Handelsinteressen ist, die hinter IWF und WTO stehen. Sie entmachten die nationalen Regierungen und damit die Bürger, denn die haben nun keinen Einfluss mehr auf wirtschafts- und sozialpolitische Entscheidungen. Wir haben faktisch ein »System, das man globale Politikgestaltung ohne globale Regierung nennen könnte, in dem einige wenige Institutionen – Weltbank, IWF, WTO – und einige Akteure – die Finanz-, Wirtschafts- und Handelsminister, die eng mit bestimmten Finanz- und Handelsinteressen verquickt sind – das Sagen haben, während viele Menschen, die von ihren Entscheidungen betroffen sind, praktisch kein Mitspracherecht besitzen«, so Joseph E. Stiglitz.[103] Das erklärt auch, warum sich die Politik der einzelnen Parteien kaum noch unterscheidet. Ob konservativ, sozialdemokratisch oder grün: Das Programm der Deregulierung und Privatisierung wird von allen durchgesetzt.

Es ist für das Verständnis des hier thematisierten Bildungsproblems eigentlich entscheidend, diese Entwicklungen nicht nur zur Kenntnis, sondern sich tatsächlich »zu Herzen« zu nehmen. Erst wenn wir wissen, dass das, was hier in Deutschland und in Europa passiert, seit Jahrzehnten anderen Völkern in hundertmal schlimmerer Weise widerfährt, können wir erahnen, worum es geht. Dann erst ahnt man, dass auch die Verelendung des Bildungswesens Teil einer Strategie sein könnte, die auf Verarmung, Verdummung der Massen und letztlich auf Herrschaft einiger weniger hinausläuft. Bildung und Erziehung dem Profitdenken zu unterwerfen bedeutet auch, Menschlichkeit, Mitgefühl und Solidarität mit den Menschen weltweit zu untergraben. Bildung hier zu erhalten, ist also schon deshalb unabdingbar, um denjenigen, denen es noch viel schlechter geht, beistehen zu können.

Diese Zusammenhänge werden uns im Weiteren immer wieder begegnen. Es ist dann nachvollziehbarer, was denn Weltbank, IWF und WTO mit unserem Bildungswesen zu tun haben.

3.4 Dimensionen der Bildungsökonomie

Die Ökonomisierung von Bildung hat drei Dimensionen:

1. Ökonomisierung der Bildungsinhalte

Ökonomisierung von Bildung meint erstens die *inhaltliche* Ausrichtung der Bildung selbst auf ökonomisch notwendiges Wissen, auf Kenntnisse und Fähigkeiten, die man im heutigen Wirtschaftsleben braucht. Bildung wird hier »abgezweckt« für vorgegebene wirtschaftliche Notwendigkeiten, was das Grundrecht auf freie Bildung der Persönlichkeit verletzt.

Diese Ökonomisierung der Bildungsinhalte werden wir anhand zahlreicher Beispiele insbesondere in Kapitel 4 näher beleuchten.

2. Ökonomisierung der Bildungsdienstleistungen

Ökonomisierung von Bildung meint auf einer zweiten Ebene den Handel mit Bildungsdienstleistungen. Bildung selbst wird selbst zur handelbaren *Ware*. Damit sind Formen der Privatisierung von Schulen und Hochschulen gemeint, wie auch der Handel mit Bildungsprodukten. Standardisiertes, auf Verwertbarkeit ausgerichtetes Wissen wird entsprechend konfektioniert und verkauft. Hier geht es also um die ganz konkreten Gewinnaussichten eines Handels mit Bildung. Dessen Formen werden ebenfalls in Kapitel 4 thematisiert, die Bildungsverkäufer, also diejenigen, die die Gewinne machen, sind Gegenstand des fünften Kapitels.

3. Ökonomisierung der Bildungsinstitutionen und der pädagogischen Beziehungen

Davon zu unterscheiden ist der dritte Aspekt, den man als Ökonomisierung der *Bildungsinstitutionen und der Lehr- und Lernverhältnisse* bezeichnen kann. Das meint die Umstellung der inneren Führung der Bildungsinstitutionen und ihrer Verwaltung auf betriebswirtschaftliche Steuerungsmuster und die Inszenierung eines begrenzten Wettbewerbs zwischen Schulen und Hochschulen.

Dies führt unweigerlich zu einer Ökonomisierung der zwischenmenschlichen Verhältnisse, der pädagogischen Beziehungen selbst: Schüler und Lehrer, Student und Professor verkehren nicht mehr aus Bildungsgründen miteinander, sondern müssen wechselseitigen wirtschaftlichen Nutzen abwerfen.

Die Folgen dieser inneren Ökonomisierung sind am unmittelbarsten und bereits heute spürbar und wirken sich auf den Kern von Bildung und Erziehung verheerend aus. Sie sind Thema der weiteren Ausführungen dieses 3. Kapitels.

3.5 Ein Vademecum der Unworte

Die innere Ökonomisierung der Bildung, der Schulen und Hochschulen wird mit einer Vielzahl von Schlagworten und Scheinbegründungen durchgesetzt, die heute überall kursieren. Diese Thesen und Phrasen werden wir hier genauer untersuchen, um zu verstehen, was es damit eigentlich auf sich hat, was tatsächlich gemeint ist und wie sie zusammenhängen. Denn die permanente Wiederholung und scheinbare Beliebigkeit der Schlüsselbegriffe heutiger Bildungsdebatten führt leicht zu Verwirrung oder schlichtem Überdruss. Tatsächlich steckt dahinter ein System. Erst wenn man dieses versteht, kann man all die merkwürdigen oder ärgerlichen Entwicklungen und Einzelerscheinungen, die Eltern in Kindergarten und Schule begegnen, die Lehrer täglich verordnet bekommen und mit denen Professoren sich herumschlagen müssen, verstehen und einordnen. Und dann kann man entscheiden, wie man damit umgehen will oder wie man dem auch sinnvoll entgegentritt.

1. »Wissensgesellschaft« und »lebenslanges Lernen«

Beginnen wir mit einem Schlagwort, das heutzutage jede Sonntagsrede über Bildung einleitet: Wissensgesellschaft. In einer solchen leben wir angeblich und deshalb sei »Wissen« der »Rohstoff« des 21. Jahrhunderts, von dem die Wirtschaft heute abhängig sei, deshalb auch wir und die Zukunft der Menschheit. Und natürlich: »Die Transformation zur Wissensgesellschaft erfordert einen radikalen Umbau des Bildungssystems.«[104]

Was soll das nun eigentlich heißen? Welches Wissen ist hier gemeint? Und was soll das mit Bildung zu tun haben?

Zunächst: Lebten nicht auch bereits die Menschen der Steinzeit in einer solchen »Wissensgesellschaft«? Denn man musste wissen, wie man einen Faustkeil herstellt und damit Felle bearbeitet. Man musste wissen, wie man Tiere erlegt und welche Beeren essbar sind. Solches Wissen haben sich unsere Vorfahren mühsam erworben und es war existentiell wichtig, daher wurde es von Generation zu Generation weitergegeben. Damals noch ohne Schule und ohne einen »Meister in Faustkeiltechnologie«. Aber das ändert am Prinzip nichts. Leben, Arbeiten und Wirtschaften hat schon immer auf Wissen basiert.

Sicherlich ist dieses Wissen immer mehr und spezialisierter geworden und stellt höhere Anforderungen. Der Kern des mit dem Schlagwort Gemeinten ist wohl, dass unsere heutige Wirtschaft mehr als je zuvor auf technologisch-wissenschaftlichen Zusammenhängen beruht. Diese stärker auf wissenschaftlichen Innovationen wie der Computertechnik, der Genforschung oder Biotechnologie beruhende Wirtschaft produziert gleichwohl nicht allein aus »Wissen« PCs und Notebooks, sondern aus Rohstoffen wie Silizium, Stahl und Öl. Konrad Paul Liessmann hat in einer sehr erhellenden Analyse gezeigt, dass die Wissensgesellschaft eben nicht die Industriegesellschaft abgelöst hat: Nur weil im Ruhrpott keine Stahlwerke mehr qualmen, ist deshalb die industrielle Produktion nicht beendet. Sie findet heute nur anderswo statt, z.B. in China. Liessmann zeigt auf, dass eben »nicht die Wissensgesellschaft die Industriegesellschaft ablöst, sondern umgekehrt das Wissen in einem rasanten Tempo industrialisiert wird.« Wissen wird also nach industriellen Produktionskriterien behandelt und das sind vor allem »Standardisierung, Mechanisierung und Angleichung menschlicher Arbeitsprozesse an vorgegeben Abläufe«.[105] Und dann zeigt sich, dass die Wissensgesellschaft zunächst einmal nur eine Informationsgesellschaft ist: Denn Wissen will, wie erörtert, Zusammenhänge verstehen, fragt nach Erklärungen oder eben nach Wahrheit. Information dagegen zielt auf Handlungsrelevanz: Was muss ich wissen, um etwas zu tun? Sie hat eine klare Zweckbindung. Und darum geht es heute vor allem.[106]

Ein Mitarbeiter im Call-Center einer Telefongesellschaft fragt nicht nach Wahrheit, sonder verarbeitet Informationen: Er hört die Beschwerde des Kunden, versucht herauszuhören, was der Fehler ist, sucht in seinem Computerprogramm nach entsprechenden Lösungstools, die er dann anwendet. Der Telefonist will (und kann) nicht verstehen, wie das Telefon des Kunden funktioniert. Vielmehr ist das ein standardisierter (genauer Ablaufplan) und mechanisierter (Computerprogramm) Arbeitsprozess, der den Menschen an die vorgegeben Abläufe anpasst so wie an ein Fließband. Das ist industrielle Informationsarbeit. Selbst der »hippe« Webdesigner ist weniger Gestalter als Werkzeug des Internets. Er hat sich den schnellen Innovationszyklen der Programme anzupassen, will er »up-to-date« und im Geschäft der Dienstleistung bleiben. Und auch wenn in der Tat in den Entwicklungsabteilungen und technischen Zentren der Unternehmen tatsächlich wissenschaftlich generiertes Wissen notwendig ist, so war das früher nicht anders. Ob man DVD-Player oder Stahlkabel entwickelt, technisches Know-How braucht man für beides. Und beides muss industriell hergestellt werden – ob in Deutschland oder anderswo.

Wir leben also nicht in einer Wissens-, sondern in einer Informationsverarbeitungsgesellschaft, die genauso industriell funktioniert wie bislang, allerdings mit dem entscheidenden Unterschied, dass nun auch noch das Wissen unter der Zwang der industriellen Verwertung gerät. Verschiedene Experten gehen daher davon aus, dass die Rede von der »Wissensgesellschaft« vor allem das nächste Schlagwort, das »lebenslange Lernen« legitimieren soll.[107] Das sei entscheidend – so die landläufige These, weil heute ja so viel Wissen produziert werde und zugleich immer schneller veralte. Das stimmt auch nur für die technischen Anwendungsbereiche, mit denen es die meisten Arbeitnehmer zu tun haben: In der Tat veraltet eben die Designsoftware jährlich und der Call-Center-Telefonist muss sich alle halbe Jahre auf die neuen Telefonmodelle einstellen. Für tatsächlich wissensintensive Bereiche gilt das viel weniger: Die physikalischen Grundlagen der Lasertechnologie, auf denen DVD-Player beruhen, bleiben lange relevant und die Berechnungsgrundlagen für die Kräfte, die auf Stahlseile wirken, sind heute so wesentlich wie früher. Die Mär vom schnellen Wissensverfall dient also vor allem dazu, die Arbeitnehmer zu lebenslanger Weiterbildung zu verpflichten, wofür sie jedoch selbst zuständig sind: Wer aus dem System herausfällt, wer arbeitslos wird, ist neuerdings selbst schuld, denn er hätte sich ja weiterbilden können, er hat seine Ich-AG schlecht bewirtschaftet. Man muss dann Kurse über die neuesten Microsoft-Produkte belegen und noch Präsentationsformen lernen, um sich wieder anbieten zu können.

Wenn nun heute für die Schule und die Universität postuliert wird, es ginge nicht so sehr um Wissenserwerb (um Bildung sowieso nicht), sondern um das »Lernen des Lernens«, weil man ja lebenslang lernen müsse, dann ist das nicht nur ein historisch dummes Argument: Denn nicht anderes als das Lernen des Lernens hatte auch Humboldt als Ziel der Schule gesehen. Hier und heute ist jedoch etwas ganz anderes gemeint, nämlich die dezidierte Vorbereitung auf ein anpassungsfähiges Leben in der Wirtschaft des Informationszeitalters: Nichts ist sicher, nichts von Dauer, kein Unternehmen, sondern nur Du selbst bist für Dich verantwortlich. Wer also »Lehrpläne entrümpeln« und stattdessen Lerntechniken auf den Stundenplan setzen will, entmündigt die Schüler und Studenten, weil er ihnen mit dem Wissen die Möglichkeit vorenthält, zu denken und sich zu bilden.

Und das ist längst in vollem Gange: Schon seit den Neunzigerjahren wird, ausgehend von Nordrhein-Westfalen, ein Methodentrainer durch die Schulen gereicht, der aus Manager-Seminaren (!) adaptierte Arbeitstechniken zu einem flotten Paket geschnürt hat und bundesweit erfolgreich verkauft. Im »EVA-Programm« (eigenverantwortliches Arbeiten) des Herrn Klippert lernen Schüler (und zuvor die Lehrer) mit bunten Stiften Wörter in Texten zu markieren, sie lernen die Schnelllesemethode (Text überfliegen), lernen in wechselnden Gruppen aus Arbeitsblättern Informationen zu extrahieren, sich wechselseitig weiterzusagen und auf Kärtchen oder Wandzeitungen zu schreiben und zu präsentieren usw. Was hier als »Lernen des Lernens« verkauft wird, hat mit Lernen so viel zu tun wie Schuhebinden mit Laufen: Es ist hilfreich, beim Laufen Schuhe anzuhaben und sinnvoll, die vorher zuzubinden, aber beides ist weder notwendig noch ausreichend, um ein guter Läufer zu werden, denn dazu muss man vor allem eins: laufen. Entscheidend ist, dass bei diesen Spielchen, die dann in wochenlangen Methodentrainings den Schülern angetan werden, das Laufen, also das Lernen von Inhalten vollkommen herausfällt. Dazu Liessmann treffend: »Es gibt aber kein Lernen ohne Inhalt. Die Forderung nach dem Lernen des Lernens ähnelt dem Vorschlag, ohne Zutaten zu kochen.«[108] Schüler lernen also Methoden der Informationsbeschaffung, ohne Wissen zu erwerben. Und damit bleiben auch die Methoden hohl. Dies bestätigt sich in der Erfahrung, dass heutige Abiturienten trotz (oder auch wegen) dieser Methodentrainings wesentlich schlechter eigenständig arbeiten können. Sie können zwar noch aus dem Internet und eventuell aus der Bibliothek Informationen beschaffen, diese dann aber in einer schriftlichen Hausarbeit oder einem Referat sinnvoll gegliedert selbständig darzustellen, überfordert die meisten. Warum? Weil hier eben der Umgang mit Inhalten einsetzt, der aber eigenständiges Denken verlangt. Das hat man im Methodenzauber nicht gelernt.

2. »Humankapital«

Mit den Behauptungen über die angebliche Wissensgesellschaft hängt unmittelbar die Begründung zusammen, warum sich die Wirtschaft in die Bildung einmischen solle: Weil die wirtschaftliche Entwicklung vor allem von Wissen und technischem Fortschritt abhinge, müssten die Menschen entsprechend ausgebildet werden. Man müsse in die Ausbildung »investieren«, damit die Absolventen der Schulen und Hochschulen unter heutigen Bedingungen effektiv produzieren, also Gewinn abwerfen. Der Mensch wird hier als Kapitalanlage betrachtet. Das hatte schon der Vater der liberalistischen Wirtschaftstheorie, Adam Smith, 1776 so formuliert: »In derselben Weise lässt sich die gesteigerte Geschicklichkeit eines Arbeiters als eine Art Maschine oder Werkzeug betrachten, die die Arbeit erleichtert oder abgekürzt, und die, wenn sie auch Ausgaben verursacht, diese doch mit Gewinn zurückzahlt.«[109] Deshalb redet man hier vom Menschen als »Humankapital«: Man investiert in ihn, er muss dafür Profit abwerfen.

Dabei geht die Humankapitaltheorie von zwei Annahmen aus, die man genauer untersuchen muss: Zum einen redet sie von »Bildung«, wenn sie Ausbildung gemäß den Anforderungen des Arbeitslebens meint. Wir haben gesehen, dass genau dies Bildung nicht ist. Bildung wird hier somit verkürzt auf beruflich notwendiges Wissen und Können. Zum anderen kann man grundsätzlich die Frage stellen, ob denn Wirtschafts*wachstum* auf Dauer der Maßstab für das Wirtschaftsleben bleiben kann. Wohin soll sie auf Dauer wachsen?[110]

Dagegen argumentieren die Vertreter der Humankapitaltheorie, dass Wirtschaftswachstum unumgänglich sei und vor allem durch Investitionen in den Bildungsbereich entstehen müsse, denn Wachstum entstehe heute allein aus technischem Fortschritt. Und der beruhe wiederum auf wissenschaftlichen Fortschritten und besserer »Bildung« der Arbeitnehmer. Daher werden einerseits wissenschaftliche Eliten gebraucht, die an Universitäten und Instituten für die Wirtschaft forschen. Zum anderen sind flexible und adaptierbare, »lebenslang lernende« Arbeitskräfte nötig, die sich ständig auf die Veränderungen einstellen können.[111] Wissenschaft und Bildung werden ganz offen als profitable Geschäftsfelder gewertet: »Mit guter Bildung wird sich mikro- wie makroökonomisch viel Geld verdienen lassen. Es ist nicht unanständig, sondern schlicht notwendig, ›Humankapital‹ als Produktionsfaktor zu sehen, in den umso mehr investiert wird, je höher die erwarteten Renditen sind«, so einer der Verfechter jener Theorie.[112] In sich klingt dies logisch: Die Bildungsökonomie kann trefflich erklären, wie Wachstum von Bildungsinvestitionen abhängt. Solange sie das nur erklärt, ist das eine akademische Diskussion. Kritisch wird es aber, wenn der Zusammenhang von Wirtschaftswachstum und Bildung plötzlich zum Modell genommen wird, um danach die Bildung auszurichten: Unversehens entsteht eine neue Bezugsgröße, eine neue Norm für Bildung: nicht mehr der Mensch an sich, sondern seine Funktion als Humankapital. Es ist sicher nicht »unanständig«, durch gute Bildung zu materieller Wohlfahrt beizutragen. Echte Bildung trägt auch zu lebenstauglichen und arbeitsfähigen Menschen bei. Aber wenn man Bildung hierauf einschränkt, ist das mehr als unanständig: Man nimmt dem Menschen die

Freiheit und macht ihn zum Nutzbringer der Ökonomie. Und vor allem: Was ist, wenn die weitere Wirtschaftsentwicklung zeigt, dass sich Bildungsinvestitionen mit einem Mal nicht mehr lohnen? Wenn Bildung nicht mehr hinreichende Renditen einbringt? Schließen wir dann die Schulen, weil die Wirtschaft sie nicht mehr braucht?

Denkt man die Argumentation also konsequent zu Ende, zeigt sich ihre Absurdität. Leider ist die Theorie des Humankapitals jedoch so selbstverständlich im allgemeinen Bewusstsein verbreitet, dass kaum noch auffällt, welche Konsequenzen sie nach sich zieht. Wie diese Vernebelung des Denkens und sogar des Empfindes vor sich geht, macht wiederum ein Bild deutlicher als die berühmten tausend Worte. Es steht zudem in einem erhellenden Kontrast zu dem eingangs besprochenen Relief, von dem wir unsere Auffassung von Bildung abgeleitet haben. Die bereits erwähnte »Organisation für wirtschaftliche Zusammenarbeit und Entwicklung« (OECD), die unter anderem für die PISA-Studie verantwortlich ist, veröffentlichte 2007 ein Buch mit dem Titel »Human Capital«, also »Humankapital«. Dessen Thema und Anliegen ist eine explizite Werbung für die Humankapitaltheorie. Den Buchumschlag ziert das Bild eines Babys, das offenbar versucht sich aufzurichten. Das Kind wird nicht von vorne gezeigt, sondern herabgebeugt. Man kann sein Gesicht nicht deutlich sehen. Wie sehen also nicht das Babygesicht mit seinem Kindchenschema, das bei jedem Menschen eine Urreaktion hervorruft, nämlich Mitgefühl und Fürsorge. Diese instinktive Gefühlsreaktion hat die Evolution tief in uns verankert, denn wenn wir uns nicht instinktiv den Babys zugewendet hätten, auch denen, die nicht unsere eigenen sind, wäre der Mensch längst ausgestorben. Das Foto ist per digitaler Bildbearbeitung in ein kühles Blau getaucht. Diese kalte Farbigkeit widerspricht dem eigentlich assoziierten warmen, positiven Gefühl und passt nicht zum Motiv des Babys. Das Bild ist demnach so angelegt, dass es den Betrachter vom Kind distanziert: Mangelnde Erkennbarkeit des Kindchenschemas und kalte Farbe behindern die spontane, urmenschliche Reaktion der warmherzigen Zuwendung und mitfühlenden Freude.

Das Kind will sich aufrichten, ist also vor einem entscheidenden Schritt in der Entwicklung des Kleinkindes: dem aufrechten Gang. Der aufrechte Gang ist ein Wesensmerkmal des Menschen, er ermöglicht die selbstständige Bewegung in der Welt. Hier kommt nun die große Überschrift ins Spiel. Diese scheint einerseits auf dem Kind zu lasten, es scheint sich dagegen anzustemmen. Humankapital zu sein oder zu werden, erscheint als Aufgabe, die es zu stemmen gilt. Andererseits besagt der Untertitel, dass das Wissen unser Leben forme. Dies soll wohl den Ausblick anbieten, wie man diese Last bewältigen kann: Indem man Wissen erwirbt. Wissen ist also der Weg sich aufzurichten, zu wachsen, es formt das Leben, und Leben bedeutet Humankapital zu sein. Das ist der Zweck des Heranwachsens und wohl der unterstellte Zweck des Lebens. Der Menschen wächst heran und lernt, um Ertrag zu bringen.

Dass überhaupt ein Baby für diesen Titel gewählt wird, zielt offensichtlich darauf, eine neue Sichtweise auf das kleine Kind zu verankern, nämlich es von Geburt an als künftigen Arbeiternehmer zu betrachten. Der fürsorgliche Blick der Mutter, die die Erziehung ihres Sohnes als Einführung in die Verantwortung gegenüber der Welt und den Menschen versteht, soll einem abwägenden Blick weichen, was wohl aus diesem Kind werden soll – oder zu machen ist. Damit wird eine Tendenz unterstützt, die heute bereits bei vielen Eltern zu beobachten ist: Gerade weil die Situation in einer globalisierten Wirtschaft so von Konkurrenz, Profitdenken und mangelnder Menschlichkeit geprägt ist, beginnen Eltern heute sehr früh, die Kinder hierauf einzustimmen. Schon im Kindergarten wird darauf geachtet, dass das Kind möglichst bald lesen lernt, um einen Vorsprung zu haben. Nachhilfe, Reitstunden, Malkurse und sonstige Aktivitäten werden eingerichtet, um die Kleinen optimal zu fördern. In der Grundschule muss das Kind bei den besten sein, damit es auf das Gymnasium kommt. Und das Gymnasium darf nur erste Wahl sein, damit es später an eine Elitehochschule gehen kann. Um nicht missverstanden zu werden: Die Sorge der Eltern ist nicht falsch. Aber sie tendiert dazu, das Kind nicht vorzubereiten auf das Leben in der Konkurrenzwirtschaft, sondern daran anzupassen, es darin einzupassen. Statt um Verantwortung für das Ganze geht es dann nur um das eigene Vorankommen. Das Kind wird dann leicht zum Mittäter in der Brutalität des Systems. Wenn man »das Beste« für das eigene Kind will, ist tatsächlich die Frage, was dieses Beste eigentlich ist. Ist es die Anpassung als Humankapital an das Diktat der globalen Wirtschaft? Ist das der Mensch? Das obige Bild unterstützt also die – verständliche – Nervosität und Sorge vieler Eltern und lenkt sie in die gewünschte Richtung: Das Kind als Investitionsobjekt zu betrachten. Dieser berechnende Blick der Humankapitaltheorie auf das Kind ist letztlich unmenschlich: nicht voraussetzungslose Liebe und Anerkennung als kleines Menschlein, sondern Kalkulieren, was daraus wird. Das ist das Menschenbild des neuen neoliberalen Kapitalismus.

An dem Beispiel ist gut zu sehen, wie subtil PR-Strategen visuelle Signale nutzen, um Wahrnehmung und Empfindungen geradezu umzuprogrammieren. Man versucht dem Betrachter das menschliche Gefühl abzugewöhnen. Hier wird der kalte Begriff mit einem Baby verniedlicht und das Baby durch den Begriff funktionalisiert. Das Ganze ist dann auch noch in einer luftig-leichten und hell-überstrahlenden Ästhetik von LifeStyle-Magazinen und Ikea-Katalogen verpackt, die »trendy« und »unspießig« wirkt. Damit identifiziert sich der moderne, flexible Mensch.

Dass unsere Deutung nicht übertrieben ist, lässt sich daran zeigen, dass dieses entmenschlichte Menschenbild, das den Menschen als Investitionsobjekt betrachtet, gerade nicht in den Büros der Werbedesigner erfunden wurde. Die Manipulationsexperten setzen nur die Ideen ihrer Auftraggeber in wirksame »visuelle Kommunikation« um. Woher das Menschenbild stammt, das hier visualisiert wird, macht ein Blick in die »Bibel« des neuen Neoliberalismus deutlich: Der schon erwähnte Nobelpreisträger für Wirtschaft, Milton Friedman, entwickelte 1962 in seinem Buch »Kapitalismus und Freiheit« die »amüsante«(!) Idee, dass es doch ein lohnendes Geschäft wäre, in die Ausbildung von Menschen zu investieren. Die Geschäftsidee: Man gibt einem jungen Menschen Kredit für seine Ausbildung und erhält anschließend lebenslang einen Teil von dessen Einkommen. Die Spekulation wäre also, möglichst geeignete, talentierte und später erfolgreiche Kinder und Jugendliche zu finden, in die man investiert, um damit einen möglichst hohen Ertrag einzufahren. Man kann sich also eine Art Menschenbörse mit entsprechendem Talent-Scouting etc. vorstellen. Friedman räumt selbst ein, dass dies »*teilweiser Sklaverei*« gleichkäme! Man würde sich einen Menschen halten, um ihn finanziell auszunutzen. Dennoch erscheinen Friedman alle Bedenken gegen eine solche Praxis als »irrationale Ablehnung« und nur die »Unvollkommenheit des Marktes führte zu einer zu geringen Investitionstätigkeit in Bezug auf menschliches Kapital«.[113] Deutlicher kann man kaum formulieren, was die »Freiheit« des neuen Kapitalismus bedeutet: Gewinn für die einen, Sklaverei für die anderen. Humankapital bringt den einen Gewinn, für diejenigen, die das Kapital darstellen, ist die ganze Sache weniger lustig. Unsere Bildinterpretation ist nicht überzogen: Hier krabbelt eine künftiger Sklave. Und einmal mehr baut eine unmenschliche Wirklichkeit auf einer nicht nur falschen, sondern geradezu perversen Theorie auf.

Selbstverständlich ist eine solche verkürzte Theorie, die den Menschen nur als Ressource ausbeutet, auch ökonomisch unsinnig. Denn eine Volkswirtschaft kann mittelfristig nur überleben, wenn sie Teil einer Gesellschaft ist, die von Gemeinsinn, kultureller Identität und gefestigten Persönlichkeiten geprägt ist. Und die lassen sich nicht einfach »herstellen«.

Das können nur freie, gebildete Menschen sein, die über sich selbst bestimmen auch über ihre Wirtschaft.

3. »Output-Orientierung«

Wenn der Mensch als Humankapital betrachtet wird, liegt es nahe, dass Aufgabe des Bildungswesens sein soll, solches Kapital zu »produzieren«. Wie man eben, um auf den Vergleich von Adams Smith zurückzukommen, Maschinen und Werkzeuge als Produktionsmittel herstellt, so werden Schulen und Hochschulen gewissermaßen zu »Wissensfabriken« für das Humankapital. Deren Aufgabe ist es, nach bestimmten Herstellungsnormen möglichst effizient und kostengünstig »Output« zu produzieren. »Output« meint ganz wörtlich das, was »hinten heraus kommt«, die Produktionsleistung, hier also Absolventen mit bestimmten Fähigkeiten. Die muss man messen und zählen können, um im Vergleich mit dem investierten Kapital eine Kosten-Nutzen-Rechnung aufzumachen: Was kostet die Fertigung eines Absolventen welcher Qualität? Da dies ein kapitalistisches Wirtschaftsmuster ist, ist auch zwingend, dass alles darauf zielt, die zu investierenden Kosten möglichst niedrig zu halten, also möglichst kostengünstig einen quantitativ und qualitativ hohen »Menschen-Output« zu produzieren, wie überall in der Massenfabrikation: Ein Auto muss günstig in hohen Stückzahlen herstellbar sein, um markttauglich zu sein.

Bleiben wir in dieser Logik, stellen sich allerdings für die Bildungsproduktion eine entscheidende Frage: Während man Quantität noch leicht messen kann (Absolventenzahlen), ist das mit der Qualität schwieriger. Wie misst man »Bildungsqualität«? Seit PISA wissen wir, wie: Indem man »Bildung« auf einige Anwendungskenntnisse reduziert und vergleichend abtestet. Output-Orientierung zieht somit zwangsläufig die Reduktion von Bildung auf einige genau beschreibbare und festgelegte, testbare Fähigkeiten und Kenntnisse nach sich. Tests wie PISA dienen also der betriebswirtschaftlichen Logik der Output-Orientierung. Sie messen »Produktqualität«.

Das hat fatale Folgen: Denn das, was wir eingangs unter Bildung verstanden haben, ist selbstverständlich so nicht messbar. Zwar können allgemeine Bildungs- und Erziehungsziele noch in Sonntagsreden beschworen werden. Tatsächlich reduziert sich das, was in Schule und Hochschule geschieht, automatisch auf die output-relevanten Faktoren. Und da Werteerziehung, Gewissensbildung, selbständiges Denken und kritisches Fragen nicht gemessen werden, sind sie nicht mehr relevant. Zu behaupten, Output-Orientierung würde die tradierten Bildungsziele gar nicht berühren, ist insofern schlicht falsch oder gar eine bewusste Lüge. Denn

120

nun werden die Lehrer nervös, ob sie die entsprechenden Testergebnisse bringen. Die Schüler sind nervös, ob sie diesen Anforderungen entsprechen können. Die Eltern werden nervös, ob ihre Kinder das auch schaffen und ob sie die richtige Schule gewählt haben oder lieber woanders hingehen sollen. Das Lernen verengt sich auf das für den nächsten Test Erforderliche. Unterricht wird zum Test-Training. Es entwickelt sich ein »Teaching to the test«, so der Fachterminus. Das geht am effektivsten, wenn man zur alten Pauk-Schule zurückkehrt: nicht fragen, nicht diskutieren, sondern auswendig lernen.

Pädagogische Bemühungen, Hilfe bei Schwierigkeiten oder konkrete Erziehungsarbeit »bringen« dabei nichts für den Output. Wenn ein Lehrer sich die Zeit nimmt, im Unterricht eine in der Pause entstandene Schlägerei zu schlichten und die Ursachen aufzuarbeiten sowie eine Versöhnung anzubahnen, so dass die Schüler sich beruhigen können und die Klassengemeinschaft gestärkt wird, dann bringt das unter Outputgesichtspunkten gar nichts. Der Lehrer hängt im Stoff zurück und bekommt Schwierigkeiten vor der nächsten Vergleichsarbeit. Hat er eine schwierige Klasse mit gehäuften Problemen und will er tatsächliche Erziehungsarbeit leisten, so ist das zeitintensiv. Dass diese Schüler am Ende vielleicht zwei Kapitel im Mathebuch zurück sind, kann man unter pädagogischen Gesichtspunkten gegenüber dem Gewinn an Persönlichkeitsstärke, Gewissensbildung und sozialer Verantwortlichkeit vollauf legitimieren. Die Freiheit zu dieser abwägenden Entscheidung hat der Lehrer dann aber nicht mehr. Es zählt der Output in Testergebnissen.

Dass wir auch hier wieder nicht übertreiben, macht ein Strategie-Papier der *Weltbank* zur Bildungsreform deutlich. Hier ist Output-Orientierung deutlich definiert: »An orientation toward outcome means that priorities in education are determined through economic analysis, standard setting, and measurement of the attainment of standards.«[114] Output-Orientierung bedeutet demnach, dass die *Prioritäten in der Erziehung festgelegt werden durch ökonomische Kriterien*, durch festgesetzte Standards und die Messung, ob diese Standards erzielt wurden. Das fasst unsere Analyse auf den Punkt zusammen: Was Vorrang hat im Erziehungswesen, wird *ökonomisch* festgelegt, nicht *pädagogisch*. Nicht allgemeine Bildungsideen und Erziehungsziele bestimmen jetzt das Bildungswesen, sondern wirtschaftliche Faktoren. Wieso gerade die Weltbank hierzu etwas zu sagen hat, wird noch zu besprechen sein. Klar ist aber: Der komplexe Bildungsprozess wird reduziert auf vorformulierte Ergebniserwartungen und deren Überprüfung (Standards und Evaluationen, hierzu genaueres weiter unten).

Solche Output-Orientierung sei dem bisherigen Steuerungsmodell überlegen, so wird argumentiert. Bislang wurden als »Input« in Lehrplänen allgemeine und spezifische Ziele für Unterricht und Erziehung formuliert, die erreicht werden sollten. Dies gilt allerdings jetzt als uneffektiv, weil man nicht genau wüsste, was dabei herauskommt. Der Entscheidungsfreiraum für die jeweilige Schule und den Lehrer sei zu groß. Das stimmt sogar in gewisser Weise: Denn man kann nicht genau wissen, was in einem Bildungsprozess herauskommt, der auf eine freie Entfaltung des Menschen zielt. Zudem haben wir am Beispiel gesehen, was eine pädagogisch verstandene Schule gegeneinander abwägen kann. Andererseits ist nicht zu leugnen, dass oftmals reichlich frei mit den Lehrplänen umgegangen wird und im Sinne der oben genannten falschen Schülerorientierung eher am unteren Limit gewirtschaftet wurde. Doch auch hier bleibt nichts anderes als die Wahl zwischen Freiheit und ihren hohen Anforderungen an die Verantwortung des Einzelnen und auch ihren immer wieder zu diskutierenden Problemen oder aber jenem Zwang der Ökonomie. Wer es also für begrüßenswert hält, dass nun herauskäme, was denn Schulen und Hochschulen »tatsächlich« leisten würden für das Geld, das die Steuerzahler hineinstecken; wer etwa argumentiert, die Schulen hätten lange genug vor sich hingewurstelt, tolle Lehrpläne und Ziele formuliert und die dann doch nicht eingehalten – der hat ein gutes Stück Wahrheit auf seiner Seite. Doch wer dann das Kind mit dem Bade ausschüttet, hat zugleich auch die Folgen einer ökonomischen Vereinnahmung der Bildung zu rechtfertigen.

Universitäten: In der Praxis führt Output-Orientierung des Bildungswesens zu einer gnadenlosen Herrschaft des Geldes und einer Absenkung des Qualitätsniveaus. Wie das? An den Universitäten zeigt sich dies derzeit bereits deutlicher als an den Schulen. So werden etwa die Universitäten in Nordrhein-Westfalen nur noch danach bezahlt, wie viel Absolventen sie im Jahr hervorbringen, wie viele Doktoranden sie produzieren und wie viel Geld sie von außerhalb einwerben, also sogenannte Drittmittel etwa von Wirtschaftsunternehmen und Stiftungen. Zugleich wird die staatliche Finanzierung gekürzt. Da nun plötzlich mit weniger Geld höhere Absolventenquoten produziert werden sollen, ist nahe liegend, dass die Qualität abgesenkt wird: Man kann nicht mehr so viel Arbeit und Betreuung investieren. Ein Professor, der 300 Klausuren zu korrigieren hat, von Studenten, die er persönlich überhaupt nicht kennt, weil der Hörsaal immer aus allen Nähten platzt, wird diese Arbeiten leicht immer flüchtiger durchsehen und tendenziell bessere Noten geben, damit diese Studenten schneller fertig werden. Denn er braucht die Absolventenzahlen und will die Studierenden nicht noch ein Semester im Hörsaal sitzen haben. Schafft er das nicht, werden die Mittel gekürzt und die Stellen von Mitarbeitern gestrichen, die den übervollen Betrieb überhaupt noch am Laufen halten. Brechen die auch noch weg, hat er überhaupt keine Chance mehr die Studentenmassen zu bewältigen, die Absolventenquoten sinken, das treibt den Studiengang in den Ruin. In dieser Logik ist für die Hochschulen irrelevant, welche Qualität das »Produkt« Student wirklich hat. Denn mögliche Folgen (schlechter Ruf etc.) schlagen, wenn überhaupt, erst nach Jahren auf die Einrichtung zurück. Das aber interessiert im gerade aktuellen Überlebenskampf niemanden. Das scheinbar so simple Prinzip der Output-Orientierung führt faktisch also zur Qualitätsminderung und ist im Bildungswesen vollkommen unökonomisch.

4. »Qualitätsentwicklung« und »Effizienz«

Von Qualität im Bildungswesen wird neuerdings überall geredet: Qualitätssicherung, Qualitätssteigerung, Qualitätsentwicklung, Qualitätspakt usw. Zunächst sind insbesondere die im Bildungswesen Beschäftigten aus Erfahrung höchst misstrauisch gegenüber allem Gerede von Qualität geworden: Meist enttarnt sich diese Begriffshuberei nämlich ganz praktisch als Synonym für Kürzungen und Arbeitsvermehrung: mehr Verwaltungsarbeit, Streichung von Stellen, mehr Schüler in einer Klasse und erhöhte Stundendeputate. In Nordrhein-Westfalen etwa heißt ein solcher mittelfristig angelegter Kahlschlag der Universitäten »Qualitätspakt«. »Qualitätssteigerung« bedeutet also in der Praxis zunächst einmal nur, dass man aus den Beschäftigten noch mehr an Arbeitsleistung herausquetscht (das ist in der freien Wirtschaft ähnlich).

Doch ist dies nicht nur Zynismus der Regierenden. Das hat System. Denn hier kommt ein umdefinierter Qualitätsbegriff zum Ausdruck, den wir oben schon angedeutet haben. Weil es nun um Output geht, spielt nicht mehr die *Beschaffenheit* einer Sache eine Rolle. Nichts anderes meinte ja das lateinische Wort *qualitas*: das, was den Charakter einer Sache ausmacht. Oder wie die DIN-Norm ganz nüchtern definiert: »Qualität = Gesamtheit von Merkmalen (und Merkmalswerten) einer Einheit bezüglich ihrer Eignung, festgelegte und vorausgesetzte Erfordernisse zu erfüllen« (DIN EN ISO 8402 – Begriffe). Wenn das gemeint wäre, müsste man tatsächlich die inhaltliche Qualität von Bildung messen und vergleichen. Das unterlässt man jedoch, da es weder möglich noch gewollt ist, wie die Analyse der PISA-Studie gezeigt hat. Was tatsächlich gemessen wird, ist nicht die Qualität, sondern die *Effizienz* von Schulen und Hochschulen. Also das, was sie an Output produzieren. So verändert sich plötzlich der Qualitätsbegriff: Es geht nicht mehr um die gute Beschaffenheit, also um die gute Bildung der Schüler und Studenten. Das wäre Qualität im *ursprünglichen* Sinne. Sondern es geht um ein gutes Preis-Leistungs-Verhältnis: möglichst viel zu produzieren für einen günstigen Preis, um damit einen guten Platz im Wettbewerb zu ergattern. Das ist Qualität im *marktwirtschaftlichen* Sinne.[115]

Wer nun auch hier wieder einwendet, dass ein effizienter Einsatz der Steuergelder im Bildungswesen an sich doch nicht Verwerfliches sei, möge noch einmal auf das Kernproblem sehen: Nein, effiziente Finanzverwendung ist nichts Verwerfliches. Wenn solche Effizienz aber das Bildungsziel untergräbt, dann ist das sehr wohl ein Problem. Wenn wir unbedacht über »Effizienz« reden und damit unbemerkt den Qualitätsbegriff umkehren, fällt alles unter den Tisch, was sich nicht in Euro ausdrücken lässt. Wenn wir über »Qualität« reden, müssen wir zuerst festlegen, von welcher Qualität wir reden. Und dann auch so weiter denken und handeln.

Ein Beispiel: Ein Studiengang für Lehrer an einer Universität produziert nach vorgegebenen Wirtschaftlichkeitskriterien nicht genug Absolventen. Hier stimmt also die Effizienz nicht. Daraufhin wird der verantwortliche Professor zum Rektor zitiert und zur Rede gestellt: »Warum bringen Sie so schlechte Zahlen? Das bringt Sie in finanzielle Schwierigkeiten! Sie wissen doch, dass Sie nur Geld bekommen für die Anzahl an Studenten, die ihr Examen abgeschlossen haben. So bekommen Sie kein Geld mehr und wir müssen Ihren Studiengang schließen! Nehmen Sie doch einfach mehr Studenten auf, dann produzieren Sie mehr Absolventen und bekommen mehr Geld!« Daraufhin wendet der verantwortliche Professor ein: »Wir möchten nur die Bewerber aufnehmen, die auch wirklich geeignet sind, die gute Voraussetzungen haben. Wir wollen gute Absolventen haben. Wir wollen gut ausgebildete Lehrer an die Schulen entlassen!« Daraufhin zuckt der Rektor verächtlich die Achseln und meint: »Ach, hören Sie mal: Sie bilden doch *nur* Lehrer aus!«

Die kleine, wahre Geschichte gewährt tiefe Einblicke in die real existierende Effizienzwirtschaft: Mit möglichst wenig Geld möglichst viele Absolventen herzustellen. Was die tatsächlich wissen und können, ist gleichgültig. Es geht hier ums Geld. Man geht kaum zu weit zu vermuten, dass es in diesem System letztlich niemanden unmittelbar stören würde, wenn man die Examina und Doktorarbeiten einfach verschenkt. Oder besser noch verkauft. Dann hätte man doppelten Gewinn.

124

Dieses Prinzip greift gnadenlos: Der auf inhaltliche Qualität bedachte Professor hat letztlich keine Chance, da es um eine inhaltliche Diskussion, also eine Diskussion um tatsächliche Qualität nicht mehr geht. Das Argument ist vollkommen irrelevant. Es zählen Zahlen. Nackte Zahlen. Dann ist auch logisch, warum ein »Qualitätspakt« bedeutet, Stellen zu streichen: Man erhöht die wirtschaftliche »Qualität«, also die Effizienz, indem man immer mehr aus dem vorhandenen Personal herauspresst, um das Preis-Leistungs-Verhältnis zu verbessern. Das hat der Staat von den auf Profitmaximierung getrimmten Konzernen gelernt: Obwohl deren Gewinne explodieren, werden Arbeitsplätze gestrichen. Auch hier wird »Qualität« an Gewinn gemessen, nicht an tatsächlicher Verbesserung von Eigenschaften. Und natürlich ist das Qualitätsgerede im Bildungswesen auch darauf gerichtet, die Öffentlichkeit zu täuschen. Es ist ein öffentlichkeitswirksames Blendwerk, ein Potemkinsches Dorf, eine hohle Fassade, die kaschieren soll, dass tatsächlich immer mehr Bildung abgebaut wird.

Zu diesem Blendwerk gehört auch die beschriebene »Faule-Säcke-Strategie«: Da mittlerweile jeder zu wissen meint, dass Lehrer und Professoren überbezahlte Halbtagsarbeiter sind, hört ihnen niemand mehr zu, wenn sie versuchen zu berichten, was hinter den Fassaden der Bildungswirtschaft geschieht. Die wollen sich doch nur wieder beklagen, ist man sich sicher. Die sollen mal arbeiten! In dieses Horn bläst auch sehr gezielt NRW-Schulministerin Barbara Sommer: »Wir schicken jetzt Qualitätsprüfer in die Schulen. Ohne Druck auszuüben, werden schlechte Entwicklungen so aufgedeckt. Lehrer mit Defiziten werden im Kollegium identifiziert und isoliert. Es gibt mehr Wettbewerb. Bislang konnte man so vor sich hin dümpeln.«[116] Kennt man das »Identifizieren« und »Isolieren« von »defizitären«, »ineffizienten« Menschen nicht aus ganz anderen Zeiten? Das ist also die finstere Welt des Wettbewerbs – selbstverständlich »ohne Druck«. Dass heute eine Politikerin solche Ungeheuerlichkeiten ungeschoren von sich geben kann, zeigt, dass Politik, Medien und Zeitgeist ganze Arbeit geleistet haben: Lehrer sind Freiwild. Und so spaltet man die Bürgerschaft, entsolidarisiert die Menschen und macht sie beherrschbar. »Divide et impera«, teile und herrsche, das ist die klassische Herrschaftsstrategie.

5. »Kompetenzen«

Schließen wir hieran gleich die nächste These an: Dieser beherrschbare Mensch muss kompetent sein. Was soll das bedeuten? Was hat Kompetenz mit Herrschaft zu tun?

Der Kompetenz-Begriff ist für das, was wir hier als innere Ökonomisierung der Bildung bezeichnen, zentral. Daher lohnt ein Blick auf die Begriffsgeschichte, auf sein heutiges Verständnis und die konkrete Rolle, die er in den gegenwärtigen Veränderungen des Bildungswesens bis zur PISA-Studie spielt. Die Durchsetzung des Kompetenzbegriffs in der Pädagogik hängt mit dem beschriebenen neuen Qualitätsbegriff zusammen: Wenn man Output-Qualität messen will, muss man Bildung auf messbare Einheiten herunterbrechen, da man – wie gezeigt – tatsächliche Bildung so einfach nicht messen kann. Diese kleineren Einheiten sind dann aber nicht mehr mit dem Ganzen der Bildung identisch: Das Ganze ist auch hier mehr als die Summe der Teile, denn Bildung kann man nicht aus Kompetenz zusammenaddieren, sie ist ja ein ganzheitlicher Prozess. Dass und wie es aber gelang, in Wissenschaft und Öffentlichkeit den Bildungsbegriff durch »Kompetenzen« zu ersetzen, ist ein atemberaubend zu nennender Vorgang und steht beispielhaft für die tiefgreifenden Wirkungen scheinbar harmlosen Wortgeklingels.

Zunächst hat der Begriff »Kompetenz« einen so starken Bedeutungswandel durchgemacht, dass die Aufklärung der Begriffsgeschichte kaum einen Erkenntnisgewinn für seine derzeitige inflationäre Verwendung bringt. Noch vor fünfzig Jahren hätte kaum jemand Kompetenz als »persönliches Fähigsein zu etwas« verstanden. Kompetenz war die *amtliche Zuständigkeit*. Ein Beamter oder ein Gericht hat zum Beispiel die Kompetenz, etwas zu entscheiden. Das hat mit Fähigkeit nichts zu tun, sondern mit Zuschreibung. An diese Bedeutung erinnert heute noch am ehesten die negative Verwendung als »Kompetenzüberschreitung«. Das heutige Verständnis ist zwar auch in einer Nebenbedeutung des lateinischen Verbs *competere* angelegt (»zu etwas fähig sein«), entstammt aber einer jüngeren Ableitung der Motivationspsychologie aus der Biologie, die unter Kompetenz eine angelegte, spezialisierte und durch Zeit begrenzte Fähigkeit *und* Zuständigkeit eines Organismus versteht, auf einen Impuls zu reagieren. Diese Nuance – Fähigkeit zu selbstmotivierter Entwicklung – prägt dann auch den heutigen Kompetenzbegriff.[117]

Die »Kompetenz« hat dabei den Qualifikations-Begriff abgelöst, von dem man zuvor hat mit gleicher modischer Penetranz sprach. »Kompetenz« meint dagegen nicht wie »Qualifikation« allein äußeres, fachlich bezogenes Können. Wenn jemand etwas qualifiziert ausführt, so macht er gute Arbeit, Arbeit von guter Qualität, die ihn als qualifiziert erscheinen lässt. Qualifikation bezeichnet also eine fachliche Fähigkeit. Bezeichnet man denselben Menschen deshalb als kompetent, so verschiebt sich der

Fokus von der fachlichen Qualifikation auf seine Persönlichkeit: Kompetenz betont die persönliche Fähigkeit. Noch vor jeder Definition zeigt sich bereits aus dem Alltagsverstehen, dass Kompetenz nicht allein fachliche Fähigkeiten, sondern auch persönliche Einstellungen, Haltungen, Werte meint, also auf die ganze Person abzielt. Dies bestätigt die derzeit meistzitierte Definition von Kompetenz bei Weinert als »die bei Individuen verfügbaren oder durch sie erlernbaren kognitiven Fähigkeiten und Fertigkeiten, um bestimmte Probleme zu lösen, sowie die damit verbundenen motivationalen, volitionalen und sozialen Bereitschaften und Fähigkeiten, um die Problemlösungen in variablen Situationen erfolgreich und verantwortungsvoll nutzen zu können.«[118] Es geht also nicht allein um Wissen und Können, sondern um Motivation und Willen – also innere, persönliche Einstellungen. So auch Vertreter einer bildungsökonomischen Sichtweise: »Kompetenz bezieht sich mit einem ganzheitlichen Anspruch auf die ganze Person, während Qualifikation sich auf unmittelbar, tätigkeitsbezogene Kenntnisse, Fähigkeiten und Fertigkeiten verengt.«[119] Es wird noch zu zeigen sein, dass jedoch trotz gleich klingender Wortwahl gerade nicht das hier zugrunde gelegte ganzheitliche, personale Bildungskonzept gemeint ist, sondern letztlich dessen Gegenteil.

Solche Kompetenzen gibt es in potentiell unendlicher Zahl. Nicht nur von Lese- und Rechenkompetenz ist die Rede, sondern auch von sozialer und personaler Kompetenz, es gibt Führungs- und Motivationskompetenz, künstlerische und Bildkompetenz usw. Kompetenzbegriffe sind willkürliche Setzungen je nach Bedarf: Insofern gibt es auch Kochkompetenz, die dazu passende Günstigaberguteinkaufkompetenz und als deren Voraussetzung die Sonderangebotvergleichkompetenz, wozu wiederum Supermarktwerbungausdertageszeitungauschneidundimeinkaufskorbmitnehmkompetenz nötig ist.[120] Jedes menschliche Denken und Handeln ist also mit einer Kompetenz belegbar, was zu einer scheinbar universalen Erfassbarkeit der notwendigen Bereichsfähigkeiten des Menschen führt, die je nach Situation antrainiert werden können. Soziale Kompetenz ist dann die Fähigkeit, mit zwischenmenschlichen Situationen äußerlich zurechtzukommen. Sozialität wird so von der Fähigkeit zur bereichernden zwischenmenschlichen Begegnung zu einem Theater der Masken. Was wir anfangs als Personalität beschrieben haben, reduziert sich auf das, was in der Antike das Wort *persona* beschrieb: eine Maske für die Rolle im Theater. Je nachdem, welche Rolle man zu spielen hatte, setzte man die passende Maske auf, einmal heiter, einmal traurig. Der Schauspieler nahm Rollen an, verschwand hinter der Maske, war nicht mehr er selbst. Die

Maske selbst ist hohl, ohne Leben. Und so ist es mit den Kompetenzen: Es gibt für jede Lebenslage die passende. Aus der Person wird eine *persona*, eine Maske für die Rollen im Theater von Beruf und Alltag. So wird der Mensch in Bauteile zerteilt, er wird handhabbar und verfügbar.

Dass dies wiederum keine willkürliche Deutung ist, zeigt ein Blick in eines der Strategie-Papiere, die das Kompetenz-Konzept den Schulen aufzwingen sollen. Wir hatten im Kontext der PISA-Studie zunächst beiläufig festgestellt, dass diese auf dem Kompetenzbegriff basiert, Kompetenzen, nicht Bildung abprüft. Die OECD, die PISA organisiert, hat die »Definition und Auswahl« dieser »Schlüsselkompetenzen« 2005 in einer so betitelten Broschüre begründet, die eine umfangreiche Studie zusammenfasst. Blättert man das Papier durch, stolpert man zunächst einmal über die alte Bedeutung von »Kompetenz«. Denn wie kommt die OECD eigentlich zu der *Berechtigung,* mit der PISA-Studie ihren Kompetenz-Begriff dem nationalen Bildungswesen überzustülpen? Da dies nicht die Bürger waren, ist das ein eindeutiger Fall von *Kompetenzanmaßung.* Denn die OECD kann diese Zuständigkeit in einem demokratischen Gemeinwesen überhaupt nicht haben. Dazu fehlt ihr jede direkte demokratische Legitimation. Diese Anmaßung zieht sich auch durch den Inhalt der OECD-Kompetenzbroschüre. Sie will Antwort auf die Frage geben: »Welche Kompetenzen benötigen wir für ein erfolgreiches Leben und eine gut funktionierende Gesellschaft?«[121] Diese lapidare Frage beinhaltet letztlich die Kernfrage aller Philosophie, was ein erfolgreiches, früher sagte man »glückliches« Leben und eine tragfähige Gemeinschaft ausmachen – darüber zerbrechen sich die Denker seit zweieinhalbtausend Jahren den Kopf, darauf versuchen die Religionen der Welt eine Antwort zu geben. Und nun hat die OECD den Stein der Weisen gefunden, sie hat die Antwort: Kompetenzen.

Was ist dieses Wundermittel? »Eine Kompetenz ist mehr als nur Wissen und kognitive Fähigkeiten. Es geht um die Fähigkeit der Bewältigung komplexer Anforderungen, indem in einem bestimmten Kontext psychosozialer Ressourcen (einschließlich kognitive Fähigkeiten, Einstellungen und Verhaltensweisen) herangezogen und eingesetzt werden.« Die OECD-Bildungsminister ergänzen, dass »der Begriff ›Kompetenzen‹ Wissen, Fertigkeiten, Einstellungen und Wertvorstellungen umfasst.«[122] Diese trockene Definition bestätigt, was wir vermuteten: Kompetenzen beschreiben nicht nur Wissen und Können, sondern tiefgreifende Persönlichkeitseigenschaften: geistige und seelische Eigenschaften, ganz persönliche Einstellungen, Wertvorstellungen und Verhaltensweisen.

128

Das Problem dabei ist nicht, dass Bildung nicht auf die Bildung dieser Persönlichkeitseigenschaften zielen dürfte. Das muss sie. Das Problem ist, in welcher Absicht diese Persönlichkeitsbildung geschieht: um den Menschen freizumachen oder um ihn zu funktionalisieren, um ihn für eine Funktion brauchbar zu machen.

Die von der OECD definierten »Schlüsselkompetenzen« beschreiben ziemlich genau die Arbeitsanforderungen in einem modernen, globalisierten, virtuell kommunizierenden Unternehmen. Dieses Anforderungsprofil und seine Ursachen werden von Führungskräfte-Ausbildern bestätigt: Die »immer dynamischere Globalisierung der Märkte, die durch die Digitalisierung angetriebene Informationsflut« erfordere »flexible«, »lernende«, »selbstorganisierende« Unternehmen mit entsprechend »kompetenten« Mitarbeitern: »Der Trend zu fließenden (z.B. projektbezogene Teams und flache Hierarchien) und virtuellen Organisationen« mache es für die Mitarbeiter nötig »vorhandenes Wissen schnell zu aktivieren und vielfältig und kreativ einzusetzen«, wofür »moderne Informationstechnologien« und »Wissenswerkzeuge« notwendig seien. Und: »Um in offenen und riskanten Situationen adäquate Entscheidungen in Teams fällen zu können, ist die Herausbildung grundlegender sozial-kommunikativer, personaler, aktivitäts- und handlungsbezogener Kompetenzen« notwendig. Die »zunehmende Internationalisierung« erfordere zudem »eine hohe Sensibilität für andere Kulturen«.[123] Das alles müsste uns als Selbstbeschreibung heutiger Unternehmen nicht weiter tangieren, wenn damit nicht zugleich die Forderung verbunden wäre, diese Kompetenzen als Lernziele im Bildungswesens zu verankern. Oder richtiger: Das wird nicht als Forderung formuliert, sondern als »notwendige Anpassung an die Bedürfnisse des Wissenszeitalters« für unabwendbar erklärt: »Der Übergang ist unausweichlich und wird vor allem durch die privaten Wettbewerber, die den staatlichen Angeboten zunehmend Konkurrenz machen, vorangetrieben werden.«[124]

Der schon beschriebene Wettbewerb von Schulen und Hochschulen dient also der Durchsetzung des Kompetenzkonzepts im Bildungswesen, das sogar eine vermeintlich »personale« und »soziale« Bildung auf Zweckhaftigkeit, auf ihren Nutzen für diese Unternehmen reduziert.

Dass genau diese Anpassungsfähigkeit an die Bedürfnisse von Unternehmen gemeint ist, wird von der OECD im genannten Papier klar herausgestellt: Schlüsselkompetenzen sollen dazu befähigen, »sich an eine durch Wandel, Komplexität und wechselseitige Abhängigkeit gekennzeichnete Welt *anzupassen*.«[125] »Welche *anpassungsfähigen Eigenschaften* werden benötigt, um mit den technologischen Wandel Schritt zu halten?«[126] *Bildung wird damit zur Anpassung.* Anpassung an ökonomische Erfordernisse bzw. an das, was die OECD dafür hält. Kompetenzen zielen demnach gerade nicht auf selbständiges Denken, sondern fördern die Unterordnung unter die gegebenen Umstände und die Effektivitätskriterien der Wirtschaft, die daran verdient.

Jetzt wird auch nachvollziehbar, warum dazu die ganze Persönlichkeit geformt werden soll: Es geht nicht nur um äußeres Mitmachen, um Akkordarbeit am Fließband, die durch den Takt ihrer Mechanisierung zur Sollerfüllung zwingt. Nein, die veränderten Arbeitsweisen in der globalen Ökonomie erfordern auf Grund ihrer offeneren Strukturen und flacheren Hierarchien ein gewisses Maß an Selbständigkeit und Flexibilität. Dann wird Arbeitsleistung aber nur sichergestellt, wenn die Mitarbeiter sich mit dem Unternehmen und seinen Zielen identifizieren. Der Wille der Firma muss ihnen als der ihre erscheinen. Kompetenzen zielen also auf *innere Anpassung der Persönlichkeit* an die ökonomischen Zielvorgaben. Das heiß heute dann »Corporate Identity«: »Wir« sind die Firma und »wir« wollen besser werden. Und so werden die Mitarbeiter auch gehindert zu bemerken, dass sie sich ständig selbst ausbeuten, indem sie zu viel für zu wenig Geld arbeiten, und dass den Gewinn ihrer Arbeitsleistung ferne Aktienfonds abschöpfen. Deshalb muss man Denken und Fühlen, sogar »soziale Beziehungen« und die »persönliche Identität«[127] nach den vorgegebenen ökonomischen Zielsetzungen ausrichten: »Die Bildung von sozialem Kapital ist wichtig«, denn »gute zwischenmenschliche Beziehungen sind (…) zunehmend auch für den wirtschaftlichen Erfolg wichtig.«[128] Auch Kreativität und Reflexionsfähigkeit sowie das persönliche Gefühlsleben und die sozialen Empfindungen werden von der OECD in dieses Anforderungsschema eingepasst.[129] Der *ganze* Mensch, die ganze *Person* soll den »sozialen und beruflichen Anforderungen der globalen Wirtschaft und der Informationsgesellschaft« dienen.[130]

Es ist dabei keineswegs allein der Druck des Marktes, der das Kompetenz-Konzept in die Schulen und Hochschulen bringt, sondern die gezeigte undeklarierte Umprogrammierung der Bildung durch PISA sowie massive Lobbyarbeit in den einzelnen Staaten. Ein typisches Beispiel: Eine Initiative mit dem bezeichnenden Titel »In eigener Sache – Fit für die berufliche Zukunft«[131] produziert professionell aufgemacht eine Internetpräsenz, Anzeigenkampagnen in großen Zeitungen, Medieninformation und natürlich Lehrermaterialien, die in der Schule »direkt« einsetzbar sind ohne eigene Vorbereitung. Wer steckt dahinter? Die Deutsche Bank, eine Fachhochschule, die die »wissenschaftlichen« Handlangerdienste erfüllt, die »Initiative für Beschäftigung«, eine von Reinhard Mohn, dem Bertelsmann-Chef, gegründete Aktion, sowie andere Unternehmen wie Bosch, Fraport, Degussa, Telekom und leider auch die Volkshochschulen, die auf den Trend zum Business-Training aufzuspringen scheinen, statt wirkliche Volks*bildung* zu fördern.

Um die »Initiative« publik zu machen, schließt man sogenannte »Medienpartnerschaften«, also Kooperationen mit der Presse, die die Sache der Unternehmen medial pushen sollen: »Die Sensibilisierung der breiten Öffentlichkeit für die Ziele des Projekts ›in eigener Sache‹ gelingt nicht zuletzt durch Medienpartnerschaften, bei denen die Leser der beteiligten Medien besondere Vorteile genießen.« Die Medien übernehmen also Promotion-Dienste für die Industrie, weshalb eine kritische Berichterstattung kaum stattfinden wird. Mit dabei sind u.a. das Nachrichtenmagazin »Focus« und die Bild-Zeitung, die das ganze in Volkes Sprache übersetzt.

Das Ziel des Programms ist »Arbeitsmarktfitness«. Dafür ist im Sinne des »lebenslangen Lernens« der Arbeitnehmer heute selbst verantwortlich, jeder ist sein eigener Unternehmer und muss sich selbst vermarkten. Daher soll man seine »Kompetenzen« checken und verbessern, wozu es erst einmal einen Internet-Test gibt, dann wird Lernmaterial angeboten und schließlich – zu bezahlende – Coaches und Seminare. Mit einem persönlichen »Kompetenz-Pass« kann man den eigenen »Weg zu mehr Arbeitsmarktfitness« dokumentieren, den man im Rahmen des »Selbstmarketings, z. B. bei Bewerbungen« nutzen soll.

Und was soll vermittelt werden? Eben genau die beschriebenen Kompetenzen: »Dabei geht es gar nicht so sehr um die fachliche Qualifikation, sondern vielmehr um persönliche und soziale Kompetenzen: um Offenheit und Veränderungsfähigkeit, um Lernbereitschaft und nicht zuletzt um Eigeninitiative.« Also: um Eingriffe in die und Veränderungen der Persönlichkeit. Dazu werden 12 Leitsätze formuliert, die man getrost als Anforderungen für eine Art Charakterbildung nach neoliberalen Prinzipien ansehen kann:

»Leitsatz 1: Initiative – Ich ergreife meine Chancen.
Leitsatz 2: Eigenverantwortung – Ich setze mir Ziele.
Leitsatz 3: Unternehmerisches Denken und Handeln – Ich verantworte meine Leistung.
Leitsatz 4: Fleiß / Selbstdisziplin – Ich engagiere mich.
Leitsatz 5: Lernbereitschaft – Ich lerne ständig weiter.

Leitsatz 6: Teamfähigkeit – Ich arbeite gut mit anderen.
Leitsatz 7: Kommunikationsfähigkeit – Ich vertrete meine Meinung.
Leitsatz 8: Einfühlungsvermögen – Ich will andere verstehen.
Leitsatz 9: Belastbarkeit – Ich handle besonnen.
Leitsatz 10: Konfliktfähigkeit – Ich stelle mich schwierigen Situationen.
Leitsatz 11: Offenheit – Ich bin offen für Neues.
Leitsatz 12: Reflexionsfähigkeit – Ich überprüfe regelmäßig meine Arbeitsmarktfitness.«[132]

Diese Glaubensätze des Wirtschaftskatechismus werden mittels verschiedener Übungseinheiten antrainiert. Sie bringen vor allem zum Ausdruck, dass der Arbeitnehmer »selbst verantwortlich« ist nach dem Motto: ›Wenn du dich nicht an uns anpaßt, hast du verloren. Du hast mitzumachen, dich auf alle Veränderungen bedingungslos einzustellen. Wenn nicht – dein Pech.‹ Die Strukturprobleme des globalen Wildwest-Kapitalismus werden personalisiert. Kritik am Irrsinn dieser Wirtschaftsweise kann so nicht mehr entstehen.

Überdeutlich wird an den entsprechenden Lehreinheiten für Jugendliche, was diese »Anpassungsfähigkeit« durch Kompetenztraining bedeutet.

Die entsprechenden Poster für den Klassenraum erinnern fatal an Propagandaplakate der DDR zur Förderung der sozialistischen Arbeitsmoral. Da strahlt der Jugendliche: »Ich bin fleißig und diszipliniert und mache, was zu tun ist«. Im Klartext heißt das also: Klappe halten und auch bei Lohnkürzungen zuverlässig weiter arbeiten. Den Höhepunkt bildet eine Anweisung zum Erwerb von »Einfühlungsvermögen«. Empathie ist eigentlich ein zentrales Ziel einer auf humane Bildung zielenden Pädagogik. Doch was wird hier daraus? Eine »Kompetenz«, um sich möglichst genau auf die Wünsche und Stimmungen des Chefs einzustellen und die Unterbesetzung im Betrieb zu kompensieren. Was abstrakt gezeigt wurde, wird hier konkret: Menschliche Eigenschaften werden abgerichtet für ökonomische Zwecke.

Tatsächlich wird die altbackene Pipi-Langstrumpf-Ästhetik solcher Plakate kaum einen Jugendlichen hinter dem Ofen hervor locken. Von Propaganda-Sprüchen wird sich niemand »motivieren« lassen. Es ist schlicht unmöglich, solch unfassende Persönlichkeitsmerkmale mit simplen Anweisungen zu vermitteln. Kommunikationsfähigkeit per Rollenspiel und Bastelbogen anzutrainieren, ist zum Glück ein ebenso dummes wie unmögliches Unterfangen.Und die weiteren Schritte sind bereits geplant: Die Leistungsvergleichstests sollen der »Erstellung von Kompetenzprofilen«[133] dienen, indem verschiedene Testergebnisse eines jeden Schülers miteinander zu einem Profil verbunden werden. Da es hier, wie gezeigt, um Persönlichkeitsmerkmale geht, entsteht also ein *Persönlichkeitsprofil*. Das soll über die Schulbesuchszeit hinaus auch den Erwachsenen bei seinem »lebenslangen Lernen« begleiten. Auch hier der Klartext: Es sind lebenslange Persönlichkeitsprofile mit Einstellungen, Werten und Haltungen jedes Schülers und künftigen Arbeitnehmers angestrebt. Diese werden natürlich nur dann wirtschaftlich nutzbar sein, wenn sie schriftlich fixiert sind, also wenn eine Art Datei die persönliche Entwicklung aufzeichnet und verfügbar macht. Der »Kompetenzpass« der Initiative »In eigener Sache« ist das – noch freiwillige – Beispiel eines solchen Profils, das demnächst zu Bewerbungsunterlagen gehört. Und vielleicht ja auch zentral erfasst wird?

Dazu passt, dass durch das 2005 in Kraft getretene »Tagesbetreuungs-AusbauGesetz« (TAG) der Bundesregierung die vorschulischen Betreuungseinrichtungen aufgefordert sind, die Entwicklung der Kinder ab diesem frühen Alter zu dokumentieren: »Die Anforderung zu beobachten und zu dokumentieren kommt in allen ›Bildungsplänen‹ (Bildungs- und Erziehungsplänen, Empfehlungen, Leitlinien, Programmen, Vereinbarungen) der Länder vor und wird neuerdings auch bundesweit gesetzlich vorgeschrieben als Nachweis für Qualität, wenn auch allgemein formuliert als ›Einsatz von Instrumenten und Verfahren zur Evaluation der Arbeit in den Einrichtungen‹ [§ 22 TAG]«.[134] Daraufhin hat man in Nordrhein-Westfalen eine »Bildungsdokumentation« für Kindergartenkinder gesetzlich eingeführt, die genau an den genannten Kompetenzen ansetzt. Zwar können die Eltern der Anlage dieses Portfolios (noch) widersprechen. Und es klingt für sich genommen so harmlos und wohl gemeint, dass es von den Wohlfahrtsverbänden kräftig unterstützt wird. Doch erhalten ausführliche und regelmäßige Protokolle über Sprachkompetenz, Kommunikationsfähigkeit, Kreativität, soziale Kompetenzen, Selbständigkeit, Emotionalität, Empathie, Umgang mit Komplexität u.a.m.[135] im hier aufgerissenen Kontext einen ganz anderen Beigeschmack: Sie entsprechen exakt den von der OECD entwickelten Kompetenzstrukturen. Und die OECD ihrerseits arbeitet bereits daran, Kompetenzen wie »Interaktion in heterogenen Gruppen« und »autonomes Handeln« in den nächsten PISA-Tests europaweit abzutesten.[136]

Fazit: Die Vereinnahmung des Menschen als ganze Person, die Verfügung über seine Charaktereigenschaften und seine Gefühle, ist nicht nur geplant, sondern hat längst begonnen. Hier wird versucht, Kinder und Jugendliche innerlich und äußerlich an die Zwecke eines flexibilisierten und individualisierten Arbeitens in einer internationalisierten, virtuell kommunizierenden globalen Wirtschaft anzupassen. Würde man dies auf das frühe Industriezeitalter zurückbuchstabieren, käme das dem Versuch eines Autobauers wie Henry Ford gleich, Fließbandarbeiter mit vier Armen zu züchten, weil diese effizienter arbeiten. Hinter all den Schlagworten von Flexibilität, Selbständigkeit und Entscheidungsfähigkeit steht das Ziel einer Erziehung zu kritikloser Anpassung an alles, was verlangt wird – und dabei hat man noch einfühlsam auf den Befehlshaber einzugehen. Unterscheidet sich das wirklich so viel von der »schwarzen Pädagogik«? In der alten, autoritären Erziehung zählte vor allem Gehorsam. Aber: Während die Kinder damals mit Rohrstock und Stubenarrest äußerlich gefügig gemacht wurden, konnten sie innerlich immer noch die Faust in der Tasche ballen und sich schwören: »Ich mache zwar, was ihr verlangt aber ihr kriegt mich nicht klein!« Denn es spürte die Gewalt und das Unrecht. Aus solchermaßen autoritär erzogenen Kindern wurden oft erstaunlich willensstarke Persönlichkeiten, wenn man sie nicht vollständig gebrochen hatte. Jetzt aber wird nicht äußerer Gehorsam verlangt, dem man sich innerlich widersetzen kann. Jetzt wird *innere Anpassung* anerzogen. Man will nicht nur äußeres Mitmachen, sondern *innere Zustimmung*. Solche Programme hat man zu anderen Zeiten und unter anderen Regimen »Umerziehung« genannt.

Zu welchem Menschenbild in den ökonomisierten Schulen und Universitäten umerzogen wird, hatten wir bereits anhand der PISA-Studie herausgearbeitet: Hier entsteht als »neuer Mensch« der »homo oeconomicus«. Der ist dann nicht mehr als »homo sapiens« durch Klugheit, durch Vernunftfähigkeit ausgezeichnet, sondern durch vollständige Verbetriebswirtschaftlichung seiner Person. Der homo oeconomicus ist der Mensch, der in Kompetenz-Registern beschreibbar ist. Er ist ein Mensch, den die Wirtschaft »bis in seine geheimsten Winkel« erobert hat, so der ehemalige Bundesminister Norbert Blüm jüngst in einer lesenswerten Streitschrift: »Der homo oeconomicus ist die personale Potenzierung des Materialismus, der sich als flotter Modernismus tarnt«.[137] Für ihn existiert nur das, was sich rechnen und zählen läßt. Es geht um Kosten-Nutzen-Analyse und den eigenen Vorteil. »Liebe, Vertrauen, Freude ... alles, alles verwandelt sich in einen Geldwert.«

Kann und darf dieser verkrüppelte Mensch Leitbild von Erziehung und Bildung sein?

6. »Bildungsstandards« und »Evaluation«

Da nun das System der ökonomisierten Bildung im Grundprinzip offen liegt, können wir die weiteren Schlagworte etwas schneller durchgehen: Denn jetzt erklärt sich beinahe von selbst, weshalb alle Welt plötzlich über die Einführung von »Bildungsstandards redet. Wenn es darum geht, auf Kompetenzen heruntergerechnete Bildung zu messen, braucht man einen Maßstab. Den setzen die so genannten »Bildungs«standards. Das heißt, es werden je nach Interpretation entweder Mindestanforderungen oder mittlere Durchschnittsleistungen festgelegt, die Schüler einer bestimmten Schulstufe und Schulform nach einer gewissen Zeit erbringen sollen. Auch das klingt angesichts mancher Missstände und Beliebigkeit innerhalb der Schulen zunächst einleuchtend: So wird Verbindlichkeit geschaffen, die mitunter vagen Lehrpläne werden so konkretisiert. In der Tat argumentieren so viele Fachdidaktiker, die hoffen, dass auf diese Weise fachliche Anforderungen genauer festgelegt werden. Etwa: Was soll ein Hauptschüler am Ende der achten Klasse rechnen können, über welche Lese-Fähigkeiten soll ein Realschüler in der sechsten Klasse verfügen und welche Englischkenntnisse soll ein Gymnasiast am Ende der zehnten haben?

Auch hier steckt der Teufel wieder im Detail: Denn viele Befürworter dieser Bildungsstandards beruhigen sich mit dem Hinweis, dass ja nur diese Kernfähigkeiten festgelegt würden. Selbstverständlich sei Persönlichkeitsbildung nicht in Standards auszudrücken und die würden auch nicht gemessen. So weit, so richtig. Das Problem ist auch hier, dass sich das schulische Lernen dann auf die Erfüllung dieser Anforderungen ausrichtet und alles andere in den Hintergrund tritt. Es entsteht das bereist erwähnte »Teaching to the test«. Man unterrichtet und lernt nur noch das, was für die Erfüllung der getesteten Standards wichtig ist. Allgemeine Bildungsziele und der Einbezug von Schülerinteressen, aufwändigeres Arbeiten in Projekten usw. zieren dann die Schulprogramme, aber nicht mehr die Realität. Denn was zählt, ist standardisierte, messbare Leistung, Effizienz, Output.

In diesem Sinne hält auch die Deutsche Bischofskonferenz fest: »Bildungsstandards stehen bildendem Lernen zwar nicht grundsätzlich entgegen. Aber sie befördern bei unkritischem Gebrauch ein mechanistisches Menschenbild. Wenn von *Output*-Steuerung die Rede ist, dann wird unterstellt, dass der Mensch ein steuerbares Wesen ist, was seiner Selbständigkeit und Eigenverantwortung, kurzum seiner Freiheit widerspricht. Wenn also von ›Steuerung‹ die Rede ist und von ›Standards‹, die ›implementiert‹ und durch ›Monitoring‹ überwacht werden sollen, dann wird eine Analogie zur Maschine hergestellt und die Personalität des Menschen verkürzt.«[138]

Von »Bildungs«standards zu reden, wenn es um die Normierung wirtschaftlicher Effizienz geht, ist also reine Augenwischerei. Es sind Leistungsstandards zur Erfüllung der Effizienzkriterien. Alles andere muss man wohl eine glatte Lüge nennen, der leider mancher gutwillige Didaktiker unfreiwillig auf den Leim gegangen ist.

Die »Evaluationen« beherrschen auch den Alltag der Universitäten: Hochschullehrer werden von den Studenten bewertet, ihre Forschung wird anhand der publizierten Aufsätze eingeschätzt, die Hochschulen als Ganzes in Rankings gelistet. Die Kriterien sind dabei oft dubios: So hat eine Studie der Universität Köln gezeigt, dass bei den Bewertungen, die Studenten über Lehrveranstaltungen abgeben, die *Attraktivität* der oder des Dozenten eine signifikante Rolle spielt! Passender Titel der Studie »Das Auge hört mit«.[139] Die angeblich so objektiven Erhebungen werden also von (durchaus verständlichen) subjektiven Faktoren geradezu verballhornt. Mit den Noten dieser Evaluationen sollen aber demnächst auch Mittelzuweisungen oder -kürzungen begründet werden. Die logische Folge wäre eigentlich, dass die Universitäten Stellenbesetzungsverfahren an Heidi Klum abgeben, die sucht dann »Germany's Next Top-Professor«. Die schon lange übliche Praxis, Forschungsleistung vor allem an der Zahl der Veröffentlichungen festzumachen, hat zum bekannten Prinzip des »publish or perish« geführt: Entweder du publizierst am laufenden Band, oder du gehst unter, die Karriere ist vorbei. So werden dann die gleichen Themen in drei Aufsätze mit verschiedenen Titeln verpackt und halbgare Ergebnisse und Gedanken schnell zwischen Buchdeckel gebracht. Liessmann zeigt die Absurdität dieses heutigen »Qualitätskriteriums« am Beispiel Immanuel Kants auf: Der hatte nach seiner Berufung zum Professor in Königsberg erst einmal geschlagene zehn Jahre gar nichts mehr veröffentlicht. Damit wäre er heute am Ende gewesen. Kant aber konnte noch in Ruhe nachdenken und veröffentlichte dann die epochale »Kritik der reinen Vernunft«.[140] Und mag das Werk auch noch so gewichtig sein: Die Universität Königsberg hätte im Ranking dann dennoch einen miesen Platz gehabt. Denn was für die Evaluationen der Universitäten zählt, sind Studentenzahlen, Absolventen, die Frauenquote und eingeworbene Sponsorengelder.

7. »Wettbewerb«, »Autonomie« und »Neue Steuerung«

Die bisher beschriebenen einzelnen Phänomene und Schlagworte hängen insgesamt eng zusammen. Das erwies sich bereits in manchem Querverweis. Tatsächlich sind sie Teil eines gezielt in das Bildungswesen eingepflanzten neuen »Steuerungsmodells«, das darauf zielt, die alte, staatliche Regulierung durch ein System von Wettbewerb und scheinbarer Autonomie von Schulen und Hochschulen zu ersetzen: »In dem weiten Rahmen von Outputsteuerung und Dezentralisierung umfassen die neuen Steuerungsmodelle zahlreiche Elemente. Dazu gehören Elemente wie Schulautonomie, Budgetierung, Wahlfreiheit zwischen Schulen, Kontraktmanagement, private Schulleitung und Wettbewerb genauso wie externe Prüfungssysteme, Zielvereinbarungen, Evaluierung, Controlling und Qualitätszirkel.«[141] Was erneut der Aktionsrat Bildung hier aufzählt, ist in den Konzepten der Bildungsreformen längst Konsens und wird in vielen Teilen bereits in die Praxis umgesetzt. All das sind Elemente einer betriebswirtschaftlichen Steuerung des Bildungswesens. Betriebswirtschaftlich bedeutet die Steuerung mit einem Kosten-Nutzen-Modell, das auf geldwerten Profit zielt. So kann man gewinnorientierte Unternehmen führen. Doch sprechen wir hier eben nicht über Betriebe, sondern über Einrichtungen, die etwas nicht in Zahlen Erfassbares leisten. Wenn man dies dennoch versucht, unterwirft man Bildung der Logik dieser Zahlen. Zudem sind es Einrichtungen, die die Bürger sich geschaffen haben, die sie bezahlen, damit alle daran gleich teilhaben können, weil das für eine demokratische und gerechte Gesellschaft unerlässlich ist. Schule und Hochschulen müssen, ja, sie dürfen nicht einmal nach betriebswirtschaftlichen Kriterien funktionieren, weil sie dann nicht mehr das Interesse aller Bürger erfüllen. Die Verbetriebswirtschaftlichung öffentlicher Einrichtungen kommt also einer Entstaatlichung gleich und damit einer Entmündigung des Souveräns.

Die so genannte »Neue Steuerung«, auch »New Public Management« genannt, ist ein Modell, das privatwirtschaftliche Steuerungsmuster auf öffentliche Verwaltungen überträgt. Es wurde vielfach bereits in kommunalen Verwaltungen eingeführt, in denen die Bürger dann nicht mehr Bürger sind, sondern »Kunden«. Das »New Public Management« beruht »einerseits auf der Übernahme privatwirtschaftlicher Managementtechniken und andererseits auf einem neoliberalen Wirtschaftsverständnis.«[142] Es zielt also vor allem auf Profitmaximierung bzw. hier auf Kostenreduktion durch ökonomische Effizienz. Alles soll günstiger, billiger gehen. Das kommt den knappen Staatskassen entgegen, hat aber zur Folge, dass öffentliche Aufgaben, für die die Bürger ihre Steuern zahlen, nicht mehr hinreichend wahrgenommen werden oder zusätzlich bezahlt werden müssen. Da reine Kostenreduktion nicht nach allgemeinen Interessen und Aufträgen fragt, widerspricht das Prinzip der Gemeinwohlorientierung öffentlicher Einrichtungen. Denn effizient im staatlichen Handeln darf nur die Förderung des *Gemeinwohls* sein.[143]

Wenn nun Schulen und Hochschulen quasi privatwirtschaftlich geführt werden, sind sie deshalb noch nicht privatisiert. Sie erhalten nach wie vor staatliche Gelder, also Steuergelder. Mit diesen Budgets sollen sie in einer begrenzten »Autonomie« wirtschaften und in Konkurrenz zueinander treten.

Fatal ist auch hier, dass sich dies für viele über Jahrzehnte von kleinkarierter Bürokratie geplagte Rektoren und Lehrer sehr verheißungsvoll anhört: Endlich ist man den Klauen der Finanz-Bürokratie entronnen und kann selbstständig über die Mittel entscheiden, viele Dinge anschaffen oder in Neuerungen investieren, die längst überfällig sind. In diese Falle sind bereits viele Schulen getappt, die Hochschulen hat man damit ebenfalls geködert. In Nordrhein-Westfalen kann man sehen, wie das System tatsächlich funktioniert: Seit dem 1.1.2007 sind die Hochschulen – wie bereits in anderen Bundesländern – nicht mehr staatlich verantwortet, sondern nur noch Körperschaften öffentlichen Rechts. Sie bekommen vom Staat einen Haushalt überwiesen, den sie selbstständig verwalten sollen. So die Regierungspropaganda. Nur gut Informierte wissen, dass gleichzeitig die Finanzierung des Personals um 3,5 Prozent gekürzt wurde, so dass viele Hochschulen über Nacht an den Rand der Existenz getrieben wurden, denn die Mittel reichten ohnehin vorne und hinten nicht aus. Zugleich werden 20 Prozent der Landesmittel nach »Leistungsindikatoren«, also den Output-Kriterien vergeben, um die sich die Hochschulen nun streiten müssen. Nun können die Hochschulen ganz »selbstständig« entscheiden, was sie zuerst streichen möchten: Stellen von Professoren und Mitarbeitern, Zeitschriftenabonnements in den Bibliotheken, dringende Gebäuderenovierungen oder Finanzierung von Forschungsvorhaben. Innerhalb der Universitäten bricht ein Hauen und Stechen um die Vergabe der geringen Mittel ein, die Universitäten untereinander treten in einen erbitterten Konkurrenzkampf ein, in dem sich bereits Gerüchte von Übernahmen und Zerschlagungen von Nachbaruniversitäten breit machen. Die Lehrenden sind in endlosen Krisensitzungen mit der Haushaltsverteilung beschäftigt, statt sich um Forschung und Lehre zu kümmern, beschäftigt man sich mit Finanzplanung. Andere Professoren beantragen auf Biegen und Brechen Forschungsprojekte, wobei egal ist, wozu und worüber, Hauptsache sie bringen Außenwirkung und Geld. Die Universitätsleitungen beschäftigen sich vor allem mit Außendarstellung, Pressekonferenzen, Hochglanzbroschüren, Internetauftritten und ähnlichem, denn nun geht es darum, Studenten zu werben, auch wenn man nichts zu bieten hat. Denn neuerdings bringen die Studenten ja Geld: Studiengebühren! Die große Lüge bei der Einführung der Studiengebühren in NRW war, den Studenten blühende Landschaften zu versprechen und zugleich die vorhandenen Mittel um den Betrag der Studentengelder zu kürzen.

Nun mag mancher in diesem Wettbewerbssystem den Vorteil sehen, dass im Einzelfall unterausgelastete Studiengänge aufgelöst und müßige Professoren auf Trab gebracht werden, was durchaus der Fall sein kann. Die Hochschulen müssten sich doch für ihre Leistung verantworten, könnte man einwenden. Doch führt solche »Verteilungsgerechtigkeit« nach äußeren Leistungskriterien nicht zur Steigerung von inhaltlicher Qualität. Man erhöht allein den Output, verbessert die Kosten-Nutzen-Relation. Inzwischen ist sonnenklar, dass »Autonomie« von Schulen und Universitäten sich nur darauf bezieht, dass diese die Mängel und Unzulänglichkeiten jetzt selbst verwalten dürfen. Die Ministerien sind damit aus der Rechfertigungs-Klemme. Denn vorher mussten sie für schlecht ausgestattete Schulen und Hochschulen und deren schlechte Ergebnisse geradestehen. Nun, da die Verwaltung den Einrichtungen selbst übergeben ist, sind diese allein Schuld: Man hätte sich ja mehr anstrengen können. Die Ministerien lassen nur noch Evaluationen und Rankings anfertigen, so dass klar ist, welche Schulen und Hochschulen man schließen kann.

Doch geht es um mehr, als dass die Ministerien jetzt eine weiße Weste haben. Denn faktisch ist das Steuerungsmodell auch nicht wesentlich kostengünstiger, und der inszenierte Wettbewerb basiert auch nicht wirklich auf dem freien Markt, der so oft beschworen wird, es ist eher ein kontrolliertes Aufeinanderhetzen. Wozu also das alles? Wenn man genau hinsieht, zeigt sich, dass diese Form von angeblicher »Selbststeuerung« faktisch eine neue Art umfassender, *perfekter Kontrolle* ist: Bildungsreformer und -planer haben Jahrzehnte versucht, das Bildungswesen planwirtschaftlich zu kontrollieren. Sie haben mit Verordnungen und Lehrplänen, mit Richtlinien und Weiterbildung, mit Propaganda und Lüge versucht bestimmte Bildungsideologien durchzusetzen. Damit sind sie letztlich jeweils gescheitert, weil Lehrer und Hochschullehrer an einem gewissen Punkt immer noch die sprichwörtliche »Klassenzimmertür hinter sich zu« machen konnten. Dann waren sie mit ihren Schülern und Studenten alleine, konnten den durch die Verfassung gesicherten Freiraum nutzen und tatsächlich Erziehung und Bildung leisten, ohne dass ihnen von außen jemand hinein diktierte. Sie waren und sind dabei den Grundwerten der Verfassung verpflichtet. Mehr nicht, aber auch nicht weniger – und das ist sehr viel.

Jetzt geben die Ministerien plötzlich diese Kontrollversuche auf. Sie eröffnen dafür einen Pseudo-Wettbewerb mit dem Effekt, dass sich die Schulen und Hochschulen nun selbst kontrollieren müssen, weil sie mit den bewusst zu knapp bemessenen Mitteln zurechtkommen müssen. Dieser wechselseitigen Kontrolle kann nun niemand mehr entrinnen, dem Wettbewerb um das knappe Geld kann man nicht entgehen, sonst geht man schlicht pleite. Man soll nun gezwungen werden, im Sinne des neuen effizienzbezogenen, kompetenzbasierten, outputorientierten »Bildungs«-begriffs zu arbeiten, denn wer jetzt nicht mitmacht, geht schlicht unter. Die Ministerien setzen nur noch diese Rahmenvorgaben. Der Druck von Kennzahlen, Indikatoren und Auslastungsziffern bringt jede inhaltliche Diskussion, jede Kritik zum Schweigen. Eine Kontrolle, von der man Jahrzehnte geträumt hat, regelt nun ein inszenierter, brutaler Wettbewerb. Die neue »Autonomie« führt innerhalb der Bildungsorganisationen zum faktischen Verlust der verfassungsmäßig gesicherten Freiheit.

Dass diese Kontrolle durch die Einführung bildungsökonomischer Steuerung ganz gezielt gewollt ist, kann man den Theorien der Bildungsökonomen selbst entnehmen: Sie stellen fest, »dass wirtschaftliches Handeln nur durch das Vorhandensein eines entsprechenden Kontrolldrucks sichergestellt werden kann«. Hierbei werden »vier Kontrolltypen« unterschieden: »a) Konkurrenz durch Wettbewerb, b) die Definition von Leistungsstandards (standards of performance), c) die Strategie des Kostendrucks (cost-pressure), d) bürokratische Kontrollen.« Wir erkennen alle vier Steuerungsmuster wieder. Interessanterweise wird als das effektivste Mittel dabei der *Konkurrenzdruck durch Wettbewerb* angesehen![144] Die Durchsetzung vermeintlich »wirtschaftlichen Handelns« in Schule und Hochschule dient demnach als Kontrollinstrument in einer von Konkurrenz geprägten Bildungslandschaft.

An den Schulen schlägt sich die kontrollierte Konkurrenzwirtschaft vor allem als Mehrbelastung nieder. Die Lehrer werden als Folge wieder mit neuen Aufgaben traktiert, die sie meist nur verwundert zur Kenntnis nehmen und kaum in diesen Zusammenhang einordnen: Da bilden sich »Steuergruppen« (!), die die »innere Schulreform« vorantreiben sollen, um das »Profil« der Schule zu schärfen; da werden Leitbilder für die Schule formuliert, denen sich jeder verpflichten muss; dazu findet »Teamentwicklung« in dauernden Konferenzen statt; oder es werden Psycho-Trainer aus der Managerfortbildungs-Szene angeheuert, und man muss Veranstaltungen mit infantilen Rollenspielen und Kennenlernübungen über sich ergehen lassen; da werden Selbst-Evaluationen in Mind-Map-Format gebracht und Selbstkompetenz auf bunten Kärtchen abgefragt usw. In der Logik der wettbewerblicher Autonomie machen solche Infantilitäten allerdings durchaus Sinn: Hier geht es darum, eine »Corporate Identity« zu erzwingen. Ein einheitlich gestylte »Schulidentität«, die vom Schul-Logo bis zur »Markenfarbe« des Briefpapiers reichen kann.

Nach außen wirkt sich der Konkurrenzdruck, den man mit simplen Methoden anheizt, nicht minder folgenschwer aus: So hebt man in Nordrhein-Westfalen zum Schuljahr 2008/09 die Grundschulbezirke auf. Seit den Zwanzigerjahren müssen in Deutschland die Kinder eines Stadtteils gemeinsam in die dazugehörige Grundschule gehen. Das heißt, es gibt in den ersten vier oder sechs Schuljahren eine Gemeinschaftsschule für alle Kinder unabhängig von ihrem Leistungsvermögen und ihrer Herkunft. Der Gedanke dabei war, dass sich die Kinder unabhängig von ihrer Herkunft kennen lernen, anfreunden, sozial durchmischen und somit die sozialen Unterschiede zumindest am Anfang der Schule ein Stück weit gemildert werden. Das hat auch über Jahrzehnte gut funktioniert. Erst nach diesen Anfangsjahren tritt eine Differenzierung nach Leistungsvermögen ein, die Kinder wechseln auf verschiedene weiterführende Schulen. Nun hebt man in Nordrhein-Westfalen diese Wohnortbindung auf. Was wird geschehen? Sogleich schwärmen die Eltern, die sich das leisten können, aus und erkunden die »beste« Schule in erreichbarer Nähe. Dafür karrt man die Kinder auch gerne jeden Morgen eine Stunde durch den Stadtverkehr. Mit einem Mal sammeln sich behütete und früh geförderte Kinder aus besser gestellten Elternhäusern in einigen Schulen, während an anderen Schulen »der Rest« zurückbleibt. Die soziale Integration wird unterlaufen, stattdessen bilden sich schon ganz früh soziale Spaltungen heraus. Jetzt hat die Manager-Tochter keine Gelegenheit mehr, einmal ein Kind eines Arbeitslosen kennenzulernen und zu bemerken, dass dieses auch ein normaler Mensch ist und welche Probleme es zuhause gibt. Der Sohn des Handwerkers bleibt jetzt mit seinem Unterlegenheitsgefühl gegenüber den »schlauen« Akademikerkindern alleine zurück, es gibt keine Gelegenheit mehr, dies durch andere Erfahrungen zu korrigieren. Und die Kinder der ausländischen Mitbürger, die ohnehin größere

Schwierigkeiten mit der deutschen Sprache haben, bleiben unter sich, die Gelegenheit zum Austausch mit den deutschen Mitschülern ist dahin. Die deutschen Kinder werden in einer Abgrenzungshaltung unterstützt. Schnell entstehen so Wohlstands- und Benachteiligtenschulen. Das fördert die ohnehin gut geförderten Kinder noch mehr. Und die schwächeren werden noch schwächer.

Es sind dies die Auswirkungen von bedenkenlos übertragenen Prinzipien der sogenannten »neoliberalen Wirtschaftsweise« auf das Bildungswesen: Deregulierung, Liberalisierung und Wettbewerb sollen angeblich alles richten. Es lässt sieht bereits jetzt absehen, dass sie im Bildungswesen genauso viel zugrunde richten wie im globalen Zusammenhang: Die Ideologie des staatlichen Rückzugs aus den Bereichen des öffentlichen, gemeinsamen Lebens zugunsten des Wettbewerbsprinzips wird soziale Spaltung fördern. Ob dies nun eine oft prophezeite 20/80-Gesellschaft ergibt oder Bevorteilung und Benachteiligung noch etwas anders verteilt sind, sei dahingestellt. Der Zerfall in eine Elite und eine breite, proletarisierte Bevölkerungsschicht ist in keiner Verteilung hinnehmbar.

6. »Entstaatlichung« und »Privatisierung«

Aus den bislang analysierten Zusammenhängen schält sich als durchgängiges Prinzip das einer Entstaatlichung des Bildungswesens heraus. Oft hört man dies auch explizit gemäß dem Motto, der Staat solle sich aus stärker aus öffentlichen Aufgaben zurückziehen, mehr Aufgaben privaten Dienstleistern übertragen, private könnten vieles ohnehin »besser«, also effizienter. Man redet vom »schlanken Staat«. Wir haben gesehen, was dies bedeutet: Durch Rückzug des Staates aus Aufgaben, die das Gemeinwesen und das Gemeinwohl betreffen, wird dort eine Konkurrenzwirtschaft mit ihren Folgen etabliert und zudem das Tor für private Investoren geöffnet. Auf diese Weise werden seit langem von Telefon, Post, Bahn und Müllabfuhr bis zu Wasserwerken, Kanalnetzen, Krankenhäusern und Stromversorgern Einrichtungen der öffentlichen Daseinsvorsorge verkauft, die gerade den Marktkräften entzogen sein sollten, um allen Bürgern offen zu stehen. Da »der Staat« letztlich wir selbst sind, wird also von Politikern unser Eigentum entweder verkauft oder die öffentlichen Einrichtungen wie Schulen und Hochschulen unterliegen nicht mehr unserem Einfluss, weil sie jetzt als autonome Betriebe wirtschaften. Das widerspricht dem im ersten Kapitel entwickelten Verständnis einer demokratischen Republik diametral. Denn dann ist die res publica, die öffentliche Angelegenheit, nicht mehr Sache des Volkes, sondern eine res privata, auf die Bürger keinen Einfluss mehr haben. Ein kleines etymologisches Spiel eröffnet auch hier interessante Aspekte: Privat ist abgeleitet vom lateinischen Verb *privare*. Und das heißt berauben. Ein privatisiertes öffentliches Bildungswesen ist ein den Bürgern geraubtes. Im »schlanken Staat« wird also nicht allein die Verwaltung schlank, sondern auch die demokratische Selbstbestimmung magersüchtig.

3.6 Hochschul-Bolognese: Bachelor, Master, Modularisierung & Co.

Nun noch ein Wort zur Situation der Hochschulen, in denen die Umstellung auf ein ökonomisiertes Bildungskonzept bereits weit vorangeschritten ist. Die dazugehörenden Schlagworte von Bachelor und Master über Modularisierung und Akkreditierung bis hin zu Exzellenzinitiativen und Eliteuniversitäten und ähnlichem Wortgeklingel sind dem durchschnittlichen Zeitungsleser seit Jahren bekannt. Politik und Medien gaukeln uns vor, dass sich die deutschen Universitäten und Fachhochschulen in einem enorm wichtigen, geradezu revolutionären Umformungsprozess befänden, an dessen Ende internationale Vergleichbarkeit und Konkurrenzfähigkeit stehe.

Ebenso gebetsmühlenartig werden alle Berichte über die Veränderung an den Universitäten mit dem Hinweis auf die Erklärung von Bologna aus dem Jahr 1999 eingeleitet. Dort hätten sich die europäischen Staaten verpflichtet, ihre Universitäten international vergleichbar zu machen, einheitliche Abschlüsse einzuführen und ein gemeinsames Bewertungssystem einzuführen. Daraus wird in Deutschland gemacht, dass nun flächendeckend das anglo-amerikanische Modell von Bachelor- und Master-Abschlüssen den deutschen Hochschulen übergestülpt wird, außerdem ein Leistungspunkte-System (ECTS) und Kriterien für die Evaluation der Universitäten eingeführt werden. Diese Veränderungen werden seitdem gegen den Widerstand insbesondere der Hochschullehrer und auch der Studenten mit Gewalt durchgesetzt. Insbesondere wird immer wieder behauptet, »wir« müssten diese Veränderung durchführen, weil »wir« uns dazu verpflichtet hätten und sonst international nicht konkurrenzfähig seien. Die armen Studenten hätten dann Abschlüsse, die international nicht vergleichbar wären, sie könnten die Universitäten nicht wechseln und nicht im Ausland studieren. Endlich würde Deutschland den Anschluss an die universitäre Weltgemeinschaft finden, nun wüsste jeder internationale Konzern, was mit einem deutschen Hochschulabschluss gemeint sei. So oder so ähnlich klingen die üblichen Rechtfertigungsmuster für das, was an den Universitäten passiert.

Auch das ist eine groß angelegte Kampagne von Halbwahrheiten und offensichtlichen Lügen. Was ist tatsächlich los? Das famose Treffen der Minister in Bologna war letztlich nicht mehr als ein privates Kaffeekränzchen. Man traf sich und hat eine Vereinbarung unterzeichnet, wie man sich die Bildungslandschaft in Europa vorstellt. Das könnte jedermann mit ein paar Freunden, Nachbarn und Kollegen auch machen und etwa eine »Pforzheimer Erklärung zur europäischen Bildungspolitik« aus der Taufe heben. Das wäre eine interessante Initiative, die Anlass zur Diskussion geben könnte, würde aber niemanden zum Handeln verpflichten. Das dürfte so auch nicht sein, weil nicht ein paar Bürger ganz Europa dazu verpflichten können und dürfen, die nationalen Bildungswesen umzukrempeln. Genau das geschah aber nach dem Treffen von Bologna, obwohl die dort unterzeichnete Erklärung keinerlei rechtliche, hier also völkerrechtliche Verbindlichkeit hatte.[145] Die Minister hatten weder den Auftrag noch die Berechtigung irgendetwas zu unterschreiben, was verpflichtenden Charakter für die einzelnen Länder hätte. Das ganze Thema wurde nicht einmal im Parlament diskutiert, geschweige denn zur Abstimmung gestellt. Das heißt im Klartext: All die Jahre wurde uns bloß vorgegaukelt, dass wir eine Verpflichtung hätten, diese Initiative umzusetzen. Wenn also die verschiedensten Bildungsminister dies immer wieder suggerierten und man davon ausgehen kann, dass sie es besser wussten, waren dies wohl gezielte Täuschungen, um das gewünschte Ergebnis durchzusetzen.

Was kommt nun dabei heraus? De facto geschieht das Gegenteil von dem, was behauptet wird: Deutsche Studienabschlüsse, insbesondere die Diplomabschlüsse der Naturwissenschaftler und Ingenieure, sind weltbekannt als Qualitätssiegel. Studenten wechseln schon seit dem Mittelalter selbstverständlich an ausländische Universitäten, um dort einige Gastssemester zu studieren. Gerade europäische Hochschulen haben immer miteinander kooperiert. Wozu also die zwangsweise Einführung von Bachelor und Master, Abschlüsse, von denen in der Bologna-Erklärung gar keine Rede ist?[146] Diese neuen Abschlüsse werden nämlich in Deutschland so interpretiert, dass der Bachelor ein sechssemestriges Kurzstudium darstellt, auf das dann das Aufbaustudium, der Master, aufgesetzt wird. In England und Amerika umfasst der Bachelor jedoch ein Studium von acht Semestern, bedeutet also eine höhere Qualifikation. Daher haben die Engländer auch sogleich Bedenken angemeldet, den deutschen Abschluss überhaupt anzuerkennen. Wo ist da Vergleichbarkeit?

Innerhalb Deutschlands verläuft der Prozess nun so, dass jede einzelne Universität ihrer eigenen Bachelor-Studiengänge erfindet und durch so genannte Akkreditierungsagenturen absegnen lässt. Das führt dazu, dass kein einziger Studiengang so ist wie die an der Nachbaruniversität. Die Unterschiede zwischen den Studiengängen werden noch viel größer, als sie zuvor waren. Zudem sind die einzelnen Studienteile so genau festgelegt, dass die Flexibilität noch kleiner wird. Die Zersplitterung innerhalb der deutschen Universität nimmt also noch zu, innerhalb Europas wird die Vergleichbarkeit noch geringer. Zudem ramponierte der zweifelhafte Bachelor den eigentlich hervorragenden Ruf deutscher Diplome in der ganzen Welt.

Sicherlich, dafür gibt es jetzt den Master. Doch der ist in anderer Weise ebenfalls eine Mogelpackung. So teilte das Niedersächsische Ministerium für Wissenschaft und Kultur schon 2004 mit, dass sich »die Kapazität für konsekutive Masterstudiengänge (…) grundsätzlich auf höchstens 50 Prozent der Bachelor-Absolventenzahl bemessen« soll.[147] Um die Studenten von dem Aufbaustudium abzuhalten, hat man bereits vorzuweisende Notendurchschnitte (Numerus Clausus) eingeführt. Das heißt im Klartext: Das Vollstudium, das bisher für jeden möglich war, bleibt jetzt einer ausgewählten Studentenschaft vorbehalten. Derart entsteht eine universitäre Zweiklassen-Gesellschaft: Es gibt eine kleine Anzahl wissenschaftlich voll ausgebildeter Masterabsolventen und ein großes akademisches Proletariat, das nicht viel mehr können wird, als zuvor das Abitur vermittelte, denn parallel dazu wurde auch die Schulzeit um ein Jahr verkürzt. Die Verantwortlichen zucken dazu nur die Achseln: So erklärte etwa die ehemalige NRW-Wissenschaftsministerin Hannelore Kraft: »Unsere Hochschulen sind durch das Grundgesetz und ein Urteil des Bundesverfassungsgerichts verpflichtet, ausreichende Ressourcen für die Erstausbildung – also zunehmend in Bachelorstudiengängen – zu reservieren.«[148] Es gibt also kein Recht auf einen Master-Studienplatz: Damit ist wissenschaftliche Bildung für alle dahin. Der Vorsitzende des Professoren-Verbandes Bernhard Kempen spricht in einem Interview aus, worum es hier geht:

»Das Ziel ist offenbar, eine große Zahl von Studierenden in sechs Semestern durch das Studium zu jagen. Danach soll nur noch für einen deutlich kleineren Teil die Möglichkeit bestehen, ein Masterstudium anzuhängen. Dem Bologna-Prozess lag ja eigentlich die Idee zugrunde, die Absolventen besser auf den europäischen und internationalen Arbeitsmarkt vorzuberciten – was wir hier erleben, widerspricht dem aber völlig. (…) Die Studierenden werden mit einem Schnell- und Billigstudium abgespeist, und das wird ihnen international nicht helfen. Zweiter Effekt: Die Universität wird zugrunde gerichtet. Wenn wir an den Universitäten nach sechs Semestern Schluss machen müssen und nur noch für eine auserwählte Schar weniger Studierender noch ein Master-Studium draufsetzen können, dann ist das das Ende.« Auf die besorgte Nachfrage des Journalisten, ob er nicht etwas übertreibe, entgegnet der Präsident des Deutschen Hochschulverbandes in aller Deutlichkeit: »Überhaupt nicht.« Er verweist auf die Unmöglichkeit in sechs Semestern etwa vollwertige und kritische Juristen auszubilden, »die nicht nur Ja und Amen sagen, sondern zu eigenen, reflektierten Bewertung von Sachverhalten fähig sind. Nein, um die Qualität des Studiums geht es den Bildungspolitikern nicht. Die wollen, um irgendeinen Reformerfolg verbuchen zu können, flächendeckend Bachelor und Master zu einem willkürlich gewählten Stichtag einführen.« Und Kempen verweist auf die eigentlich nahe liegende, beste Lösung, nämlich alles so zu lassen, wie es war, dann hätte man die alten, international sehr wohl anerkannten Diplome und nicht die neuen, hausgemachten Probleme.[149]

Jetzt hat man also Studiengänge, die in so genannte Module unterteilt sind, eine Art fertig geschnürte Lernpäckchen, die man abzuarbeiten hat. Wahlfreiheit und Interessenvertiefung sind nur noch begrenzt möglich. Die Studenten werden permanent geprüft, zu jeder Vorlesung gibt es eine Klausur und nach vier Veranstaltungen eine Modulabschlussprüfung. Die Studierenden bemerken inzwischen kaum noch einen Unterschied zur Schule: Man hat einen vollgepackten Stundenplan, sitzt Pflichtstunden ab und arbeitet für »Leistungspunkte«. Man paukt sich den Stoff kurzfristig in den Kopf und vergisst ihn nach der Modulteilprüfung wieder. Das neue, festgezurrte System setzt Lehrende und Lernende so unter Druck, dass man Freiräume zum Nachdenken und Diskutieren gegen die Vorgaben erkämpfen muss. Fatal daran ist, dass viele Studenten dieses verschulte System durchaus begrüßen. Sie finden gut, genau zu wissen, was sie zu tun haben und nach wie viel Semestern sie fertig sind. Schließlich will man »in den Job«, Geld verdienen. Dass das Studium eine Zeit des Lernens und sich Weiterentwickelns in einem gewissen Freiraum sein sollte, den man selbst verantwortlich nutzen kann, dass man Interessen ausbilden kann, dass man eine forschende Neugier entwickeln kann, ist manchen Studierenden bereits fremd. Ihnen ist das Abarbeiten »praxisorientierter« Lernmodule gar nicht unrecht. Und in der Tat stellt solch ein schulähnliches Lernen weniger hohe Anforderungen, als in einem offeneren System selbstverantwortlich studieren zu müssen. Damit geht aber auch die Chance auf persönliche Reifung und geistige Selbstständigkeit verloren – ein zentrales Ziel des Studiums.

Warum belastet man die Universitäten mit dieser sinnlosen Umstellung, die zu gravierenden Qualitätseinbrüchen führt? Wozu dient das jahrelange Schlechtreden der deutschen Hochschulen im internationalen Vergleich? Merkwürdigerweise gilt das deutsche Hochschulwesen im Ausland immer noch als sehr viel mehr als in Deutschland selbst. Warum polemisierte man über die angebliche Weltfremdheit der deutschen Universitäten, die immer noch am Ideal von Humboldt festhalten würden? Warum redet man das System von Forschung und Lehre, von Wissenschaftsorientierung und einem gewissen Maß an Freiheit in Studium und Lehre so schlecht? Tatsächlich sind die überall als Vorbilder hingestellten amerikanischen Eliteuniversitäten wie Harvard und Yale genau deshalb so erfolgreich, weil sie nach diesem alten deutschen Vorbild arbeiten: Sie sind noch Universitäten im Humboldtschen Sinne, wo die Professoren enorme Freiheiten in Lehre und Forschung haben, wo ein geistiger Austausch stattfinden kann ohne ständige Gängelung durch kleinkarierte Studienordnungen, wo sich nicht hochbezahlte Dozenten um Verwaltungskleinkram kümmern müssen, wo intensiv geforscht und gelehrt wird und in kleinen Seminaren mit acht Studenten die geistigen Energien hin und her fließen. Ein deutscher Gastprofessor in Harvard machte dies in einem offenen Brief deutlich: Statt eine total ökonomisierte Universität, wie sie uns hier immer als leuchtendes Vorbild hingestellt wird, fand er in den USA unsere eigene Vergangenheit vor: »So bin ich mit einem höchst unerwarteten Ergebnis aus der Neuen Welt zurückgekehrt. Anstatt Zeuge der Zukunft unserer Universitäten im Hinblick auf eine totale Ökonomisierung und Privatisierung der Wissenschaften zu sein, wie man es uns täglich als Modell einer erfolgreichen amerikanischen Eliteuniversität einhämmert, habe ich gänzlich unerwartet in einen höchst beschämenden Spiegel blicken müssen, der die Vergangenheit unserer eigenen Ideale zeigte.« Und er fordert deshalb: »*Laßt die Universitäten endlich in Ruhe!*«[150]

All das weiß man seit langem. Man weiß, dass dieses alte Modell Humboldts am ehesten dazu geeignet ist, geistige Energie, Forscherdrang, Selbstständigkeit und Verantwortung zu fördern. Was hat man gegen geistige Selbstständigkeit bei Professoren wie Studenten? Warum lieber Unselbstständigkeit? Warum also diese Lügenkampagnen? Will man möglicherweise genau solches akademische Proletariat, das zwar einen

Abschluss herumträgt, auf dem »Bachelor« steht, der aber nichts mehr bedeutet? Will man eine schmale Elite, die einen Masterstudiengang absolviert und eine Doktorarbeit angefertigt, die aber trotzdem nicht mehr tatsächliche Freiheit und Selbstständigkeit gelernt hat? Eine Elite, die dann die Auftragsforschung macht, die andere brauchen? Forschung, die von Industrie, Politik und Militär bezahlt wird?

Jedenfalls ist es hier ähnlich wie in den Schulen: Die Bologna-Reform hat ein System permanenter Überwachung etabliert. Und das wiederum mit Mechanismen, die angeblich ökonomisch effizient sind. Dazu gehört auch die so genannte »Akkreditierung« von Studiengängen: Wollten die Universitäten bislang neue Studiengänge einrichten, so entwarfen sie entsprechende Studienordnungen, die vom Ministerium rein formal, also rechtlich geprüft und bewilligt wurden. Nun ziehen sich die Bildungsministerien aus dieser Verantwortung zurück, das heißt sie geben die öffentliche Kontrolle der Universitäten auf. Stattdessen überträgt man die Kompetenz zur Zulassung neuer Studiengänge privatwirtschaftlichen Akkreditierungsagenturen. Die Universitäten müssen nun eine solche Agentur beauftragen, ein Prüfungsverfahren in Gang zu setzen. Das kostet die Universitäten zwischen 20.000 und 30.000 €. Wohlgemerkt: Das sind Steuergelder! Die Akkreditierungsagentur verlangt nun einen ausführlichen Antrag, in dem bis ins letzte Detail dargestellt ist, was in den neuen Studiengang geschehen soll, welche Inhalte vermittelt werden, was die Studenten können sollen, wie viele Lehrende für was verantwortlich sind usw. Ein solcher Antrag, den selbstverständlich die Professoren selbst schreiben müssen, umfasst leicht einmal 500 Seiten. Die Agentur reicht nun diese Stapel von Papier an externe Gutachter weiter, die sie engagiert. Diese Gutachter sind selbst Professoren der entsprechenden Fachrichtungen an anderen Hochschulen. Das weitere Zulassungsverfahren ist dann vor allem dadurch geprägt, dass bei einer Ortbegehung der Gutachter die beantragende Hochschule ihre Verhältnisse und Bedingungen schönredet und hochfliegende Pläne darstellt, die meist mit der Wirklichkeit nicht viel zu tun haben. Man baut Potemkinsche Dörfer, um den eigentlich gleichwertigen Kollegen, die nun plötzlich in der Machtposition der Gutacher sind, Honig ums Maul zu streichen. Nach diesem Theaterspiel mit Bückling werden die Studiengänge dann – meist mit einigen zu erfüllenden Auflagen – genehmigt. Hier stutzt man zu Recht: Wieso wird der Studiengang mit Sicherheit zugelassen? Nun, die Rechnung ist einfach: Keine privatwirtschaftlich agierende Zulassungsagentur kann es sich erlauben, einen Antrag, für den die Universität horrendes Geld bezahlt, letztendlich abzulehnen. Denn dieses Zulassungsverfahren wird nach Gesetz nun alle fünf Jahre wiederholt. Das ist ein riesiges Geschäft, das möchte man sich nicht mit Zurückweisungen von Anträgen verderben.

Für dieses groteske Schauspiel füllen immerhin unzählige Professoren und deren Mitarbeiter monatelang Antragsformulare aus und schreiben Konzeptionspapiere. Und rechtlich skandalös ist, wie der Staat sich aus der Verantwortung zurückzieht und hoheitliche Aufgaben Privaten überträgt. Hier zeigt sich, wie der Markt solche Aufgaben regelt. Aus staatlicher Prüfung, die letztlich demokratisch legitimiert ist, wird private Willkür. Ein kundiger Jurist hat dieses Verfahren deshalb als »rechtswidrige Parallelverwaltung« bezeichnet.[151] Die wird gleichwohl mit enormen Summen von Steuergeldern bezahlt.

Solche betriebswirtschaftlichen Steuerungsinstrumente sollen »die Selbstverwaltung im autonomen Bereich effizienter und effektiver machen können, indem sie das traditionelle System von Verhandlung und Abstimmung ergänzen oder ablösen.«[152] Ein Bildungsökonom beschreibt hier exakt die beschriebene Wirklichkeit: Demokratisch organisierte, professionelle Selbstbestimmung der Universitäten soll ersetzt werden durch ein unternehmerisches, autoritäres Führungs- und Kontrollsystem. Der Rektor wird vom gleichwertigen Kollegen zum Unternehmensleiter und Manager. Der wird wiederum kontrolliert von einem Aufsichtrat, dem sogenannten »Hochschulrat«. Darin sitzen Vertreter der Konzerne. Das klingt in den offiziellen Verlautbarungen natürlich anders. So hat Bayern 2006 diese Hochschulräte eingeführt mit der Begründung, so würde »externer Sachverstand in die Hochschulplanung einbezogen«. Denn diese Aufsichtsräte seien Persönlichkeiten »aus der Mitte der Gesellschaft«.[153] Schauen wir uns diese »gesellschaftliche Mitte« an. Im Hochschulrat der Universität München sitzen unter anderem:

Herzog Franz von Bayern, Oberhaupt des Hauses Wittelsbach und damit der Stifterfamilie der Universität;

Dr. Nikolaus von Bomhard, Vorstandsvorsitzender der Münchner Rück;

Prof. Dr. Hubert Burda, Vorstandsvorsitzender der Hubert Burda Media Holding GmbH & Co KG;

Prof. Dr. Herbert A. Henzler, McKinsey & Company;

Dr. Albrecht Schmidt, HypoVereinsbank AG und

Prof. Dr. Wilhelm Simson, Mitglied im Aufsichtsrat der E.ON AG.

Die Wirtschaftsgrößen als sachverständige »Mitte der Gesellschaft« bestimmen jetzt, was an der Münchner Universität passiert. Denn sie machen die

Hälfte der Mitglieder des Hochschulrats aus und wählen und kontrollieren die Hochschulleitung und den Präsidenten der Universität. Der Präsident ist wiederum direkter Dienstvorgesetzter der Professoren, hat also dienstliche Aufsichtfunktion. Die Befehlskette ist damit klar: Konzerne ☐ Uni-Präsident ☐ Professoren. Ein solches Modell haben inzwischen die meisten Bundesländer und es gilt für alle Hochschulen. Natürlich muss bei einer kleinen Fachhochschule auch einmal der Chef der lokalen Sparkasse ausreichen. Aber das Prinzip ist dasselbe. Und es hat mit der tatsächlich einmal autonomen Universität, die von den Universitätsmitgliedern in kollegialer Selbstverwaltung verantwortet wurde, nicht mehr viel zu tun.

Dieser neuen Außensteuerung der Universitäten durch Interessen von Banken, Versicherungen und Industrie entspricht auch, dass ein neuer Qualitätsmaßstab etabliert wird. Achtete bisher die »scientific community«, die weltweite Gemeinschaft der Forscher, wechselseitig darauf, dass die Kollegen keinen Schindluder trieben, soll jetzt als Qualitätssicherung von wissenschaftlichen Leistungen die Berücksichtigung der »stakeholder-Interessen« gelten.[154] Hinter diesem Ökonomie-Chinesisch verbirgt sich das Andienen der Wissenschaft an die Wirtschaft: Die Anspruchsberechtigten (»stakeholder«), das heißt diejenigen, die Forschungsaufträge bezahlen, sollen auch davon profitieren. Gute Wissenschaft zeigt sich also in verlässlicher Auftragserfüllung, so dass den »verschiedenen Interessen, Ansprüchen und Erwartungen auch *außerhalb* einer Disziplin und *außerhalb* der Hochschulen als Institutionen« Rechnung getragen wird.[155] Mit ihrem unabhängigen Streben nach Wahrheit waren die Hochschulen immer schon dem allgemeinen Interesse verpflichtet. Jetzt geht es aber ums Geld verdienen: Forschung wird von Dritten bezahlt und soll Ergebnisse liefern. Auf diese Weise sind auch die vorher gelobten Elite-Hochschulen der USA reich und groß geworden. Der Haken dabei: Diese Auftragsforschung stammt zu großen Teilen aus der Rüstungsindustrie. »Die Elite-Hochschulen in den USA, die man gerne als Beispiel nennt, sind – das gilt es zu bedenken – durch ihre enge Verzahnung mit dem militärisch-industriellen Komplex ›groß‹ geworden. Jeder dritte Rüstungsdollar in den USA fließt in so genannte Spitzenforschung an Elite-Hochschulen. Hochschulen sollen also zu Dienstleistungsunternehmen gemacht werden, die sich auf dem Weltmarkt positionieren und sich weitgehend selbst finanzieren, und zwar neben öffentlichen Zuwendungen vor allem: 1. durch die Einnahme von Studiengebühren, 2. durch Einnahmen aus Dienstleistungen (Weiterbildungsangebote wie Universitätslehrgänge, Nachdiplomstudien etc.), 3. durch Lizenzen aus Forschungspatenten.«[156] Hier ist also nicht nur die

Unabhängigkeit der Wissenschaft am Ende, sondern durch Wettbewerbs-system wird zugleich zur Dienerin der Kriegsindustrie. Eine größere Perversion der Wahrheits- und Gemeinwohlverpflichtung der Universitäten ist kaum denkbar.

Auch dieser ganze Prozess ist nicht etwa eine zufällige Entwicklung. Bologna war nur ein äußeres Startsignal, tatsächlich ist dieses Szenario strategisch geplant und wird schrittweise umgesetzt. Wer plant so etwas? Ein erster Hinweis: Im Jahr 2000 veröffentlichte der Chef des »Centrums für Hochschulentwicklung« (CHE), eines Ablegers der Bertelsmann-Stiftung, ein Buch, in dem er genau diese Strategie entwarf. Dabei geht es nicht um ein theoretisches Denkmodell. Nein, hier werden mit der Behauptung der angeblichen Unausweichlichkeit solcher Reformen die eigenen Interessen als einzige Wahrheit angepriesen. Und der Anspruch ist klar: Das wird umgesetzt, komme, was wolle! Und so kommt es denn auch. Es reicht ein Blick in das Inhaltsverzeichnis, um all die Schlagworte wieder zu finden, von denen wir bis jetzt gehört haben: »Von der Gelehr-tenrepublik zum Dienstleistungsunternehmen?« (das Fragezeichen ist reine Rhetorik); »Die autonome Hochschule«; »Die wissenschaftliche Hochschule« (wobei Wissenschaft hier im Sinne der stakeholder-Dienst-leistung verstanden wird); »Die wettbewerbliche Hochschule«; »Die profi-lierte Hochschule«; »Die wirtschaftliche Hochschule«; »Die internationale Hochschule«; »Die virtuelle Hochschule«. Damit ist der Fahrplan klar, und dieser soll unter Blut, Schweiß und Tränen durchgesetzt werden: »Ohne innere Konflikte und vielleicht auch ›traumatische‹ Erfahrungen in den Hochschulen werden diese Veränderungen sicherlich nicht zu bewäl-tigen sein. Dies ändert jedoch nichts an der Tatsache, dass Veränderungen erforderlich und unausweichlich sind.«[157] Dass dies so ist, weiß die Ber-telsmann-Stiftung, die offenbar über Wissen und Macht verfügt, über die kein anderer in Deutschland verfügt.

Diese Bertelsmann-Stiftung hat sogar die Macht, einer Landsregierung das entsprechende Gesetz zu diktieren, das genau diese Pläne umsetzt. So geschehen in Nordrhein-Westfalen: 2005 formuliert jener Bertelsmann-Ableger ein Papier mit »Zehn CHE-Anforderungen an ein Hochschulfrei-heitsgesetz in Nordrhein-Westfalen«. 2006 verabschiedet die Regierung Rüttgers unter Federführung des liberalen Wissenschaftsministers Pink-wart genau ein solches »Hochschulfreiheitsgesetz«, das alle CHE-Forde-rungen dezidiert enthält. Mit »Freiheit« ist natürlich allein Marktfreiheit gemeint, also Deregulierung und Privatisierung der Hochschulen zuguns-ten eines »Hochschulmarktes«, den die Bertelsmann-Stiftung schon lange geplant hat. So werden die Hochschulen durch das neue Gesetz entstaatlicht, sie sind nur noch Körperschaften öffentlichen Rechts. Sie verwalten sich selbst nach privatwirtschaftlichen ökonomischen Mustern, und dazu gehört auch, dass sie in *Insolvenz* gehen können, wenn sie sich im Konkurrenzkampf nicht behaupten (§2 Abs. 4 Satz 1 HFG NRW). Ein für die Entstaatlichung der Hochschulen bezeichnendes Detail ist, dass die bisherige Bindung der Universitäten an die *Verfassung* wegfällt. Im alten Hochschulgesetz waren die Hochschulen verpflichtet, »an der Erhaltung des demokratischen und sozialen Rechtsstaates« mitzuwirken sowie »zur Verwirklichung der verfassungsrechtlichen Wertentscheidungen« beizutragen (§ 3 Abs.1 Satz 2 HG NRW). Das müssen sie nun nicht mehr, sie sind aus der Verantwortung für das Gemeinwesen entlassen. So fehlt auch die ethisch unabdingbare Verpflichtung der Universitäten, sich mit den Ergebnissen ihrer Forschung auseinanderzusetzen (§ 3 Abs. 1 Satz 5 HG). Diese Passage im alten Gesetz bedeutet, dass nicht jeder Wissenschaftler skrupellos über Gentechnik, Atomkraft und Waffenkunde forschen kann, ohne sich darüber Gedanken zu machen, was eigentlich aus seiner Forschung wird. Wissenschaftler haben ethische Verantwortung, und das kam bisher im Gesetz zum Ausdruck. Nun können die Wissenschaftler machen, was sie wollen.

Die Frage, die sich aus diesem Vorgang ergibt, wird noch zu behandeln sein: Wer macht eigentlich Bildungspolitik in Deutschland?

3.7 Das Marktgesetz als Naturgesetz?

Fassen wir den Durchgang durch die Schlagworte der Bildungsökonomie kurz zusammen. Was zeigt sich? Auch im Schul- und Hochschulbereich wird eine radikale Umdeutung des Bildungsbegriffs als unausweichlich und »wegen der Globalisierung« als alternativlos dargestellt. An vielen Stellen wurde deutlich, auf wie tönernen Füßen diese Behauptungen stehen. Auch im Bildungswesen soll so das Marktgesetz als einzig mögliche Alternative etabliert werden. Doch haben wir gesehen, dass dieses Marktgesetz keineswegs eine Naturgesetz ist. Vielmehr wird der Umbau des Bildungswesens

- *politisch und ökonomisch initiiert,* wird also von handfesten politischen und wirtschaftlichen Interessen erdacht und durchgesetzt;
- *wissenschaftlich sekundiert,* wird also von willigen Helfer in der Wissenschaft in mitunter beschämender Weise begleitet;

– *medial orchestriert*; wird also von vielen Medien mit der passenden Begleitmusik versehen, die vom leisen Säuseln bis zum schrillen, nervtötenden Gekreische reicht.

Es zeigte sich, dass die einzelnen Komponenten dieser »Bildungsreform« nach ökonomischen Kriterien letztlich auf eine *Marktförmigkeit des Geistes* zielen, auf eine Anpassung des Menschen an ökonomische Bedürfnisse. Solche Bestrebungen, den Menschen *ganz* in den Griff zu bekommen und ihn fremden Interessen zu unterwerfen, kann man deshalb durchaus als totalitär bezeichnen. Wohlgemerkt: Der Anspruch ist totalitär, die Wirklichkeit – zum Glück – noch nicht.

Zum gleichen Schluss kommt auch der Feuilletonchef der liberalen Wochenzeitung »Die Zeit«, der die neoliberale Marktideologie mit den Forschungen der berühmten Totalitarismus-Expertin Hannah Arendt abgleicht.[158] Als Kennzeichen totalitärer Herrschaft gelten demnach auch für den radikalen Kapitalismus: Das Marktgesetzes wird als Naturgesetz behauptet, es gilt das Recht des Stärkeren als »natürliches« Lebensprinzip; der Staat wird bekämpft; höhere geistige Aktivität wird unterdrückt; es herrscht eine künstlich erzeugte, permanente Unsicherheit; und Führung geschieht willkürlich und ohne Verantwortung. Der geneigte Leser mag diese Kriterien noch einmal für die Veränderungen im Bildungswesen durchdenken und Schlüsse daraus ziehen.

Auch der kaum des Linksradikalismus verdächtige Norbert Blüm hält fest: »Wir haben es mit einer Wirtschaft zu tun, die sich anschickt, totalitär zu werden, weil sie alles unter den Befehl einer ökonomischen Ratio zu zwingen sucht. (…) Aus Marktwirtschaft soll Marktgesellschaft werden. Das ist der neue Imperialismus. Er erobert nicht mehr Gebiete, sondern macht sich auf, Hirn und Herz der Menschen einzunehmen. Sein Besatzungsregime verzichtet auf körperliche Gewalt und besetzt die Zentralen der inneren Steuerung des Menschen.«[159]

Wer diese Bewertung für übertrieben hält, mag vielleicht im Hinterkopf behalten, dass es bei der Umwandlung von Bildung zu einer Ware noch um mehr geht als ums Geldverdienen. Wer weiterdenken möchte, kann durchaus einmal fragen, ob das Zusammentreffen dieses »seelischen Besatzungsregimes« mit einer neuen Phase von tatsächlich kriegerischem Imperialismus in der Welt reiner Zufall ist. Ob nicht eine ökonomisierte Bildung, die Denken, Mitgefühl und Verantwortung nicht mehr angemessen ausbildet, eine Form geistig-seelischer Vorbereitung auf ein mit Krieg und Ausbeutung eng verbundenes globalisiertes Wirtschaften sein könnte.

Denn wer als Schüler und Student kein unabhängiges Denken mehr gelernt und keine Orientierung an humanen Werten mehr erfahren hat, der fiebert mit im globalen Konkurrenzsystem, dem ist das Elend der Welt schnell gleichgültig, der lässt sich womöglich noch gerne zum Geldverdienen in militärische Einsätze schicken.

Sollte sich dieses Weiterdenken als falsch erweisen, mag es immerhin davor schützen, einmal mehr nicht weit genug gedacht zu haben.

4 Bildung als Ware: Privatisierung und Kommerzialisierung von Bildung

Doch selbstverständlich zielt die Ökonomisierung von Bildung und Bildungswesen primär auf eins: auf Geld. Die benannte Ideologie ist kein Selbstzweck, sondern mit Bildung sollen Profite gemacht werden. An der um sich greifenden Entstaatlichung und Privatisierung des Bildungswesens will man kräftig verdienen. Wo der Staat sich zurückzieht, treten die Bildungshändler auf den Plan.

Wenn wir uns nun an zahlreichen Beispielen ansehen, wie dieser »Bildungsmarkt« funktioniert, blicken wir nicht in ferne Zukunft, sondern stehen plötzlich mitten in der Gegenwart. Bildungskommerz und Privatisierung sind in vollem Gang, allerdings realisiert man oft nicht, wie dies vor sich geht, da die Zusammenhänge unklar sind. Die wollen wir hier versuchen aufzuklären.

4.1 »Bildung« als Profitmaschine: Ein erfundenes Produkt auf einem erzwungenen Markt

Wie kann man nun mit Bildung Geld verdienen? Wie macht man Bildung zur Ware? Dazu zunächst die pauschale Antwort: Indem man sie anbietet und verkauft. Um mit Bildung Geld zu verdienen, muss man Bildung verkaufen. Die Einschränkung, dass eine Bildung, die man verkaufen kann, keine Bildung ist, brauchen wir nun nicht jedesmal zu wiederholen, sie versteht sich im Weiteren von selbst. Verkauft wird also Pseudo-Bildung. Aber selbst hierbei ist die berechtigte Frage, wie man das Produkt »Bildung« so herrichtet, dass es verkaufbar wird. Denn Bildung ist kein Gegenstand, ist kein Auto, kein Kühlschrank und kein Kilo Kartoffeln. Bildung muss marktgängig gemacht, muss in handelbare Einheiten zerlegt werden, für die man einen Preis festlegen kann.

Das klingt immer noch reichlich abstrakt. Setzen wir also die Unbekannten in diese Gleichung ein und schauen wir uns das Prinzip an einem ersten Beispiel an. Wie verpackt man (Pseudo-) Bildung so, dass sie sich verkaufen lässt?

Eine der Möglichkeiten mit besonderen Gewinnaussichten ist das Lernen mit Computer und Internet. Es leuchtet ein, dass man hierzu genau die Reformen braucht, von denen zuvor die Rede war: Man muss den Wissensstoff in handliche Päckchen verpacken, die computertaugliche Lern-Einheiten ergeben. Diese müssen standardisiert und vergleichbar sein und sich einfach testen lassen. Daher die angebliche Notwendigkeit der sogenannten »Modularisierung« der Studiengänge. Module sind feste Einheiten, die austauschbar sind, die man exportieren und importieren kann. Daher auch die pädagogische Ideologie des »selbständigen Lernens«, denn dann kann der Computer den Lehrer ersetzen. Zugleich wird das computergestützte Lernen als der »Megatrend« propagiert. Angeblich sei es für die Zukunft unerlässlich, dass die Schüler an Computern mit Lern-Software lernen, statt in der Klassengemeinschaft mit ihrem Lehrer. Und so explodieren seit einiger Zeit die Angebote für E-Learning, für Fern-Universitäten im Internet, für Lern-Software und Schul-CDs. Schulen müssen »ans Netz«, ein Computer soll in jeden Klassenraum; jede zweite Ministeriumsinitiative heißt »Schule@irgendwas«.

Dabei ist seit längerem auch in der Pädagogik bekannt, dass die Computer-Euphorie unseriös und kontraproduktiv ist. Am Bildschirm lernt man nicht besser, sondern eher schlechter.[160] Und in der Praxis setzt sich das Computerlernen auch nicht durch, die Hindernisse sind zu groß, der Effekt zu klein. Nur hinter vorgehaltener Hand wird von Insidern berichtet, dass etwa die Schüler einer Computer-Musterklasse in Bayern, in der jeder ein teures Laptop des lokalen Sponsors kaufen musste, das sich gering verdiende Eltern geradezu vom Mund absparten, nach kurzer Zeit das Gerät zu Hause ließen. Den Schülern war es schlicht zu schwer. Nun beschränkt sich der »innovative« Unterricht auf eine Hausaufgabe, die alle zwei Wochen in das Gerät getippt wird.

In den USA wurden solche Erkenntnisse unlängst öffentlich: So wird von amerikanischen Schulen berichtet, dass man Schullaptops wieder abschafft. »Nach sieben Jahren gibt es keinen Beleg dafür, dass der Einsatz von Computern im Unterricht die Leistung der Schüler auch nur ansatzweise verbessert hätte«, so der Vertreter einer US-Schulbehörde. Man sei einer Illusion aufgesessen, die »digitalen Lernprogramme hätten sich als nutzlos erwiesen, schlimmer noch: als schädlich«, wird berichtet. »Die

Teenager nutzen ihre Schulcomputer nicht, um Mathe zu pauken oder mit Lehrern zu kommunizieren. Sie hacken sich stattdessen auf den Seiten regionaler Unternehmen ein und laden Pornos aus dem Internet auf ihre Rechner.« Die Geräte wurden von den Schülern kaum genutzt, führten nicht zu besseren Noten und verursachten enorme Wartungskosten. Es mache für die Leistung der Schüler schlicht keinen Unterschied, ob neue Medien im Unterricht eingesetzt würden.[161]

Eine ähnlich aufgeheizte Euphorie herrschte in den Siebzigerjahren bei der Einrichtung der so genannten »Sprachlabore«. Das waren Räume, die aussahen wie die Kommandobrücke von Raumschiff Enterprise, die wir als Schüler ganz klasse fanden, weil man einen Kopfhörer mit Mikrofon aufsetzte und an allen möglichen Knöpfen herumdrehen konnte. Dabei hörte man dann immer die mahnende Stimme der Englisch-Lehrerin im Kopfhörer, man solle doch bitte die englische Aussprache nachsprechen, die vom Tonband kommt. Die Lehrerin konnte sich dann in unser Genuschel einschalten und es korrigieren, was uns natürlich nicht so interessierte wie herauszufinden, wie man eine Mikrofon-Verbindung zum Nachbarn herstellte. Diese Sprachlabors waren nach kurzer Zeit defekt, blieben ungenutzt, verfielen, wurden zum Abstellraum und werden heute umgebaut zum Computerraum.

Der Irrtum ist der gleiche, nämlich die Vorstellung, man könne Lernen gewissermaßen »programmieren«, es liefe wie ein Programm ab, das sich per Tonband oder heute per Computer einträufeln ließe. Diese Vorstellung einer technischen Machbarkeit von Lernen hat in regelmäßigen Wellen das 20. Jahrhundert durchzogen: Zuerst war es der Schulfilm, dann das Schulradio, schließlich das Schulfernsehen, die Sprachlabors und heute die Multimedia-Technik, die jeweils mit identischen Argumenten als die goldene Zukunft des Lernens postuliert wurden. Der Erziehungswissenschaftler Edwin Hübner hat sich die Mühe gemacht und einmal die jeweiligen Argumente verglichen. Heraus kam: Es sind immer dieselben gewesen. Schon der Pädagoge Comenius im 17. Jahrhundert hat wie heute Peter Struck, ein populärer Trommler für die Bildungsreform, zunächst über die vermeintlich desolaten pädagogischen Verhältnisse geklagt; dann wird die Maschine als Lösung aller Übel angepriesen – bei Comenius noch das bebilderte Buch, bei Struck der Computer. Denn das automatisierte Lernen sei selbstverständlich effizienter. Damit wird zugleich immer die Bedeutung des Lehrers als Person relativiert, aber behauptet, derart würde die Lernmotivation erhöht.[162] All diese Bemühungen, den »Nürnberger Trichter« zu (er)finden sind jedoch gescheitert: Man kann Wissen nicht

»eintrichtern«, man kann die die Schüler nicht per Maschine mit Wissen abfüllen. Denn: Lernen ist ein Beziehungsgeschehen. Der Mensch lernt in personalen Bezügen. Unser Dreieck Lehrer-Schüler-Sache zu Beginn zeigt genau das. Ein Computer ist dabei allenfalls ein Hilfsmittel, eben ein Medium, wie ein Buch oder ein Film.

Das haben inzwischen sogar die euphorischsten Befürworter des so genannten E-Learnings begriffen, weil sich erweist, dass E-Learning-Angebote nur sehr zögerlich genutzt werden. Die Lernenden wollen persönliche Kontakte zu Dozenten. Daher sind auch entsprechende Versuche mit neu gegründeten Online-Universitäten schlicht gescheitert. Niemand wollte so studieren. Sie sind wieder geschlossen worden (z.B. in England und Schweden) oder halten sich nur aufgrund staatlicher Finanzierung (»Virtuelle Hochschule Bayern«).[163] So bilanzieren ehrliche E-Learning-Experten inzwischen: »Betrachtet man die Ergebnisse der vielen Förderprogramme aber nüchtern, dann ist die These durchaus begründet, dass mit dem vielen Geld vergleichsweise wenig ›Verwertbares‹ erreicht worden ist.«[164] Es sind horrende öffentliche Mittel verschleudert worden für »innovative« Projekte, deren Scheitern schon vorher absehbar war.

Trotz aller negativen Erfahrungen versucht man jedoch auf Biegen und Brechen, Computer und Internet weiterhin als Lernmedien zu etablieren, denn hier eröffnet sich ein riesiger Markt. Alle Schulbuchverlage bieten entsprechende Lern-CDs für den Heimgebrauch an. Zu jedem Lehrbuch erscheint die passende Übungs-Software. Das finden die Kinder »toll«, und die Eltern hoffen, dass die lernunwilligen Kleinen dann endlich begeistert ihre Hausaufgaben machen. Das geschieht in der Regel nicht, fällt aber auch nicht unbedingt auf, weil der pfiffige Sohnemann dann schnell mal ins Internet oder zum Ballerspiel wechselt, wenn die Mama meint, er würde sich »pädagogisch wertvoll« beschäftigen. Lehrer hoffen, mit ihrem Computerraum endlich nicht mehr als ewig gestrig zu gelten, und die Universitäten machen mit E-Learning große Werbekampagnen. Und weil das alles scheitert, braucht man noch mehr davon, andere, neuere, »bessere« Programme und Produkte. Die Computer-Wirtschaft brummt, fährt steigende Gewinne ein, auch wenn sie nur Schall und Rauch produziert. Man verkauft auf einem erfundenen Markt sinnlose Produkte als »Bildung«.

Doch der eigentliche Mega-Markt liegt anderswo: Europa ist auf Grund seiner guten Infrastruktur bald gesättigt. Und wo geht man mit billigem Tand hin, mit Produkten, die man in Europa nicht mehr verkaufen kann, weil jeder deren Unbrauchbarkeit eingesehen hat? Wohin verschifft man alte Autos und abgelaufene Medikamente? Nach Afrika. So fand im Mai 2007 die zweite internationale Konferenz zum Thema »eLearning Africa« in Nairobi, Kenia, statt. Gesponsert von Hewlett-Packard (hp), Microsoft, Nokia, Intel, Cisco, Oracle und anderen Größen der Computer- und Internetindustrie. Das ist ein Bombengeschäft: Ganz Afrika mit Internet zu verkabeln, mit Computern auszustatten, mit nutzloser Lern-Software zuzupflastern. Hier liegt wohl der eigentliche »Zukunftsmarkt« für den »Handel mit Bildungsdienstleistungen«, wie es so schön heißt. Und das wird selbstverständlich als Wohltat für die Menschen in Afrika verkauft, die nun endlich »Zugang zu Bildung« hätten. Was das für eine Bildung ist, macht die Klage eines afghanischen Lehrers deutlich, der versucht inmitten des Kriegschaos, das die Invasion der USA ausgelöst hat, Schulen aufzubauen und Lehrer auszubilden: Es sei ihnen von den Amerikanern verboten (!), eigene Schulbücher zu verwenden. Sie dürften allein die von der UNESCO herausgegeben Bücher benutzen. Diese seien aber für die afghanischen Kinder nicht nur völlig lebensfern, weil sie mit deren Lebensumfeld nichts zu tun hätten. Darin würden natürlich auch westliche Ansichten und Werte vermittelt. Die eigene Kultur werde verdrängt.

Tatsächlich ist das wohl die neue Variante der alten imperialistischen Politik: Früher hat man die Menschen mit Glasperlen und billigem Flitter übers Ohr gehauen. Heute verkauft man ihnen die E-Learning-Blase, die hier schon geplatzt ist, und ein Weltbild, das sie ihrer eigenen Kultur entfremden soll.

Bildung wird also zur Profitmaschine. Und die Gewinnmöglichkeiten sind exorbitant: »Nach Schätzung des Bankhauses Merrill Lynch beträgt das Finanzvolumen des globalen Bildungsmarkts (der *knowledge enterprise industry*) rund 2200 Mrd. US-Dollar jährlich.«[165] Das Problem für die interessierten Konzerne ist nun, dass diese gigantische Summe nicht schon frei verfügbar ist. Die 2200 Milliarden sind nur ein Umsatz*potenzial*, denn bisher wird dieses Geld von den Staaten vorrangig in ihr staatliches Bildungswesen investiert. Es genügt für die Unternehmen also nicht, Bildung zur Ware zu konfektionieren, sondern sie müssen auch eine Nachfrage dafür schaffen. Denn bislang hat zumindest in den westlichen Ländern jeder Bürger die Chance auf Bildung, ohne diese kaufen zu müssen. Um einen Bildungsmarkt zu erzwingen, muss daher der freie Zugang zur Bildung möglichst verringert werden. Oder die Qualität der frei zugänglichen Bildung muss so verschlechtert werden, dass vermehrt auf die (zumindest scheinbar) besseren Angebote der Privaten zugegriffen wird. Denn erst wenn das öffentliche Gut Bildung knapp wird, entsteht eine private Nachfrage. Das ist wie überall im Marktgeschehen: Wenn Bananen an jeder Straßenecke wachsen würden, würde niemand welche kaufen. Um mit Bildungsangeboten Geld verdienen zu können, darf Bildung nicht mehr oder zumindest nicht mehr vollständig staatlich bereitgestellt und bezahlt werden wie bisher. Man muss also Bildung *entstaatlichen*. Damit wird der ökonomische Sinn dieses Ziels aller zuvor beschriebenen Schlagworte deutlich: Das Bildungswesen soll den Bürgern aus der Hand genommen werden, damit sie künftig dafür bezahlen müssen und zwar in die Kassen privater Unternehmen. Was der Staat nicht mehr bereitstellt, muss nun jeder selbst bezahlen.

4.2 Strategien der Privatisierung und Kommerzialisierung von Bildung

Wer nun meint, eine solche Vision sei absurd, da noch keine Schule an McDonald's und keine Universität an Siemens verkauft worden sei, weil noch niemand Schulgeld und die Studenten nur etwas Studiengebühren zahlen müssten, hat recht, wenn er damit zu Differenzierung und Genauigkeit mahnt. Denn Privatisierung und Kommerzialisierung von Bildung funktionieren zum einen nicht so einfach, wie dies mancher Kritiker darstellt, und zum anderen auch nicht so leicht, wie sich das mancher Konzern vorstellt.

Doch sind gerade bei genauerer Betrachtung die Anfänge überdeutlich und bereits alltäglich spürbar. Der Prozess der Marktöffnung des Bildungswesens ist in vollem Gange. Dabei sind Strategien und Formen der Privatisierung und Kommerzialisierung von Bildung sehr vielfältig und nicht immer gleich als solche erkennbar. Im Weiteren wird eine Darstellung gewählt, die von der äußeren Privatisierung von Bildungseinrichtungen und Bildung hin zur inneren Ökonomisierung der Bildung selbst voranschreitet. Zu den einzelnen Strategien werden jeweils konkrete Beispiele benannt, untersucht und bewertet.[166]

Wenn man sich der Kommerzialisierung von Bildung gewissermaßen »von außen« nähert, fällt zunächst auf, dass immer öfter Schulgebäude halbprivatisiert errichtet und betrieben werden. Hierfür kursiert das Zauberwort » Public Private Partnership« (PPP). Was ist das eigentlich? »PPP verfolgen das Ziel, durch eine langfristig angelegte Zusammenarbeit zwischen öffentlicher Hand und privater Wirtschaft öffentliche Infrastrukturprojekte effizienter zu realisieren als in herkömmlicher Weise. Wesentlich ist der ganzheitliche und über den ganzen Lebenszyklus zielende Ansatz«,[167] so das Bundesministerium für Verkehr, Bau und Stadtentwicklung, das mit einer »Task Force« PPPs vorantreibt. Entsprechende Ausführungen aus NRW erklären die Hintergründe: »Die Problematik ist doppelschichtig. Einerseits muss die öffentliche Hand dringend notwendige Investitionen tätigen, muss den vorhandenen Sanierungsstau auflösen. Andererseits ist und bleibt der finanzielle Handlungsspielraum eingeengt und erlaubt keine ›großen Sprünge‹. Als möglicher Ausweg bietet sich u.a. die Einbindung von privatem Kapital für öffentliche Aufgaben an.« Dazu werde »eine faire Partnerschaft auf wirtschaftlicher Grundlage« angestrebt.[168] Weil der Staat also pleite ist, will er Deals mit der privaten Wirtschaft eingehen, um öffentliche Aufgaben zu finanzieren. Behauptet wird, dass dies jedoch keine komplette Privatisierung bedeute, sondern »die Gesamtverantwortung und Steuerung bei der Öffentlichen Hand« verbleibe.[169]

Konkret: Will eine Kommune oder Stadt, die in Finanznöten ist, eine neue Schule bauen oder eine vorhandene renovieren, sucht sie einen privaten Investor, der die Baukosten übernimmt. Zum Teil betreiben diese Privatfirmen die Schule auch, stellen also Hausmeister und Reinigungspersonal ein und kümmern sich um die Instandhaltung. Der Staat mietet diese Schule dann für einen vertraglich vereinbarten Zeitraum zurück, der meist mehrere Jahrzehnte umfasst, damit der private Investor gesicherte Einnahmen hat. »Das vom Kreis zu zahlende jährliche Entgelt ist rund 12,5 Prozent günstiger als bei einer konventionellen Umsetzung.« So das Resümee für den Bau einer Förderschule für Geistige Entwicklung in Frechen bei Köln.[170] Der Kreis spart also 12,5 Prozent der Kosten, die er hätte investieren müssen, wenn er die Schule selbst gebaut und betrieben hätte.

Das klingt nun zunächst einfach, einleuchtend und wunderbar. Warum nicht eine »Win-Win-Situation« herstellen, wie es im Wirtschaftsdenglisch heute so schön heißt? Nun weiß jede Hausfrau, dass Geld sich nicht von alleine vermehrt. Wenn beide gewinnen, wer verliert dann? Wie kann es sein, dass die Stadt spart und das Unternehmen Gewinne macht? Denn die privaten Investoren haben selbstverständlich kein anderes Interesse, als aus der Investition Gewinne zu generieren. Offiziell heißt es dazu, dass diese aus höherer Effizienz entstünden: Private Investoren könnten besser wirtschaften, knapper kalkulieren, effektiver arbeiten. Auch hier ahnt man, was das bedeutet: höhere Belastung der Arbeitnehmer, niedrigere Löhne, geringere Qualität, Einsparungen am Material und so weiter. Denn wenn ein privates Unternehmen den Schulhausmeister günstiger zur Verfügung stellt, heißt das nur, dass dieser weniger verdient und länger arbeitet.

Während also von den Städten und Kommunen vollmundig Einsparungen von 10-20 Prozent verkündet werden, macht ein Beispiel aus Frankfurt deutlich, dass dies entweder eine Milchmädchenrechnung oder schlicht gelogen ist. Beim Bau eines Bildungszentrums sollten nach Aussage des Stadtkämmerers angeblich 25 Prozent Kosten eingespart worden sein. Doch »das Revisionsamt der Stadt Frankfurt kam im Frühjahr 2006 zu einem vernichtenden Urteil: Hätte die Stadt selbst gebaut, wäre es für den Steuerzahler drastisch günstiger geworden. Für die ›Alternative Eigenbau‹ errechnen die Prüfer ›einen wirtschaftlichen Vorteil von rund 4,27 Millionen Euro.‹ (…) Die Aussage der Stadtkämmerei, die PPP-Maßnahme würde die Kosten um 25 Prozent senken, könne folglich ›nicht bestätigt werden‹.«[171] Und obwohl die Wirtschaftlichkeit dieses Projekts noch nicht geklärt ist, wollen die Stadtverordneten bereits das nächste PPP-Projekt für Schulsanierungen beschließen.[172]

Hinzu kommt ein Problem, das sich nicht finanziell ausdrücken lässt: nämlich die Abhängigkeit öffentlicher Einrichtungen, wie einer Schule, von privaten Dienstleistern. Auch hierzu gibt es die passende Beruhigungspille durch das Bundesministerium: »Entzieht sich der Staat durch PPP seiner Verantwortung? Das Gegenteil ist der Fall. Gerade weil der Staat seine Verantwortung ernst nimmt, versucht er durch PPP die eigene Handlungsfähigkeit zu wahren und ein hohes Dienstleistungsniveau für den Bürger/Nutzer langfristig zu sichern.«[173] Hier wird jedoch auf eine zentrale Frage keine Antwort gegeben, sondern eine Nebelbombe gezündet, denn die Frage der Verantwortung bezieht sich nicht auf den finanziellen Spielraum, sondern auf die Souveränität des Staates, die hier aufgegeben wird. Daher ergänzt man in NRW: »Wichtig: Im Unterschied zu einer kompletten Privatisierung bleibt die Gesamtverantwortung und Steuerung bei der Öffentlichen Hand.«[174] Das betrifft vor allem die Verantwortung für mögliche Ausfälle des privaten Investors. Wenn dieser in Konkurs geht, muss der Staat die Rechnung zahlen.

Denkt man das Problem zu Ende, dann kann man sagen, dass PPPs den Bürger enteignen. Denn der zahlt zwar seine Steuern, erhält aber nur noch »Dienstleistungen«, kein gemeinsames Eigentum mehr, über das die Bürgerschaft verfügen könnte. Über die Schule der Gemeinde kann nicht mehr eine gewählte Vertretung entscheiden, sie ist nicht mehr in deren Verfügungsgewalt. Statt dessen zahlen die Bürger mit ihren Steuern Miete, an der private Unternehmen verdienen. Und wenn die Mietverträge nach 25

Jahren auslaufen, hat man schlicht kein Schulgebäude mehr, obwohl man über Jahre Millionenbeträge bezahlt hat.

Doch es geht noch weiter: Es wird nicht allein materielles Eigentum vorenthalten, sondern ebenso »geistiges Eigentum« enteignet. Ein weiteres Beispiel zeigt, wohin die Reise geht.[175] Der Investor eines PPP-Projekts in der Stadt Mohnheim (NRW) hat die Unterhaltung und Bewirtschaftung der Schulgebäude an eine private Dienstleistungsfirma vergeben. Diese englische Firma Serco ist Vorreiter in der privaten Verwaltung öffentlicher Einrichtungen. So betreibt sie etwa im hessischen Hünfeld ein Gefängnis (!) oder in Sachsen-Anhalt Teile eines Gefechtsübungszentrums der Bundeswehr (!!). In England kümmert sie sich zudem mit um die Produktion und Wartung der britischen Atombomben (!!!).[176] In England ist Serco im Bildungsbereich bereits groß im Geschäft. Hierzu Originalton aus der Selbstdarstellung des Unternehmens:

»Serco ist strategischer Partner von Regierungen, Behörden und Unternehmen. In einer strategischen Partnerschaft gehen die beiden Seiten ein Joint Venture ein und *verfolgen gemeinsame Ziele*. (…) In Bradford in Großbritannien arbeitet Serco eng und partnerschaftlich mit den lokalen Behörden in einem strategischen Bildungsprojekt zusammen. Neben den Aufgaben im Facilities Management ist Serco hier auch *direkt in das Schul- und Bildungsmanagement eingebunden*. Dazu gehören einerseits die *Messung und das gemeinschaftliche Festlegen von Bildungsstandards*, andererseits die anfallenden täglichen administrativen Aufgaben. Mit dem von Serco entwickelten Management System, Serco Facility, ist es möglich sowohl das Finanzmanagement einer Schule zu bewältigen als auch *Stundenpläne zu erstellen oder die Leistungen der Schüler zu erfassen*.«[177]

Die zentralen Stellen sind kursiv hervorgehoben: Serco managt also nicht nur die Reinigung der Gebäude. Nein, das Unternehmen legt mit fest, *was die Schüler lernen sollen* und prüfen deren Leistungen. Serco hat somit den expliziten Anspruch, nicht allein ausführendes Organ, also Dienstleister zu sein, sondern hoheitliche Aufgaben zu übernehmen: Es will Lehrinhalte festlegen. Das Unternehmen wird zum Staat. PPPs im Schulbereich zielen also mittelfristig darauf, nicht allein Gebäudeeigentum zu privatisieren, sondern die Bürger als Souverän im Bildungswesen abzulösen. Und Serco hat eine eindeutig expansive Strategie. Das PPP in Mohnheim ist ein erster, kleiner Anfang.

Doch auch hier geht es noch weiter: Sercos globaler Konkurrent um die Bewirtschaftung von Schulen und anderen öffentlichen Einrichtungen ist die Firma Arvato. Sie will dorthin, wo Serco heute schon ist. So hat Arvato im englischen East Riding die behördlichen Dienstleistungen, also die gesamte Verwaltung einer ganzen Gemeinde übernommen.[178] Hier steht ein Weltkonzern mit 47.000 Mitarbeitern, 270 Tochterunternehmen, 4,8 Mrd. Jahresumsatz und 367 Mio. Jahresgewinn in den Startlöchern, um auch die Verwaltung der Schulen zu übernehmen. Wie kann das gelingen? Man ist längst dabei: Arvato ist eine hundertprozentige Tochter der Bertelsmann AG.

Denkt man die Teile zusammen, wird nun klar, was hinter der angeblich gemeinwohlorientierten Reformarbeit der Bertelsmann-Stiftung im Bildungsbereich steht, auf die wir bereits stießen. Die forcierte Privatisierung, die Entstaatlichung und das Outsourcing von Bildungsdienstleistungen muss automatisch von privaten Dienstleistern übernommen werden. Und hier kann Bertelsmann selbst gleich die passende Lösung bieten. Neben der herausgearbeiteten Ideologie, die auf eine Kapitalisierung des Geistes zielt, wird hier das schlichte Geschäftsinteresse deutlich. Das Wirken der Bertelsmann-Stiftung im Bildungsbereich scheint ökonomisch darauf zu zielen, ein gigantisches Geschäftsfeld vorzubereiten bzw. überhaupt erst herzustellen.

Am Beginn dieses Kapitels haben wir die theoretische Überlegung angestellt, dass der Handel mit Bildungsdienstleistungen voraussetzt, dass diese überhaupt für den Handel verfügbar werden und dass sich der Staat dazu aus der Bildungsverantwortung zurückziehen muss. Jetzt wird ganz konkret deutlich, wie das funktioniert. Und der Clou: Die Unternehmen, die daran verdienen wollen, bereiten diese Privatisierung selbst vor. Weil das Bildungswesen noch Eigentum der Bürger ist, muss dies zuerst mit Lobbyarbeit und Propaganda geändert werden, damit man Geld verdienen kann.

Das Zaubermittel zur Sanierung der knappen öffentlichen Kassen, die Public Private Partnerships, erweist sich als Enteignung und Entmündigung der Bürger. Die Gesamtstrategie von »Haushaltskonsolidierung, Konzentration des Staates auf seine Kernkompetenzen, Verwaltungsstrukturreform, Bürokratieabbau« und »sachgerechter Risikoverteilung zwischen öffentlichem und privatem Sektor sowie neue Steuerung im Sinne des New Public Management«[179], also Entstaatlichung und Privatisierung hoheitlicher Aufgaben, ähnelt verblüffend den Auflagen, die IWF und Weltbank Ländern der sogenannten Dritten Welt auferlegen, um sie zu zwingen, ihre öffentlichen Dienstleistungen für internationale Unternehmen zu öffnen.

Gleichwohl werden PPPs massiv vorangetrieben. Ein PPP-Beschleunigungsgesetz der Bundesregierung vom September 2005 vereinfacht die Durchführung solcher »Kooperationen« nicht nur im Schulbereich, sondern auf allen Feldern der öffentlichen Daseinsvorsorge wie Straßenbau und Krankenhäusern. Im Koalitionsvertrag von CDU/CSU und SPD ist die weitere Forcierung von PPPs vereinbart.[180] Universitäten:

Ähnlich läuft es mit PPPs im universitären Bereich. Ein Public Private Partnership von Wirtschaft und Wissenschaft »beschreibt die Zusammenarbeit gleichberechtigter Partner mit der Erwartung auf Vorteile für beide. Sie beruht damit auf dem Austausch vereinbarter Leistungen und Gegenleitungen und weniger auf dem Prinzip altruistischen Mäzenatentums.«[181] Mit diesen Worten machte schon 1998 der Vorstandsvorsitzende des Stifterverbandes für die Wissenschaft, Dr. Arend Oetker, unmissverständlich klar, wie »neue Formen der Zusammenarbeit von öffentlicher Wissenschaft und privater Wirtschaft« auszusehen haben. Demnach sind PPPs kein uneigennütziges Sponsoring von Wissenschaftlern durch Unternehmen, sondern erwarten eine geldwerte Gegenleistung. Sie sind ein schlichtes, knallhartes Geschäft, das zudem »Wissenschaftseinrichtungen und Hochschule dazu zwingt, sich mehr als bisher als unternehmerisch denkende und handelnde Partner zu verstehen.«[182] Ziel sind also Hochschulen als Unternehmen, die Wirtschaftsunternehmen Wissenschaftsleitungen bzw. Forschungsergebnisse verkaufen.

Erinnern wir uns: Universitäten sollten als Ort der freien Wissenschaft die unabhängige Suche nach Erkenntnis, nach »Wahrheit« ermöglichen, ein Erkenntnisstreben, das frei macht. Wissenschaft und Forschung an den *öffentlichen* Hochschulen sollten als Arbeit am möglichst richtigen Erkennen der Wirklichkeit dem allgemeinen Wohl in der Demokratie dienen. Nun definiert der Urenkel des Backpulver-Königs universitäre Wissenschaft zum Geschäftspartner in einem Dienstleistungshandel. Die Wirtschaft soll sich nicht mehr auf Mäzenatentum beschränken, sondern konkrete Vorteile herausschlagen. Die Universität soll für die Wirtschaft arbeiten, Forscher das erforschen, was in Industrie und Handel gebraucht wird. Und die Forschungsergebnisse sollen der Industrie exklusiv zur Verfügung gestellt werden, obwohl sie *öffentlich*, also von unseren Steuergeldern, finanziert sind: »Die mit öffentlichen Mitteln erarbeiteten Ergebnisse müssen exklusiv der kooperierenden Firma angeboten werden«, so ein Teilnehmer der Gespräche über PPP in der Wissenschaft.[183]

Man fragt sich zunächst: Wer ist dieser Verband, der solche Forderungen aufstellen kann? Der Stifterverband für die Wissenschaft ist ein

Zusammenschluss von über 300 Stiftungen, die versuchen, Wissenschaftspolitik im Sinne der Wirtschaft zu beeinflussen. Und dabei redet man Klartext:

»Hochschulreform: Wir machen den Hochschulen Beine.
Strukturinnovation: Wir bringen Wettbewerb in die Forschung.
Internationalisierung: Wir machen die Wissenschaft fit für Europa.
Dialog: Wir bringen die Wissenschaft zum Sprechen.«[184]

Und wie macht man das? »Bund und Länder setzen die Rahmenbedingungen für das Hochschul- und Forschungssystem. Der Stifterverband bringt die Experten und Entscheider aus Wirtschaft, Wissenschaft und Politik an einen Tisch. Er bündelt unternehmerische Positionen, erarbeitet hochschulpolitische Leitlinien, entwickelt Modellprojekte und sorgt für deren Verwirklichung.« »Der Stifterverband (…) beeinflusst die Gesetzgebung in Bund und Ländern, um Wettbewerb und Qualität als Leitideen des Hochschulsystems zu verankern.«[185]

Hier wird also ganz offen dargelegt, wie eine Elite der Wirtschaft in ihrem Sinne Politik manipuliert, um Zugriff auf die Forschungsleistungen öffentlicher Hochschulen zu erhalten, um »Wertschöpfung durch Forschung«[186] möglich zu machen.

Beispiele solcher PPPs hat 2000 das Institut der Deutschen Wirtschaft zusammengetragen.[187] So existiert an der Technischen Universität Berlin eine enge Kooperation mit Siemens, DaimlerChrysler und Hochtief (»Center für Wandel- und Wissensmanagement«). Forschungsthemen werden zwischen Universität und Unternehmen eng abgestimmt, Mitarbeiter und Manager der Unternehmen halten Vorlesungen und Seminare an der Universität, die Konzerne bieten für Studenten Workshops zu aktuellem Forschungsfragen aus ihren Arbeitsbereichen an. Diese Workshops werden dabei offen als Rekrutierungsinstrument für die besten Köpfe mit Aussichten auf Arbeitsplätze oder weitere Karriereförderung angepriesen.

Die Universität wird zum externen »Think-Tank« der Unternehmen, zur Denkfabrik, die Innovationen für die Firmen hervorbringt. »Im Bereich der Rekrutierung ermöglicht das Center dem Unternehmen, die Ausbildung von jungen Akademikern *inhaltlich* mitzugestalten.«[188] Da offenbar nicht allen Professoren entgangen war, dass dies eine massive, illegitime Einflußnahme auf Forschung und Lehre bedeutet, die dem Auftrag der Universität fundamental widerspricht, mussten deren Bedenken »im Vorhinein abgebaut werden«. Wer den Universitätsbetrieb kennt, kann sich vorstellen, mit welchen psychologischen und materiellen Druckmitteln da gearbeitet wurde, um das Offensichtliche schönzureden. Denn mit dieser »Kooperation« kann man Teile der TU Berlin gewissermaßen als ausgelagertes Forschungslabor und »Karriere-Center« von Siemens und Daimler verstehen, die für wenig Geld Forschungsleitungen und fähige Mitarbeiter einkaufen. Dass sie beides wollen und brauchen, ist ein verständliches Ansinnen der Konzerne. Aber dann müssen sie dies auch selbst bezahlen, dann sollen sie eine eigene Hochschule gründen und finanzieren. Denn hier bezahlt die Öffentlichkeit, also der Steuerzahler, die geldwerten Vorteile der Global Player. Und die Studenten werden von Beginn an auf deren Weltsicht eingespurt.

Doch geht es für die Universitäten ebenso um den konkreten Absatz ihrer Forschungsergebnisse. Aufgrund der systematischen Unterfinanzierung der Hochschulen greifen insbesondere Technische Hochschulen zur Direktvermarktung ihrer »Produkte«, also Entwicklungen, Erfindungen und Beratungsdienstleitungen. So hat die Technische Universität München eine eigene »Transfer Company« gegründet, die als »Produkte« »Technologie-Transfer«, »Veranstaltungen« und »Management-Beratung« anbietet.[189] Die »TUM-Tech GmbH« war eine Idee der bereits mehrfach als »Wohltäter« aufgefallenen Beratungsfirmen McKinsey und Roland Berger. Die Verwertungsgesellschaft wurde von Roland Berger gemeinsam mit der TU München gegründet.[190] Die Ziele sind eindeutig: »Die TUM-Tech GmbH verschafft der Wirtschaft Zugang zum hervorragenden technischen und wissenschaftlichen Potenzial der Technischen Universität München (TUM) und anderen bayerischen Hochschulen (Universitäten, Fachhochschulen, sonstige wissenschaftliche Einrichtungen). Die TUM-Tech GmbH arbeitet nachfrageorientiert, d.h. wir suchen ausgehend von der individuellen Problemstellung Ihres Unternehmens den richtigen Experten in der komplexen Wissenschaftslandschaft.«[191] »Hauptziel der TUM-Tech: Sie soll Unternehmen, die mit der TUM kooperieren wollen, aber sich im Instituts- und Lehrstuhldickicht der Hochschule nicht zurechtfinden, den Zugang zum richtigen Ansprechpartner eröffnen. ›Wir machen gewissermaßen ein One-Stop-Shopping möglich‹, formuliert TUM-Tech- Geschäftsführer Bernd Grohs, ein ehemaliger Roland-Berger-Berater. Die 16 TUM-Tech-Mitarbeiter (…) vermarkten die Forschungsergebnisse der TUM für weitergehende Anwendungen in der Wirtschaft.«[192]

Übersetzen wir auch diesen Vorgang in (drastischen) Klartext: Eine arme Magd, die sich nicht anders zu helfen weiß, weil sie keine öffentliche Fürsorge mehr bekommt, wendet sich an die Herren in schicken Anzügen und Rolex am Arm, die generös zuspringen und den Körper des unschuldigen Mädchens zu Markte tragen. Die verdient plötzlich viel Geld und merkt erst langsam, dass sie neben ihrem Körper auch noch ihre Seele verkauft. In der Tat haben wir es hier mit einer Art »Wissenschaftsbordell« zu tun: Hier vermitteln schnieke Zuhälter mittelose Wissenschaftler an solvente Freier zur beliebigen Ausbeutung. Die Wissenschaftler müssen ihre Forschungssubstanz und ihren freien Geist permanent vergewaltigen lassen, um nicht einzugehen. Die »Freier« aus der Wirtschaft erhalten neue Erkenntnisse und gute Forschung für wenig Geld, denn es bezahlt ja der Steuerzahler die Hauptlast dieser Forschung.

Das Beispiel der TU München entbehrt dabei nicht einer gewissen Ironie: 2002 gründete die Universität eine private Hochschule als selbständiges Tochterunternehmen in Singapur: »Dabei zeigte sich, dass Singapur von den Deutschen die ›Humboldtsche Ausbildung‹ erwartet (…).«[193]

Dass dieser Ausverkauf des Geistes nicht vor den natürlich bevorzugt umworbenen technischen Wissenschaften halt macht, zeigt schließlich ein Beispiel der Universität der Künste in Berlin. Die UdK (vormals Hochschule der Künste, HdK) ließ ein Projekt »HdK goes multimedia« von der Deutsche Bank 24 sponsern. Selbstverständlich betont der Stiftungsprofessor für »Multimediale Kunst«, den die Deutsche Bank bezahlte, dass das Finanzunternehmen keinen direkten Einfluss auf seine künstlerische Lehre genommen habe.

Doch formuliert die Akademie, an der freie Künstler ausgebildet werden, Motive und Ziele überaus deutlich: Aufgrund der »stark gekürzten öffentlichen Haushaltsmittel« und durch den »immer stärker werdenden Wettbewerb um Studierende, Lehrende und Drittmittel« würden Public Private Partnerships notwendig, bei denen es »im Gegensatz zum Prinzip altruistischen Mäzenatentums, um den Austausch klar vereinbarter Leistungen und Gegenleistungen zwischen gleichberechtigten Partnern, mit dem Ziel, die unterschiedlichen Kompetenzen und Kräfte aller Beteiligten optimal zu nutzen« gehe. »Motivation auf Unternehmensseite« seien dabei Imagepflege durch »kulturelles Engagement und gesellschaftliche Verantwortung«, zudem »die einmalige Chance, das wissenschaftliche und künstlerische Potenzial für sich zu nutzen und sich damit Kompetenzen zu sichern, die über den Markt allein nicht zugänglich wären«. Ferner könnten »wirtschaftlich orientierte Unternehmen (…) ihren Bekanntheitsgrad im kreativen Umfeld erhöhen. Zielgruppe ihres Engagements sind nicht nur Studierende und Lehrende, sondern ebenso das kunst- und kulturinteressierte Publikum der UdK-Veranstaltungen«. »Eine Anbindung an die

UdK Berlin ermöglicht Unternehmen, nicht nur ihre zukünftigen Mitarbeiter kennen zu lernen, sondern darüber hinaus persönlichen Kontakt zu entscheidenden Zielgruppen und Meinungsbildnern knüpfen und pflegen zu können.«[194]

Die Deutsche Bank 24, eine reine Online-Bank, weiß sehr genau, was sie von den Künstlern will: Sie sollen helfen, »Schwellenängste gegenüber der Virtualität abzubauen.«[195] Medienkunstwerke helfen also, unsere Wahrnehmung auf die Internet-Welt vorzubereiten, in der die Deutsche Bank Geschäfte machen will. Auch die Kunst, die Künstler und ihr Publikum werden hier zu nützlichen Idioten des Marktes. Die Hoffnung der Künstler, mittels Neuer Medien eine irgendwie »kritische« oder gar »subversive« Kunst zu machen, die Wahrnehmungsgewohnheiten in Frage stellt, wird angesichts der Übermacht der sie benutzenden Unternehmen zur Farce. Die Kunst landet wieder in den Fängen geldmächtiger Auftraggeber, aus deren Umklammerung sich die Künstler vor zweihundert Jahren mit dem Anspruch auf Autonomie gelöst hatten. Die ganze Kunst der Moderne ist Resultat dieses Unabhängigkeitsanspruchs. Statt Fürsten und Kardinäle sind die Auftraggeber für nützliche Kunst heute die Ackermanns und Bertelsmänner. Gerade weil in PPPs das klassische Mäzenatentum immer kategorisch ausgeschlossen wird, ist andererseits zu betonen, dass dies sehr wohl eine Form möglichen Engagements von Wirtschaftsunternehmen und Stiftern sein kann, denen Wissenschaft und Bildung um ihrer selbst willen am Herzen liegen. Solches Stiften schließt aber gerade konkrete Einflussnahme und unmittelbaren Profit aus. Ein Beispiel hierfür gibt die »Software-AG Stiftung«, in der ein Computer-Unternehmer seinen Gewinn angelegt hat. Deren Selbstverständnis klingt auffallend anders: »Von seiner Natur her müsste im Wirtschaftsleben der Menschen *Brüderlichkeit* herrschen, im Unterschied zu *Freiheit* im Geistesleben und *Gleichheit* im Rechtsleben. Auch wenn wir offenkundig heute noch weit entfernt sind von dieser bewussten Brüderlichkeit, so muss man erfahrbare Beispiele für die Zukunft der Welt setzen.« Daher dürfe Förderung keine Almosengabe sein, sondern solle aus einem »wirklichen Interesses an dem anderen Menschen« erwachsen. Denn »Geld verdienen (z.B. durch Produktion, Handel, Dienstleistung) oder Geld machen (z.B. durch Börsenspekulation) ist relativ einfach. Aber größere Geldbeträge sinnvoll ausgeben ist schwer. Beim Schenken ist man selbst gefordert, sich mit dem Schicksal eines Projektes, einer Menschengruppe, seelisch zu verbinden. Es ist nicht damit getan, einen Scheck zu unterschreiben.« Daher ergebe sich aus einem erwirtschafteten Vermögen »kein Recht (zum Ausleben von Egoismen), sondern eine hohe Verantwortung der Welt gegenüber.«[196]

Wenn diese Stiftung dann etwa einen Studiengang für Kunstlehrer an einer privaten Kunsthochschule unterstützt, ist damit kein unmittelbares Gewinninteresse verbunden, sondern tatsächlich eine am Gemeinwohl orientierte Idee. Wirtschaft kann sich also sehr wohl legitim in der Bildung engagieren – wenn sie will.

Die andere Seite der jetzt beschriebenen Medaille ist, dass »die Politik«, also unsere Bundes- und Landesregierungen, diese Vermarktung der Hochschulen gezielt fördern und vorantreiben. Universitäten *sollen* als Unternehmen agieren, ihre Forschungsergebnisse vermarkten, Firmen gründen und mit ihren Forschungsergebnissen Geld verdienen.

Wieder könnte man meinen: Prima, dann kommt endlich etwas heraus bei der »brotlosen« Wissenschaft. Der Staat spart Geld, die Universitäten werden »autonom«. Doch wird damit die direkte Abhängigkeit der Wissenschaft von »zahlender Kundschaft« zementiert. Was nicht vermarktbar ist, wird nicht erforscht: Gen-Technik ist hoch lukrativ; Philosophie und Theologie, die kritisch nach der ethischen Verantwortbarkeit dieser Techniken fragt, interessieren niemanden. Grundlagenforschung für die Rüstungsindustrie ist stark nachgefragt, weil diese die Unternehmen nicht selbst leisten können oder wollen. Eine Politikwissenschaft, die Friedensforschung betreibt, stirbt zunehmend aus. Wer sollte ihr auch Aufträge zuschanzen? Islamwissenschaften wurden lange ignoriert, bis plötzlich haufenweise Experten zur »Terrorbekämpfung« gebraucht wurden. Altertumskunde und Skandinavistik interessieren immer noch niemandem.

Wenn man universitäre Wissenschaft tatsächlich solchen Mechanismen von Angebot und Nachfrage überlässt, löschen diese alles aus, was nicht »nützlich« ist. Denn es kommt zwangsläufig zu schon länger sichtbaren »Konzentrationsbewegungen« und »Marktbereinigungen«: Kleine Fächer gehen kaputt, werden eingestellt, insbesondere die Geisteswissenschaften werden schlicht gestrichen. Ein besonders spektakuläres Beispiel war die Ankündigung des Hamburger Wissenschaftssenators Jörg Dräger, 50 Prozent der Professuren in den Geisteswissenschaften schlicht zu streichen, weil sie nicht den Erfordernissen des Arbeitsmarktes und der lokalen Wirtschaft entsprächen.[197] Das war wohl kein Zufall, studierte und promovierte der Naturwissenschaftler Dräger doch an Hochschulen in den USA und war anschließend bei der Unternehmensberatung Roland Berger tätig. Ähnlich war auch der Redenschreiber eines NRW-CDU-Abgeordneten, der unlängst die Streichung der zweiten Phase der Lehrerausbildung vorschlug, zuvor für McKinsey und als Assistent im Präsidium der Bertelsmann-Stiftung tätig. Offenbar werden hier die schlichten Konzepte der Unternehmensberatungen in handfeste Politik umgesetzt.

Doch sind dies nicht einzelne Ausfälle geistig einseitig geprägter Politiker. Seit Jahren werden auf europäischer Ebene sowie in den Einzelstaaten und deren Landesteilen systematisch die Gesetze geändert, um Hochschulen zu Unternehmen zu machen. Der Schweizer Bildungs- und Wissenschaftsexperte Hoefele zeigt in einem Ländervergleich von Deutschland, Österreich und der Schweiz dezidiert auf, wie die Gesetze nahezu zeitgleich angepasst wurden, um den Handel mit Wissenschaft zu ermöglichen.[198]

Zunächst wurden neue *Universitätsgesetze* erlassen und die schon bekannten Reformen gemäß der Bologna-Erklärung umgesetzt. Dann änderte man überall das *Patentrecht,* um den Hochschulen zu ermöglichen, ihre Erfindungen zum Patent anzumelden. Das ist ein scheinbar nebensächlicher, tatsächlich aber entscheidender Schritt: Denn nun können die Hochschulen ihre Erfindungen verkaufen oder selbst vermarkten, denn sie haben die Rechte daran. Bisher mussten Ergebnisse der Forschung an den Universitäten publiziert werden, sie wurden also von den Wissenschaftlern in Büchern und Fachzeitschriften veröffentlicht, allgemein zugänglich gemacht. Dies deshalb, weil auch die Öffentlichkeit diese Forschung bezahlt hat, nämlich durch Steuergelder. Die Allgemeinheit hat also auch ein Recht, an den neuen Erkenntnissen teilzuhaben. Zugleich standen die Ergebnisse so Kollegen in aller Welt zur Verfügung, die damit weiterforschen konnten. So befruchtete sich die Wissenschaft wechselseitig. Der Antrieb der Forscher war dabei bisher, immer näher an richtige Erkenntnisse zu kommen, im Wettstreit mit den Kollegen das bessere Argument zu haben, den genaueren Beweis zu führen. Ihre Motivation kam also aus dem Erkenntniswillen und selbstverständlich auch aus der wissenschaftlichen Reputation. Nun besteht die Motivation im Geldverdienen. Denn jetzt wird man die Ergebnisse für sich behalten, möglichst im Verborgenen arbeiten, um dann vor allen anderen ein Patent anzumelden. Das schadet der Öffentlichkeit und es schadet der Wissenschaft, da es nun nicht mehr um die Konkurrenz um Wahrheit geht, sondern um die Konkurrenz ums Geld. Auch hier wird der Geist der Wissenschaft ökonomisiert. »Auf diese Weise werden Hochschulen, die bisher öffentliche Einrichtungen sind, wo frei und unabhängig von wirtschaftlichen Interessen geforscht und gelehrt werden soll, unter der Hand sozusagen zu Marktunternehmen umfunktioniert, die nicht mehr öffentlichen, sondern kommerziellen Zwecken dienen. Wissenschaft wird von einem öffentlichen Gut, zu dem alle Menschen freien Zugang haben, zum ausschließlichen Besitz derer, die ein Patent darauf besitzen«, so resümiert Hoefele.[199]

Dazu gehören auch die weiteren Schritte: In allen Ländern wurden *staatliche Förderagenturen* gegründet, die die Unternehmensgründungen von Hochschulen fördern. In Deutschland heißt das »EXIST« und wird vom Bundesministerium für Wirtschaft und Technologie betrieben. Die Ziele sind klar und brauchen kaum übersetzt zu werden:

»EXIST möchte
– eine ›Kultur der unternehmerischen Selbstständigkeit‹ in Lehre, Forschung und Verwaltung an Hochschulen dauerhaft etablieren.
– wissenschaftliche Forschungsergebnisse in wirtschaftliche Wertschöpfung konsequent übersetzen.
– das große Potenzial an Geschäftsideen und Gründerpersönlichkeiten an Hochschulen und Forschungseinrichtungen zielgerichtet fördern.«[200]

Zur Selbstfinanzierung der »autonomen« Hochschulen als Unternehmen gehört dann auch noch die Einführung von *Studiengebühren*, die ebenfalls in allen Ländern nahezu parallel durchgesetzt wurde oder jetzt umgesetzt wird. Hoefele kommt daher zu einem wesentlichen Schluss: Wenn wir die Wissenschaft dem Markt ausliefern, verkaufen wir ihre Freiheit und unsere Freiheit als Bürger:

»Universitäten und Hochschulen sind Einrichtungen von Bürgern für Bürger, finanziert im Wesentlichen durch Steuerbeiträge der Bürger, damit dort frei von wirtschaftlicher und politischer Abhängigkeit geforscht und gelehrt werden kann. Die Ergebnisse der Forschung sind öffentliches Allgemeingut, das, von allen bezahlt, auch allen gehört und allen – ohne Unterschied – in gleicher Weise zugänglich sein muss. (…) Und sie müssen es bleiben, wenn die Freiheit der Forschung und die Freiheit der Lehre nicht gefährdet werden sollen. Gewiss, Wissenschaft kostet Geld, manchmal sogar viel Geld. Wissenschaft hat also einen Preis. Die Freiheit der Wissenschaft aber ist ein unveräußerlicher Wert.«[201] Wenn wir also den Preis der Wissenschaft nicht zu zahlen bereit sind, bezahlen wir das mit dem Verlust der Freiheit.

Während also Hochschulen sich als Unternehmen selbst finanzieren sollen, sieht das in den Schulen etwas anders aus. Man hört oft von der kommenden Privatisierung der Schulen. Und tatsächlich schießen die Privatschulen allerorts wie Pilze aus dem Boden. Aber die können sich nur wenige Eltern leisten. Was ist mit dem Rest? Welcher Konzern soll Interesse daran haben, eine heruntergekommene Hauptschule in einem Problemstadtteil zu übernehmen? Wie funktioniert die Privatisierung der Schulbildung? Die ist tatsächlich längst im Gange, jeder kennt die Phänomene, doch sie werden meist nicht als schleichende Formen der Privatisierung erkannt. *Privatschulen:*

Beginnen wir mit den Beispielen, bei denen die Eltern ganz konkret ans Zahlen kommen – Beispiele, wo Bildung nicht mehr öffentlich finanziert wird, wo sie zum kostspieligen Privatvergnügen wird, das sich die Besserverdienenden leisten können, die einfachen Arbeiter, Angestellten nur noch schwer, die Arbeitslosen und Hartz-IV-Empfänger sowieso nicht mehr.

In gewissem Sinne sind Eltern, die ihr Kind an eine Privatschule schicken, selbst »Schuld«: Es gibt ja öffentliche Schulen, wer dennoch eine Privatschule für sein Kind wählt und dafür zahlen muss, tut dies aus freien Stücken. Das stimmt einerseits, und doch ist das Problem nicht so einfach.

Zunächst: Privatschulen hat es schon immer gegeben. Darunter verstand man lange Zeit vor allem Schulen, die einen bestimmten weltanschaulichen Hintergrund hatten, also etwa Schulen in der Trägerschaft der Kirchen (katholische oder evangelische Schulen) oder Schulen mit einer bestimmten pädagogischen Ausrichtung (z.B. die Waldorfschulen). Wer sein Kind an eine dieser Schulen schickte, hatte meist eine bestimmte Erziehungsvorstellung, die er dort besser verwirklicht sah als an öffentlichen Schulen. Solche Schulen sind grundgesetzlich geschützt und haben ihren Sinn, weil sie die Freiheit der Weltanschauungen gewährleisten. Zugleich hatten diese Schulen nie ein vorrangig kommerzielles Interesse. Die Schulen sind überzeugt, auf diese ganz eigene Weise einen Beitrag zum Gemeinwohl zu leisten. Daher werden solche Schulen nach einer gewissen Zeit auch vom Staat unterstützt, obwohl sie sich in privater Trägerschaft befinden. Solche Ersatzschulen halten sich im Gegenzug an die landeseigenen Lehrpläne und bieten die standardisierten deutschen Abschlüsse (Realschulabschluss, Abitur) an.

Diese klassischen Privatschulen erleben in den letzten Jahren einen enormen Zulauf. Viele Eltern bemerken, dass diese Einrichtungen weitaus bessere Bedingungen bieten als viele öffentliche Schulen. Sie sind meist besser ausgestattet, haben ein klares pädagogisches Konzept, haben weniger zerstörerische Reformen mitgemacht, bieten und fordern mehr Leistung oder kümmern sich mehr und gezielter um die Erziehung der Kinder, weil sie klare Wertvorstellungen haben. Das wird sogar von denen indirekt anerkannt, die sich in der Politik offiziell für die permanenten Schulreformen eingesetzt haben. Bekannt sind die Beispiele hochrangiger Politiker, die als öffentlich unbeirrbare Verfechter der Gesamtschule ihre eigenen Kinder an ein katholisches Gymnasium schicken. Der Trend ist also gut nachvollziehbar: Gerade weil die öffentlichen Schulen so schlecht ausgestattet sind und unter den Irrungen und Wirrungen von Bildungspolitik und Pädagogik leiden, haben Privatschulen solchen Zulauf. Darüberhinaus entstehen jedoch zunehmend Privatschulen, deren einziges Ziel die Generierung von Gewinn ist. Privatschulen also, die als Unternehmen geführt und verstanden werden, die auf eine bestimmte Zielgruppe ausgerichtet sind, die diese Dienstleistung bezahlen kann. Das sind vor allem die »High-Potentials«, also die gut verdienenden Führungskräfte der großen Unternehmen.[202] Denn soviel ist klar: Mit einer Schule Gewinn zu erzielen, ist nicht so einfach. Dazu braucht man eine zahlungskräftige Klientel. Und die findet man nicht in den Trabantensiedlungen der Großstädte, sondern in den gut betuchten Vierteln und Neubausiedlungen jener Mitarbeiter globaler Großkonzerne.

Dabei spielt man geschickt auf die geschürten Ängste der Eltern an: »Liebe Eltern, die Wahl der richtigen Schule wird die gesamte Zukunft Ihres Kindes beeinflussen.« So beginnt etwa die Werbebroschüre der Phorms AG, einer Berliner Aktiengesellschaft, die dabei ist, deutschlandweit private Schule aufzubauen. Ziel ist die Vorbereitung der Kleinen auf das Leben im globalisierten Wettbewerb:[203] »Educating tomorrows global citizens.« Dies entspreche laut eigenen Marktforschungen den Wünschen der Eltern. Das verwundert kaum, ergreift doch die von der neoliberalen Wirtschaftsweise verbreitete Nervosität auch viele Eltern. Den Status quo dieser egozentrischen Welt macht die Phorms AG zum Ausgangspunkt ihrer pädagogischen Überlegungen: »Die Individualisierung unserer Gesellschaft ist kein postmoderner Trend mehr, sondern Selbstverständlichkeit«. An diese Welt des Wertewandels müssten die Kinder angepasst werden. »Daher werden Eltern immer anspruchsvoller hinsichtlich schulischer Bildung und Erziehung, vor allem im Zusammenhang mit der Frage nach ihrer Wettbewerbsfähigkeit im internationalen Vergleich. Die PISA-Ergebnisse haben eine grundlegende Unsicherheit hinsichtlich der Qualität von Bildung hervorgerufen. Eltern sind auf der Suche nach neuen Lösungen und Konzepten. In einer immer komplexeren Welt wird Bildung zur wichtigsten Ressource und zum Wettbewerbsvorteil.«[204] Die Werte, die Phorms im Wertewandel anbietet, sind die des Marktes, also Wettbewerbsvorteile. Pädagogik ist hier nicht mehr im Menschen, in der

Person begründet und an dieser ausgerichtet, sondern Individualität, Wissen, Können und Kreativität, die alle in einer Phorms-Schule gefördert werden sollen, werden als Standortvorteil der künftigen Ich-AGs im globalen Wettbewerb verstanden.

Es ist dabei keineswegs so, dass diese privaten Schulen von profitsüchtigen Kapitalisten geführt würden, die Eltern auspressen und Kindern als Gewinnmaschine missbrauchen. Nein, man bietet sogar nach Einkommen gestaffelte Schulbeiträge an, um soziale Durchmischung zu gewährleisten, und setzt auf international qualifizierte und »enthusiastische« Lehrer, die den Kindern Englisch ab der ersten Klasse vermitteln. Und bei zwei Lehrkräften in Klassen mit maximal 20 Kindern hat man selbstverständlich unvergleichlich bessere Möglichkeiten gegenüber öffentlichen Schulen. Also alles sehr ehrenwert. Aber auch ohne jedes Fragezeichen hinter den beschriebenen Entwicklungen, die man somit unterstützt. Kinder werden ausgerichtet auf und zugerichtet für den globalen Markt. Dort sollen sie funktionieren, sich dabei aber kreativ und unabhängig fühlen. Das ist das Ergebnis, wenn Schulen statt von Pädagogen von Marketingexperten geführt werden, die vor allem »eine starke Marke für Bildung aufbauen« wollen.[205] Das kommt heraus, wenn Pädagogik ohne ethisch-normative Reflexion zu einem reinen Handlungswissen verkommt, wenn eine »gute Schule« sich durch Multimedia-Boards in jedem Klassenraum und Nachmittagsbetreuung bis 18 Uhr auszeichnet.

Aus Schweden wird berichtet, dass es dort bereits richtiggehende Wohlstand-Ghettos um entsprechende Privatschulen gibt.[206] Ikea hat dort private internationale Schulen nach US-Vorbild mitgegründet, in denen konsequent Englisch ab dem Kindergarten gesprochen wird. Da die Ikea-Beschäftigten sehr gut bezahlt werden, schicken sie ihre Kinder an diese Schulen und kaufen die rund herumliegenden guten Wohnlagen. Damit wird die Idee der sozialen Durchmischung aufgehoben, man hat eigene Sportvereine und bleibt in der Nachbarschaft unter sich. Ähnlich frohlocken etwa auch in Köln vor allem die Zweigstellen der großen Konzerne, dass es für die Kinder ihrer internationalen Belegschaft endlich ein internationales, englischsprachiges Schulangebot gibt. Wie die von Phorms versprochene »soziale Durchmischung« bei Schulgeldern von mindestens 260,- € pro Monat aussieht, kann man sich denken. Jedenfalls werden die Kinder der höheren Angestellten, Banker und Manager davor gefeit sein, etwa neben dem Filius eines Hartz-IV-Empfängers lernen zu müssen.

In England, dem ersten europäischen Land, das unter Margaret Thatcher die Segnungen des neuen Neoliberalismus erfuhr, ist man noch weiter:[207] Dort haben der Test-Wahn (sprich »Evaluation«) und die Output-Steuerung dazu geführt, dass sich die Arbeit der Lehrer vom Unterrichten vor allem auf Beobachten und Dokumentieren der Schülerleistungen verlagert hat. Schule müssen die Unterlagen für zentrale Tests von privaten Anbietern kaufen. Lehrer, deren Schüler schlecht abschneiden, sind trotz offizieller Anonymität der Untersuchungen leicht auszumachen, weshalb es schon zu Selbstmorden von gemobbten Lehrern gekommen ist. Die Schulinspektoren, die die Schulen und Lehrer beurteilen, verbreiten Angst und Schrecken, da mehrfach durchgefallene Schulen einfach geschlossen werden. Schulleiter und Lehrer werden entlassen. Stattdessen wird der Schulstandort an private Träger vergeben, die dort sogenannte »Academies« gründen. Die Privatinvestoren müssen zwei Millionen Pfund selbst aufbringen, acht Millionen zahlt der Staat dazu: »Der neue private Träger erhält weitgehende Entscheidungsfreiheit über den Lehrplan. Auch übt er die Personal- und Tarifhoheit aus: Er darf vom nationalen Bildungsplan abweichen. Er kann Gehälter und Arbeitszeiten für die Lehrerschaft frei festlegen. Er hat das Recht, Schüler so auszuwählen, dass sie dem selbst erstellten Schulprofil entsprechen. Das bedeutet für Schüler in bildungsfernen Stadtteilen oft, dass nicht nur ihre alte Schule geschlossen wurde, sondern dass die dort neu gegründete Schule sie gar nicht aufnimmt.«[208] So entsteht eine klare soziale Spaltung: Die neuen Privatschulen ziehen Kinder aus besser verdienenden Familien an, die Immobilienpreise rund um Schule mit guten Test-Ergebnissen steigen. Die Kinder aus sozial schwächeren Familien sammeln sich an den umliegenden öffentlichen Schulen.

In den USA begann der Test-Trend schon 1983 unter Präsident Reagan, der mit dem Bericht »A Nation at Risk« ähnliche Alarmstimmung wie heute mit PISA verbreitete: Gegen die »Mittelmäßigkeit« der Schulen wurden Bildungsstandards eingeführt, die die Notwendigkeit von Tests nach sich zogen, die wiederum von der privaten Bildungsindustrie angeboten werden konnten. Die völlige Ausrichtung des schulischen Lernens auf den »Output« hat dann 2000 George W. Bush mit seinem »No Child Left Behind«-Gesetz vollzogen, denn nun können Schulen geschlossen und die Rektoren und Lehrer gefeuert werden, wenn sie die Lernstandards nicht erreichen. Stattdessen überträgt man die Schulen dann privaten Anbietern, die dafür aber öffentliche Steuergelder erhalten (»Charter-Schools«). Seitdem boomen Testindustrie und private Bildungsfirmen. Der US-Bildungsexperte Alex Molnar berichtet, dass diese privaten Firmen ihre Testergebnisse geschickt zu manipulieren wissen, um besser dazustehen.[209]

In Deutschland undenkbar? 2002 inszenierte die Unternehmensberatung McKinsey eine Initiative mit dem schönen Titel »McKinsey bildet«. Taktik: Man lädt ein paar Experten zu »Werkstattgesprächen« ein und lässt dabei auch renommierte Bildungstheoretiker, Ethiker und Philosophen zu Wort kommen, die vom Erhalt humanistischer Bildung reden. Dann wird ein Kongress veranstaltet, an dem sich die gesamte A- und B-Prominenz der Bildungspolitik tummelt. An dessen Ende ist dann Schluss mit Schönschwätzerei, und der McKinsey-Chef verkündet einen 4-Punkte-Plan, der von Ethik und Verantwortung nichts mehr enthält, sondern den künftigen Investitionsbedarf und mögliche Geschäftsfelder aufzeigt.

Diese Privatisierungsabsichten von Schulen werden von Politikern wie Annette Schavan, heute Bundesbildungsministerin, bejaht, allerdings aus taktischen Gründen noch etwas gebremst: Zum Beitrag eines niederländischen Schulinspekteurs, der berichtete, dass in Holland ebenfalls Schulen geschlossen würden, die den Testkriterien nicht genügten, wird die Ministerin zitiert: »Ein solcher Ansatz zur Bewertung von Schulen sei auch für Deutschland denkbar, so Annette Schavan. Allerdings brauche Veränderung immer Zeit und erfolge meist nur schrittweise. Jetzt gehe es zunächst darum, den Prozess in Gang zu bringen. Sie habe deshalb vorgeschlagen, einen Staatsvertrag zwischen den Bundesländern aufzusetzen, in dem Bildungsziele und Evaluierungsmaßnahmen festgehalten werden.«[210] Die Testindustrie und Privatschulunternehmen werden sich freuen.

Die so entstehenden Schulen entsprechen dann einer Zukunftsvision der »Vereinigung der Hessischen Unternehmerverbände« für das Jahr 2015: »Die Selbstständige Schule 2015 ist eine Dienstleistungsorganisation im Bereich Bildung und keine soziale Einrichtung.«[211] Das entspricht der hier vorgetragenen Analyse: Schulen sind in Zukunft keine sozialen Einrichtungen mehr, weil sie nicht mehr öffentlich sind; sie werden zu privaten Dienstleitungsunternehmen, die dem Profit dienen, nicht dem sozialen Zusammenhalt.

Eltern zahlen kommerzielle Privatschulen somit bisher zwar »freiwillig«, und sie haben das Recht zu solcher privat finanzierter Beschulung. Diese Privatisierung bleibt aber nicht ohne fatale Auswirkungen auf das ganze Bildungswesen und auf den sozialen Zusammenhalt der Gesellschaft. Es wäre also für alle Eltern und Bürger an der Zeit, über die selbstverständlich zunächst naheliegende, möglichst optimale Versorgung des eigenen Nachwuchs hinauszudenken, oder besser hinauszuempfinden: Was ist eigentlich mit dem Rest? Was geschieht mit den Kindern der 80 Prozent weniger mit Wohlstand gesegneten Eltern? Können uns die gleichgültig sein? Genügt es, eine Privatschule für das eigene Kind zu finden, und den »Rest« zu vergessen?

Neben dieser »freiwilligen« Privatisierung der Bildungskosten erleben Eltern heute jedoch eine zunehmende unfreiwillige Verlagerung von Kosten für die Bildung ihrer Kinder auf ihre privaten Taschen. Diese Phänomene stellen sich dabei in der Alltagswahrnehmung als ärgerliche Belastungen dar, erscheinen meist aber nicht in dem Zusammenhang einer schleichenden Privatisierung der Bildung. Als solche werden sie erst durch den hier geschaffenen Zusammenhang deutlich.

Zunächst ist augenfällig, dass in den letzten Jahren die Zahl und der Umsatz von Nachhilfeinstituten und die privaten Angebote in diesem Bereich explodierten. Nach einer Studie des Deutschen Instituts für Wirtschaftsforschung von 2006 haben fast 30 Prozent aller 17-jährigen Schüler schon bezahlten Nachhilfeunterricht in Anspruch genommen. Und das bezieht sich nur auf die nachweisbare Inanspruchnahme von kommerziellen Nachhilfeinstituten, also nicht auf privat organisierte, aber bezahlte Nachhilfe (etwa von älteren Schülern, Studenten etc.), deren Ausmaß kaum bezifferbar ist.[212]

Dementsprechend stolze Geschäftszahlen weisen die Nachhilfeinstitute vor: Der »Studienkreis« betreibt über 1.000 Nachhilfeschulen in Deutschland, weitere in Österreich, in der Schweiz und in Luxemburg. Mehr als 850.00 Schüler werden und wurden mit rund 10.000 Lehrkräften beschult.[213] Das Unternehmen gehört zur Cornelsen-Verlagsgruppe, einem der großen Schulbuch-Verlage, der sich nicht nur in, sondern auch außerhalb der Schule eine goldene Nase verdient. Auch das Nachhilfe-Unternehmen »Schülerhilfe« hat über 1000 Filialen in Deutschland und Österreich, die sie im Franchising-System betreibt. Die »Schülerhilfe« ist selbst Tochterunternehmen des größten privaten Anbieters für Nachhilfe in den USA, Sylvan Learning Center.[214] Hieran zeigt sich, wie auf dem internationalen Bildungsmarkt Geld verdient wird, wie globalisierte Bildungskonzerne ihre Filialen weltweit gründen und vom schlechten Zustand der öffentlichen Schulen profitieren. Noch aufstrebend ist das »LOS – Lehrinstitut für Orthographie und Schreibtechnik«. Es profitiert von einer weiteren falschen Theorie, der sogenannten »Lese- und Rechtschreibschwäche«, einer Pseudo-Diagnose, die auch als »Legasthenie« bekannt ist: Schülern, die Schwierigkeiten im Lesen und Schreiben haben, wird eine Quasi-Krankheit angedichtet, die man durch »pädagogische Therapie« beheben müsse. Normale Lernschwierigkeiten werden so pathologisiert, die Lösung hält das Institut bereit. Recht haben die das Institut beratenden »Experten« allerdings mit ihrer Ursachen-Analyse: Schulen können aufgrund ihrer mangelnden Ausstattung oftmals die notwendige, eigentlich selbstverständliche Förderung von Schülern mit Schwierigkeiten nicht mehr leisten. Schülern mit solchen Schwierigkeiten individuell zu helfen, ist eigentlich das Alltagsgeschäft des Pädagogen, es gehört zum normalen Unterrichtsgeschehen. Dies wird jedoch durch Überbelastung und fehlendes Personal zunehmend erschwert. So treibt der sich »verschlankende« Staat die Schüler in die Arme der Privatwirtschaft: Das ist schleichende Bildungsprivatisierung. In den Privatinstituten werden sie mit standardisierten Methoden und Computerprogrammen »therapiert« und verbleiben oft Jahre in der Nachhilfe.

Insofern hat die GEW-Expertin Marianne Demmer wohl recht, wenn sie die wachsende Nachfrage nach kommerzieller Nachhilfe kommentiert: »Wer individuelle schulische Förderung für sein Kind will, braucht Geld und Glück: Geld, um Nachhilfe bezahlen zu können, Glück, um das richtige Nachhilfeinstitut zu finden. Nur wer Geld hat, hat gute Chancen, auch Kinder mit Problemen erfolgreich durch die Schule zu bekommen. Wer keins hat, muss oft genug hilflos mit ansehen, wie das eigene Kind zum Bildungsverlierer wird.« Im ständig härter werdenden Kampf um einen möglichst hohen Schulabschluss und in vielen schulpolitischen Maßnahmen der Landesregierungen sieht Demmer eine weitere wichtige Ursache für den Nachhilfe-Boom. »Jedes Mal, wenn ein Land die Schulzeitverkürzung im Gymnasium beschlossen hat, dürften in den Nachhilfeinstituten die Sektkorken geknallt haben«, vermutet die Schulexpertin. Alle Maßnahmen, die den Auslesedruck weiter erhöhen, seien »Gelddruckmaschinen für Nachhilfeinstitute.«[215]

Dagegen signalisieren manche Wissenschaftler einmal mehr geistigen Totalausfall: So forderte unlängst der bekannte Bildungsforscher Klaus Hurrelmann, die Schulen mögen doch gleich mit den Nachhilfeinstituten Kooperationsverträge abschließen und über die Fördervereine Geld bereitstellen. »Solche Experimente mit Public-Private-Partnership sind in unserem Bildungssystem jetzt überfällig.«[216] Angesichts solcher Zuträgerdienste dürften gleich noch einmal die Sektkorken geknallt haben. Ob der Professor wohl mit angestoßen hat?

Ähnlich explodiert das Geschäft der Lernmittelverlage: Wer heute die Schulbuchabteilung einer größeren Buchhandlung betritt, wird erschlagen von einer Flut von Lernmaterialien, Übungsheften, Ergänzungsbüchern, Nachhilferatgebern, Kompetenztests zum Selbstlösen, Lernsoftware und online-gestützten Multimediaübungen für jedes Fach. Hier wird ein Geschäft mit der Verunsicherung der Eltern nach der PISA-Studie gemacht.»Mach dein Kind fit für PISA!« lautet das Verkaufsargument. Und Eltern kaufen aus Angst vor der nächsten Vergleichsarbeit.

Nur drei Beispiele aus einem Verlag: Da preist der Klett-Verlag ein Multimedia-Kompetenz-Training an:»Onlinegestützt – individuell – bedarfsbezogen: Individuell fördern mit passgenauen Lernplänen – eine elektronische Auswertung macht's möglich. Durch wissenschaftlich fundierte und normierte Tests wird der Kenntnisstand des Schülers festgestellt. Zugeschnitten auf die Ergebnisse wird nun für jeden Schüler ein individueller und bedarfsbezogener Lernplan erstellt – mit passgenauen Multimedia-Übungen, die Spaß machen und zum Weiterlernen motivieren!«[217] Ein Arbeitheft Deutsch für Hauptschule in NRW»wurde speziell zur optimalen Vorbereitung auf die erstmalig 2007 stattfindenden zentralen Abschlussprüfungen in Nordrhein-Westfalen entwickelt. Es unterscheidet zwischen Aufgaben zum Leseverstehen und Schreibaufgaben und spiegelt so die neue Prüfungsstruktur wider.« Und selbst zur Förderung der »Sozialkompetenz« gibt es ein Heft mit Unterrichtsvorschlägen, Arbeitblättern und CD-ROM, denn:»Die Generationen von morgen auf die Herausforderungen einer sich rasant verändernden Welt vorzubereiten – dazu bedarf es der Entwicklung sozialer und kommunikativer Kompetenzen.«

Die staatlich verordnete Testeritis wird zum großen Umsatzfaktor. Das Kompetenzmodell dominiert das pädagogische Neusprech. Die Übungen und Aufgaben sind dezidiert an die PISA-Testfragen angeglichen und fragen nur noch Anwendungswissen ab. Das analysierte ökonomistische Menschenbild von PISA hat so bereits Eingang in die Lernmaterialien gefunden. Lernen reduziert sich auf das Pauken für die Prüfungen. Und selbst soziales Lernen wird nun mit Arbeitsblättern standardisiert (was zudem tragisch scheitern wird, weil soziales Lernen so sicher nicht funktioniert). Als Verkaufsargument genügen einige Schlagworte der Bildungsökonomie über den globaler Wettbewerb und die angebliche Welt von morgen.

Um Missverständnisse zu vermeiden: Es geht nicht darum, Leistungsorientierung abzuwerten. Leistung zu fördern und zu fordern ist legitim und richtig, wenn dies im Rahmen eines *pädagogischen* Leistungsbegriffs geschieht. Es geht auch nicht darum, dass dies schlechte Bücher seien. Dieser wie andere Verlage geben sehr gute Schulbücher heraus und auch für die genannten Materialien wären sinnvolle Einsatzzwecke denkbar, wenn man pädagogisch wohl überlegt und außerhalb des Testzwangs damit umgeht. Ebenso wenig geht es darum, dass dies eine besonders verwerfliche Verlagspraxis sei. Denn selbstverständlich gilt: Wo man einen Markt eröffnet, treten die entsprechenden Anbieter auf. Worum es geht, ist zu zeigen, wie schnell und lückenlos die Vorgaben eines neuen, ökonomisch begründeten Bildungsdenkens ihren Niederschlag bis in die Unterrichtsmaterialien finden, und so Denken und Handeln von Eltern und Lehrer und damit der Schüler prägen.

Daneben werden Eltern heute an vielen weiteren Stellen zur Kasse gebeten: Neben den üblichen Lern- und Arbeitsmaterialien wird in vielen Bundesländern die Lehrmittelfreiheit abgeschafft oder eingeschränkt, so dass Schulbücher nun selbst bezahlt werden müssen. Die als Allheilmittel gepriesene Ganztagsschule, an der die Kinder auch am Nachmittag verwahrt werden, kostet die Eltern wiederum Geld: Betreuung und Mittagessen wollen bezahlt sein, denn das übernimmt meist nicht der Staat. Was man dafür »bekommt«, hat im übrigen auch wenig mit den versprochenen »blühenden Lernlandschaften« zu tun. Meist werden für einen Dumpinglohn Mütter, Studenten oder Rentner angestellt, die die Kinder am Nachmittag betreuen. Unabhängig von deren oft großen und dankenswerten Enthusiasmus hat dies mit qualifizierter Förderung nichts zu tun.

Schließlich bezahlen Eltern inzwischen oftmals auch die normale Ausstattung der Schulen: Schulfördervereine müssen heute von Wandanstrichen über Computerarbeitsplätze bis zur Sanierung der Schultoiletten eigentlich selbstverständliche Aufgaben der Städte und Kommunen übernehmen, wenn Eltern ihre Kinder nicht in baufälligen, unterausgestatteten Gebäuden belassen wollen. Das enorme Engagement von Eltern in Fördervereinen ist letztlich auch Ausdruck der schleichenden Privatisierung: Der Staat stiehlt sich aus der Verantwortung und wartet, bis es den Eltern reicht und sie selbst zupacken. Nur: »Der Staat« sind eben auch die Eltern selbst, deren Steuergelder derweil als Steuergeschenke Großkonzernen zukommen. Und vor allem treibt auch dies die soziale Spaltung voran: »Wenn Kommunen und Kreise ihre Schuletats kürzen, versuchen die Eltern, in die Bresche zu springen. Doch das gelingt an Gymnasien oder Gesamtschulen im gutbürgerlichen Wohnviertel weit besser als an Hauptschulen im sozialen Brennpunkt. Folge: Die Kluft zwischen den Schulformen öffnet sich weiter. (…) ›Wo Schulen arm sind, da sind auch die Fördervereine arm‹, bestätigt Dietmar Bronder. Auch er leitet eine Hauptschule in Duisburg – und amtiert als Vorsitzender des »Bundesverbandes der Schulfördervereine‹.«[218]

Wenn dann noch Bundespräsident Horst Köhler die engagierten Fördervereine als »Keimzellen der Bürgergesellschaft« lobt und es begrüßt, dass Bürger sich einbringen »in vorgebliche Reservate öffentlichen Handelns«[219], dann ist das übler Zynismus. Denn hier wird deutlich, was das Gerede von der »Bürgergesellschaft« tatsächlich meint: Die Privatisierung öffentlicher Angelegenheiten, die die Bürger künftig selbst regeln und bezahlen müssen. Die Steuern stiegen für die Normalverdiener dennoch weiter.

In der Logik dieser Entwicklung ist nun konsequent, dass Schulen und Hochschulen sich in ihrer Finanznot zunehmend von privaten Unternehmen sponsern lassen. Die Kürzung öffentlicher Gelder öffnet die Tore für den Einfall der Wirtschaft ins Bildungswesen.

Und der wird systematisch betrieben, denn hier lockt ein riesiges Geschäftsfeld. So verfügen die rund 13 Millionen Schüler in der Bundesrepublik über neun Milliarden Taschengeld jährlich. Klassenräume und Schulhöfe bieten daher eine einzigartige Konzentration von potentiellen Kunden in homogenen Altersgruppen. Auf die Erfassung und Ansprache der Konsum-Zielgruppe im »Lebensraum« Schule und Hochschule hat sich die Hamburger Werbeagentur »youngkombi GmbH« spezialisiert: »yk deutschland hat es sich zur Aufgabe gemacht, Unternehmen und Institutionen mit Bildungseinrichtungen in Kontakt zu bringen. (…) Unsere Kernkompetenzen sind Jugendmarketing, Schulmarketing und Schulsponsoring. (…) Durch den Full-Service-Anspruch und unser ausgeprägtes Know-How gewährleisten wir unseren Kunden und Partnern den höchstmöglichen Erfolg für ihre Investition.«[220] Konkret werden etwa Schulevents wie Schulfeste und Abipartys mit Werbemitteln und Sponsorplakaten bestückt: »Kommen Sie auf die Siegerseite: Mit Events, Promotions und Samplings in Schulen. Die Akzeptanz von durchdachten Events in Schulen ist außerordentlich hoch. Schüler haben eine überaus große Grundbereitschaft, bei Aktionen mitzumachen und sich bewusst auf das jeweilige Produkt einzulassen. Jede Abwechslung vom oft drögen Schulalltag ist willkommen – unsere Aktionen sind daher immer das Highlight des Tages.« Die Agentur sei ihren Kunden gerne behilflich, den Events einen »pädagogischen Schliff« zu geben, so dass auch Lehrer und Eltern begeistert seien. Es werden Werbeaktionen mit Adressensammlung von Schülern durchgeführt, Collegeblöcke und Bleistifte mit Firmenlogos verteilt, damit die Schüler die Marken immer vor Augen haben, Werbeversände an Abiturienten organisiert, Plakate aufgehängt und Postkarten verteilt: »Für Aktionen innerhalb von Schule können zahlreiche Varianten gewählt werden. Neben hochfrequentierten Stellen innerhalb der Schule können unsere Teams auch von Klasse zu Klasse gehen und Aktionen im Unterricht durchführen. Um den direkten Zugang in Schulen zu erreichen, bedarf es einem konkreten Mehrwert für die Schule«, so das Untenehmen. Die Schule verkauft sich als Marktplatz.

Und wer tummelt sich da? Vom Playstation-Hersteller Sony über E-Plus zu Siemens und Bosch, von VIVA, PLUS und McDonald's bis zur Allianz-Versicherung alle, die unseren Schülern etwas zu verkaufen haben. Dazu gehören dann auch CDU, FDP, Grüne und – die Bundeswehr. Die schaltet gerne Werbekampagnen in Schülerzeitungen über »youngkombi«.

Gerade die Werbeaktionen der Bundeswehr an Schulen, auf Bildungs- und Ausbildungsmessen bekommen unter heutigen Bedingungen noch einmal einen ganz anderen Charakter. Zwar gibt es die Vorstellung der Bundeswehr durch Jugendoffiziere in den Schulen schon lange. Aber wenn sich die Armee heute als normaler »Arbeitgeber« präsentiert, der Jobs und Karriere verspricht,[221] erhält das eine andere Färbung. Denn gerade die Jugendlichen werden angesprochen, die sonst kaum Aussichten auf Ausbildungsplätze haben. Das sind dann wohl auch diejenigen, die in die künftigen Auslandeinsätze geschickt werden. Dass die Bildungsverlierer die »Dummen« sind, die an den Fronten der Kriege um Öl und globale Wirtschaftsmacht kämpfen, kennt man bisher vor allem von der US-Armee, die bekanntermaßen vor allem Migrantenkinder und junge Männer aus den Ghettos in den Irak schickt. Zugleich unterstützt die Bundeswehr Propaganda-Portale wie die Internetseite www.frieden-und-sicherheit.de, auf der für Lehrer Arbeitsblätter zum Download bereitstehen, die im Zusammenhang mit dem Afghanistan-Einsatz kein Wort über den völkerrechtswidrigen Angriff der USA auf das Land verlieren.

Diese Desorientierung der Schüler über die eigentlichen Aufgaben der Bundeswehr und die Rechte und Pflichten des Soldaten wird im Bericht eines Hauptschullehrers deutlich, der im Politikunterricht das eingangs zitierte Urteil des Bundesverwaltungsgerichts im Fall der Befehlsverweigerung aus Gewissensgründen des Major Florian Pfaff behandelte: Den Schülern erschien es unvorstellbar, dass man den Aufträgen des »Arbeitgebers« zuwiderhandelt. Damit würde man doch seinen »Job« gefährden. Dass der Bundeswehrsoldat einmal als Staatsbürger in Uniform gedacht war, der nicht Vernunft und Gewissen am Kasernentor abgibt, ist den Schülern vollkommen fremd. Vielleicht ein Baustein zu unserer gewagt erscheinenden These über den Zusammenhang von verzweckter Bildung und Krieg.

Dass Sponsoring von Schulen eine ideale geistige Vorbereitung für den Absatz von Produkten ist, wissen auch die Großkonzerne, insbesondere die Software-, Computer- und Telekommunikationsgiganten. Die klotzen mit ganz anderen Zahlen:

So hat etwa der Chiphersteller Intel in dem Computer-Fortbildungsprogramm »Intel@Lehren« seit dem Jahr 2000 rund 300.000 Lehrer aus Deutschland, Österreich und der Schweiz ausgebildet.[222] Weltweit sind es bereits drei Millionen Lehrkräfte in 35 Ländern. Und man expandiert weiter: In den nächsten fünf Jahren sollen weitere 10 Millionen Lehrer in den Entwicklungsländern im Computerlernen ausgebildet werden. Dazu verschenkt man großzügig 100.000 PCs an Schulen in Dritte-Welt-Ländern, was wiederum nur eine Dreingabe zu den 100 Millionen Dollar darstellt, die Intel jährlich aufwendet, »um den Bildungsstand junger Menschen in der ganzen Welt zu verbessern«, so eine Pressemitteilung des Unternehmens.[223] »Indem wir immer intensiver entsprechende Anstrengungen machen, haben wir das Potential bis Ende 2010 in Entwicklungsländern mehr als eine Milliarde Schülerinnen und Schüler zu erreichen«, frohlockt dann auch Intel-Chef Craig Barett. Bei solchen Zahlen sind die paar Millionen an Sponsoring in der Tat schnell wieder erwirtschaftet. Zudem lassen sich die Bildungsaufwendungen des Unternehmens in Deutschland noch zu 35 Prozent von den Steuern absetzen.[224] Diese Pseudo-Samariter werden von der Politik auch noch entsprechend beklatscht, man öffnet ihnen alle Türen, gibt ihnen das Bildungswesen offiziell in die Hand. So meldet eine Intel-Pressemitteilung vom 8 März 2007, man habe auf der Bildungsmesse Didacta das Landes-Bildungsportal Intel® Lehren speziell für NRW freigeschaltet. »Ministerin Sommer zeigte sich von der Konzeption des Blended-Learning-Projektes sehr beeindruckt. In ihrer Ansprache empfahl sie den Schulen und Lehrkräften ausdrücklich die Teilnahme am *Intel® Lehren – Aufbaukurs Online*. Dieser setze in vorbildlicher Weise die Bildungsziele des Landes, die Unterrichtsentwicklung mit der Vermittlung der Lernkompetenzen sowie die Schulentwicklung hin zur eigenverantwortlichen Schule in die Unterrichtspraxis um.« Ein solches Public-Private-Partnership unterstreiche »exemplarisch die engen Verzahnung von *Intel® Lehren* mit der Bildungspolitik der einzelnen Bundesländer.«[225] Wenn also die Computerfirma die Bildungsziele *»vorbildlich«* umsetzt – wozu braucht es dann noch ein staatliches Bildungswesen?

Ähnliche Aktivitäten sind auch von der Telekom bekannt, die bereits Ende der Neunzigerjahre alle »Schulen ans Netz« anschließen wollte. Dazu wurde gemeinsam mit dem damaligen Bundesbildungsminister, Jürgen »Humboldt-ist-tot« Rüttgers, ein gemeinnütziger Verein gegründet, der die »kritische« Nutzung von neuen Medien fördern will.[226] im ersten Schritt wurden in der Folge möglichst vielen Schulen ein Internet-zugang verpasst (Kostenpunkt für die T-Com: 49 Mio €, für den Bund: 32 Mio €) und dann ein Plattform unter anderem für Lehrmaterialien und Unterrichtentwürfe für Lehrer aufgebaut. Dass man auch bei an-geblich »kritischer« Internetnutzung zunächst einmal einen Netz-Zugang braucht und die Telekom auch daran verdient, bleibt dabei selbstverständlich unerwähnt. Aber man muss die Öffentlichkeit schon für recht einfältig halten, wenn so offensichtlich der Bock zum Gärtner gemacht wird.

Ein weiteres fabelhaftes Beispiel für »uneigennützige« Bildungsförde-rung liefert Bill Gates' Microsoft, der wieder einmal den Vogel abgeschos-sen zu haben scheint: Microsoft hat unter der Schirmherrschaft der Bun-desministerin für Familie, Senioren, Frauen und Jugend, Ursula von der Leyen, ein Computerprogramm für Kindergärten entwickelt, mit dem Kinder im Alter von 4-6 Jahren ihre Sprachfähigkeiten verbessern sollen. Das Programm »Neues von den Schlaumäusen« funktioniert über einen berührungssensiblen Monitor (»Touch-Screen«) in einem kindgerecht gestalteten Computer, den man demzufolge mit dem Programm kaufen muss. Das Gerät spricht dann zu den angetippten Bildern Worte vor, die die Kinder nachsprechen.

Von diesem Simpel-Konzept werden die Lösungen aller pädagogischen Probleme erwartet: Man könne »bereits Kinder im Vorschulalter spiele-risch zum Lernen motivieren (...), ohne sie unter Leistungsdruck zu set-zen«. »Die Kinder brauchen nicht mehr Erwachsene bitten: ›Lies mir das mal vor‹. Durch die Schlaumäuse haben sie einen direkten Zugang zur Schrift und werden dadurch unabhängig von Eltern, Erziehern und ande-ren Erwachsenen.«[227]

Ein dreifacher Gewinn also: Man zerstört die persönlichen Beziehungen zwischen Kind und Erwachsenen, diffamiert die Lehrer, weil sie die Kin-der schlechter als das Programm behandeln würden, und gewöhnt schon die Kleinsten als künftige Kunden frühzeitig an die Microsoft-Welt. Und als vierter Gewinn wird deutlich: Was Microsoft an Absatz gewinnt, spart der privatisierte Staat an Erzieherstellen ein, denn das Programm kann dies ohnehin besser.

Das Programm wird kräftig in der Politik promotet, so dass jeder Politi-ker weiß, welch tolle Lösung es für Bildungsprobleme gibt. So setzt man sich etwa an Parteitagen in Szene und lässt sich unter dem Banner »Effi-zienter Staat« einen Preis für erfolgreiches Public-Private-Partnership ver-leihen.

Selbstverständlich wurde das Programm auch »wissenschaftlich« getestet. Die leitende Professorin kommt zu euphorisch stimmenden Resultaten: »Sollten alle Kindergärten und Vorschulen die ›Schlaumäuse‹ verwenden?«, wird sie gefragt. Natürlich lautet die Antwort: »Ja, weil die Software diese einzigartige Individualisierung durch das Kind selbst ermöglicht. Und sie provoziert nachweislich zu lustvoller Anstrengung und erfolgreichem Lernen. In der Schule würden Lehrer und Erzieher durch die Software entlastet werden. Sie sollte also zum Pflichtprogramm für Kindergärten und Vorschulen werden.«[228] Solche Tonlagen kennt man sonst eher aus der Waschmittelwerbung. Und dem liegt ein wissenschaftsmethodisch mindestens kühn zu nennendes Forschungsdesign zugrunde, das keine objektiven Wirkungen erhebt, sondern subjektive Meinungen von Eltern und Erziehern, die am Projekt beteiligt waren, zum Maßstab macht.

Schließlich fallen diese sensationellen Ergebnisse wie zufällig mit der Einführung von verpflichtenden Sprachstanderhebungen für Vierjährige wie in NRW zusammen. Für die dabei festgestellten angeblichen Sprachdefizite von bis zu 50 Prozent (!) der Kinder wäre das Microsoft-Programm die ideale Lösung. Microsoft weiß also, wie man schlau Mäuse macht.

Doch ist dies kein Schildbürgerstreich, sondern Teil der systematischen Inbesitznahme des Bildungswesens vom Kindergarten bis in die Universitäten. Die Studenten studieren jetzt etwa in »ALDI-Hörsälen«, die in den Konzern-Farben gestrichen und mit dem Firmen-Logo versehen sind. Auch hier der Grund: Der Fachhochschule Würzburg-Schweinfurt fehlt Geld, also darf der Discounter den Studenten nun immer vor Augen sein, wenn sie Vorlesungen in Wirtschaftswissenschaften hören: »In Bayerns Wissenschaftsministerium hat man keine Bedenken gegen das Engagement des Discounters: Es sei erfreulich, dass sich die Wirtschaft derart engagiere, hieß es. Wichtig sei nur, dass keine inhaltliche Abhängigkeit der Hochschule entstehe. Zu den Langzeitfolgen, die Studenten gewärtigen müssen, wenn sie über Jahre zwischen orange-blauen Wänden lernen, äußerte sich das Ministerium nicht«, stellt sogar die »Tagesschau« in einer Meldung kritisch fest.[229]

Nur konsequent ist dann auch, dass mittlerweile die ersten Management-Lehrgänge für Schulleiter angeboten werden. So hat die Uni Bochum ein Angebot im Programm, das Rektoren auf das Führen der vom Land verordneten »Eigenverantwortlichen Schule« vorbereiten soll. Dessen Titel bringt die ganz hier gemeinte Entwicklung auf den Punkt: Schulleiter werden »vom Pädagogen zum Organisationsmanager« fortgebildet.[230]

186

Die Wirtschaft belässt es jedoch nicht bei der Übernahme von Schulorganisation und Lernmitteln. Wie schon anhand der theoretischen Zusammenhänge erklärt, geht es um die Eroberung der Köpfe der Kinder und Studenten. Die Bildung wird von innen ökonomisiert, auf wirtschaftlich relevante Inhalte reduziert. Noch recht platt kommen Versuche etwa von McDonald's in den USA daher, seinen zweifelhaften Ruf mit Unterrichtsmaterialien über gesunde Ernährung aufzubessern. Zugleich verschenkt das Unternehmen aber wie auch Pizza-Hut Verzehr-Gutscheine an US-Schüler, wenn diese ihre vorgegebenen Lernstandards erreichen. Das ist dann auch eine Form von »Qualitätssicherung«.[231]

Subtiler arbeitet da schon die Firma Coca-Cola, die ein »Lernspiel« zum Thema Wirtschaft erstellt und kostenlos an Schulen abgibt. Das »Rollenspiel für junge Unternehmer« soll eine »praxis- und handlungsorientierte Annäherung an die Grundlagen der Betriebs- und Volkswirtschaftslehre« darstellen. Die Aufgabe: Die Schüler müssen ein kleines Getränkeunternehmen zum Weltkonzern aufbauen. »Bei der Lösungssuche helfen die in das Rollenspiel integrierten Materialien ebenso wie Beispiele aus der Unternehmensgeschichte von Coca-Cola.«[232] Klar, denn von Coca-Cola lernen heißt siegen lernen.

Richtiggehende Manipulation von Grundschülern betreibt ein Lernmaterial, das angeblich über Werbung aufklären soll sowie »Kritikfähigkeit und Selbstbewusstsein« der Schüler stärken will, »um sich gegenüber Werbebotschaften zu positionieren.«[233] Das Beispiel zeigt den immer wieder thematisierten Filz von Wirtschaft, Politik und Wissenschaft so deutlich auf, dass hier ein genaueres Hinsehen lohnt:

Die Untersuchung von Werbebotschaften und Medieninhalten auf deren versteckte Absichten ist seit den Siebzigerjahren selbstverständlicher Inhalt und Aufgabe von Schulunterricht, insbesondere in den Fächern Deutsch und Kunst. Schüler sollen verstehen lernen, wie Texte und Bilder der Medien versuchen, Bewusstsein und Meinungen zu beeinflussen, welche rhetorischen Mittel hierzu verwendet werden und welche Interessen und Ideologien hierin zum Ausdruck kommen. Dies soll zu Unabhängigkeit und Mündigkeit beitragen, denn für eine gelingende Demokratie ist es unabdingbar, dass man Medienbotschaften nicht nur passiv konsumiert, sondern kritisch hinterfragen kann, dass man sich also eine möglichst unabhängige Meinung zu bilden vermag. In der allgemeinen Euphorie um die »Neuen Medien« ist diese wichtige Aufgabe leider seit den Neunzigerjahren in Vergessenheit geraten, obwohl gerade durch Computer und Internet solche Fähigkeit zur Medienkritik umso wichtiger wird.

Hier tritt nun also die Initiative »Media Smart« an und bietet Grundschullehrern ein Medienpaket mit vorbereiteten Arbeitsblättern, Video und CD-ROM an. Die angegebenen Lernziele scheinen zunächst genau dem oben beschriebenen medienkritischen Anliegen zu entsprechen: Da soll eine »reflektierte Auseinandersetzung mit Konsumwünschen« angeregt werden, um »rational geleitete Konsumentscheidungen treffen« zu können, es sollen »ökonomische Funktionen von Werbung« durchschaubar gemacht werden, so dass »Kritikfähigkeit« entstehen kann.[234] Gerade in heutiger Zeit, in der Kinder überall mit Werbebotschaften und den Verlockungen der Warenwelt bombardiert werden, so dass für Eltern jeder Einkauf wegen des Gequengels der Kleinen zur Tortur wird, sind das wichtige Ziele.

Was tatsächlich geboten wird, ist das genaue Gegenteil: Die Arbeitsbögen enthalten nicht mehr als Anleitungen, sich Werbung anzuschauen, Werbeanzeigen auszuschneiden und ins Schulheft zu kleben sowie die Werbung im Internet wiederzufinden, eigene Werbeplakate zu gestalten und eigene Werbespots zu drehen. Oder Aufgaben wie: »Schreibe fünf Sachen auf, die du unbedingt haben möchtest.« Dann sollen die Kinder in Katalogen danach suchen und Preise vergleichen, um anschließend zu überlegen, von wem sie sich die Sachen wünschen könnten. In den beigegebenen Videofilmen werden zudem reale Werbespots platziert, geschicktes Product-Placement also.

Es findet also gerade keine kritische Distanzierung statt, es wird nicht nach den Absichten der Werbung gefragt, es wird nicht über den Unsinn der ständigen Animation zum Kaufen nachgedacht. Kinder werden nicht gestärkt, etwas Sinnvolleres zu machen, als sich mit Werbung zu befassen, sondern sie werden geradezu angeleitet, ständig zu konsumieren und geschickte Beschaffungsstrategien zu entwickeln.

Wie kommt solch ein Konsum förderndes »Lern«material nun in die Schule? Zunächst braucht man eine willfährige Präsidentin der Kultusministerkonferenz, die das Vorwort dazu schreibt, hier ist das Prof. Dr. Johanna Wanka, Ministerin für Wissenschaft, Forschung und Kultur des Landes Brandenburg. Dann ebenso willfährige Medienpädagogen, die derartiges Material entwerfen. Hier wirkt sich die schon erwähnte »konstruktivistische« Theorie verheerend aus. Denn die belässt es dabei festzustellen, es sei »nachvollziehbar, dass Kinder bestimmte Dinge besitzen möchten«. Da nun jedes Kind sich aus dem Medienangebot seine eigene Wirklichkeit bastele, sei dies auch nicht zu bewerten.»Heute wird daher nicht mehr gefragt: ›Was macht die Werbung mit den Menschen?‹, sondern: ›Was machen die Menschen mit der Werbung?‹«[235] Mit dieser vermeintlichen Selbstermächtigung der Kinder wird ein selbstbestimmter Umgang mit Werbung nur behauptet, tatsächlich ist jegliche Distanz aufgehoben, denn das Kind wird darauf ausgerichtet, auf die Werbung zu reagieren, statt zu verstehen, wie diese die eigene Wahrnehmung regiert. Einmal mehr liefert eine falsche Theorie die Unterstützung für fremde Interessen. Wessen Interessen sind das nun? Der »gemeinnützige« Verein Media Smart wird getragen von Burger King, Kellogs, Lego, Mattel, McDonald's, Nokia, Super RTL und anderen Konzernen.

Als ein Bericht des WDR-Magazins »Monitor« diese Zusammenhänge aufdeckte, gestand die Brandenburgische Ministerin ein, das Material nicht einmal gesehen zu haben. Und selbst die Chefstrategin der bekannten Werbeagentur Jung von Matt kommentierte: »Ich weiß nicht. Ich finde es eigentlich eklig, aber … Es ist nicht bedenklich, es ist … irgendwie perfide.«[236]

Der Wirtschaftseinfluss auf die Hirne der Schüler, der hier noch erschlichen scheint, wird inzwischen auch regierungsoffiziell verordnet. So werden überall im Bundesgebiet sogenannte »Lernpartnerschaften« zwischen Unternehmen und Schulen abgeschlossen. In Hessen etwa gefördert von der »Landesarbeitsgemeinschaft SchuleWirtschaft«, einer Tochter der Vereinigung der Hessischen Unternehmerverbände, in NRW gibt es für diese Public-Private-Partnerships eine offizielle Stiftung der Landesregierung (»Partner für Schule NRW«) und der üblichen Verdächtigen wie Apple, Cisco, Cornelsen, Fujitsu Siemens, HP, Intel, Kamps, Texas Instruments, Vodafone u.a. Der Vorstand ist ein alter Bekannter: Roland Berger. Und Schirmherr wieder einmal der Humboldt Totengräber Jürgen Rüttgers. Das Marketing verspricht erneut Harmloses: Schulen »setzen damit Impulse für eine lebensnahe Berufswahlorientierung der Schülerinnen und Schüler und gewinnen Fachkompetenz von außen. Die Lerninhalte erhalten einen stärkeren Alltags- und Praxisbezug, wodurch die Motivation der Schülerinnen und Schüler steigt. Nicht zuletzt prägt sich durch eine Partnerschaft in der Öffentlichkeit ein modernes Schulprofil. Kurzum: Partnerschaften von Schulen mit Unternehmen und mit Wirtschaftsverbänden sind ein wirkungsvolles Instrument zur Stärkung der Qualität von Unterrichts- und Schulentwicklung.«[237]

Das ist alles gut und schön: Problematisch ist nicht, dass Schüler die reale Berufswelt und deren Anforderungen kennenlernen; auch nicht, dass schulische Bildungsinhalte einmal einen konkreten Anwendungsbezug erhalten; auch nicht, dass Schüler Praktika und Betriebsbesichtigungen machen. Das ist alles nichts Neues, sondern seit langem Anliegen engagierter Lehrer insbesondere in Haupt- und Realschulen, die ihre Schüler pädagogisch verantwortlich auf das Berufsleben vorbereiten wollen.

Problematisch sind die weiteren Ziele: So soll die »ökonomische Bildung« gefördert und der »Wissenstransfer von den Unternehmen in die Schulen und umgekehrt« gestärkt werden. Die Schulen könnten derart ein »modernes Schulmanagement« aufbauen und die Unternehmen erhielten einen »leichteren Zugang zum Schulmarkt«, könnten »wirtschaftliche Themenfelder im Unterricht« verankern und mit ihrem »Engagement« für sich werben.[238] Diese Ziele klingen in der hessischen Variante genauso: Dort können Unternehmer »Ausbildungsinhalte in Lernplänen der Schulen verankern und sie an die Erfordernisse der Schulabgänger anpassen.«[239]

Konkret sieht das z.B. so aus, dass Hauptschüler der neunten und zehnten Klassen regelmäßig mit ihrer Chemielehrerin in das örtliche Werk von de Beukelaer in Kempen gehen und dort Kekssteige zubereiten und analysieren. »Wir wollen mit unseren Messungen auch einen Beitrag für das Unternehmen liefern«, sagt die Lehrerin, wozu Schüler die Messergebnisse sorgfältig in eine Excel-Tabelle eintragen.[240] Aus vermeintlich angewandter Chemie werden hier sehr schnell Hilfsdienste für das Untenehmen und der Horizont der naturwissenschaftlichen Bildung verengt sich auf deren Verwertung beim Keks-Produzenten.

Wie man die Schüler zu guten Konsumenten erzieht, macht ein »real-Warenhaus« in Mönchengladbach deutlich: »Neben den Themen der Berufsorientierung geht es in der Zusammenarbeit auch darum, den Unterricht in Richtung Wirtschaft zu öffnen. (…) Eine Schülergruppe in der Jahrgangsstufe 7 wird unter dem Motto ›Einkaufen will gelernt sein‹ einen ›Einkaufsführerschein‹ machen (…) Wir wünschen viel Erfolg beim Lernen unter realen Bedingungen.«[241]

Das ist keineswegs ein absurder Einzelfall, sondern planmäßig angelegt. Denn die Stiftung »Partner für Schule NRW« schlägt ausdrücklich vor, dass das Unternehmen Vorträge in der Schule halten, Unterricht im Unternehmen stattfinden soll und die Firmenlabors genutzt werden. Darüber hinaus sollen möglichst in allen Fächern direkte Bezüge zum Unternehmen hergestellt werden. Hier einige der Vorschläge, wie das Unternehmen in den Fächern präsent sein soll:

»**Deutsch** (Fächer übergreifend mit Kunst)
- Thema Werbung
  - eigene Texte an Materialien des Unternehmens
  - eigene Logos für das Unternehmen
  - eigene Entwürfe anhand des Unternehmensmaterials
  - Besprechung der Materialien mit Unternehmensvertretern
  - Präsentationen/Ausstellung der Ergebnisse (für die Mitarbeiter des Betriebs/für die Öffentlichkeit)
- Thema Aufsatzerziehung
  - Aufbereitung von Betriebserkundungen
  - Aufsätze anhand von Materialien des Betriebs (z.B. Artikel aus Pressematerialien)

Kunst
- multimediale Arbeiten zum Partnerbetrieb
  - virtueller, multimedialer Rundgang durch das Unternehmen
  - Fotoarbeiten zum Thema Unternehmen

Geschichte
- Regionalgeschichte
  - Entwicklung regionalgeschichtlicher Themen am Beispiel des Betriebs
  - Themenaufbereitung mit Hilfe des Betriebs (Orientierung am Tätigkeitsbereich des Betriebs) (…)

Erdkunde / Sozialwissenschaft
- Thema Globalisierung
  - Bedeutung für Unternehmen am Beispiel des Partnerbetriebs
- Expertenvorträge durch Unternehmensvertreter
  - Themendiskussionen von Schülern und Betriebsvertretern (…)

Mathematik
- Themenaufbereitung an wirtschaftsmathematischen Beispielen (z.B. Zahlen und Daten, Buchführung)
- Angebot von Wirtschaftsmathematik-Kursen mit Unterstützung des Betriebs

Arbeitsgemeinschaften
  - Foto-AG (Erstellung eines Bildbandes rund um den Betrieb; Fotodokumentation und Beschreibung von Arbeitsplätzen und -vorgängen)«[242]

Was hier in atemberaubender Dreistigkeit und in der hessischen Variante im Prinzip identisch, aber strategisch abgemildert[243] skizziert wird, ist die umfassende Vereinnahmung der Schüler durch die Unternehmen. Vom Matheunterricht bis zur Foto-AG werden die Schüler tagein tagaus auf die Weltsicht des Unternehmens eingestimmt. Hier wird Bildung zur Abrichtung für Firmeninteressen. Das nennt man in den USA »curriculum as propaganda«: Der Lehrplan wird zur Propaganda für bildungsfremde Zwecke, zur permanenten Werbeveranstaltung, die ein eindimensionales Weltbild bei den Schülern hinterlässt.

Wie das konkret funktioniert, macht die Arbeit eines Grundkurses im Fach Erdkunde der Jahrgangsstufe 11 an einem Leverkusener Gymnasium deutlich: Das Thema »Globalisierung« wird am Beispiel der »Produktkette Fisch: Vom Fischfang bis zur Metro-Filiale« erarbeitet[244]. Durch einen Kooperationsvertrag mit dem Handelsriesen Metro besuchen die Schüler regelmäßig den lokalen »Cash & Carry«-Markt und Mitarbeiter des Unternehmens gestalten den Unterricht mit. Was kommt nun dabei heraus? Natürlich eine Power-Point-Präsentation. Dort zeigen die Schüler nicht mehr als aufbereitetes Info-Material über die Handelsdaten des Unternehmens und einige Landkarten mit Fischgründen. Als »kritische« Auseinandersetzung gilt dabei die Frage nach der Überfischung von Meeresgebieten, die man beruhigt durch die entsprechenden Maßnahmen des Unternehmens und der EU beantwortet sieht.[245] Die Präsentation ist auf jeder Seite deutlich mit dem Logo der Metro versehen. Auch eine effiziente Werbestrategie. Und das Unternehmen freut sich über die »hervorragende Chance, engagierte Schülerinnen und Schüler für die Ausbildung in unserem Hause zu gewinnen.«[246]

Hier liegt der innere Kern des Problems offen zutage: Die Schüler erarbeiten allen Ernstes das enorm wichtige und komplexe Thema der Globalisierung anhand der Vorgaben eines globalisierten Unternehmens. Das wäre so, als würde man sich über die Gefahren der Atomenergie allein von Kraftwerksbetreibern unterrichten lassen. Es werden nicht divergierende Positionen beleuchtet und grundsätzliche Fragen gestellt, es kommen nicht die Verlierer der Globalisierung zu Wort. Nein, »praxisorientiert« wird die Weltsicht der Schüler mit der des Unternehmens identisch, ohne dass die Schüler überhaupt bemerken (können), was geschieht. Gelernt haben sie: Globalisierung heißt, Fisch kommt von überall her, und die Probleme werden von den Unternehmen vorbildlich gelöst. Keine Nachfrage nötig. Und bei einer solchen Kooperation wohl auch nicht erwünscht.

Damit wird auch konkret, was zuvor am Beispiel des Kompetenzbegriffs theoretisch entwickelt wurde: Hier wurden die Schüler sicher in allerlei »Kompetenzen« geschult: Sachkompetenz bei der Recherche im Internet, Medienkompetenz mit Power-Point, Sozialkompetenz bei der Teamarbeit usw. Und doch kommt nicht Bildung dabei heraus, weil das Denken unselbständig bleibt. Kompetenzorientierung trainiert Fähigkeiten, die die Unternehmen brauchen. Der Bildungs- und Erziehungsauftrag der öffentlichen Schule, also der Schule aller Bürger, wird hier zu Farce. Statt ethisch und sozial verantwortliche, unabhängig denkende junge Menschen heranzubilden, werden hier Arbeitskräfte für die Metro rekrutiert. Schule wird zum vorgelagerten Teil von Unternehmen, die deren Geschäftideologien reproduziert und an Jugendliche verkauft. Schulen produzieren willige Arbeitnehmer und Jungunternehmer.

Dass dies nicht übertrieben ist, zeigt wiederum eine Werbekampagne[247]. Unternehmer werden *gemacht*, nicht geboren. Unternehmer werden in der Schule hergestellt, so die Botschaft der Organisation JA-YE, einer europäischen Dachorganisation nationaler Förderer von Schülerfirmen. Schülerfirmen sind Unternehmen, die Schüler in einer Schule gründen, meist aufgrund einer kleinen Idee oder mit einem selbst hergestellten Produkt. Das kann pädagogisch durchaus Sinn haben. Wenn aber jede normale Initiative mit einem »Geschäftsplan« versehen wird und unter den Zwang profit- und konkurrenzorientierten Denkens gerät, verdrängt einmal mehr die Ökonomie die Pädagogik. So gibt etwa die vom Institut der deutschen Wirtschaft getragene Initiative »Go! to school« einen Materialkoffer zum Thema »Selbständigkeit« heraus, der »die Schüler/-innen Schritt für Schritt darauf vorbereitet, selbstständig ein ›Mini-Unternehmen‹ zu planen, Aufgaben selbst zu übernehmen und das Projekt mit allen Entscheidungen und deren Konsequenzen durchzuführen.«[248] Modul V hält einen »Geschäftsplan« zur Gründung einer Schülerzeitung als »Zeitungsunternehmen der Klasse« bereit. Grundschüler sollen hier Startkapital und Gewinnaussichten festlegen, Marketing und Marktforschung betreiben, Sponsoren und Werbekunden auftreiben. So wird aus einem pädagogisch sinnvollen Projekt, bei dem es um Inhalte und Anliegen, um gute journalistische Arbeit und soziales Engagement gehen könnte, ein auf Profitdenken ausgerichtetes Unternehmen. Hier greift das Denken und Fühlen der Ökonomie bereits in den Schutzraum Grundschule ein. Im Bild oben wirkt die äußere Uniformierung des Jungen im Business-Dress noch eher albern. Die angestrebte innere Uniformierung ist das keineswegs.

Dieser Entwicklung in der schulischen Praxis entspricht eine in der breiteren Öffentlichkeit kaum wahrgenommene Veränderung in der universitären Erziehungswissenschaft. Man kann den Wissenschaftlern an den Hochschulen, die sich mit pädagogischen Fragen beschäftigen, durchaus vorwerfen, dass ihre wissenschaftlichen Erörterungen oftmals kaum mehr einen erkennbaren Zusammenhang mit der Unterrichts- und Erziehungswirklichkeit der Schule haben. Gerade Studenten des Lehramts beklagen oft, dass sie in ihren erziehungswissenschaftlichen Studienanteilen zu wenig für ihren späteren Beruf Bedeutsames erfahren würden. Das stimmt insofern, als sich Erziehungswissenschaft oft mit ihren eigenen, inneren Themen und Problemen beschäftigt: Da werden Lehrmeinungen diskutiert, Thesen eines Kollegen widerlegt, ganze Begriffsapparate neu erdacht und Gedankensysteme konstruiert. Das liegt in gewissem Maße durchaus in der Logik einer Wissenschaft, die immer tiefer in ihre Gegenstände eindringt. Allerdings ist auch zuzugeben, dass der Bezug zur schulischen Wirklichkeit oftmals immer geringer wird: Statt Theorie dieser Praxis zu sein, wird Pädagogik dann eine rein selbstbezügliche Disziplin. Dabei hat es durchaus bis in die Sechzigerjahre eine Tradition so genannter geisteswissenschaftlicher Pädagogik gegeben, die aus der Kenntnis der Praxis heraus deren Fragen und Phänomene sehr sorgfältig untersucht und durchdacht hat.

Auch bei diesem Problem der universitären Erziehungswissenschaft wird jetzt jedoch das Kind mit dem Bade ausgeschüttet. Das vorhandene Problem wird schlicht ersetzt durch ein noch viel größeres und gravierenderes: Schon länger, aber spätestens seit der PISA-Studie gilt nicht nur in Fachkreisen in Bezug auf Bildung und Erziehung das als »wissenschaftlich«, was sich messen lässt, was man zählen und in Tabellen ausdrücken kann. Pädagogische Forschung bedeutet jetzt, zu erfassen und nachzurechnen, was in der Schule passiert und was dabei herauskommt. Auch große Teile der Wissenschaft stellen sich also darauf um, den »Output« zu ermitteln und behaupten, verlässlich angeben zu können, wie man »Bildung« effizient herstellt. Dazu hat sich eine kleinere Zahl von Erziehungswissenschaftlern die entsprechenden Jobs als Gutachter und Testleiter gesichert, denn Vergleichst werden ja jetzt gefördert, bringen Geld und Ansehen. Gleichzeitig verdrängt diese »empirische Bildungsforschung« die traditionelle Pädagogik an den Universitäten. Jetzt wird nicht mehr über sinnvolle Inhalte von Unterricht nachgedacht, es geht nicht mehr um Begründung von Erziehung, es werden nicht mehr auch kritische Fragen nach Werten und Normen gestellt, die für die Schule maßgeblich sind, das

Bemühen gilt nicht mehr dem Verstehen des Schülers. Jetzt wird nur noch gemessen und getestet, was vorhanden ist. Die Wissenschaft liefert also der Politik die scheinbar verlässlichen Zahlen, mit denen diese dann ihre Reformen begründen kann. Wissenschaft wird zum Handlanger anderer Interessen, weil sie nicht mehr die Frage nach grundsätzlichen Begründungen stellt. Sie fragt eben nicht mehr nach Wahrheit, sondern nach Verwertbarkeit.

Diese Veränderung der Erziehungswissenschaft geschieht dabei nicht einmal als Ergebnis einer freien wissenschaftlichen Diskussion, in der sich die besseren Argumente durchgesetzt hätten. Nein, auch hier wird mit massivem politischem Druck auf die eigentlich unabhängigen Universitäten durchgesetzt, was diese zum Teil gar nicht wollen. So wurde einer Universität in NRW von der Landesregierung ein Gutachter verordnet, der die ganze Uni auf ineffiziente Teile durchkämmte. Heraus kam u.a., dass die Lehrerbildung auszubauen und eine neue Abteilung für empirische Bildungsforschung und Schulmanagement einzurichten sei. Dort hinein wurden Geld und Professorenstellen gepumpt und damit zugleich eine wissenschaftliche Ausrichtung auf das festgeschrieben, was PISA-relevant ist. Die Stellen für Geschichte der Pädagogik etwa wurden nicht wiederbesetzt. Derart wird historische Bewusstlosigkeit und Ausrichtung auf ökonomische Verwertbarkeit in der Pädagogik von oben durchgesetzt.

Damit einher geht eine tiefgreifende Veränderung im Menschenbild der Pädagogik. Wenn Erziehung und Unterricht auf Zweckoptimierung der Schüler setzt, dann liegt dem das bereits bekannte Bild vom *homo oeconomicus* zugrunde. Jenes Bild vom Menschen als »Humankapital«. Pädagogik ist dann immer weniger auf vertieftes Verstehen von Kindern gerichtet, aus dem allein wirkliche Hilfe und tatsächliche Bildung und Erziehung erwachsen kann. Erkenntnisse aus Bindungsforschung, Psychologie und hermeneutischer Pädagogik werden verdrängt. Auch das Menschenbild der Pädagogik wird zunehmend funktionalisiert. Ähnlich wie in der Medizin findet eine schleichende Veränderung zu einem letztlich biologistischen Menschenbild statt. Demgemäß werden zunehmend Verhaltensauffälligkeiten, die in jeder menschlichen Entwicklung auftreten und zum pädagogischen Alltag gehören, zu »Krankheiten« stilisiert. Nervosität oder Unruhe gelten neuerdings als pathologische Fälle. Statt sich den Kindern zuzuwenden und die Gründe für ihre Probleme zu verstehen, was Lehrer nicht mehr gelernt haben, werden Schüler immer öfter zum Psychiater geschickt und mit Medikamenten »behandelt«. Dies resultiert eben aus einem funktionalistischen Menschenbild, das auffälliges Verhalten nicht mehr als erlernt und in der Beziehung zu Eltern und anderen Bezugspersonen entstanden versteht, sondern als »vererbt« oder als »hirnorganische Störung« ansieht. Zwischen der »feindlichen Übernahme« der Pädagogik durch ökonomistisches Zweckdenken und der zunehmenden Pathologisierung normaler pädagogischer Probleme in der Schulpraxis könnte demnach ein durchaus enger Zusammenhang bestehen.

Dabei kennt man tatsächliche Ursachen und mögliche Lösungen solcher Erziehungsschwierigkeiten seit langem und sehr genau. Der langjährige Professor für Kinder- und Jugendpsychiatrie Christian Eggers weist mit schlichten Worten darauf hin, dass Kinder vor allem eines brauchen: Zuwendung. Durch die Bindungsforschung wisse man sehr genau, wie entscheidend echte, verlässliche aber nicht übertrieben verzärtelnde Zuwendung für Kinder sei. Das Fehlen solcher Bindungserfahrungen sei der tiefere Grund des steigenden psychischen Elends heutiger Jugendlicher: »Die Auswirkungen unzulänglicher früher Bindungserfahrungen sind weit gravierender, als sich dies in epidemiologisch zu belegenden Daten ausdrücken lässt. Es sind vielmehr Begriffe wie Heimatlosigkeit, Bindungslosigkeit, innere Leere, Vereinsamung, Langeweile, das Fehlen einer eigenen persönlichen Identität, welche die Probleme unserer heutigen Jugend kennzeichnen.« Gerade in einer Welt der globaler Unsicherheit verstärke Bindungs- und Heimatlosigkeit die Gefahr, »durch schnellen Genuss und immer Gut-Drauf-Sein eine Lösung zu suchen«. Von daher folgert der Psychiater: »Es ist beschämend, wie Gesellschaft und Politik die Ergebnisse der PISA-Studie, die Tatsache, dass unsere Schüler und Schülerinnen nicht genug lernen und nicht gut genug lesen, schreiben und rechnen können, viel ernster nehmen als die Sorge um die seelische Gesundheit unserer Kinder und Jugendlichen.« Die Zeichen der Verzweiflung bei der heutigen Jugend würden durch um sich greifenden »Eigennutz, Machtstreben, Geltungsdrang, Besitz- und Konsumgier« allenfalls aktionistisch beantwortet. Notwendig sei aber, dass »Werte wie mütterliche Gefühle, Gemüthaftigkeit, Empathie, Mitleidensfähigkeit« wieder anerkannt würden.[249]

Die Verzweckung der Erziehung hat tiefe Ursachen und letztlich brutale Wirkungen. Wenn also Lehrer lernen, zu »diagnostizieren« und zu »kategorisieren« statt sich dem Schüler zuzuwenden, sich ein Bild von dessen Persönlichkeit, von seinem familiären Hintergrund und seinen Schwierigkeiten zu machen, dann entledigt sich der Pädagoge seiner ureigenen Aufgabe schnell an externe »Experten«. Immer mehr Lehrer ziehen sich dann innerlich aus der pädagogischen Verantwortung zurück und verweisen Schüler an ein wachsendes Heer an Therapeuten, Psychiater und Mental-

Coaches. Und auch Eltern glauben in ihrer Sorge, »was mit dem Kind los ist«, gerne an die einfache Lösung.

Über die daraus resultierende Inflation der medikamentösen Behandlungen freut nicht nur die Pharmaindustrie. Denn die Auswirkungen dieser Entwurzelung der Jugendlichen, auf die Eggers so eindringlich aufmerksam macht, kann man durchaus erneut weiterdenken: Wer braucht solche bindungslosen Menschen? Sind das die willigen Hilfsarbeiter der globalisierten Wirtschaft, die nicht einmal mehr merken, was ihnen geschieht? Nicht zufällig hält wiederum die schon zitierte Simone Weil die Entwurzelung des Menschen für »bei weitem die gefährlichste Krankheit der menschlichen Gesellschaft«: »Selbst ohne militärische Eroberung können die Macht des Geldes und die Beherrschung des Wirtschaftslebens einen fremden Einfluss so nachdrücklich aufzwingen, dass er die Krankheit der Entwurzelung hervorruft.« Divide et impera, solve et coage, das hatten wir doch bereits: Wenn man Bindung auflöst und Menschen vereinzelt, macht man sie beherrschbar. Man kann nur mit dem angesichts dieser Folgerungen skeptischen Leser hoffen, dass dies übertrieben ist.

4.3 Es geht auch anders:
Wirtschaft und Ethik in der Schule

Es geht bei alldem nicht darum zu leugnen, dass ökonomische Zusammenhänge und wirtschaftliche Fragen nicht wichtige Gegenstände von Schule und Unterricht sein können. Gerade in Zeiten, in denen eine verengte ökonomische Auffassung das ganze Leben zu gefährden droht, sind ethisch reflektierte, gemeinwohlorientierte Wirtschaftsgrundkenntnisse wesentlich. Jedoch nicht im Sinne einer Einführung in Bebtriebswirtschaftslehre, sondern als allgemeine Bildung, die Urteilsfähigkeit ermöglicht. Denn wenn Wirtschaftsthemen Inhalt des Unterrichts sein sollen, dann kann dies nur unter der Frage geschehen, was diese zur allgemeinen Bildung der Schüler beitragen: Was lässt sich daran lernen, verstehen und durchdenken, das nicht nur auf unmittelbare Verwertbarkeit im Beruf zielt? Lerninhalte der Ökonomie müssen auf ihre allgemeinbildenden Aspekte hin untersucht werden, v.a. Rechenschaft darüber ablegen, welchen Beitrag sie zu einer den Menschen zum Menschen bildenden Erziehung leisten wollen. Ein rein wirtschaftspraktischer Unterricht widerspricht dem hier entwickelten Bildungsverständnis grundlegend: Schulunterricht soll nicht Betrieben Ausbildungskosten ersparen, sondern zum Verstehen der Welt befähigen.

Was gemeint ist, macht ein Beispiel deutlich: So führte ein Lehrer im Rahmen einer Wirtschaftswoche mit Elftklässlern ein Planspiel durch, bei dem es darum ging, eine Firma zu gründen und im Wettbewerb mit anderen möglichst erfolgreich zu führen. Neben allen fachlichen Lernaspekten hatte der Lehrer jedoch schon im Vorhinein mit den Schülern länger über das Problem einer gewinnorientierten Wirtschaftsweise gesprochen, die eben auch sozial verantwortlich sein muss. Die Schüler hatten sich über die wachsende Ungerechtigkeit einer maximalen Profitorientierung informiert und der Lehrer hatte den Schülern die katastrophale Lage der Menschen in der Dritten Welt nahe gebracht. Als Folge davon entschieden die Schüler, deren »Firma« am Ende der Woche den größten Gewinn gemacht hatte, in ihrer »Vorstandssitzung«, dass dieser Gewinn vollständig für Entwicklungshilfeprojekte in Afrika verwendet werden solle.

Hier wurde also nicht einfach einem Unternehmen Gelegenheit gegeben, sich in der Schule zu präsentieren und seine Weltsicht zu verbreiten oder ein Planspiel von Coca-Cola durchgeführt. Hier wurden wirtschaftliche Zusammenhänge in ihre soziale und ethische Verantwortung eingebettet, die Schüler wurden gefordert, sich Ihrer Verantwortung auch für die Menschen am anderen Ende der Welt bewusst zu sein und ihr wirtschaftliches Handeln daran auszurichten. Zugleich wird deutlich, dass Jugendliche gebotene Möglichkeiten, sinnvoll und verantwortlich zu wirken, gerne aufgreifen. Man muss sie nur anleiten. Man muss ihnen Gelegenheiten geben. Solches Hinführen von Kindern und Jugendlichen zu Humanität und Verantwortung kann auch dann noch gelingen, wo systematische Verarmung der Schulen und Hochschulen, wo Testdruck und Konkurrenzwut Lehrer, Hochschullehrer und Eltern bedrängen. Eltern, Lehrer, Professoren müssen sich allerdings entscheiden, wofür sie erziehen und bilden wollen: Ob zu sinnloser Konkurrenz oder zu Mitmenschlichkeit. Und eine solche Entscheidung verlangt mitunter, gegen den Mainstream anzuschwimmen. Man ist jedoch sehr überrascht, wie schnell sich Mitschwimmer finden und wie frisch und klärend das Wasser abseits der trüben Zeitgeisttümpel ist.

5 Die Bildungsverkäufer: Von Bertelsmann bis WTO

Wir haben nun gesehen, mit welcher Theorie und Ideologie Bildung zur Ware gemacht wird, wie sie konkret verkauft wird und auch, wer daran verdient. Wenn dieser Umbau des Bildungswesens genau so wenig ein »Naturgesetz« ist, wie die Globalisierung unter »neoliberalen« Vorzeichen insgesamt, wenn dieser Prozess willentlich gemacht ist, bleibt zu fragen, wer denn die Handelnden sind? Wer hat diese Interessen? Wer treibt Bildungskommerz und Entmündigung voran? Wenn der Ausverkauf der Bildung kein Schicksal ist, wie man uns gerne vorgegaukelt, wer ist dann der Urheber?

Bestimmte Namen, Lobbys, Konzerne, Verbände und Stiftungen sind bereits immer wieder aufgetaucht. Sind damit die »Schuldigen« benannt? Zu fragen ist ja, wie diese Grüppchen den Einfluss erhalten, den sie ausüben. Wieso kommen von scheinbar verschiedensten Gruppierungen immer wieder die gleichen Vorschläge zur »Reform« des Bildungswesens? Wieso behaupten Politik und Wirtschaft in größter Harmonie immer wieder das gleiche? Wieso läuft der Prozess europa- und sogar weltweit parallel ab? Welche Rolle spielt die nationale Politik eigentlich noch?

Wenn man nun die Handelnden, die Verantwortlichen sucht, geht es weniger um Personen. Ob Kohl, Schröder oder Merkel, ob Rüttgers, Bulmahn oder Schavan, ob CDU/CSU, FDP, SPD oder Grüne macht offensichtlich kaum einen Unterschied. Es ist verblüffend oder besser erschreckend, wie wenig sich gerade Bildungspolitik unter wechselnden Regierungen in Bund oder Ländern ändert. Es scheint eine »hidden agenda« zu geben, eine versteckte Handlungsanweisung, die quer durch die Parteien verfolgt wird. Wer gibt hier die Stichworte vor, die alle nachbeten und umsetzen?

Wenn man solche Fragen stellt, die sich aus der nüchternen Beobachtung der realen Vorgänge ergeben, saust ganz schnell die Keule der »Verschwörungstheorie« auf den Fragenden nieder. Er erscheint dann als naiver Polit-Spinner, der hinter allem eine Weltverschwörung vermutet. Dabei sei doch alles *so* viel komplizierter, differenzierter, schwieriger und nicht so eindimensional. Wie es tatsächlich ist, bleibt dann aber ungeklärt. Man verliert sich in Details und vergisst die Zusammenhänge. Die »Verschwörungstheorie«-Keule zielt als geschickte Polit-Rhetorik genau darauf, solches Denken zu verhindern. Denn das wird gefährlich für diejenigen, deren PR-Büros und journalistischen Wasserträger diese Keule schwingen: Solches Denken stellt Grundsatzfragen, klärt die Zusammenhänge, verliert sich nicht hilflos in den Einzelphänomenen, benennt die Verantwortlichen.

Wenn dabei nun vor allem mächtige Institutionen und Verbände im Vordergrund stehen, bedeutet dies nicht, dass diese nicht wiederum von Einzelpersonen geführt und verantwortet werden. Die sind auch als Einzelne für das verantwortlich, was geschieht. Und es bedeutet ebensowenig, dass man »den Strukturen« ausgeliefert wäre. Zwar wurde von Politik und Wirtschaft ein Netzwerk von Organisationen aufgebaut, um über die Köpfe der Bürger hinweg und gegen deren Willen die Globalisierung auch des Bildungswesens durchzusetzen. Doch brauchen diese scheinbar fernen supranationalen Strukturen nicht zu entmutigen: Aus Organisationen kann man austreten, unrechtmäßige Verträge und Erklärungen kann man für null und nichtig erklären, verlorene Selbstbestimmung kann man zurückfordern. Man kann, wenn man will. Nichts davon ist ewig, und vieles ohnehin nur mit äußerst schwacher demokratischer Legitimation versehen. Das ist ein wesentlicher Aspekt, um nicht angesichts des Geflechts internationaler Verstrickungen im bekannten Gefühl der Ohnmacht zu versinken.

Dieses Kapitel steht zudem bewusst am Ende dieses Buchs. Denn hier werden nun die Puzzleteile, die sich im Laufe der bisherigen Darstellungen gezeigt haben, zu einem Gesamtbild zusammengesetzt. Dabei kann es durchaus sein, dass einzelne Details des nachfolgend vorgeschlagenen Bildes noch etwas unscharf sind. Man kann sicherlich das ein oder andere Teilchen anders anordnen oder ergänzen, die Gesamtstruktur dürfte jedoch einigermaßen zutreffend sein. Alle im Schema auftauchenden Akteure sind im Laufe der bisherigen Ausführungen schon aufgetaucht.

Dargestellt sind internationale Organisationen und ihre programmatische und institutionelle Einflussnahme auf die nationalen Bildungssysteme. Die obere Reihe zeigt dabei die Akteure auf globaler und europäischer Ebene, die untere Reihe ihre jeweiligen Instrumente, die Mittel der Durch

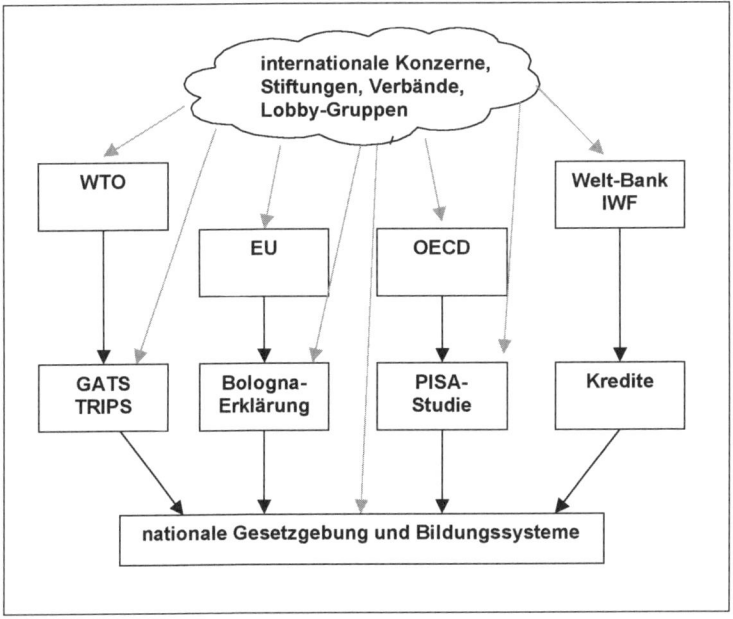

Schema: Treibende Kräfte im Umbau der Bildungssysteme

setzung der Interessen im Bildungswesen. Über und zwischen allem zeigt sich zudem der Einfluss von Konzernen, Stiftungen und privaten Wirtschaftsorganisationen, die diese Entwicklung vorantreiben.

Das Schema ist dabei nicht allein für den Umbau des Bildungssystems gültig. Die gleichen Akteure setzen mit ähnlichen Instrumenten weltweit die sogenannte neoliberale Globalisierung durch, sorgen also für Deregulierung, Entstaatlichung, Privatisierung und somit für maximale Profitmöglichkeiten der Privaten über die Köpfe der Bürger hinweg. Wir bleiben im folgenden vor allem beim Bildungswesen. Die Folgerungen für andere Bereiche kann der Leser dann selbst ziehen.

5.1 Die globale Ebene: Weltbank, IWF und WTO

Auf weltweiter Ebene agieren zunächst der *Internationale Währungsfond* (IWF) und die *Weltbank*, deren Konzept von Bildung bereits deutlich wurde. Sie zwingen über Kreditvergaben vor allem Entwicklungsländer, ihre Bildungssysteme zu entstaatlichen, zu rationalisieren, zu kommerzialisieren und für private Investoren zu öffnen. Also: Geld gibt es nur, wenn die Regierungen den Vorgaben des IWF und der Weltbank folgen. Leider können die verarmten Staaten oft nicht anders und müssen sich diesem Diktat ausliefern: »So wurde die Kreditgewährung im Fall Argentiniens und Senegals an die Bedingung geknüpft, Schulen zu privatisieren.«[250] Wem das nutzt, haben wir gesehen: An diese Länder wird dann etwa der E-Learning-Klimbim verkauft, dort fallen IBM und Microsoft mit ihren Geräten und Programmen ein, dort machen sich die »Bildungsdienstleister« breit.

Zum anderen werden so Schulen und Hochschulen weltweit gezwungen, sich an den ökonomisierten Wissensbegriff anzupassen: Die Weltbank operiert genau mit den analysierten Begriffen des »Humankapitals«, der »Output-Orientierung«, der »Wissensgesellschaft« und »wissensbasierten Ökonomie«, selbstverständlich mit dem Versprechen, dass dies die Lösung für die wirtschaftlichen Probleme der Länder sei. Erziehung dient gemäß der Weltbank der »Knowledge Economy«[251], dem Handel mit Wissen. Die Bildungssysteme müssten vor allem Wert auf Produktion, Auswahl, Anpassung, Kommerzialisierung und Gebrauch von Wissen legen (»Education systems must accord high priority to building up a nation's capacity to produce, select, adapt, commercialize, and use knowledge.«[252]) Demnach werden »Public-Private-Patnerships« gefördert und ein »education market« hergestellt, ein Bildungsmarkt mit Privatschulen, weil ja die Staatsausgaben sinken würden und Eltern damit eine bessere Schulauswahl hätten.[253] Verschwiegen wird natürlich, dass es IWF und Weltbank selbst sind, die die Staaten zwingen, die Staatsausgaben zu senken, und dass die freie Schulwahl gerade die Armen wohl am wenigsten bezahlen können. Die Weltbank plant und forciert die ökonomisierte Bildung in jeder Hinsicht. Ihre Reform-Konzepte stimmen genau mit denen etwa in Deutschland überein.

Die Rolle der *Welthandelsorganisation* (World Trade Organisation, *WTO*) als Vorreiterin der Liberalisierung im Welthandel wurde bereits deutlich. Auf den Umbau des Bildungswesens nimmt sie vor allem Einfluss über die auf WTO-Ebene geführten Verhandlungen über das *General*

Agreement on Trade in Services (GATS), also ein allgemeines Abkommen über den Handel mit Dienstleistungen. Seit 1995 sitzen hier Vertreter der Länder zusammen und verhandeln die Öffnung der nationalen Märkte für den Handel mit Dienstleistungen. Das GATS will nach und nach möglichst viele öffentliche Dienstleistungen liberalisieren und für private Investoren zugänglich machen. Neben dem Bildungswesen geht es hier auch um Wasserversorgung, Transportwesen oder Gesundheitssysteme. In all diesen Bereichen kann man die fatalen Folgen von Privatisierungen bereits seit längerem beobachten. So haben bekanntlich die Qualitätsmängel bei der britischen Bahn nach ihrer Privatisierung zu gehäuften Unfällen mit vielen Toten geführt, in den USA produzieren die privaten Stromversorger katastrophale Ausfälle und auch und Deutschland hat die Entstaatlichung von Telekom, Post und Bahn massive Nachteile für Bürger und Beschäftigte nach sich gezogen.

Nun ist der Ort benannt, an dem dies verhandelt wird. Merkwürdigerweise weiß darüber nur kaum jemand etwas: Die GATS-Verhandlungen finden unter Ausschluss der Öffentlichkeit statt. 1995 hat die EU bereits einer Öffnung des Hochschulsektors für ausländische Anbieter zugestimmt, die weitere Liberalisierung des Bildungswesens steht derzeit im Tausch gegen die Aufhebung anderer Handelsbarrieren zur Verhandlung.[254] Um etwa die Schulsysteme in einen Dienstleistungsmarkt umwandeln zu können, muss man auch hier das komplexe »Produkt« Schule in einzelne Teilserviceleistungen aufspalten: »Von zusammenhängenden öffentlichen Organisationen werden sie in eine Vielzahl einzelner Dienstleistungen zerlegt, die auf dem freien Markt angeboten werden können. Die WTO-Verhandlungen etwa unterteilen *educational services* in ›Schulleitung‹, ›Verwaltung‹, ›Lehrplanentwicklung‹, ›*Assessment und Testing*‹, ›Beratung‹, ›pädagogische Dokumentation‹, ›Verlage‹, ›on-line-Dienste‹, ›Akkreditierung‹ und andere, jeweils spezialisiert für die Ebenen *primary, secondary, higher* und *adult education*.«[255] Zu vielen dieser Bereiche haben wir zuvor Beispiele angeführt, die zeigen, wie diese Teilleistungen vermarktet werden.

Die Verhandlungsergebnisse der GATS-Verträge sind bindend für die nationale Gesetzgebung, sie müssen also von den Parlamenten abgenickt und von den Regierungen umgesetzt werden. Handelsliberalisierungen können nicht zurückgenommen, allenfalls dürfen sie erweitert werden. Zudem sind sie völkerrechtlich verbindlich, gelten also als bindende Verträge, deren Verletzung vor einem Schiedsgericht der WTO eingeklagt werden können, das Sanktionen wie Schadensersatz oder Strafzölle gegen

Staaten verhängen kann. Dabei sitzt für Deutschland nicht einmal ein eigener Regierungsvertreter am Verhandlungstisch, sondern die Verhandlungen werden von der EU geführt.

Das Verhandlungssystem funktioniert nach der Maßgabe: »Wenn du deinen Stahl-Markt schützen willst, musst du dafür einen anderen Markt für mich öffnen, z.B. das Bildungswesen«. Wer also selbst Forderungen stellt, muss damit rechnen, dass er von Forderungen an Stellen eingeholt wird, die er gar nicht beabsichtigte. Es sind gemäß dem Gutachten des GATS-Experten Christoph Scherrer von der Universität Kassel vor allem diese möglicherweise unbeabsichtigten Folgeeffekte, die die derzeit etwas schleppend verlaufenden Verhandlungen nach sich ziehen, die für das Bildungswesen gefährlich sind.[256] So könnte etwa von einem WTO-Mitgliedsstaat die staatliche Finanzierung des deutschen Bildungswesens bei gleichzeitiger Zulassung von privaten Schulen als »Ungleichbehandlung« etwa ausländischer Anbieter beanstandet werden. Für solche Beschwerden ist das WTO-Gericht zuständig, das Liberalisierungsbeschränkungen beurteilt und aufhebt. Auf diese Weise müsste der Staat dann auch private Anbieter genauso finanzieren, etwa indem das Bildungssystem auf das von Milton Friedman ersonnene System von »Bildungsgutscheinen« (Vouchers) umgestellt wird. Diese würden dann bei privaten oder öffentlichen Schulen eingelöst. Dazu gehört auch ein mögliches Anhörungsrecht von ausländischen Bildungsdienstleistern bei staatlichen Bildungsreformen. So zeigt sich, wie die Ökonomisierungsmaßnahmen auf den verschiedenen Ebenen zusammenspiele: »Marktorientierte Umstrukturierungen auf nationaler Ebene (z.B. Kommerzialisierung und Privatisierung durch Studiengebühren) könnten dazu führen, dass gegenwärtig als öffentlich angesehene Bildungsdienstleistungen in den Anwendungsbereich von GATS und Dienstleistungsrichtlinie fallen«, so Scherrer.[257] Das heißt, gerade weil durch Sponsoring, Public-Private-Partnerships, Studiengebühren und gewinnbringende Zusatzangebote der öffentlichen Schulen und Hochschulen zunehmend die Grenze zwischen privat und öffentlich verschwimmt, fallen immer mehr Bildungsdienstleitungen unter das Freihandelsabkommen. Kommerzialisierung und Privatisierung vor Ort beschleunigen also die Liberalisierung weltweit und umgekehrt. Daher spricht Scherrer von einem »Forum-shifting«: Gemeint ist, dass die Befürworter von »Liberalisierungsmaßnahmen versuchen, ihre Interessen in verschiedenen Politikforen und auf unterschiedlichen Ebenen voranzubringen.«[258] Man schafft sich verschieden Foren und wechselt dazwischen hin und her, um auf allen Ebenen Druck auszuüben.

GATS ist letztlich ein Regime von Geheimverhandlungen über die Köpfe der Staaten und ihrer Bürger hinweg. Es ist ein Forum, an dem Wirtschaftsvertreter ihre Deregulierungsinteressen durchsetzen können. Das alles geschieht ohne Bürgerbeteiligung, ohne Zustimmung, ohne nachvollziehbare demokratische Legitimation. Das Bildungswesen und andere öffentliche Einrichtungen werden dem Markt preisgegeben. Zugleich wird nationale Selbstbestimmung an eine ferne Institution abgetreten, Regierung und Parlament machen sich selbst überflüssig. Doch auch eine WTO ist kein Schicksal. Man kann auch aus ihr austreten und besser Alternativen suchen.

5.2 Die europäische Ebene: EU und OECD

Die Akteure auf europäischer Ebene und ihre Instrumente zur Durchsetzung der Bildungskommerzialisierung wurden bereits ausführlich analysiert: Die EU hat hierzu die Bologna-Erklärung erfunden, die im Gegenteil zum GATS-Abkommen keinerlei völkerrechtliche Verbindlichkeit besitzt. Gerade hinsichtlich der soeben erörterten GATS-Vereinbarungen zeigt sich die Brisanz der Privatisierung und Kommerzialisierung der Hochschulen: Bologna war wohl nur der Anfang des Ausverkaufs. Wie massiv der andere europäische Akteur, die *Organisation für wirtschaftliche Zusammenarbeit und Entwicklung* (OECD), in die nationalstaatlichen Bildungswesen eingreift, wurde anhand von PISA und Co. ebenfalls hinlänglich deutlich. Während die EU vor allem die Kommerzialisierung der Hochschulen vorantreibt, übernimmt die OECD dies mittels ihrer Vergleichsstudien für die Schulen. Ihren Welterklärungsanspruch und der Wille, souveräne Staaten gemäß ihrer Ideen zu lenken, gibt die OECD im übrigen offen zu: Die OECD will durch Normierung und Standardisierung »die Globalisierung in den Griff bekommen«: »Die Regierungen verpflichten sich, Fortschritte bei der Einhaltung der Normen und Standards zu erzielen, wobei sie durch das System der gegenseitigen Prüfungen *(Peer Reviews)* unterstützt werden. In einer Welt globaler Interdependenzen ist diese Vorgehensweise wohl der effizienteste Weg, Einfluss auf das Verhalten souveräner Staaten auszuüben.«[259] Auch dies noch einmal im Klartext: Das PISA-Testsystem der OECD, das Bildungsstandards überprüfen soll, dient ausdrücklich dazu, nicht legitimierten Einfluss auf die Selbstbestimmung der Staaten auszuüben. Dazu dient die »*naming and shaming*‹ technique, which singles out poor performers«.[260] Das ist die altbekannte Pranger-Methode:

Wer den Test-Vorgaben nicht entspricht, wird öffentlich angeprangert, so dass Druck aufgebaut wird, Bildung so umzustellen, wie es in das ökonomische Konzept der OECD passt. Die Organisation selbst bestätigt also unsere Analyse: PISA ist Instrument einer undeklarierten Umdefinition von Bildung an den Staaten, ihren Bürgern, an Eltern, Lehrern und Professoren vorbei. Die OECD nimmt Schüler und Studenten in den Zangengriff der Globalisierung. Die »besondere Bedeutung« von OECD und Weltbank bei der »Durchsetzung der Ideen und Konzepte der Bildungsökonomie« wird im Übrigen auch von den Theoretikern der Bildungsökonomie selbst betont.[261]

5.3 Die nationale Ebene: Bildungspolitik, Bildungssystem, Wissenschaft, Medien, Bürger

Hinreichend deutlich wurde ebenfalls, wie sich die Einflussnahme all dieser transnationalen Organisationen auf das Bildungswesen der einzelnen Staaten auswirkt: Bildungspolitik erscheint gewissermaßen ferngesteuert. Dies zeigt sich in der auch in der verblüffenden Gleichschaltung bildungspolitischer Programme sämtlicher Parteien. Mit den vorgestellten Schlagworten und Halbwahrheiten der Bildungsökonomie wird zudem Eltern, Lehrern und Hochschulen weisgemacht, es gebe »keine Alternative«. Dieses »TINA-Argument« (»There is no alternative« – Es gibt keine Alternative) wird immer vorgebracht, wenn es um Auswirkungen der Globalisierung geht. Gerade die Macht der weltweiten Organisationen soll diesen Eindruck vermitteln. Doch wie schon gesagt: Zu allem Menschengemachten gibt es eine Alternative. Sonst müsste die neoliberale Globalisierung eine göttliche Erfindung sein. Das behaupten nicht einmal deren heftigste Verfechter. Auch das »TINA-Argument« ist eine solche menschliche Erfindung, offensichtlich gemacht, um Interessen durchzusetzen, gegen die jeder klarsichtige Bürger Einwände erheben würde. So aber werden die unsinnigsten Reformen durchgesetzt und jeder, der Einwände erhebt, wird entweder als idealistischer Spinner und Ewiggestriger oder als rechts- oder linksradikaler Globalisierungsgegner abgestempelt. Vieles von dem hier Ausgeführten müsste demnach rechts- und linksradikal, versponnen und ewiggestrig sein. Tatsächlich stellen wir nicht mehr fest, als dass den Bürgern die Selbstbestimmung entzogen wird und dass nicht nur das Bildung und Bildungswesen den Interessen eines schrankenlosen Marktgeschehens unterworfen wird. Und dass dies von der Politik fraglos umgesetzt, von Teilen der Wissenschaft wohlwollend begleitet und von vielen Medien unterstützt wird.

All die hier agierenden Personen – Politiker, Wissenschaftler, Journalisten – haben selbstverständlich wiederum ihre eigenen Motive, warum sie dies tun, warum sie wider Vernunft und Gewissen mitmachen. Da geht es viel um Macht, Posten und Einfluss. In keiner Partei kommt jemand heute über die Kreisebene hinaus, wenn er nicht diesen »Konsens« mitträgt. Kritik ist da nicht erwünscht. Allenfalls ist etwas kosmetische Polemik angesagt, wenn man gerade in der Opposition ist. Wissenschaftler geraten gerade in einer universitären Konkurrenzwirtschaft leicht in Versuchung, Erfolg, Ansehen, Einfluss und Geld mit Auftragsarbeiten für eines der zahlreichen Wirtschaftsinstitute oder irgendeine neue OECD-Studie zu erheischen. Und wer eigentlich die deutsche Presse- und Medienlandschaft so leiten kann, dass ganze Themen wie gleichgeschaltet zeitgleich mit dem gleichen Tenor behandelt werden, bleibt ein noch ungelüftetes Geheimnis.

Was schließlich etwa die Gewerkschaften und Lehrerverbände angeht, so ist deren Rolle gerade in der Frage der Bildungsreformen merkwürdig unklar: Auch hier wird in den Orts- und Kreisgruppen heftige und klare Kritik geübt, werden Aktionen organisiert und Tagungen veranstaltet. Auch geben Bundesgeschäftsstellen kritische Broschüren heraus und verabschieden landesweite Delegiertenkonferenzen engagierte Resolutionen. Aber trotzdem bleiben die öffentlichen Stellungnahmen zum Bildungsproblem merkwürdig blass, wird vor allem auf die Interessen der Gewerkschaftsmitglieder geachtet. Das Problem in seiner ganzen Breite machen auch die Verbände nicht zum Thema. Man tritt keinen Politikern und Wirtschaftsverbänden zu sehr auf die Füße, denn man ist ja Mitglied im selben Klub. Man verhandelt dieses und jenes Detail und hofft bestenfalls, so noch etwas bewirken zu können. Im schlechteren Fall sind die oberen Führungsebenen ebenfalls mit eingekauft.

5.4 Die Hintergrundebene: Konzerne, Wirtschaftsverbände, Stiftungen, Lobby-Gruppen

Doch noch fehlt ein entscheidender Faktor in unserem Schema der Akteure. Die geschilderten Vorgänge wären kaum nachvollziehbar und würden nicht derart vorangetrieben, wenn nicht irgendwo noch handfestere und auch einflussreichere Interessen im Spiel wären. Damit kommen wir auf die Rolle von kleineren und größeren Wirtschaftsunternehmen, von Weltkonzernen und Wirtschaftsverbänden, von Unternehmensstiftungen und Lobby-Gruppen zu sprechen. Dass hier letztlich die Antreiber wie die Gewinner des Bildungsumbaus zu suchen sind, wurde im Laufe der Darstellung bereits deutlich: Immer wieder hatten die gleichen Global Player die Finger im Spiel, immer wieder waren es Banken, Konzerne und Stiftungen, die die Bildungsreformen mit Macht vorantreiben.

Sie haben im obigen Schaubild keinen festen Ort: Die Wolke deutet an, dass die Form der Einflussnahme durch die Konzerne wandelbar ist, sich ständig verändert, zugleich unklar und nebulös bleibt, aber überall hinziehen kann, sich an jedem Ort niederschlägt und bis in die hintersten Winkel gelangt. Alles trieft von diesem Einfluss, aber kaum irgendwo hat er eine feste, legitimierte Form.

Das heißt, die Konzerne stehen, weil sie private Veranstaltungen sind, formell außerhalb des Schemas der internationalen und nationalen Institutionen. Und die Firmenvertreter achten meist auch darauf, dass nicht der Eindruck entsteht, sie hätten irgendwelchen Einfluss. Tatsächlich sind sie aber überall dabei, üben allseits ihren Einfluss aus, der so weit geht, dass sie Politiker und Staatsvertreter zwar nicht ersetzen, aber an ihren Fäden tanzen lassen. Dies ist in den überallhin ausstrahlenden Pfeilen ausgedrückt.

Die Motive für die Einflussnahme dürften ebenfalls deutlich geworden sein. Dabei ist zu unterscheiden: Wenn ein Verband mittelständischer Unternehmer etwa öffentlich darauf aufmerksam macht, dass die Lese- und Rechenfähigkeiten der Schulabsolventen nicht hinreichend ist und dies nachvollziehbar belegt, dann wird damit ein berechtigtes und legitimes Interesse an arbeitsfähigen Auszubildenden und Mitarbeitern zum Ausdruck gebracht. Ebenso kann die Industrie anmahnen, dass die Universitäten mehr Ingenieure ausbilden müssten, damit hochwertige technische Fertigungen erhalten bleiben können. Hieran hat volkswirtschaftlich gesehen auch die gesamte Gesellschaft ein Interesse, hängen davon doch Wirtschaftskraft und Arbeitsplätze ab. Unternehmer können also durchaus streitbar das Wort ergreifen, Bücher schreiben, Diskussionen veranstalten oder Fragen an Politiker stellen. All das gehört in den Rahmen der Demokratie, solange – und hier ist eine erste entscheidende Grenze – dies als gleichberechtigter Beitrag zu *öffentlichen* Diskussion verstanden wird, worüber sich jeder Bürger eine Meinung bilden kann. Dazu gehört dann allerdings auch die Bereitschaft und Weitsicht einzusehen, dass nicht jedes Problem mit ökonomischen Mitteln zu lösen ist: Leseschwierigkeiten sind eben nicht durch Konkurrenz zu lösen, und warum sich so wenige junge Leute für ein Ingenieurstudium entscheiden, ist mit betriebswirtschaftlichem Denken auch nicht zu erfassen. Man muss also pädagogische Fragen den Pädagogen überlassen. Denn andersherum würde ein Betrieb, dem die Insolvenz droht, sich auch verbitten, wenn ein Theologe meint kluge Ratschläge geben zu können (etwa: »Da hilft nur noch beten …«). *Öffentlichkeit* ist also die zwingende Voraussetzung einer legitimen Interessenvertretung. Geheimdiplomatie in Brüssel, Lobbyarbeit im Bundestag und Privateinladungen für Minister widersprechen dem.

Greifen wir aus der Unzahl an genannten Unternehmen und Verbänden drei Beispiele heraus und schauen uns diese näher an, um zu verstehen, welche Varianten dieser Taktik es auf den unterschiedlichen Ebenen gibt.

vbw: Die Radikalreformer aus Bayern

Man mag sich verwundert fragen, wie denn ein regionaler Wirtschaftsverband wie die Vereinigung der Bayerischen Wirtschaft (vbw) eigentlich dazu kommt, ein Bildungsreformkonzept für ganz Deutschland vorzulegen. Dazu gehört bereits eine gute Portion Sendungsbewusstsein. Damit ist man reichlich gesegnet. Zugleich ist das nichts Ungewöhnliches. In nahezu jedem Bundesland agieren die Unternehmerverbände auf diese Weise und überall klingen die »Reformkonzepte« identisch: So verkaufen etwa die Vereinigung der Hessischen Unternehmerverbände (VHU) oder die Hamburger Handelskammer das gleiche Paket unter leicht variiertem Namen.

Kurzgefasst: Die vbw liefert in einem dreibändigen Konzept das volle Programm der ökonomisierten Bildungsreform inklusive Finanzierungsmodell und juristischen Gutachten, also eine komplette Politikvorlage. Ziele sind für die Schulen das Neue Steuerungsmodelle (NPM), Output-Orientierung, Schulautonomie, Privatisierung des Schulmanagements, Dezentralisierung, Wahlfreiheit zwischen Schulen, Wettbewerb, Bildungsstandards, Evaluationen, Leistungslohn für Lehrer.[262] Die Schulferien sollen für die Schüler auf den Arbeitnehmerurlaub gekürzt, die Sommerferien zudem für Fördermaßnahmen genutzt, das Einschulungsalter bis auf vier Jahre abgesenkt und die Ganztagsschule eingeführt werden.[263] Die Hochschulen stellt man sich dereguliert und im Wettbewerb stehend vor, zudem sollen sie »virtuell die Chancen neuer Medien nutzen« und »autonom ihre Ressourcen, ihr Personal und ihre Organisation entwickeln«.[264] Empfohlen wird die »Ökonomisierung von Bildung ohne utilitaristische Vereinfachung und unter Gewährleistung von Chancengerechtigkeit«, die »Deregulierung durch Aufgabenkritik des Staates und Rückbau von Rechtsregelungen, Outsourcing der derzeitigen Staatsaufsicht über das Bildungswesen« sowie »vereinfachte Zulassung von privaten Bildungseinrichtungen«.[265] Dass Ökonomisierung der Bildung immer eine auf Verzweckung gerichtete Vereinfachung ist und gerade der Chancengerechtigkeit entgegenläuft, wurde im Laufe unserer Darstellung hinreichend deutlich. Hier greift man also geschickt und offensiv die Kritik auf und geht mit einem rhetorischen Trick darüber hinweg. Dabei ist die Stoßrichtung klar: Entstaatlichung und Privatisierung. Dazu gehört auch, dass der Staat nur noch bis zum 14. Lebensjahr für die Schulbildung verantwortlich sein soll[266], alles weitere ist Privatvergnügen für finanzkräftige Eltern. Für beseitigt erklärt wird auch der alte »Gegensatz zwischen allgemeiner und beruflicher Bildung«, »Allgemeinbildung im Sinne personaler Kompetenzen kann auch durch arbeitsbezogene bzw. berufliche Bildung erworben werden. (…) In allgemeiner und arbeitsorientierter Bildung müssen unternehmerische Qualifikationen vermittelt werden, weil die Zukunft nicht durch den Versorgungsstaat, sondern durch internationalen Wettbewerb geprägt sein wird.«[267] Allgemeinbildung bedeutet somit in der globalisierten Welt Bildung zum *homo oeconomicus*. Und auch unsere gewagtesten Thesen finden sich wieder: Die vbw will eine kontinuierlich, den Lebenslauf begleitende und verpflichtende »Bildungsberatung« einführen. Dazu benötigt man zwangsläufig die Persönlichkeitsprofile, die per Kompetenztests laufend erstellt werden (vgl. Kap. 3).

Daneben hält man die üblichen Instrumente zur direkten Beeinflussung von Schülern und Kleinkindern bereit: Spiele (»Play the Market«), ein Programm »Schüler werden Manager«, Kooperationen Schule und Wirtschaft bis hin zum »Kindergarten der Zukunft«. Und man tut auch etwas für das eigene Image: Man lässt Kinder »auf dem Weg in eine starke Demokratie« sogar philosophieren.[268]

Da der vbw ihr von einer Schweizer Unternehmensberatungsfirma erstelltes Radikalkonzept nicht schnell genug Wirkung zeigte, wurde 2007 noch ein zusätzlicher »Aktionsrat Bildung« gegründet, von dem schon die Rede war: »Nun waren wir der Auffassung, dass der Druck auf politische Entscheidungsträger erhöht werden muss. Wir sind zu dem Schluss gekommen, dass wir Experten benötigen, die durch Unabhängigkeit und Kompetenz dazu beitragen, den Reformdruck zu erhalten und weiter auszubauen.«[269] Man besorgt sich also einige Professoren, die ein Gutachten zur »Bildungsgerechtigkeit« verfassen. Erstaunt nimmt man zur Kenntnis, dass nun die Wirtschaft ihre sozialdemokratische Ader entdeckt haben soll und sich um die sozial Benachteiligten kümmert. Doch klärt sich auch hier schnell, dass das Thema Bildungsgerechtigkeit dazu dient, nach noch radikaleren Reformen des Bildungswesens zu rufen wie einem »Lehrer-TÜV« und der Abschaffung des Referendariats. Die Medien werden so mit immer neuen Meldungen bombadiert. Eine zusammenfassende Empfehlung an Politiker formuliert:»Bildungspolitik muss kommunizieren, dass die Kosten und Freiheitsverluste, die mit der Erweiterung von Bildungsgerechtigkeit verbunden sind, mittelfristig einen Gewinn für die gesamte Gesellschaft darstellen.«[270] Hatte Lenin nicht ähnlich argumentiert: Wir müssen kurzzeitig die Diktatur errichten, damit daraus die blühenden Landschaften des gerechten Kommunismus entstehen?

Ähnlich deutlich klingen auch die Ansagen des Hessischen Unternehmerverbandes: »Unsere Stärke ist es, Themen am Meinungsmarkt durchzusetzen, Probleme für Unternehmen frühzeitig zu erkennen und durch gezieltes Themenmanagement in Politik und Medien Korrekturen einzuleiten.«[271] Hier wird mit professioneller Public Relation die Öffentlichkeit massiv beeinflusst, Journalisten und Politiker bringt man in »Hintergrundgesprächen«[272] auf den richtigen Weg. Und ähnliches geschieht durch unzählige Verbände und Initiativen. Auf diese Weise entsteht für die Bürger eben jenes »TINA-Bild«: Wenn alle andauernd das Gleiche sagen, gibt es offenbar keine andere Möglichkeit, Ökonomisierung der Bildung muss also sein. Kommuniziert wird ein nebulöser Eindruck, ein Gefühl, das dann zu einer halbbewussten Meinung gerinnt. Dazu greift man geschickt echte Reizthemen wie die »Bildungsgerechtigkeit« auf, um daran einmal mehr die eigenen Radikalvorschläge anzubinden. Während die Öffentlichkeit gedanklich betäubt wird, werden hinter den Kulissen Politiker geimpft. Doch wissen die ohnehin bereits, worum es geht, dort ist der Widerstand nicht groß. Man ist aus allerlei Gründen den finanzkräftigen Organisationen offenbar sehr zu Diensten, verstrickt in Abhängigkeiten zur Wirtschaft.[273]

Bertelsmann: Das heimliche Bildungsministerium

Am 12.12.2003 besetzten Studierende das Bertelsmann-Haus in Berlin, um gegen die Einführung von Studiengebühren zu protestieren. Man mag dies als versponnene Aktion militanter Aktivisten abtun. Erstaunlich ist allerdings schon, wieso die Studenten wegen der von den Bundesländern eingeführten Gebühren die Berliner Vertretung eines Weltkonzerns besetzen. Dem liegen Beobachtungen zugrunde, die im Verlaufe der Darstellung ebenfalls deutlich wurden: Bertelsmann übt über seine Bertelsmann-Stiftung in Gütersloh massiven Einfluss gerade auf die deutsche

Bildungspolitik aus. Und gerade für die Einführung von Studiengebühren hatte der Stiftungsableger »Centrum für Hochschulentwicklung« (CHE) eine jahrelange Kampagne geführt. Daher kritisierten die Studenten auch in einer Presseerklärung: »Das Problem mit dem CHE liegt somit in der strukturellen Einbindung in das ›Unternehmen Bertelsmann-Stiftung‹. Wir beobachten hier eine Zurückdrängung öffentlicher oder gar demokratischer Kontrollen, weil das CHE Hochschulpolitik betreibt, und dabei werden öffentliche Funktionen auf privates Kapital übertragen. Dass Konzerninteressen nicht mit dem gesellschaftlichen Interesse an einer unabhängigen Bildung vereinbar sind, ist allgemein bekannt.«[274] Der Einfluss der Bertelsmann-Stiftung ist in NRW so groß, dass sie dort seit Jahren als »heimliches Bildungsministerium« gilt, das unabhängig von wechselnden Regierungen die Bildungspolitik bestimmt. In Niedersachsen traut das Kultusministerium aktuell einer Kooperation mit der Bertelsmann-Stiftung zu, »die Qualität von Schule und Schulsystem in Niedersachsen durch Entwicklung und Erprobung von Steuerungsinstrumenten zu steigern.«[275] Mit dem Bertelsmann-Evaluationstool »SEIS« arbeiten derzeit Schulen in 12 Bundesländern an solcher »Qualitätsentwicklung«.[276] Nicht zufällig spricht daher der Berliner Tagesspiegel von »Macht ohne Mandat«, die sich die Bertelsmann-Stiftung anmaße: »Gleich, ob es um die Reform von Schulen und Hochschulen geht oder den Umbau der Sozialsysteme, ob die steigende Alterung der Bevölkerung bewältigt werden muss oder der Aufbau einer europäischen Armee organisiert wird, eines ist so fast immer sicher: Die Experten der Bertelsmann-Stiftung sind auf höchster Ebene beteiligt, als Berater, als Moderatoren und als Antreiber. Von den Kultusministerien bis zum Kanzleramt, von den Kommunalverwaltungen bis zum Amt des Bundespräsidenten gibt es kaum eine politische Behörde, die nicht mit der Stiftung kooperiert.«[277]

Doch beginnen wir von vorne: Wie kommt ein solcher Einfluss zustande? Was hat es auf sich mit der Bertelsmann AG und ihrer Stiftung? Die Bertelsmann AG ist hervorgegangen aus dem provinziellen Buchclub der Nachkriegszeit und heute ein Weltkonzern in den Bereichen Medien und Dienstleitungen. Verschiedene Publikationen haben in letzter Zeit die Verstrickungen der Firma in den Nationalsozialismus nachgewiesen, von denen sie sich nach dem Krieg geschickt reingewaschen hat.[278] Heute ist der Bertelsmann-Konzern das größte Medienunternehmen Europas und steht weltweit an fünfter Stelle. Die Hauptgebiete des Unternehmens sind dabei:

- die RTL-Gruppe: die Fernsehsparte mit den RTL-Sendern, Vox, n-tv sowie Sendern in Frankreich, Großbritannien, Niederlanden, Belgien, Ungarn u.a.;
- der Verlag RandomHouse: die weltgrößte Buchverlagsgruppe mit über 100 Verlagen in aller Welt produziert jährlich 9000 Neuerscheinungen;
- die Bertelsmann Music Group: die BMG ist seit dem Zusammenschluss mit Sony der drittgrößte Musikverlag der Welt, besitzt Labels wie Ariola und Columbia mit »Megasellern« wie Celine Dion, Avril Lavigne, Elvis Presley und Bruce Springsteen;
- die Gruner+Jahr-Verlagsgruppe: das europaweit größte Zeitschriften- und Druckereiimperium ist in Deutschland unter anderem für die Magazine Stern, Geo, Brigitte, Capital, Eltern u.a.m. verantwortlich;
- die DirectGroup: das Geschäft mit Buch-, Musik- und DVD-Clubs;
- Arvato: die Dienstleistungssparte, deren etwas abstrakt klingendes Geschäftsfeld an einem Beispiel schon konkret deutlich wurde.[279]

Die Unternehmen machen einen Jahresumsatz von rund 19 Milliarden Euro, woraus ein Jahresgewinn von mehr als einer Milliarde Euro abfällt. Die Bertelsmann AG ist demnach ein Weltkonzern mit enormer Macht, gerade im das öffentliche Bewusstsein prägenden Medienbereich.

Was haben nun diese Geschäftszahlen mit unserem Bildungsproblem zu tun? Erstaunlicherweise gibt es nur zwei Anteilseigner an diesem Giganten: 76,9% der Aktien gehören der Bertelsmann-Stiftung, 23,1% der Familie Mohn. Reinhard Mohn war lange Jahre als Vorstandsvorsitzender für das Geschäft verantwortlich. Er gilt als Firmenpatriarch und stilisiert sich als verantwortungsbewusster Unternehmer mit einem geradezu missionarischen Weltverbesserungsauftrag.

Um diese Mission der »gesellschaftlichen Modernisierung«, also der Deregulierung und Effizienzorientierung, durchzusetzen und vor allem wohl auch, um Milliarden an Steuern zu sparen, gründete Mohn 1977 die Bertelsmann-Stiftung, der er 1993 den größten Teil des Grundkapitals der Bertelsmann AG übertrug. Mohn verhinderte damit, dass der Konzern durch seine Nachkommen zerschlagen und verkauft oder an die Börse gebracht werden kann. Und zugleich spart er Steuern, da die Stiftung als gemeinnützig gilt und von Steuern befreit ist: »Aus dem Umsatz bzw. dem Gewinn von mehr als einer Milliarde Euro speist sich steuerfrei eine jährliche Dividendenzahlung der Aktiengesellschaft an die gemeinnützige Stiftung. Deren Jahresetat kann mit rund 60 Millionen Euro veranschlagt werden. Das entspricht aber nicht annähernd dem Betrag, der dem Staat infolge des gemeinnützigen Status der Stiftung an Steuereinnahmen entgeht.«[280] Durch Mohns Konstruktion verliert der Staat enorme Steuereinnahmen aus den Gewinnen der Bertelsmann AG. Dieses eigentlich öffentliche Geld setzt nun die Stiftung für ihre Politik ein. Die sei zwar – so wird in unzähligen Leitbildern und Hochglanzbroschüren behauptet – gemeinwohlorientiert, verantwortlich, menschlich, sozial usw. Faktisch betreibt jedoch die Bertelsmann-Stiftung als eine Art Staat im Staat von niemandem kontrollierte Politik, die auf massive gesellschaftliche Veränderungen zielt. Dementsprechend definiert man sich als rein »operative« Stiftung, will heißen, man vergibt kein Geld auf Förderungsanträge, sondern führt ausschließlich eigene Projekte mit eigenen Zielen durch.

Die Rezepte hierfür sind simpel: »Unsere Arbeit wird von der Erkenntnis Reinhard Mohns geprägt, dass unternehmerisches Denken und Handeln entscheidend dazu beitragen, Problemlösungen für die verschiedenen Bereiche unserer Gesellschaft zu entwickeln und erstarrte Strukturen aufzulösen«,[281] so das Glaubensbekenntnis im Leitbild der Stiftung. Die bekannten Muster von Deregulierung, Wettbewerb und Effizienz sollen also nicht allein für den Bildungsbereich, sondern für alle gesellschaftlichen Felder maßgebend sein. Experten weisen darauf hin, dass es typisch für die Stiftung sei, wohlklingende, wertorientierte Ziele aufzustellen, die gesellschaftlich hohe Anerkennung besitzen wie »Partizipation und Transparenz, Effizienz und Nachhaltigkeit, Zukunftssicherung und soziale Gerechtigkeit, Bürger- und Zivilgesellschaft, Bürgerkommunen und Bürgerstiftungen, Bürgerbeteiligung und bürgerschaftliches Engagement. Auf der Seite der Konkretisierung dieser Zielvorgaben jedoch werden technokratische Kontrollverfahren aus der neoliberalen Asservatenkammer der Betriebswirtschaftslehre angeboten und installiert.«[282] Verfahren also, deren verheerende Wirkungen im Bildungsbereich in der bisherigen Darstellung deutlich wurden. Und es soll nicht bei Diskussionen und Entwürfen bleiben, sondern es geht um »Implementierung« von »Systementwicklungen« in allen Bereichen des Staates, so die Stiftungssatzung in §2. Man ist nicht nur Forum für geistige Auseinandersetzung, sondern will handfeste Politik machen, ohne hierfür eine demokratische Berechtigung zu haben.

Die Ursache für die enorme Durchschlagskraft seiner Strategie hat Reinhard Mohn selbst sehr genau formuliert: »Es ist ein Segen, dass uns das Geld ausgeht. Anders kriegen wir das notwendige Umdenken nicht in Gang.«[283] Die Finanzknappheit der öffentlichen Haushalte öffnet die Tür für die Geld- und Ideengeber aus der Wirtschaft. Ein zentrales Mittel der Stiftung, um Politiker und Öffentlichkeit unter Druck zu setzen, sind permanente Leistungsvergleiche und »Rankings«. Ob Hochschulen, Wirtschaftsstandorte oder Entwicklungsländer: Alle müssen sich den von Bertelsmann aufgestellten Maßstäben unterwerfen. Und da man natürlich reichlich mediale Foren hat, kann entsprechender »Reform«druck aufgebaut werden. Das macht die Stiftung so wirkungsvoll, dass Joel Fleischmann, ein Juraprofessor und Stiftungsexperte der Duke University in den USA, die »Bertelsmann Stiftung als eine der einflussreichsten ihrer Art weltweit« lobt. Sie habe Modellcharakter für viele andere Stiftungen.[284]

Und man tummelt sich auf allen Feldern von Belang: in Politik, Gesellschaft, Wirtschaft, Bildung, Gesundheitswesen und Kultur. Einige Beispiele mögen andeuten, in welcher Liga hier gespielt wird:

2006 veranstaltet die Bertelsmann-Stiftung ihr zehntes »International Bertelsmann Forum«. Im Auswärtigen Amt trifft sich die internationale Machtelite empfangen von Liz Mohn und bereitet die EU-Ratspräsidentschaft Deutschlands vor. Mohn und ihr Vorstandskollege Weidenfeld küssen, herzen und umarmen von Kanzlerin Angela Merkel über EU-Kommissionspräsident José Manuel Barroso bis zur grauen Eminenz Henry Kissinger alles, was Rang und Namen hat. Und der Vorstandsvorsitzende der Bertelsmann AG ist selbstverständlich auch dabei, denn »Gemeinwohl« ist sicher auch gut für das Geschäft des Medienkonzerns. Dann wurde auf diesem informellen Gipfeltreffen unter der Diskussionsleitung der Bertelsmänner Politik gemacht: »Auf einer Konferenz im ›Weltsaal‹ des Auswärtigen Amtes wurden am vergangenen Wochenende Vertreter fast sämtlicher EU-Staaten in die Vorgaben der Berliner Europa-Politik eingewiesen. Im Mittelpunkt standen die weitere Behandlung der EU-Verfassung, die Herausbildung einer europäischen Staats›führerschaft‹ sowie ›Großprojekte‹ im sogenannten Sicherheitsbereich. Gemeint ist die Aufstellung einer ›Europa-Armee‹ bei gleichzeitigem Ausbau der innereuropäischen Überwachungssysteme.«[285]

Die Bertelsmann-Stiftung agiert auf internationaler Politik-Ebene und beeinflusst die Außenpolitik der EU. Dazu gehört auch, dass man eine »Anleitung zum Umsturz« entwirft, ein Strategiepapier der Stiftung für den politischen Machtwechsel in Weißrussland: »Die Bertelsmann-Stiftung legte kürzlich ein Strategiepapier vor, das unter dem Titel ›In Richtung einer kohärenten EU-Strategie für Weißrussland‹ einen Regimewechsel in Lukaschenkos Weißrussland anstrebt. Erarbeitet wurde das Papier auf einem Workshop im litauischen Vilnius Anfang Februar

[2005], der in Kooperation mit dem litauischen Außenministerium vorbereitet wurde. An ihm nahmen neben Vertretern der weißrussischen Opposition auch Vertreter der EU-Kommission und des EU-Rates als Beobachter teil.«[286] Man will ohne Zustimmung der Regierung durch Unterstützung von Oppositionsgruppen Einfluss auf den »demokratischen Wandel« des Landes nehmen. Bertelsmann plant klassisch imperiale Politik des »Regime-Change«. Auch hier agiert man ohne jede demokratische Legitimation.

Ähnlich inszenierte Bertelsmann schon seit dem Jahr 2000 den sogenannten »Kanzlerdialog«, »eine jährliche Klausurtagung von Kanzler, Ministern, Ministerpräsidenten und Fraktionsvorsitzenden hinter verschlossenen Türen. Der Dialog ist nur ein Beispiel von vielen dafür, dass die Stiftung auf politische Debatte einwirkt.«[287] Für die sogenannten »Sozialreformen« der Schröder-Regierung erarbeitete man »in den Bereichen ›Kommunale Beschäftigung‹ (SGB II) und ›Soziales‹ (SGB XII), bekannt als ›Hartz-IV-Reformen‹, Kernkennzahlen«.[288] Hartz IV ist also ebenfalls in der »Reform-Werkstatt« Bertelsmann bearbeitet worden.

An solchen und ähnlichen Einflussnahmen arbeiten in der Bertelsmann-Stiftung 300 Wissenschaftler in derzeit 60 Projekten. Dazu kommen noch einmal rund 200 Mitarbeiter in den Stiftungsablegern CHE und »Centrum für angewandte Politikforschung« (CAP) in München. Den größten Teil des Kapitals investiert die Stiftung jedoch in den Umbau des Bildungswesens gemäß ihren Vorstellungen. Startschuss war hier die seit 1992 unter Johannes Rau tagende Kommission »Zukunft der Bildung – Schule der Zukunft« in NRW. Deren »Denkschrift« hat als Vorläufer der jetzigen ökonomistischen Reformpolitik Geschichte gemacht. Damals klang das noch etwas moderater, denn in der Kommission saßen neben Reinhard Mohn und Hilmar Kopper von der Deutschen Bank noch pädagogische Größen wie der Bildungstheoretiker Wolfgang Klafki oder alt-linke, von der Antipädagogik inspirierte Schulreformer wie Hans-Günter Rolff. Daher enthält die Denkschrift sowohl wohl klingende und oft wohl auch gut gemeinte pädagogische Ziele wie Schlagworte aus der antiautoritären Bewegung und im Vorwort sogar eine explizite »Absage an eine Marktsteuerung«,[289] um aber dennoch mit den bekannten Rezepten der Bildungsökonomie als Empfehlungen zu enden: Neue Steuerung, Schulautonomie, Evaluation, Entbeamtung und Leistungslohn für Lehrer, lebenslanges Lernen, Einsatz neuer Medien usw. Rückblickend erscheint es geradezu tragisch, wie sich bildungsorientierte Pädagogen haben einfangen lassen und wie reformpädagogische Schulkritik instrumentalisiert wurde. Seitdem war jedenfalls die Bertelsmann-Stiftung die bestimmende Kraft der Bildungspolitik in NRW, die über schon erwähnte Projekte und Modellstudien (die selbstverständlich immer erfolgreich waren und daher immer flächendeckend eingeführt wurden) die bildungsökonomischen Reformen vorantrieb.

Eine ähnliche Kommission inszenierte die Bertelsmann-Stiftung nach der berühmten »Ruck-Rede« von Bundespräsident Roman Herzog im Jahr 1997, in der Herzog alle Schlagworte der Bildungsökonomie vorbetete (vgl. Einleitung zu Kap. 3). Im damaligen »Initiativkreis Bildung« hatten neben einigen Pädagogen die Vertreter von Großindustrie, Verbänden, Medien und Politik sowie der Stiftung selbst bereits die deutliche Mehrheit. Ergebnis war ein »Memorandum«, das die Schlagworte »lebenslanges Lernen«, »Einsatz neuer Medien«, »Praxisorientierung« (Unternehmen in die Schule), »Autonomie und Wettbewerb von Schulen und Hochschulen«, »leistungsbezogene Finanzierung« sowie »Entstaatlichung der Schulaufsicht« in verschärftem Ton einforderte.[290] Was den Juristen Herzog dazu veranlasste, sich hierfür herzugeben, wird sein Geheimnis bleiben. Ebenso die Motive des heutigen Präsidenten Köhler, der die Linie nahtlos weiterverfolgt. Der Erfolg war jedoch ganz im Sinne der Bertelsmann-Strategie ein enormer öffentlicher Druck, »nun endlich« zu handeln.

Ebenfalls 1994 gründete Reinhard Mohn mit dem damaligen Rektor der Hochschulrektorenkonferenz das »Centrum für Hochschulentwicklung«, CHE: »Der hippe Name (sprich: »Tscheh«) knüpft listig an mögliche Reste von Revolutionsromantik bei Alt-68er-Professoren an. Doch anders als Che Guevara, Weggefährte Fidel Castros, kämpft das CHE nicht für eine klassenlose Gesellschaft. Im Gegenteil: Man arbeitet daran, das Bildungswesen wirtschaftskonform umzugestalten«.[291] Diese Namensgebung verrät bereits, dass eine wesentliche Aufgabe geschickte PR-Arbeit, also die Beeinflussung von Politik und Öffentlichkeit im Sinne der Bertelsmann-Leitlinien ist. Beispiel: Das CHE veröffentlichte 2003 eine selbst erstellte Umfrage, nach der sogar die Mehrheit der Studierenden selbst für die Einführung von Studiengebühren sei. Die Meldung ging genau zu dem Zeitpunkt durch die Medien, als viele Studenten gegen Studiengebühren demonstrierten. Die waren damit sogleich als unglaubwürdige, randalierende Minderheit abgestempelt. Der Schwindel flog dann zwar auf, nur fand die Richtigstellung kaum mehr den Weg in die Medien: Das CHE hatte den befragten Studenten nur verschiedene Modelle für Studiengebühren vorgelegt, aus denen sie eines auswählen mussten. Die Möglichkeit, Gebühren ganz abzulehnen, gab es nicht. So arbeitet professionelle Manipulation der Öffentlichkeit.

Dabei ist die Konstruktion des Zentrums selbst bereits abenteuerlich: Eine private Stiftung gründet mit dem Chef der Rektoren der öffentlichen Hochschulen, die gewählte Vertreter ihrer Professoren sind, ein privates Unternehmen, das ganz bestimmte politische Leitlinien durchboxt. Hier wird also privates Geld für private Ziele eingesetzt, um öffentliche Hochschulen zu verändern, und zugleich holt man sich die Spitzen der Hochschulen ins Boot, die wiederum über die Köpfe ihrer Kollegen hinweg entscheiden. Ein raffinierter Pakt zur Entmachtung der Öffentlichkeit und der Unabhängigkeit von Wissenschaft.

Welche Politik das CHE vertritt, wurde anhand der Visionen ihres Chefs, Prof. Detlef Müller-Böling, deutlich (vgl. Kap. 3.6). Der ist übrigens Betriebswirt, nicht etwa Bildungswissenschaftler. Deshalb kann er auch die Rezepte der Bildungsökonomie unverdrossen vorbeten. Das CHE setzt sie mit inzwischen bereits gefürchteten Hochschulrankings durch, die erst im Bertelsmann-Blatt »Stern« und heute in der »Zeit« veröffentlicht werden: Wer nicht dem Effizienzschema folgt, wird mit schlechten Plätzen abgestraft. Doch arbeitet das CHE auch sehr viel direkter in die Politik hinein und regiert mit: Dass dieser private Verein etwa der Landesregierung von NRW das neue Hochschulgesetz gleichsam vorformuliert hat (vgl. Kap. 3.6), ist ein deutlicher Beleg für die Privatisierung der Bildungspolitik: Nicht der Bürger entscheidet, sondern die Bertelsmänner. »*Berlusconi kann man abwählen, Bertelsmann nicht*«[292], so brachte Prof. Hans J. Kleinsteuber auf einer Bertelsmann-kritischen Konferenz das Dilemma auf den Punkt: Der italienische Medienmogul ließ sich offen in die Machtposition wählen und konnte daher auch wieder abgewählt werden. Bertelsmann arbeitet gut getarnt als »Denkfabrik« mit wohl tönenden humanen Zielen.

Dabei wäre der Stiftung sehr leicht viel Wind aus den Segeln zu nehmen: Eine simple Änderung des Stiftungsrechts könnte die offensichtlichen Verstrickungen von Stiftung und Unternehmen beheben und das gigantische Kapital der Stiftung verringern: »In den USA ist der Kapitalbesitz einer Stiftung am Unternehmen des Stifters nur bis 20 Prozent erlaubt (bei Bertelsmann sind es 76,9 Prozent), und die Arbeit der Stiftung im Geschäftsfeld des Unternehmers ist tabu. Die Idee dahinter ist, dass ein Stifter massiven Einfluss in seiner Stiftung ausübt und diesen nicht zum ökonomischen Nutzen seines Konzerns einsetzen soll.«[293] Wir haben gesehen, wie das etwa am Beispiel der Schulprivatisierung laufen kann: Wenn die Bildungspolitik der Stiftung mit nicht versteuerten Geldern dem Konzern Geschäftsfelder erschließt, wäre das als unlauterer Wettbewerb und Steuerhinterziehung zu beurteilen. Man könnte dem also schnell ein Ende machen – wenn man wollte. Da viele Politiker jedoch mit im Sumpf stecken, müssten dies die Bürger einfordern.

Insofern kann hoffnungsvoll stimmen, dass die öffentliche Kritik an Bertelsmann massiv zunimmt, ganze Tagungen veranstaltet werden, immer mehr Bücher, Aufsätze und Internetforen hierzu erscheinen.[294] Konzern und Stiftung sind ein treffendes Beispiel, das sehr genau deutlich macht, wie nicht genau fassbar, aber sehr wirkungsvoll, der nebulöse Einfluss in unserem Schema wirkt. Zugleich sollte man Bertelsmann auch nicht überschätzen und dabei übersehen, wer noch alles im System der Ökonomisierung von Bildung und Gesellschaft mitspielt. Mohns missionarischer Medienclub ist selbst nur ein Rädchen im Gesamtsystem.

ERT: Industrielle machen europäische Bildungspolitik

Wie strategischer Einfluss von Industrieunternehmen europaweit die Bildungspolitik dominiert, macht schließlich die Arbeit des »European Round Table of Industrialists« (ERT) deutlich. An diesem Runden Tisch von europäischen Industriellen war von 1994 bis 2002 auch Bertelsmann mit einem Vorstandmitglied vertreten. Auch die Bertelsmänner beziehen ihre Ideen also offenbar von noch übergeordneten Netzwerken und setzen diese national um.

Der ERT wurde 1983 gegründet und hat derzeit 45 Mitglieder. Darunter sind Nokia, Nestlé, ThyssenKrupp, Bayer, SAP, Siemens, E.ON, Fiat, Renault, Shell, British Petrol u.a. Jeweils die Vorstandsvorsitzenden dieser größten europäischen Industrieunternehmen treffen sich zweimal jährlich und sprechen die politischen Leitlinien ab. Diese werden in Arbeitsgruppen ausgetüftelt und in regelmäßigen Treffen mit Mitgliedern der EU-Kommission, Ministern des Europarats, Abgeordneten des Europaparlaments und der jeweiligen EU-Ratspräsidentschaft »diskutiert«. Gleiche Einflussarbeit setzt man in den einzelnen Ländern mit den nationalen Regierungen um. All das stellt der ERT freimütig selbst so dar:[295] Man habe die Politik kontinuierlich auf wichtige Probleme aufmerksam gemacht und »den Samen von Ideen zu ihrer Lösung gesät«. Die Vorschläge des ERT gälten als erstklassige Analysen und intelligente Argumente. So sei der ERT zum Hauptgesprächspartner in der EU geworden.

Für den Bereich Bildung ist sehr aufschlussreich, dass eine Arbeitsgruppe zu diesem Thema von 1987 bis 1999 bestand. Das heißt: Das Thema ist für den ERT längst abgehandelt, die entscheidenden Weichenstellungen wurden vorgenommen, man kann sich anderem zuwenden. Wenn man nun diese Bildungskonzepte betrachtet, lesen sie sich als exakte Vorlagen für die Bildungspolitik der EU und der einzelnen Länder, insbesondere für die Bologna-Reformen. Da sie zeitlich vor oder parallel zu deren Planung und Umsetzung liegen, kann man ihnen echte Wegweiserfunktion zumessen: Was die Konzernchefs am Runden Tisch beschlossen haben, wurde faktisch in Politik umgesetzt. Und öffentlich als großartige Ideen von »innovativen« Bildungsministern verkauft.

1. Schritt 1989: Der ERT veröffentlicht eine Studie unter dem Titel »Education and European Competence«. Der Report fordert die »Neubelebung« von Bildung und Lehrplänen, um die Bürger der EU besser für die Erfordernisse der Arbeitswelt des 21. Jahrhunderts auszustatten. Besonders, so der Bericht, sei eine stärkere Zusammenarbeit von Industrie und Bildungseinrichtungen notwendig. Zudem wurde die Bedeutung des technischen und lebenslangen Lernens betont.[296] Hier – 1989! – sind also bereits alle Schlagworte der heutigen Reformen versammelt, ausgearbeitet von den größten Industriellen Europas.

2. Schritt 1995: Sechs Jahre später folgt der Report »Education for Europeans: Towards the Learning Society«. Der Bericht erfindet den Begriff der »Education Chain«, also des lebenslangen Ausbildungsprozesses vom Kindergarten bis zur Bahre. Nicht mehr Tiefe des Wissens, sondern flexible Kompetenzen seien notwendig und selbstverständlich »lebenslanges Lernen«. Das Lernen selbst solle »revolutioniert« werden durch die massive Einführung von Multimedia und Computern auf allen Ebenen der Bildung und Ausbildung. Und: Das Bildungssystem solle »verbessert« werden durch die Einführung von Management-Techniken wie Qualitätsmanagement, autonome Finanzverwaltung und Benchmarking (Identifikation und Implementierung von Best Practices). Das Ganze wird mit Drohszenarien garniert: Wenn Europa sich hierauf nicht einstelle, drohe ein massiver wirtschaftlicher Abschwung. Daher müsse jetzt gehandelt werden.

Der Bericht ist im Übrigen gemeinsam mit der »Europäischen Rektorenkonferenz« (CRT) entstanden. Der ERT verfolgte also auf Europaebene die gleiche Strategie der Einbindung der Hochschulrektoren wie Bertelsmann zur gleichen Zeit mit seinem CHE in Deutschland.

3. Schritt 1997: Wenig später schiebt der ERT einen weiteren Bericht nach (»Investing in knowledge – the integration of technology in European Education«), der die Integration von Computer und Internet in die Bil-

dung noch mehr vorantreiben soll. Nur so sei das »lebenslange Lernen« zu erreichen, denn derart könne jeder Arbeitnehmer jederzeit seine Kenntnisse erweitern.

Und was unternimmt die EU als Konsequenz aus diesen Forderungen der Industrie?

1992: Artikel 126 des Maastricht-Vertrags stattet die EU erstmalig mit Kompetenzen im Bildungsbereich aus.

1995: Die EU veröffentlicht das »Weißbuch zur allgemeinen und beruflichen Bildung: Lehren und Lernen. Auf dem Weg zur kognitiven Gesellschaft«. Als Antwort auf die – wieder einmal unabänderlichen – »Herausforderungen« Informationsgesellschaft und Globalisierung wird u.a. gefordert: »Schule und Unternehmen sollen einander angenähert werden.« Bildungseinrichtungen sollen autonom werden, es soll verstärkt Multimedia-Bildungssoftware zum Einsatz kommen. Überdies bezieht sich das Weißbuch auch direkt auf den Report des ERT von 1995, zitiert aber wohlweislich nur eine unverfängliche Stelle zum lebenslangen Lernen.[297] Das Jahr 1996 wird zum »Jahr des lebenslangen Lernens« ausgerufen.

1996: Bildungskommissarin Edith Cresson setzt eine Studiengruppe zur Bildung ein (Groupe Reiffers), die zu der Empfehlung kommt: »Nur wenn sie sich dem Wesen des Unternehmens im Jahr 2000 anpassen, können die Systeme der allgemeinen und beruflichen Bildung zur europäischen Wettbewerbsfähigkeit und Beschäftigungssicherheit beitragen.«[298]

Ebenfalls 1996: Der Aktionsplan »Lernen in der Informationsgesellschaft: Aktionsplan für eine europäische Initiative in der Schulbildung« der Europäischen Kommission setzt alle Forderungen des ERT zum Multimedia-Lernen um. Vor allem in den Primar- und Sekundarschulen (!) soll die »Verbreitung multimedialer Unterrichtsformen« gefördert werden, um »eine ›kritische Masse‹ von Anwendern, Produkten und Diensten im Bereich der multimedialen Lehrmittel« zu schaffen.[299] Denn: »Eine zu geringe Zahl von Nutzern und Entwicklern würde auf Dauer die europäische Multimediaindustrie schädigen.«[300] Deutlicher kann man es kaum formulieren: Die wie gezeigt unsinnige Einführung von Computern und Internet in den Schulen dient zuallererst der Kundenbeschaffung für die Medienindustrie! Nun versteht man, warum der ERT darauf bestand, dass Informations- und Kommunikationstechnologien eine zentrale Rolle in Bildung und Weiterbildung zu spielen hätten und warum dies so »dringend« sei, denn dort sitzen die Großen der Medienindustrie selbst mit am Tisch.[301]

2000 lancierte die EU neue Kampagnen zum E-Learning und »lebens-langen Lernen«.

2001 will ein »Bericht der Kommission: Die konkreten künftigen Ziele der Bildungssysteme«, dass die »Bildungssysteme zur Bewertung ihrer Qualität in stärkerem Maße Qualitätssicherungs- und Evaluierungssysteme nutzen und in ihren Leistungen effizienter werden.« Zudem sei heute »allgemein anerkannt, dass Schulen und Ausbildungseinrichtungen Kontakte zur Wirtschaft benötigen (…). Die Schulen sollten ihre Kontakte zu den Unternehmen in ihrer unmittelbaren Umgebung auch dazu nutzen, Beispiele erfolgreicher Geschäftsmodelle im Rahmen ihrer Lehrpläne zu präsentieren.« Auch soll »Unternehmergeist« gefördert werden: »Schulen und Ausbildungseinrichtungen sollten dieses Element in ihre Lehrpläne aufnehmen und sicherstellen, dass sich die jungen Menschen in diesem Bereich schon von klein auf entwickeln können.« Somit seien folgende Grundfertigkeiten »durch lebenslanges Lernen zu vermitteln«: »IT-Fertigkeiten, Fremdsprachen, technologische Kultur, Unternehmergeist und soziale Fähigkeiten.«[302]

Man kann die Chronologie hier abbrechen: Es wird deutlich, dass die EU-Kommission die Wünsche der Industrie nahtlos und vollkommen umgesetzt hat und dass diese wiederum in den Nationalstaaten angekommen sind. Allein am Beispiel der Forderung nach verstärkter Nutzung von Evaluierungsinstrumenten erkennt man, wie etwa Bertelsmanns mit seinem »SEIS«-Tool als nationale Umsetzungsagentur der europäischen Vorgaben fungiert. Was wir in Kapitel 4 an Beispielen beschrieben haben, geht also unmittelbar zurück auf die Entwürfe großer europäischer Konzerne und ist längst Teil offizieller EU-Politik. Die Behauptung, dass auch auf den internationalen Ebenen die Konzerne und Lobbygruppen letztlich die Bildungspolitik bestimmen, kann als zutreffend gelten. In der Tat wird hier nicht nur beraten oder einmal ein Politiker zum Sektempfang eingeladen: Hier werden die Leitlinien der Politik von den Großindustriellen selbst verfasst und dann von den Vasallen in Brüssel, Berlin und anderswo abgenickt. Hier regiert – so platt das klingen mag – das Geld die Welt.

6 Ausblick: Was tun?

»Die Bewahrung des wenigen, das noch vorhanden ist,
sollte uns heute fast zur fixen Idee werden.«
Simone Weil

Wenn wir uns nun einem Ausblick zuwenden, die erfreulichen Nachrichten vorweg:

Zum einen: Alles, was hier geschildert wurde geschieht nicht zwangsläufig. Das behaupten zwar Brutal-Kapitalisten wie Radikal-Marxisten in großer Einmütigkeit. Aber weder die Gesetze des Marktes noch die der Geschichte sind unabänderlich.

Daraus folgt zum anderen: Man muss dabei nicht mitmachen. Man muss die Freiheit nicht selbst aufgeben. Man kann täglich für eine menschliche Erziehung und Bildung wirken.

In diesem Sinn entwerfen wir drei Ausblicke: Auf das, was bereits gegen die Ökonomisierung der Bildung getan wird. Das kann ermutigen. Dann auf das, was Eltern, Lehrer, Hochschullehrer und Studenten tun können. Das kann aktivieren. Und schließlich, was von uns allen getan werden muss. Das kann Perspektiven eröffnen.

Gegen den Umbau von Schulen und Hochschule regt sich an vielen Stellen längst Widerstand, von dem bereits manches erwähnt wurde. Leider erfährt man durch die Medien davon meist wenig. Daher seien einige internationale wie nationale Beispiele hier angeführt:

Zunächst kann ermutigen, dass es auch auf politischer Ebene durchaus Widerstände gegen die Kommerzialisierung von Bildung und Kultur gibt. Hier sind widerstrebende Entwicklungen im Gange. So hat die UNESCO, die für Kultur und Erziehung zuständige Teilorganisation der Vereinten Nationen (UN), 2005 in Paris mit großer Mehrheit ein »Übereinkommen über den Schutz und die Förderung der Vielfalt kultureller Ausdrucksformen« verabschiedet.[303] Das Abkommen betont in Artikel 1 »die besondere

Natur von kulturellen Aktivitäten, Gütern und Dienstleistungen als Träger von Identität, Werten und Sinn« und bekräftigt »das souveräne Recht der Staaten (…), die Politik und die Maßnahmen beizubehalten, zu beschließen und umzusetzen, die sie für den Schutz und die Förderung der Vielfalt kultureller Ausdrucksformen in ihrem Hoheitsgebiet für angemessen erachten«. Wirtschaft dürfe nicht gegen Kultur ausgespielt werden: »Da die Kultur eine der Hauptantriebskräfte der Entwicklung ist, sind die kulturellen Aspekte der Entwicklung ebenso wichtig wie ihre wirtschaftlichen Aspekte; Einzelpersonen und Völker haben das Grundrecht, an ihnen teilzuhaben und sie zu genießen.« (Artikel 5) Die UNESCO nimmt hier also deutlich Stellung gegen den verkürzten Begriff von Kultur und Bildung, der durch globale Wirtschaftsinteressen durchgesetzt werden soll.

Die Konvention wurde im März 2007 auch von der Bundesrepublik Deutschland ratifiziert und *richtet sich gemäß der Bundesregierung selbst explizit gegen den verengenden Kulturbegriff des GATS-Abkommens*: »Das UNESCO-Übereinkommen zum Schutz kultureller Vielfalt bestätigt das Recht der beigetretenen Vertragsstaaten auf eine eigenständige Kulturpolitik völkerrechtlich. Notwendig ist dies, da durch das Allgemeine Abkommen zum Handel mit Dienstleistungen (GATS) der Handel mit Dienstleistungen zunehmend liberalisiert wird – mit Auswirkungen auch auf den Kultur- und Bildungsbereich. Die UNESCO-Vertragsstaaten erkennen in ihrem Übereinkommen die Doppelnatur kultureller Aktivitäten, Güter und Dienstleistungen an. Sie betonen, dass diese aber keinesfalls nur unter wirtschaftlichen Gesichtspunkten gesehen werden können. Kernstück des Übereinkommens ist daher das Recht eines jeden Staates, regulierende und finanzielle Maßnahmen zu ergreifen, um die Vielfalt der kulturellen Ausdrucksformen auf seinem Staatsgebiet zu schützen.«[304]

Offensichtlich existieren hier parallele Bestrebungen, die zu der etwas schizophrenen Situation führen, dass sich die Bundesregierung einerseits mit der UNESCO gegen die Kommerzialisierung von Bildung wendet, diese andererseits aber über die EU bei den GATS-Verhandlungen selbst mit vorantreibt. Doch kann man gerade die Resolutionen der UNESCO als völkerrechtlich verbindlichen Bezugspunkt nutzen, um die nationalen Regierungen zu verpflichten, nicht den Wirtschaftsinteressen das Feld zu überlassen. Denn während die WTO keine direkte demokratische Legitimation besitzt, ist die UN zumindest von ihrem Prinzip her das einzige Forum, an dem tatsächlich die Völker der Welt repräsentiert sind.

Ähnlich bemerkenswert ist eine 2002 von der »Versammlung der Regionen Europas« verabschiedete Resolution, die sehr deutlich vor den negativen Konsequenzen des GATS-Abkommens für Bildung und Kultur warnt. Die VRE ist ein Zusammenschluss von regionalen Ministern europäischer Staaten, die für Kultur und Bildung zuständig sind. Die Landesminister nehmen hier deutlich Stellung:

»Wir stellen uns die Frage, ob es angemessen, notwendig und zum größeren Nutzen der Gesellschaft ist, wenn die Bereiche Bildung, Kultur und Medien den Verordnungen des Allgemeinen Abkommens über den Handel mit Dienstleistungen (GATS) unterworfen werden. (…) Wir halten es für inakzeptabel, die Öffentlichkeit vom Zugang zu umfassenden und verständlichen Informationen über die laufenden Verhandlungen auszuschließen. (…) Wir bekräftigen unsere Überzeugung, dass demokratische Gesellschaften (…) ein Bildungssystem erfordern, das allen Kindern und jungen Menschen (…) offensteht. (…) Wir verwerfen die Vorstellung, Bildung, Kultur und Medien als reine Marktsegmente zu betrachten. (…) Wir stimmen überein, (…) dass Kulturgüter und -dienstleistungen – als Vektoren von Identität, Werten und Sinn – nicht als reine Waren oder Verbrauchsgüter behandelt werden dürfen. (…) Wir sind gegen die Umwandlung des bestehenden öffentlichen, dem allgemeinen Interesse dienenden Bildungssystems in ein marktorientiertes, welches, sei es auch noch so wohl gemeint, letztendlich Interessengruppen mit kommerziellen oder ideologischen Absichten stark begünstigt. (…) Daher fordern wir, dass die Bereiche Bildung, Kultur und Medien von den weiteren GATS-Verhandlungen ausgenommen werden. (…)«[305]

Solche Resolutionen können – gleichgültig, wie durchweg ehrlich sie gemeint sind – für die Öffentlichkeit wichtige Anknüpfungspunkte bieten. Sie können von den Bürgern aufgegriffen und verbreitet werden, wenn dies die Medien nicht tun.

Großes öffentliches Echo fanden im Juni 2005 die »Einsprüche gegen die aktuelle Modernisierung der Bildungseinrichtungen«, die sieben deutsche Erziehungswissenschaftler unter dem Titel »Das Bildungswesen ist kein Wirtschaftsbetrieb!« formulierten. Die Professoren kritisierten die sogenannten Bildungsreformen als »Maßnahmen (…) der politisch administrativen Bevormundung, der technokratischen Steuerung und Kontrolle und der einseitigen ökonomischen Indienstnahme von Erziehung, Studium und Forschung«. Sie seien ungeeignete Mittel, um den Mängeln in Schule und Hochschule abzuhelfen: »Wir wenden uns gegen die Illusionen einer alle politischen Parteien übergreifenden Bildungspolitik, die das Bildungssystem nach betriebswirtschaftlichen Mustern in den Griff zu bekommen sucht.« Die angebliche Autonomie von Schulen und Hochschulen »erweist sich real als verschärfte Fremdbestimmung«, so die Erklärung. »Wenn Regulierungen überborden, erstickt das Recht der Jugend auf eine offene Zukunft, das ein Recht auf Zweifel, wirkliches Verstehen, auf umwegreiche Annäherung, auf Langsamkeit und die Durchdringung individueller Betroffenheiten und Schwierigkeiten ist. Das gilt für alle Bildungseinrichtungen und Bildungsinhalte, von der Grundschule bis zur Universität.« Tatsächlich führe die derzeitige Bildungspolitik nicht zu Chancengerechtigkeit, sondern die »Standardisierung auf der gegebenen Basis von Ungleichheit der Bildungsangebote wird die soziale Spaltung und Hierarchisierung der Gesellschaft, soweit sie von Bildung abhängen, verschärfen. Das ist in einer freiheitlichen und demokratischen Rechts- und Gesellschaftsordnung nicht hinzunehmen.«[306] Die Erklärung wurde binnen kurzer Zeit von über 300 Pädagogen aus Hochschule und Schule unterzeichnet.

Eine von den Initianten ausgerichtete Tagung in Frankfurt am 10. Oktober 2005 fand sehr großen Zuspruch. Bei den teilnehmenden 300 Professoren, Lehrern aller Schulformen, Eltern, Studenten, Referendaren, Seminarausbildern, Gewerkschaftsvertretern usw. herrschte größte Übereinstimmung in der Kritik einer rein ökonomisch ausgerichteten Bildungspolitik: »Die Politik sollte sich verabschieden von einer drohend ins Feld geführten Alternativlosigkeit der angeordneten Maßnahmen. Diese ist fingiert und dient allein zur Einschüchterung und Erzwingung. (…) Zur Neujustierung der Debatte erachten wir es als notwendig, die permanente Selbstenthusiasmierung durch ›Visionen‹ und ›Missionen‹ aufzugeben, den Sprachnebel zu lichten, mit dem die gegenwärtige Situation verunklart, die Motive für angeordnete Veränderung kaschiert und Opportunismus das Feld eröffnet werden. Zurückzukehren ist zu einer bescheidenen und sachlich klaren Redeweise«, so die Schlusserklärung der Tagung.[307] Eine Internetplattform sammelt seitdem eine Vielzahl von kritischen Beiträgen zum Thema (www.forum-kritische-paedagogik.de).

Dass es sich hierbei nicht allein um die übertriebene Besorgnis »weicher« Erziehungswissenschaftler handelt, macht die »Beilsteiner Erklärung« von 2006 deutlich, in der vor allem Professoren von technischen Fachhochschulen warnend ihre Stimme erheben: »Wir sehen den über Jahrhunderte gewachsenen kulturellen Reichtum Europas, der in Vielfalt gründet und in der Fähigkeit zu friedlichem Zusammenleben, letztere schmerzlich erworben als Lehre aus den Tragödien der ersten Hälfte des zwanzigsten Jahrhunderts, akut gefährdet durch die Zwangsjacke moderner Monokultur: der Ökonomisierung aller Lebensbereiche, zuvörderst der Bildung und aller sie vermittelnder Institutionen.« Auch in den traditionell stärker auf Anwendung gerichteten Fachhochschulen sehen sie die Möglichkeiten zu freier Bildung und Wissenschaft durch die Ökonomisierung gefährdet: »Öffentliche Hochschulen sind keine Privatunternehmen, die nach Gewinn und Verlust funktionieren. Sie sind Einrichtungen von Bürgern für Bürger, finanziert im Wesentlichen durch Steuerbeiträge der Bürger, damit unabhängig und frei von wirtschaftlichen und politischen Interessen geforscht und gelehrt werden kann – damit eine akademische Jugend heranwächst, die verantwortungsbewusst wissenschaftlich denken und forschen kann. Eine freie Gesellschaft braucht unabhängige öffentliche Hochschulen. (…) Wir wenden uns dagegen, junge Menschen nur als Human-Ressourcen zu betrachten, die sich auf dem Markt verkaufen müssen. Das widerspricht der Menschenwürde. Menschen haben ein vitales Interesse an wissenschaftlicher Bildung. Und eine demokratische Gesellschaft braucht wissenschaftlich gebildete Menschen, die mit wissenschaftlichen Kenntnissen und kritischem Denkvermögen auch zur öffentlichen Meinungsbildung beitragen.«[308]

An vielen deutschen Hochschulen gibt es zudem Initiativen, Demonstrationen und Streiks von Studenten gegen eine ökonomistische Bildungsreform. In den Bildungsgewerkschaften und Lehrerverbänden sowohl konservativer wie sozialdemokratischer Ausrichtung sind vor allem an der Basis viele kritische Stimmen zu hören. Und auch in anderen europäischen Staaten werden Stimmen laut: In Österreich sind gerade an den Hochschulen sehr viele Lehrende und Studierende sehr wachsam, so wurden 2003 in Kürze über 750 Unterschriften von Universitätsangehörigen gegen ein neues Universitätsgesetz gesammelt, das »der platten ›Ökonomisierung‹ aller wissenschaftlichen Tätigkeit« diene.[309] An den griechischen Universitäten protestieren seit Sommer 2006 Studenten und Dozenten gegen die Änderung des Hochschulgesetzes, das private Universitäten einführen will, um mehr »Wettbewerb« herzustellen.[310] In Belgien arbeitet die Initiative »Appel pour une école démocratique – APED« für den Erhalt der öffentlichen Schule in einem demokratischen Staat.[311]

Wenn auch manche dieser Initiativen von politisch eher linken Kreisen getragen sind, ändert das wenig an den zugrunde liegenden Phänomenen, mit dem durchaus breite Bevölkerungsschichten nicht einverstanden sind, wie ein Hamburger Volksbegehren gegen die Privatisierung der Berufschulen zeigte. Dort wurden innerhalb von zwei Wochen 121.000 Unterschriften für die Initiative »Bildung ist keine Ware« gesammelt, die die von der Hamburger Handelskammer ersonnene Privatisierung verhindern

sollte. Für den inzwischen erreichten Grad an Bürgerferne und Machtar-
roganz gewählter Politiker ist bezeichnend, dass der Senat das Projekt
zwar vorläufig zurückzog, dann aber unter neuem Titel wieder durchsetzen wollte. An diesem wie auch an den anderen Beispielen zeigt sich, wie
wichtig wachsame Bürger sind, die nicht allein mit einmaligen Tagungen
und Aktionen dem Unmut Luft machen, sondern das Thema beharrlich
verfolgen und sich von den Winkelzügen der Politik nicht täuschen lassen,
die ihre Marschbefehle aus anderen Netzwerken erhält. Wichtig ist ein
Protest aus der Mitte der Gesellschaft heraus, insbesondere von Eltern, die
in Fragen der Bildungspolitik immer den größten Einfluss haben.

Während also bereits manches getan wurde und wird, ist auch die
Frage, was ein jeder tun kann, der den Dingen, die sich abzeichnen, nicht
ihren Lauf lassen will. Eltern, Lehrer, Professoren und Studenten haben
dabei den Vorteil, dass sie als solche jeden Tag etwas für eine am Menschen
orientierte Bildung und Erziehung tun und darüber hinaus als Bürger
aktiv sein können.

Was Eltern tun können
Die elterliche Erziehung ist die wichtigste Voraussetzung für die Bildung
der Kinder.[312] Wir haben gesehen, dass Erziehungsvergessenheit und pädagogischer Zeitgeist sehr negative Auswirkungen auf die heutige Schulsi-
tuation haben. Daher ist eine fordernde und fördernde Erziehung das, was
den Schülern hilft, Bildung zu erwerben und Verantwortlichkeit zu stärken. Kinder zu verzärteln, ihnen Hürden aus dem Weg zu räumen, normale Anforderungen des Lebens abzunehmen, schwächt diese nachhaltig. Ein
heute weit verbreitetes Problem: Man muss in der heutigen Kosum-,
Medien- und Freizeitwelt geradezu normale Notwendigkeiten schaffen, an
denen Kinder reale Erfahrungen machen können. Dazu sind tägliche,
unbequeme Entscheidungen nötig: Lasse ich mein Kind am Computer
spielen oder fordere ich von ihm ganz selbstverständlich und wohl wol-
lend, im Haushalt zu helfen? Kaufe ich ihm das x-te Spielzeug oder zeige
ich ihm, wie man aus Holz und Farbe selbst etwas baut? Hole ich die Fer-
tigpizza aus dem Tiefkühler oder pflanze ich mit den Kindern Gemüse im
Garten an? Fahre ich in den Freizeit-Fun-Park oder überlege ich gemeinsam mit den Nachbarskindern, wie man etwa Schulen für Kinder in
Afghanistan unterstützen könnte?[313] An solchen Realitäten können Kinder
erfahren, dass das Leben nicht aus X-Box, Reitstunde, »Chillen«, Kino,
Shoppen und Handytelefonieren besteht. Und dass es viel Bereicherndes
und Erfüllenderes gibt. Man muss den Kindern nichts »bieten«, es schadet

nicht, wenn sie nicht all das haben, was andere auch haben. Sie müssen an der Welt teilnehmen, die Welt muss sich nicht um sie drehen. Dazu gehört auch die Schule: Schule ist ein Beruf, keine unangenehme Freizeitunterbrechung. Das müssen Eltern so sehen und empfinden, damit ihre Kinder das auch so sehen. Dabei brauchen die Kinder Unterstützung und emotionalen Rückhalt, aber kein Abnehmen, Schonen, Bemitleiden und Nicht-Zutrauen.

Genauso wenig wie Überbehütung helfen Strenge und Gewährenlassen. Kinder können nicht alles alleine, selbst wenn sie das in der Pubertät behaupten. Und ihnen helfen genauso wenig überhöhte Erwartungen, die heute oft aus der verständlichen Nervosität vieler Eltern entstehen, die sich Gedanken um die Zukunft ihrer Kinder im heutigen Wirtschaftssystem machen. Aber wichtig wäre, nicht die Kinder mit allen Mitteln für das Gymnasium zu trimmen, sondern dieses Konkurrenzsystem nicht einfach hinzunehmen, Alternativen zu entwickeln und den Zustand der gesamten Welt ins Auge zu fassen. Aus dem Engagement für den Rest der Menschheit kann auch Ruhe und Kraft erwachsen, die eigenen Kinder sinnvoll zu erziehen.

Alles übertrieben? Die Lehrerin einer 6. Gymnasialklasse berichtet, dass ihre Klasse außergewöhnlich träge, lustlos, unmotiviert sei; vielen Schülern droht der Schulwechsel. Bei genauerem Nachforschen stellt sich heraus, dass viele Eltern die Kinder vor den Anforderungen der Schule in Schutz nehmen, sie »verteidigen« statt zu fordern. Nur drei Kinder in der Klasse sind auffällig anders und zeigen auch bessere Leistungen: Eine Halbwaise, die mit ihrem Vater alleine lebt und viel mithelfen muss; ein Bauernsohn, der täglich in Hof und Stall zupackt und dort Verantwortung trägt; und das Kind von Eltern, die bewusst nach alternativen Lebensformen suchen. Zufall? Oder Resultat eines realistisch fordernden, aber auch emotional stabilen Erziehungsstils?

Was hat das nun mit der Ökonomisierung von Bildung zu tun? Wenn Schüler heute vor allem auf Vergleich und Konkurrenz getrimmt werden, wenn Bildungserlebnisse, Beiträge zur Sinnfindung und Erziehung zur Gemeinschaftsfähigkeit zurücktreten gegenüber dem straffen Stoffplan für die nächste Vergleichsarbeit, wenn Kommerzangebote selbst in die Lehrpläne dringen und das Kind des Nachbarn auf die teure Privatschule geht, dann müssen Schüler über Werthaltungen verfügen, die sie nicht nahtlos in diesem Konkurrenzsystem aufgehen lassen, sie müssen andere Werte mitbringen: Mitgefühl, Realitätssinn und Verantwortlichkeit. Kinder brauchen eine Art inneres Bollwerk gegen das System von Egoismus,

Konkurrenz, Gewalt und geistiger Verflachung – wenn man ihnen mehr mitgeben möchte, als die marktgängige Schule bietet. Eine Schule, die – so hatten wir gefolgert – in ihrer durchökonomisierten Form in letzter Konsequenz zu Unfreiheit und Abhängigkeit erzieht oder die »schwierigen« Schüler ruhig stellen lässt. Wer will das für seine Kinder?

Hiergegen können gerade Eltern aktiv werden: Man kann Elternabende nutzen, um diese Fragen zu diskutieren, man kann Vorträge und Diskussionen veranstalten, man kann entstehende Nervosität und Konkurrenz besprechen, man kann sich austauschen und verbinden; man kann den Rektor zur Rede stellen, wenn er statt Erziehung und Unterricht vor allem Schulmarketing betreibt; man kann die Lehrer unterstützen und ermutigen, sinnvolle Inhalte zu vermitteln und positive Erziehungsarbeit zu leisten; Eltern können zu einem Schulprofil jenseits von Event und Leistungsmessung beitragen. Und man kann auch einfach mal nicht mitmachen: Nicht jeder neuer Einfall der Bildungspolitik wie Sprachstandserhebungen und Bildungsdokumentationen muss klaglos hingenommen werden. Und wenn dann dazu einmal ein Anwalt nötig ist, organisiert man auch das gemeinsam. Vor Eltern haben Bildungspolitiker die größte Angst: Lehrer und Professoren hat man am Beamten-Gängelband, Studenten und Schüler nimmt man nicht ernst; aber Eltern sind eine sehr große Wählerklientel, die Druck aufbauen können. Elternvereine haben schon vieles erreicht, am besten mit den Lehrern gemeinsam. Wenn Eltern beginnen, die Verzweckung der Schule und die Abrichtung ihrer Kinder offensiv zu kritisieren, wäre viel gewonnen.

Was Lehrer und Hochschullehrer tun können

Das Beste, was Lehrer und Professoren tun können, beschreibt die zitierte finnische Weisheit: Sie können »Kerzen des Volkes« sein, etwas Licht ins Dunkel bringen und die Seelen wärmen. Das klingt sentimentaler, als es gemeint ist. Tatsächlich ist es heute für Schüler und Studenten sowie für die Öffentlichkeit von enormer Bedeutung, dass Lehrer und universitäre Lehrende das Geschehen aufklären und erhellen. Gerade das ist Aufgabe und Verpflichtung der Akademiker, rechtfertigt das höhere Maß an Ausbildung, das die Gesellschaft ihnen ermöglicht hat. Hier zeigt sich die Bedeutung einer akademischen Bildung, die nach Wahrheit und Richtigkeit fragen muss. Und zugleich können Lehrende in Schule und Hochschule der Kälte der Ökonomisierung täglich menschliche Wärme entgegensetzen, ein anderes Bild vom Menschen. Sie können den Menschen zur Person bilden, nicht zur Funktion abrichten.

Lehrer stehen wie gezeigt durch die Bildungsreformen unter enormem Druck, auf sie prasseln nicht nur immer höhere Arbeitsbelastungen nieder, sondern gerade die Lehrer sollen mittels der beschriebenen Propaganda und Kontrolle daran gehindert werden, nachzudenken und öffentlich zu machen, was vor sich geht. Viele Lehrer kommen vor Belastung nicht mehr dazu, die Zeitung oder ein Buch zu lesen. Sie geraten wegen Vergleicharbeiten und Abschlussprüfungen unter Druck, werden ängstlich und zurückhaltend, hoffen, ohne Rüge des Rektors oder Mahnung der Schulverwaltung zu bleiben. Oder lassen sich verwirren durch Methodenzauber und Schulmarketing. Doch im Kern bleibt die alte Aufgabe: In personaler Bindung Schüler zu bilden und zu erziehen. Mitunter hilft die Besinnung auf diesen menschlichen Kern, um wieder etwas zur Ruhe zu kommen. Dann findet man Kraft, um mit den Kollegen die Fragen zu diskutieren, um etwas gegen die Vereinzelung im Kollegium zu tun, sich zu verbinden, sich zu informieren, das weiterzugeben, Veranstaltungen zu besuchen, auf Konferenzen nicht alles abzunicken, sondern im Bewusstsein, worum es im Ganzen geht, Stellung zu beziehen. Und was ist denn eigentlich, wenn einmal ein Rektor blafft oder die Schulbehörde mault? Was soll einen Lehrer schrecken, der weiß, dass er dem Wohl seiner Schüler und nicht dem der Testindustrie oder der OECD verantwortlich ist? Lehrer sind in der heutigen Lage der Halt und die Hoffnung einer Jugend, die an ökonomische Interessen verkauft zu werden droht.

Dasselbe gilt für die Dozenten und Professoren an den Hochschulen: Sie können täglich an einer Bildung jenseits von Kennziffern und Modulvorgaben arbeiten. Sie können Studenten zu selbständigem Denken ermutigen und anleiten. Sie können mit Kollegen und Studenten die Entwicklungen offensiv thematisieren, können die professorale Isolation und das Konkurrenzstreben einmal beiseite lassen und sich mit Engagement für den Erhalt einer humanen Bildung und freien Wissenschaft einsetzen. Was soll einem beamteten Professor, der das Karriereziel erreicht hat, eigentlich widerfahren? Und gibt es nicht noch wichtigere Dinge als den nächsten Fachaufsatz zu platzieren und bei der nächsten Tagung vor Kollegen zu brillieren? Hochschullehrer können nicht nur, sie haben die Verpflichtung, zur wahrheitsgemäßen Orientierung der Öffentlichkeit beizutragen. Insofern ist es schwer nachvollziehbar, wie widerstandslos die Hochschulreformen derzeit durchgesetzt werden. Neben viel wissenschaftsinterner Kritik und manchem Unmut im Kollegenkreis gab es bundesweit kaum ein offenes Aufbegehren, obwohl die Unsinnigkeit und Freiheitsfeindlichkeit der Reformen den meisten Kollegen klar ist. Es kann doch niemand so naiv sein anzunehmen, dass ein neuer Totalitarismus so dumm wäre, in der Gestalt eines alten daherzukommen. Hier zeichnet sich ein erneutes historisches Versagen ab, wenn man den Untergang der Universität als Ort von Bildung und Humanität weiterhin einfach geschehen lässt. Dabei gäbe es reichlich Gelegenheit, mitsamt der Studierenden Öffentlichkeit herzustellen oder eine der zahlreichen Initiativen mit mehr als einer Unterschrift zu unterstützen.

Sicherlich, Lehrer und Professoren sind Beamte, die nicht streiken dürfen. Das ist hier auch gar nicht sinnvoll: Man will ja weiterhin bilden und erziehen. Aber wäre es nicht sehr wohl möglich, in eine Art *geistig-seelischen Streik* zu treten? Also ein innerliches und, wo angebracht, auch äußerliches Nichtmitmachen? Eine Verweigerung gegenüber Effizienz, Konkurrenz und inhumaner Abrichtung des Menschen? An einem solchen Streik, an echter geistiger und seelischer Unabhängigkeit könnten sich Kollegen, Studenten, Schüler und viele Bürger aufrichten und Mut fassen.

Wer hierzu Ermutigung braucht, lese noch einmal über Adolf Reichwein, jenen Pädagogen der Weimarer Republik, den die Nazis aus seinem Lehrstuhl entfernten, der dann ablehnte zu emigrieren und als Volksschullehrer in einem kleinen Dorf einen Hort der Menschlichkeit und Friedenserziehung mitten im Dritten Reich schuf. Von dem seine Schüler sagten, er habe ihnen die Freiheit geschenkt. Dem es gar gelang, seinen pädagogischen Ansatz an der Zensur vorbei als Buch zu veröffentlichen. Und der sich schließlich, als er es für unabwendbar hielt, dem Widerstand anschloss und dies mit dem Leben bezahlte. So weit sind wir heute noch nicht. Es reicht viel weniger. Aber das muss getan werden.

Was Studenten tun können

Gerade die Studentenschaften sind oft bereits sehr wachsam und aktiv. Sie spüren die Auswirkungen der Reformen unmittelbar, nicht zuletzt die Studiengebühren. Solche Aktivitäten kann man ausbreiten, man kann mit Kommilitonen diskutieren, Veranstaltungen organisieren, Lesekreise initiieren, die Dozenten ansprechen, Kontakte herstellen und mit dem alten Recht der Studenten an die Öffentlichkeit gehen, auch mal etwas lauter und bunter zu sein. Umso besser, wenn das sachlich fundiert und wenig polemisch passiert. Dabei zeigt sich im studentischen politischen Geschehen an den Hochschulen, wie auch sonst in der Politik, wie wichtig es ist, unabhängig zu bleiben und sich nicht von alten Kadern oder neuen Aktivisten vereinnahmen zu lassen.

Was Studenten darüber hinaus vor allem tun können ist: studieren. Wirklich studieren. Nicht Vorlesungen absitzen und sich in Seminaren langweilen, Klausuren durchpauken und Hausarbeiten abhaken. Sicher, das muss auch sein. Aber: Wirklich studieren bedeutet heute oft, *gegen* die Strukturen zu studieren, sich nicht von Modulen, Leistungspunkten und Studiengebühren schrecken zu lassen und dabei zu bleiben, mehr wissen zu wollen, als der Bachelor verlangt. In die Tiefe zu gehen, selbst zu denken. Die Uni-Bibliotheken sind trotz der übervollen Hörsäle meist gähnend leer. Hier kann man stöbern und Schätze heben. Man kann sein eigenes *Studium generale* machen und in alle möglichen Fächer hineinhören. Man muss sich nicht vom Wahn des »effizienten« Studiums und Schnell-fertig-Werdens anstecken lassen. Und statt des Videoabends mit den Kommilitonen kann man gemeinsam Bücher lesen und aktuelle Fragen diskutieren. Was bietet unser Fach noch alles? Was läuft in der Welt? Und man kann hierzu die Unterstützung von Dozenten suchen. Man kann auch heute die Universität zum Ort einer fachlich und persönlich bereichernden Gemeinschaft von Lehrenden und Lernenden machen. Man muss es nur tun.

In der Regel werden am Schluss eines solchen Buchs Forderungen an »die« Politik formuliert. Hier müssten wir also Forderungen an »die« Bildungspolitik stellen. Es wird deutlich geworden sein, dass dies sinnlos ist. Wer sollte der Adressat sein? Abgeordnete, die nur als brave Parteisoldaten auf diesen Posten kommen? Oder Minister, die sich ihre Agenda in den Glaspalästen der Industrie diktieren lassen? Oder internationale Organisationen, deren Filz keine persönliche Verantwortlichkeit kennt? Oder Konzerne, deren Manager sich als Erfüllungsgehilfen des Profits verstehen? Oder gar Parteien, die in all diese Machtspiele tief verstrickt sind und freie Willensbildung gerade verunmöglichen?

Machen wir uns keine Illusionen. Die Aufgabe, die am Bildungswesen deutlich wird, die aber insgesamt ansteht, ist größer: Es muss wirkliche Demokratie hergestellt werden. Und das ist eine Aufgabe *für alle Bürger*, eben eine *res publica*. Demokratie ist nicht, wenn einige Politiker für vier Jahre gewählt werden und dann machen, was sie wollen. Am Bildungsproblem kann man sehen, wie gravierend der Entzug von Selbstbestimmung der Bürger fortgeschritten ist. Hier ist eine grundlegende Korrektur unumgänglich, z. B. durch die Einführung von Elementen direkter Demokratie, also der Möglichkeiten, direkt über einzelne Sachfragen abzustimmen. Doch reicht auch die formale Einführung von realisierbaren Volksbegehren und Referenden nicht aus. Notwendig ist eine demokratische Kultur. Und die entsteht nicht allein durch neue Abstimmungsformen, sondern die muss von den Bürgern gelebt werden. Demokratie ist jederzeit dort, wo Menschen als Bürger zusammenkommen und ihre Selbstbestimmung leben. Demokratische Willensbildung entsteht nicht durch Medien und Parteien, sondern durch das direkte Gespräch der Bürger. Die Glocke der Vereinzelung, Stummheit und des Ohnmachtsgefühls, unter der gerade Deutschland liegt, ist hierfür das größte Problem. Doch das kann man jederzeit ändern, indem man z. B. über diese Bildungsfragen als Mensch und als Bürger in Beruf und Familie, im täglichen Umgang, mit Nachbarn und Freunden spricht, indem man Gesprächskreise und Lektürerunden gründet, Verbindungen sucht, sich nicht von den üblichen »Man kann doch eh nichts machen!«-Rufen abhalten und sich nicht totreden oder totschweigen lässt und unabhängig bleibt. Wie schnell könnte ein ganz breiter Wille der Bevölkerung erkennbar werden: Nicht mit uns! Das ist unser Bildungswesen und wir sind das Volk!

Mit diesem Bewusstsein macht es auch Sinn, die Verantwortlichen in die Pflicht zu nehmen, die Abgeordneten aufzusuchen und zur Rede zu stellen, Politiker, Parteibosse und Konzernlenker zur Rechenschaft zu zwingen, und zwar nicht mehr als Bittsteller, der um Anhörung ersucht wie einst beim großen Kurfürsten, sondern *als Souverän*. Bildungspolitik ist elementarste Angelegenheit der Bürger selbst, und dieses Bewusstsein gilt es letztlich zu bilden.

Demokratie ist kein Verfahren, sondern eine menschliche Lebensweise, eine innere Einstellung. Weil solche gelebte Demokratie von Sachlichkeit, Vernunft und Verantwortlichkeit abhängt, ist freie Bildung unerlässlich. In einer solchen Erziehung ist das zentrale Ziel das, was wir im ersten Kapitel als »Gemeinschaftsgefühl« bezeichnet haben: Die Fähigkeit, mit anderen zu kooperieren, nach Lösungen zu suchen, mitzufühlen, mitzudenken und verantwortlich zu handeln. Eine solche Bildung wäre auch die angemessene Antwort auf Globalisierung, Unrecht und Krieg.

Und das ist auch die Antwort auf alle Forderungen nach globalen Lösungen, Reform-Rezepten und Systementwürfen. In der Pädagogik sind sie untauglich und im Politischen ist deren Zeit in der Tat vorbei. Der englische Maler und Schriftsteller John Berger, der mit seiner künstlerischen Arbeit immer sehr dicht beim Leben und Leiden der Menschen ist, hat einmal sehr treffend formuliert, dass die großen Utopien bitter enttäuscht wurden: »Aber – und das ist wichtig – egal ob wir über Hölle oder Himmel oder was dazwischen reden, was wir brauchen, ist Solidarität, Bereitschaft zum Teilen, die Fähigkeit zu verstehen, wenn jemand ausruft ›Warum gerade ich?!‹ Dann ist es egal, ob wir ein dunkles Etikett darauf kleben oder ein rosarotes. Das Entscheidende ist: Es geht um menschliche Würde. (…) Es gibt keine Alternative. (…) Es gibt keine Lösung. Vielleicht haben wir alle zu lange mit der Vorstellung gelebt, dass alles gelöst werden kann. Es gibt so viele Dinge, die nicht lösbar sind. Aber was *gerettet* werden kann, und das ist etwas ganz anderes, als etwas zu lösen, sind eine Menge Dinge, von denen vielleicht die wichtigsten *menschliche Würde und Selbstachtung* sind, Dinge, deren sich die Menschen heute oftmals beraubt fühlen.«[314]

Wie Simone Weil im einleitenden Zitat sagt, ist das Retten, das Bewahren des noch Vorhandenen an Menschlichkeit und Kultur in und durch Erziehung und Bildung heute das Allererste. Die Ökonomisierung der Bildung gefährdet den Menschen im Kern und hier gilt es, Würde und Selbstachtung zu erhalten und neu aufzubauen. Das ist die tägliche Arbeit.

Berger verweist auf die tatsächliche politische »Lösung«: Die Lösung kann den Bürgern nicht vorgedacht und vorgelegt werden, sondern die können sie nur selbst entwickeln. Es reicht nicht mehr, irgendetwas oder irgendjemandem hinterherzulaufen. Eine Lösung kann nur aus den Menschen selbst erwachsen und deshalb ist Bildung so entscheidend, weil jeder durch entwickelte Menschlichkeit *im demokratischen Prozess* zu dieser Lösung beitragen kann und muss. Das ist eine demokratische Kultur, die wir bisher noch gar nicht kennen. Nur was auf der Grundlage von Menschen- und Völkerrecht aus dem Miteinader der Menschen selbst erwächst, kann demokratisch und gerecht sein, selbst wenn es sich einmal als falsch herausstellt. Dann haben das immerhin die Bürger selbst zu verantworten. Jeder, der schnelle Lösungen behauptet, hat andere Interessen als wirkliche Lösungen, und er wird scheitern.

Und hier schließen wir den Kreis: Denn wenn Wilhelm von Humboldt schrieb, es sei »die letzte Aufgabe unseres Daseyns: dem Begriff der Menschheit in unsrer Person (…) einen so großen Inhalt als möglich zu verschaffen«,[315] dann meinte er mit diesem »Begriff« eben keine idealistische Utopie, sondern die zunehmende Entfaltung der Menschlichkeit des Menschen, deren mögliche Formen wir noch gar nicht kennen. Die Bildung der einzelnen Person macht die Fortentwicklung des Ideals der Menschheit möglich. Daher beschneidet eine verzweckte, verweigerte Bildung nicht nur das Recht des einzelnen Menschen, sondern verkürzt die Menschheit um dessen möglichen Beitrag zur ihrer Weiterentwicklung. Das ist das, was wir eben als den Kern des demokratischen Prozesses gemeint haben: Durch Bildung im Austausch der Bürger beizutragen zu immer menschlicheren Verhältnissen.

Der Beitrag zu *dieser* Lösung ist hier, jetzt und jederzeit möglich und von jedem zu leben. Diese Lösung heißt: Humanität.

Anmerkungen

1 Selbständige Schule 2015 – Leitbild, Ziele und Fundamente. Positionspapier der Vereinigung der hessischen Unternehmerverbände (VhU) zur hessischen Qualitätsschule. Frankfurt am Main 2004, S. 14, http://www.vhu.de/vhu/VhUHomepage.nsf/newsliste?ReadForm&News=DownloadlisteKategorie&ZuordnungSelect=Aufgabe_Bildungspolitik&Menu=Aufgaben&Level=Bildungspolitik, 11.6.07.

2 Heribert Meffert, Vorsitzender des Vorstandes der Bertelsmann Stiftung, in: forum – das Magazin der Bertelsmann-Stiftung, 2/2005, S. 2.

3 Adler, Alfred: Die Technik der Individualpsychologie. Zweiter Teil. Frankfurt/M 1974, S. 176.

4 Adler, Alfred: Individualpsychologie in der Schule. Fischer, Frankfurt/Main 1973, S. 25.

5 Humboldt, Wilhelm von: Wie weit darf sich die Sorgfalt des Staates um das Wohl seiner Bürger erstrecken? In: ders.: Bildung und Sprache. Hrsg. v. C. Menze, Paderborn 1985[4], S. 5.

6 Weigand, Gabriele: Schule der Person. Zur anthropologischen Grundlegung einer Theorie der Schule. Würzburg 2004, S. 16.

7 Vgl. ebenda, S. 16f.

8 Bollnow, Otto Friedrich: Die pädagogische Atmosphäre. Untersuchungen über die gefühlsmäßigen zwischenmenschlichen Voraussetzungen der Erziehung (1968). Essen 2001, S. 11.

9 Die immer und überall zitierte Neurobiologie bestätigt im Übrigen weitgehend nur das, was Pädagogik oder Psychologie aus der Beobachtung des Lebens eigentlich schon lange wissen.

10 Spitzer, Manfred: Nervensachen. Perspektiven zu Geist, Gehirn und Gesellschaft. Stuttgart 2003, S. 193.

11 Nohl, Herman: Die Theorie der Bildung. In: ders. / Pallat, Ludwig (Hrsg.): Handbuch der Pädagogik. Erster Band: Die Theorie und die Entwicklung des Bildungswesens (1933). Weinheim/Bergstraße 1966, S. 28.

12 Ebenda.

13 Urteil des 2. Wehrdienstsenats des Bundesverwaltungsgerichts vom 21.6.2005 (BVerwG 2 WD 14.04), S. 29.

14 Ebenda, S. 51.

15 Ebenda, S. 103f.

16 Das Problem der Universitäten ist so komplex und grundlegend, dass eigentlich ein eigenes Buch notwendig wäre. Hierzu sei auf die hervorragende Darstellung von Arnd Morkel: Die Universität muss sich wehren. Ein Plädoyer für ihre Erneuerung. Darmstadt 2000, verwiesen, die gut verständlich die Aufgaben und die Gefährdung der Universitäten erklärt und der wir hier auch in Teilen folgen.

17 Vgl. ebenda, S. 9f.

18 Morkel, Arnd: Theorie und Praxis. Die Aufgabe der Universität. In: Forschung & Lehre 8/2000, S. 397.

19 Humboldt, Wilhelm von: Über die innere und äußere Organisation der höheren wissenschaftlichen Anstalten in Berlin. In: ders.: Bildung und Sprache. Hrsg. v. C. Menze, Paderborn 1985[4], S. 11.

20 Jaspers, Karl: Die Idee der Universität (1946). Berlin u.a. 1980, S. 110.

21 Schachtschneider, Karl Albrecht: Die Universität in der Republik. In: ders.: Freiheit – Recht – Staat. Berlin 2005, S. 262.

22 Morkel, Arnd: Die Universität muss sich wehren. Ein Plädoyer für ihre Erneuerung. Darmstadt 2000, S. 21.

23 Ebenda, S. 22.

24 Vgl. Schachtschneider, Karl Albrecht: Res publica, res populi. Grundlegung einer Allgemeinen Republiklehre. Ein Beitrag zur Freiheits-, Rechts- und Staatslehre. Berlin 1994.

25 Vgl. von Arnim, Hans Herbert: Das System. Die Machenschaften der Macht. München 2001.

26 Loewe, Jens: Was hat Demokratie mit dem Menschen zu tun? (unveröffentlichtes Manuskript, 2007).

27 Giesecke, Hermann: PISA und der pädagogische Zeitgeist. In: Hansel, Toni (Hrsg.): PISA – und die Folgen? Die Wirkung von Leistungsvergleichsstudien in der Schule. Herbolzheim 2003, S. 120.

28 Ebenda, S. 115.

29 Ebenda, S. 113.

30 Ebenda, S. 117 (Hervorhebung J. K.).

31 Ebenda, S. 121.

32 Ebenda, S. 122.

33 Vgl. Dollase, Rainer: Was macht erfolgreichen Unterricht aus? 2004, S. 12, http://www.uni-bielefeld.de/psychologie/ae/AE13/HOMEPAGE/DOLLASE/artikel.html#Unterricht, 26.5.07.

34 Ebenda, S. 16.

35 Informationsdienst Psychologie – IDP 1/2006: Leistung – Lust und Last. Oder: Die Schulpsychologie als Korrekturfaktor der Schul- und Bildungspolitik. Aus dem Festvortrag von Prof. Dr. Rainer Dollase, http://www.bdp-verband.org/bdp/idp/2006-01/02.html, 11.6.07.

36 Ahrbeck, Bernd: Kinder brauchen Erziehung. Die vergessene pädagogische Verantwortung. Stuttgart 2004, S. 7.

37 Vgl. Felten, Michael: Schule besser meistern. Kinder herausfordern und ermutigen. Freiburg/Br. 2006.

38 Giesecke, Hermann: PISA und der pädagogische Zeitgeist. In: Hansel, Toni (Hrsg.): PISA – und die Folgen? Die Wirkung von Leistungsvergleichsstudien in der Schule. Herbolzheim 2003, S. 117.

39 Vgl. Pfeiffer, Christian et al.: Mediennutzung, Schulerfolg, Jugendgewalt und die Krise der Jungen, S10, http://www.gew-hb.de/Mediennutzung_Schulerfolg_Jugendgewalt_und_die_Krise_der_Jungen.html, 28.5.07.

40 Vgl. zusammenfassend: Spitzer, Manfred: Vorsicht Bildschirm! Elektronische Medien, Gehirnentwicklung, Gesundheit und Gesellschaft. München 2006, sowie Hänsel, Rudolf/Hänsel, Renate (Hrsg.): Da spiel ich nicht mit! Auswirkungen von »Unterhaltungsgewalt« in Fernsehen und Computerspielen – und was man dagegen tun kann. Eine Handreichung für Lehrer und Eltern. Donauwörth 2005.

41 Spitzer, Manfred: Vorsicht Bildschirm! Elektronische Medien, Gehirnentwicklung, Gesundheit und Gesellschaft. München 2006, S. 224.

42 Vgl. Krautz, Jochen: Die Rhetorik der Gewalt zwischen Circus und Computerspiel. Bildpädagogik im Lateinunterricht. In: Bering, Kunibert / Niehoff, Rolf (Hrsg.): Vom Bilde aus … Beiträge des Faches Kunst für andere Fächer. Oberhausen 2007, S. 177-205.

43 Seibt, Gustav: Schlampe '06. Das Paradox von blödelnder Masse und Bildungselite. In: Süddeutsche Zeitung, 24.4.06.

44 Referiert bei Grossmann, Dave / Christensen, Loren W.: Aufklären, abschalten, weniger Gewalt – Gute Nachrichten aus den USA. In: Hänsel, Rudolf / Hänsel, Renate (Hrsg.): Da spiel ich nicht mit! Auswirkungen von »Unterhaltungsgewalt« in Fernsehen und Computerspielen – und was man dagegen tun kann. Eine Handreichung für Lehrer und Eltern. Donauwörth 2005, , S. 138-145.

45 Giesecke, Hermann: PISA und der pädagogische Zeitgeist. In: Hansel, Toni (Hrsg.): PISA – und die Folgen? Die Wirkung von Leistungsvergleichsstudien in der Schule. Herbolzheim 2003, S. 114.

46 Felten, Michael: Was ist guter Unterricht? Lehrer sind »Kerzen des Volkes«: Sie sollen leuchten und wärmen. In: Kölner Stadt-Anzeiger, 3.1.07.

47 GEW-Pressemitteilung »Stressberuf: Lehrer«, 22.2.2007.

48 Oelkers, Jürgen: Lernen, Bildung und Kompetenz: Einige konzeptionelle Überlegungen nach PISA. Vortrag anlässlich der Ringvorlesung »Lernen, Bildung und Kompetenzentwicklung – neu gedacht«, 31. Juli 2003, Universität Kaiserslautern, S. 16, http://www.paedwork.unizh.ch, 11.6.07.

49 Diskussion an der 3. Tagung des Beilsteiner Kreises »Bildung unter Druck – Wer gestaltet nachhaltig(e) Bildung?«, 6.-7. April 2006, Schloß Beilstein.

50 Schachtschneider, Karl Albrecht: Die Universität in der Republik. In: ders.: Freiheit – Recht – Staat. Berlin 2005, S. 262.

51 Ausbildung von Lehrerinnen und Lehrern in Nordrhein-Westfalen. Empfehlungen der Expertenkommission zur Ersten Phase (2007), S. 6.

52 Deutsches PISA-Konsortium (Hrsg.): PISA 2000. Basiskompetenzen von Schülerinnen und Schülern im internationalen Vergleich. Opladen 2001, S. 21.

53 Ebenda.

54 Ebenda, S. 16.

55 Fuhrmann, Manfred: Der europäische Bildungskanon. Frankfurt/M., Leipzig 2004, S. 222.

56 Ebenda.

57 Deutsches PISA-Konsortium (Hrsg.): PISA 2000. Basiskompetenzen von Schülerinnen und Schülern im internationalen Vergleich. Opladen 2001, S. 16.

58 Ebenda, S. 17.

59 Ebenda.

60 Vgl. Ladenthin, Volker: PISA – Recht und Grenzen einer globalen empirischen Studie. Eine bildungstheoretische Betrachtung. In: Vierteljahrsschrift für wissenschaftliche Pädagogik 79/2003, S.354-375.

61 Gellert, Uwe: Mathematik in der Welt und mathematische »Grundbildung«. Zur Konsistenz des mathematikdidaktischen Rahmens von PISA. In: Thomas Jahnke / Wolfram Meyerhöfer (Hrsg.): Pisa & Co. Kritik eines Programms. Hildesheim 2006, S. 277-291.

62 Deutsches PISA-Konsortium (Hrsg.): PISA 2000. Basiskompetenzen von Schülerinnen und Schülern im internationalen Vergleich. Opladen 2001, S. 19.

63 Vgl. Wuttke, Joachim: Fehler, Verzerrungen, Unsicherheiten in der PISA-Auswertung. In: Jahnke/ Meyerhöfer, S. 101-154 .

64 Jablonka, Eva: Mathematical Literacy. Die Verflüchtigung eines ambitionierten Testkonstrukts in bedeutungslose PISA-Punkte. In: Jahnke / Meyerhöfer, S. 155-186.

65 Vgl. Felten, Michael: Bildungsungerechtigkeit – und was die Schule schon morgen dagegen tun kann. In: Schulverwaltung NRW 11/2006, S. 307-309, sowie Die Logik des Misslingens. Zur Debatte um die Bildungsreformen. SWR 30.4.2005.

66 Vgl. Meyerhöfer, Wolfgang: PISA & Co. als kulturindustrielle Phänomene. In: Jahnke / Meyerhöfer, S. 63-99.

67 Vgl. Wuttke, Joachim: Fehler, Verzerrungen, Unsicherheiten in der PISA-Auswertung. In: Jahnke / Meyerhöfer, S. 149f.
68 Vgl. van Ackeren, Isabell: Migranten in Bildungssystemen. Ein explorativer Blick auf ausgewählte Länder. In: Die Deutsche Schule 1/2006, S. 61-76.
69 Hagemeister, Volker: Kritische Anmerkungen zum Umgang mit den Ergebnissen von PISA. In: Jahnke / Meyerhöfer, S. 241-276.
70 Vgl. Dollase, Rainer: Was macht erfolgreichen Unterricht aus? 2004, S. 2, http://www.uni-bielefeld.de, 26.5.07.
71 Ebenda, S. 15.
72 Ebenda, S. 4.
73 Ebenda.
74 Vgl. ebenda, S. 5.
75 Deutsches PISA-Konsortium (Hrsg.): PISA 2000. Basiskompetenzen von Schülerinnen und Schülern im internationalen Vergleich. Opladen 2001, S. 62.
76 Flitner, Elisabeth: Pädagogische Wertschöpfung. Zur Rationalisierung von Schulsystemen durch *public-private-partnership* am Beispiel von PISA. In: Oelkers, Jürgen et al. (Hrsg.): Rationalisierung und Bildung bei Max Weber. Bad Heilbrunn 2006, S. 245-266.
77 Ebenda, S. 247.
78 Ebenda, S. 254.
79 Ebenda, S. 262.
80 Vgl. Keitel, Christine: Der (un)heimliche Einfluss der Testideologie auf Bildungskonzepte, Mathematikunterricht und mathematikdidaktische Forschung. In: Jahnke / Meyerhöfer, S. 48.
81 Vgl. Meyerhöfer, Wolfram: PISA & Co. als kulturindustrielle Phänomene. In: Jahnke / Meyerhöfer, S. 63-99.
82 Hermann Giesecke prägte diesen treffenden Begriff, der die bedrohliche Anmutung des »militärisch-industriellen Komplexes« aufgreift, in seinem Aufsatz »Wer braucht (noch) Erziehungswissenschaft?« In: Neue Sammlung, 2/2004, S. 151-165.
83 Giesecke, Hermann: PISA und der pädagogische Zeitgeist. In: Hansel, Toni (Hrsg.): PISA – und die Folgen? Die Wirkung von Leistungsvergleichsstudien in der Schule. Herbolzheim 2003, S. 124.
84 Vgl. Herzog, Roman: Megathema Bildung – vom Reden zum Handeln. In: Herzog, Roman / Initiativkreis Bildung / Bertelsmann-Stiftung (Hrsg.): Zukunft gewinnen, Bildung erneuern. München 1999, S. 11-23.
85 Schachtschneider, Karl Albrecht: Demokratische und soziale Defizite der Globalisierung. In: ders.: Freiheit –Rechts – Staat. Berlin 2005, S. 694 f.
86 Steffens, Gerd: Unter dem neoliberalen Wahrheitsregime. Durchsetzungsformen neoliberaler Bildungspolitik – ein Fallbeispiel. In: Jahrbuch für Pädagogik 2006, S. 292.
87 Norbert Blüm hat in seinem jüngsten Buch »Gerechtigkeit. Eine Kritik des Homo oeconomicus« den Unterschied zwischen diesem alten Neoliberalismus und seiner neuen, heutigen Form, für den Liberalismus nur noch ein »Handbuch für Gewinnmaximierung« ist, sehr deutlich und allgemein verständlich herausgearbeitet.
88 Blüm, Norbert: Gerechtigkeit. Eine Kritik des Homo oeconomicus. Freiburg 2006, S. 60.
89 Zit. nach ebenda, S. 60.
90 Zit. nach ebenda, S. 61.
91 Habermann, Gerd (Hrsg.): Das Maß des Menschlichen. Ein Wilhelm-Röpke-Brevier. Thun 1999, S. 90.
92 Ebenda, S. 15.
93 Ebenda, S. 16.
94 Ebenda, S. 89.

95 Ebenda, S. 88.

96 Ebenda, S. 90.

97 Ebenda.

98 Brodbeck, Karl-Heinz: Die fragwürdigen Grundlagen des Neoliberalismus. Wirtschaftsordnung und Markt in Hayek Theorie der Regelselektion. In: Zeitschrift für Politik
48/2001, S. 49 bis 71.

99 Ebenda.

100 Vgl. Friedman, Milton: Kapitalismus und Freiheit (1962). Stuttgart 1971.

101 Chossudovsky, Michel: Global brutal. Der entfesselte Welthandel, die Armut, der Krieg.
Frankfurt/M, 2002.

102 Stiglitz, Joseph E.: Die Schatten der Globalisierung. Berlin 2002.

103 Ebenda, S. 36.

104 Henschel, Thomas R.: Dialogische Handlungs- und Entscheidungskompetenzen. Welche
Bildung brauchen wir für das Wissenszeitalter? In: Alfred Herrhausen Gesellschaft
(Hrsg.): Orientierung für die Zukunft. Bildung im Wettbewerb. München 2001, S. 151.

105 Liessmann, Konrad Paul: Theorie der Unbildung. Die Irrtümer der Wissensgesellschaft.
Wien 2006, S. 39.

106 Vgl. ebenda, S. 29.

107 Vgl. ebenda sowie Höhne, Thomas: Wissensgesellschaft. In: Dzierzbicka, Agnieszka /
Schirlbauer, Alfred (Hrsg.): Pädagogisches Glossar der Gegenwart. Von Autonomie bis
Wissensmanagement. Wien 2006, S. 297-305.

108 Liessmann, Konrad Paul: Theorie der Unbildung. Die Irrtümer der Wissensgesellschaft.
Wien 2006, S. 35.

109 Zit. nach Combe, Arno / Petzold, Hans-Joachim: Bildungsökonomie. Eine Einführung.
Köln 1977, S. 24.

110 Vgl. hierzu: Ribolits, Erich: Bildung als Ware? Über die zunehmende Marktförmigkeit der
Bildung und die »Schulautonomie«. In: Schulheft 64/1992, S. 42-56.

111 Vgl. Kooths, Stefan: Wachstum durch Wissenschaft. In: Dettling, Daniel / Prechtl, Christoph (Hrsg.): Weißbuch Bildung. Für ein dynamisches Deutschland. Wiesbaden 2004,
S. 31-41.

112 Straubhaar, Thomas: Humankapital: Devisenquelle der Zukunft. In: Dettling / Prechtl,
S. 29.

113 Friedman, Milton: Kapitalismus und Freiheit. Stuttgart 1971, S. 138f.

114 World Bank: Priorities and Strategies for Education – A World Bank Review. Washington
1995, S. 94.

115 Vgl. Koch, Lutz: Eine neue Bildungstheorie? (Bildungsevaluation, Bildungsstandards,
Grundbildung und eine neue Lehrerbildung), http://forum-kritische-paedagogik.de/
start/download. php?view.122.

116 »Kontrolle muss sein«. Interview mit Barbara Sommer und Bernhard Bueb, in: Westdeut-
sche Allgemeine Zeitung (WAZ), 7.10.06.

117 Vgl. Krautz, Jochen: Die Vereinnahmung der Person. Zu Auswirkungen und Hintergrün-
den des Kompetenz-Konzepts. In: engagement – Zeitschrift für Erziehung und Unterricht,
3/2007.

118 Weinert, Franz E.: Vergleichende Leistungsmessung in Schulen – eine umstrittene Selbstverständlichkeit. In: ders. (Hrsg.): Leistungsmessungen in Schulen. Weinheim und Basel
2001, S. 27f.

119 Henschel, Thomas R.: Dialogische Handlungs- und Entscheidungskompetenzen. Welche
Bildung brauchen wir für das Wissenszeitalter? In: Alfred Herrhausen Gesellschaft
(Hrsg.): Orientierung für die Zukunft. Bildung im Wettbewerb. München 2001, S. 144.

120 Dass das legitime und zeitgemäße Neuschöpfungen sind, bestätigt auch Microsoft, da das
Rechtschreibprogramm diese Wortungetüme nicht einmal als falsch markiert.

121 OECD: Definition und Auswahl von Schlüsselkompetenzen. Zusammenfassung. 2005, S. 6, http://www.oecd.org/document/17/0,3343,en_2649_201185_2669073_1_1_1_1,00.html, 11.6.07.

122 Ebenda.

123 Henschel, Thomas R.: Dialogische Handlungs- und Entscheidungskompetenzen. Welche Bildung brauchen wir für das Wissenszeitalter? In: Alfred Herrhausen Gesellschaft (Hrsg.): Orientierung für die Zukunft. Bildung im Wettbewerb. München 2001, S. 138-142.

124 Ebenda, S. 149.

125 OECD: Definition und Auswahl von Schlüsselkompetenzen. Zusammenfassung. 2005, S. 9, http://www.oecd.org/document/17/0,3343,en_2649_201185_2669073_1_1_1_1,00.html, 11.6.07 (Hervorhebung J. K.).

126 Ebenda, S. 8 (Hervorhebung J. K.).

127 Ebenda, S. 14, 16.

128 Ebenda, S. 14.

129 Vgl. ebenda, S. 10f.

130 Ebenda S. 12.

131 Vgl. www.in-eigener-sache.de.

132 Http://www.in-eigener-sache.de/cps/rde/xchg/SID-3F57FEFE-9049B208/ies/style.xsl /219.html, 11.6.07.

133 OECD: Definition und Auswahl von Schlüsselkompetenzen. Zusammenfassung. 2005, S. 19, http://www.oecd.org/document/17/0,3343,en_2649_201185_2669073_1_1_1_1,00.html, 11.6.07.

134 Schneider, Kornelia: Frühe Bildung und Bildungsdokumentation. Voneinander lernen – internationale Erfahrungen und Ansätze in Deutschland. Vortrag am Fachkongress der Bertelsmann-Stiftung »Guck mal«, 19./20. November 2004 in Hannover.

135 Vgl. Beobachtungsbogen zur Bildungsdokumentation des Caritasverbandes für die Diözese Münster e.V., Referat Tageseinrichtungen für Kinder. 2004.

136 Vgl. Flitner, Elisabeth: Pädagogische Wertschöpfung. Zur Rationalisierung von Schulsystemen durch *public-private-partnership* am Beispiel von PISA. In: Oelkers, Jürgen et al. (Hrsg.): Rationalisierung und Bildung bei Max Weber. Bad Heilbrunn 2006, S. 255.

137 Blüm, Norbert: Gerechtigkeit. Eine Kritik des Homo oeconomicus. Freiburg/Br. 2006, S. 82f.

138 Deutsche Bischofskonferenz: Bildungsstandards und katholische Schulen. Eine Orientierung. Exposé der Kommission Erziehung und Schule vom 1.7.2004, S. 3 zit. nach: Herrmann, Ulrich: Fördern »Bildungsstandards« die allgemeine Schulbildung? S. 49, http://forum-kritische-paedagogik.de/start/download.php?view.30, 1.6.07.

139 Vgl. Zeitschrift für Soziologie, Jahrgang 35, Heft 4, August 2006.

140 Vgl. Liessmann, Konrad Paul: Theorie der Unbildung. Die Irrtümer der Wissensgesellschaft. Wien 2006, S. 88ff.

141 Vbw (Hrsg.): Aktionsrat Bildung: Bildungsgerechtigkeit. Jahresgutachten 2007 S. 94, http://www.vbw-bayern.de/agv/index.php?StoryID=7790, 7.5.07.

142 Drechsler, Hanno (Hrsg.): Gesellschaft und Staat. Lexikon der Politik. München 2003, S. 685; vgl. auch Radtke, Frank-Olaf: New Public Management. Das Bildungswesen auf dem Weg in die Performanz-Kultur. In: Sloot, Annegret / Nordhoff, Uwe (Hrsg.): Frühes Sortieren, Trennen, Zurücklassen – Niedersachsens Antwort auf PISA? Gute Schule geht anders! Dokumentation der 59. Pädagogischen Woche in Cuxhaven 2003, S. 33-48.

143 Vgl. Drechsler, Hanno (Hrsg.): Gesellschaft und Staat. Lexikon der Politik. München 2003, S. 685.

144 Harms, Jens: Wirtschaftlichkeit unter Bedingungen des New Public Management. In: Weiß, Manfred / Weishaupt, Horst (Hrsg.): Bildungsökonomie und Neue Steuerung. Frankfurt/M. 2000, S. 139.

145 Vgl. Schiedermair, Hartmut: Was kommt auf die Universitäten zu? Die Folgen des Bologna-Prozesses für die deutschen Hochschulen. Bund Freiheit der Wissenschaft, Berlin 2003, S.13.

146 Vgl. Keller, Andreas: Von Bologna nach Berlin. Perspektiven eines Europäischen Hochschulraums im Rahmen des Bologna-Prozesses am Vorabend des europäischen Hochschulgipfels 2003 in Berlin. Expertise im Auftrag von Feleknas Uca (Mitglied des Europäischen Parlaments), 2003, http://www.bdwi.de/texte/96713.html, 9.6.07.

147 Http://www.tu-berlin.de/presse/tui/05jun/master.htm, 1.6.07.

148 Zit. bei Himmelrath, Armin: Bachelor und Master: Kein Zutritt zur Meisterklasse? 06. April 2005, http://www.spiegel.de/unispiegel/studium/0,1518,349850,00.html, 1.6.07.

149 Himmelrath, Armin: Interview zum Bachelor: »In sechs Semestern durchs Studium jagen«, 06. April 2005, http://www.spiegel.de/unispiegel/studium/0,1518,349851,00.html, 1.6.07.

150 Antoni, Klaus: Offener Brief aus Harvard: Lasst die Universitäten endlich in Ruhe! Spiegel-online - 20. November 2005, http://www.spiegel.de/unispiegel/studium/0,1518,385959,00.html (Hervorhebung J. K.).

151 Lege, Joachim: Akkreditierung als rechtswidrige Parallelverwaltung. Eine Analyse. In: Forschung & Lehre, 5/2006, S. 266-268.

152 Bodenhöfer, Hans-Joachim: Hochschulreform – eine institutionenökonomische Perspektive. In: Weiß/ Weishaupt, S. 124f.

153 Http://www.stmwfk.bayern.de/hs_hochschulgesetz.html#1, 1.6.07.

154 Vgl. Müller-Böling, Detlef: Die entfesselte Hochschule. Gütersloh 2000, S. 88.

155 Ebenda, S. 88f.

156 Hoefele, Joachim: Vom Preis der Wissenschaft und vom Wert der Freiheit. Zur Ökonomisierung und Funktionalisierung von Universitäten und Hochschulen. Ein Ländervergleich, S. 2, http://forum-kritische-paedagogik.de/start/download.php?view.154, 11.6.07

157 Müller-Böling, Detlef: Die entfesselte Hochschule. Gütersloh 2000, S. 30.

158 Vgl. Jessen, Jens: Fegefeuer des Marktes. In: Die Zeit, Nr. 30, 21.7.2005.

159 Blüm, Norbert: Gerechtigkeit. Eine Kritik des Homo oeconomicus. Freiburg 2006, S. 81.

160 Vgl. Schweres, Manfred: Bildschirmtexte wenig einprägsam. FAZ, 10.1.2001, S. N3.

161 US-Schulen schwören Computer ab. Spiegel-online, 8.5.07, http://www.spiegel.de/schulspiegel/wissen/0,1518,481086,00.html, 9.6.07.

162 Vgl. Hübner, Edwin: Anthropologische Medienerziehung. Grundlagen und Gesichtspunkte. Frankfurt/M. 2005, S. 274-293.

163 Vgl. Bang, Joergen: eLearning auf dem Prüfstand. Haben eLearning und virtuelle Universitäten die in sie gesetzten Erwartungen erfüllt? http://www.elearningeuropa.info/directory/index.php?page=doc&doc_id=7778&doclng=3, 11.6.07.

164 Dohmen, Dieter: eLearning: Mehrwert und Markte. http://www.checkpoint-elearning.de/?aID=1339, 11.6.07.

165 Lohmann, Ingrid: Universität, Neue Medien und der globale Bildungsmarkt. Wie Bildungsprozesse in Eigentumsoperationen mit Wissen transformiert werden, S. 2, http://www.erzwiss.uni-hamburg.de/Personal/Lohmann/Publik/edu-market.htm.

166 Sehr empfehlenswert zur Vertiefung ist der dreiteilige »Privatisierungsreport«, den der Journalist Matthias Holland-Letz für die GEW verfasst hat (www.gew.de/Publikationen_aus_dem_Vorstandsbereich_Schule.html). http://www.ppp-bund.de/fragen.htm, 14.4.07.

167 Ebenda.

168 Http://www.ppp.nrw.de, 14.4.07.

169 Ebenda.

170 Ebenda.

171 GEW (Hrsg.): Privatisierungsreport – 3. Unternehmen Schule: Von Billig-Lehrern, Schülerfirmen und Public Private Partnership. Frankfurt 2007, S. 46.

172 Vgl. »Investor soll Freibrief zum Profitmachen bekommen.« In: Junge Welt, 31.5.07, S. 8.

173 Http://www.ppp-bund.de/fragen.htm, 14.4.07.

174 Http://www.ppp.nrw.de, 14.4.07.

175 Vgl. GEW (Hrsg.): Privatisierungsreport – 3. Unternehmen Schule: Von Billig-Lehrern, Schülerfirmen und Public Private Partnership. Frankfurt 2007, S. 39ff.

176 Vgl. ebenda, S. 39.

177 Http://www.serco.de/index.php/cat/20/title/Strategische_Partnerschaften, 14.4.07 (Hervorhebung J. K.)..

178 Vgl. Geschäftsbericht 2006, S. 81, http://www.arvato.com/index.php?LANG=de&PAGE= report, 14.4.07.

179 Oerter, Volker: Redebeitrag zum »1. NRW PPP-Kongress«, 7. Dezember 2006, Bonn-Bad Godesberg, http://www.ppp.nrw.de/index.html, 13.4.07.

180 »Gemeinsam für Deutschland. Mit Mut und Menschlichkeit. Koalitionsvertrag von CDU, CSU und SPD.«,S. 21.

181 Oetker, Arend: Zur Sache. In: Stifterverband für die Wissenschaft (Hrsg.): Public Private Partnership. Neue Formen der Zusammenarbeit von öffentlicher Wissenschaft und privater Wirtschaft. Dokumentation des Villa-Hügel-Gesprächs am 4. November 1998 in Essen, S. 5.

182 Ebenda.

183 Zit. in Krull, Wilhelm: Potentiale, Probleme und Perspektiven. In: Stifterverband für die Wissenschaft (Hrsg.): Public Private Partnership. Neue Formen der Zusammenarbeit von öffentlicher Wissenschaft und privater Wirtschaft. Dokumentation des Villa-Hügel-Gesprächs am 4. November 1998 in Essen, S. 7.

184 Http://www.stifterverband.de/site/php/einsteiger.php?SID=&seite=Geschaeft, 15.4.07.

185 Broschüre »Exzellenz in der Wissenschaft. Die Programmarbeit des Stifterverbandes«, 2006, http://www.stifterverband.de/site/php/einsteiger.php?seite=Geschaeft, 15.4.07.

186 Ebenda.

187 Konegen-Greniert, Christiane / Winde, Mathias A.: Public Private Partnership in der Hochschule. Köln 2000.

188 Ebenda, S. 26 (Hervorhebung J.K.).

189 Http://www.tumtech.de/produkte/index.html, 20.4.07.

190 Vgl. Konegen-Greniert, Christiane / Winde, Mathias A.: Public Private Partnership in der Hochschule. Köln 2000, S. 94-100.

191 Http://www.tumtech.de/ueber_uns/index.html, 20.4.07.

192 IHK-Magazin, 4/2001, http://www.ihk-muenchen.de/internet/mike/WirUeberUns/ihk_ magazin/042001/Politik_und_Standort/name23409.html, 10.6.07.

193 Http://portal.mytum.de/pressestelle/pressemitteilungen/news-184?searchterm=tum-tech, 10.6.07.

194 Http://www.hdk-berlin.de/?cSID=d18fe6857beb9ca7e43469af5b6dfa6c&cat_id=1270.

195 Konegen-Greniert, Christiane / Winde, Mathias A.: Public Private Partnership in der Hochschule. Köln 2000, S. 50.

196 Peter M. Schnell, http://www.software-ag-stiftung.de/005/index1.php, 11.6.07.

197 Vgl. Bitzmann, Andreas: Geisteswissenschaften – Harte Zeiten für kluge Köpfe. Rheinischer Merkur Nr. 31, 04.08.2005 sowie Klonovsky, Michael / Scherer, Martin: Der große Kehraus. Focus 43/2005, S. 64-67.

198 Hoefele, Joachim: Vom Preis der Wissenschaft und vom Wert der Freiheit. Zur Ökonomisierung und Funktionalisierung von Universitäten und Hochschulen. Ein Ländervergleich, http://forum-kritische-paedagogik.de/start/download.php?view.154, 19.4.07.

199 Ebenda, S. 4.

200 Http://www.exist.de/exist/index.php, 19.4.07.

201 Hoefele, Joachim: Vom Preis der Wissenschaft und vom Wert der Freiheit. Zur Ökonomisierung und Funktionalisierung von Universitäten und Hochschulen. Ein Länderver-

gleich, S. 7f., http://forum-kritische-paedagogik.de/start/download.php?view.154, 19.4.07.

202 Vgl. Henschel, Thomas R.: Dialogische Handlungs- und Entscheidungskompetenzen. Welche Bildung brauchen wir für das Wissenszeitalter? In: Alfred Herrhausen Gesellschaft (Hrsg.): Orientierung für die Zukunft. Bildung im Wettbewerb. München 2001, S. 152.

203 Vgl. Schors, Horst Willi: Lernen in der Aktiengesellschaft Schule. Die »Phorms AG« will im Sommer auch in Köln eine Privatschule eröffnen – wir haben den Berliner Prototyp besucht. In: Magazin des Kölner Stadt-Anzeigers, 29.3.07, S. 10f.

204 Http://www.phorms.de/index.php?id=391&L=0.

205 Ebenda.

206 Auskunft von Prof. Dr. Dirk Plickat, FH Wolfenbüttel, Experte für das schwedische Bildungswesen.

207 Vgl. zum weiteren: GEW (Hrsg.): Privatisierungsreport – 2. Vom Durchmarsch der Stiftungen und Konzerne. Frankfurt 2006, S. 22-26.

208 Ebenda, S. 25.

209 Vgl. Molnar, Alex: School Commercialism. From Democratic Ideal to Market Commodity. New York, London 2005, S. 123ff.

210 Http://www.mckinsey-bildet.de/html/02_idee/kongress.php, 2.6.07.

211 Selbständige Schule 2015 – Leitbild, Ziele und Fundamente. Positionspapier der Vereinigung der hessischen Unternehmerverbände (VhU) zur hessischen Qualitätsschule. Frankfurt am Main 2004, S. 14, http://www.vhu.de/vhu/VhUHomepage.nsf/newsliste?ReadForm&News=DownloadlisteKategorie&ZuordnungSelect=Aufgabe_Bildungspolitik&Menu=Aufgaben&Level=Bildungspolitik, 11.6.07.

212 Vgl. Büchner, Charlotte / Wagner, Gert G.: Eine empirische Bestandsaufnahme außerfamiliärer und außerschulischer Bildungs- und Lernwelten. Ergänzungen und vertiefende Analysen an den 12. Kinder- und Jugendbericht. DIW Research Notes 11/2006, http://www.diw-berlin.de/english/produkte/publikationen/researchnotes/aktuell/index.jsp, 21.4.07.

213 Http://www.nachhilfe.de/profil.html, 21.4.07.

214 Http://nachhilfe.schuelerhilfe.de/unternehmen/index.cfm, 21.4.07.

215 Pressemitteilung der GEW vom 5.4.07.

216 Schulen fördern nicht ausreichend. Klaus Hurrelmann fordert Kooperation von Schulen und Nachhilfe-Instituten. In: Kölner Stadt-Anzeiger Magazin, 25.04.2007, S. 3.

217 Http://www.klett.de/sixcms/list.php?page=online_lernen&online_lernen=Testen,%20 Üben,%20Fördern&bereich=Konzeption, 21.4.07.

218 GEW (Hrsg.): Privatisierungsreport. Vom Rückzug des Staates aus der Bildung. Frankfurt 2006, S. 47.

219 Zit. nach ebenda, S. 55.

220 Http://www.youngkombi.de, 11.6.07; vgl. auch GEW (Hrsg.): Privatisierungsreport. Vom Rückzug des Staates aus der Bildung. Frankfurt 2006, S. 9ff.

221 Http://mil.bundeswehr-karriere.de, 22.4.07.

222 Vgl. http://www.intel.com/cd/corporate/education/emea/deu/elem_sec/teach/329744.htm, 22.4.07.

223 Http://www.intel.com/cd/corporate/education/emea/deu/sitesupport/intel_education/news_archive/261962.htm, 22.4.07.

224 Vgl. GEW (Hrsg.): Privatisierungsreport – 2. Vom Durchmarsch der Stiftungen und Konzerne. Frankfurt 2006, S. 41.

225 Pressemitteilung Intel, http://www.intel.com/cd/corporate/education/emea/deu/339975.htm9, 22.4.07.

226 Vgl. http://www.schulen-ans-netz.de/san/index.php, 22.4.07.

227 Kurzbericht: »Projektbegleitung der Microsoft-Bildungsinitiative Schlaumäuse – Kinder ent-
    decken Sprache«, http://www.schlaumaeuse.de/bildungsinitiative/begleittexte.html, 30.4.07.
228 Ebenda.
229 Www.tagesschau.de, Meldung vom 02.11.2006, 15:50 Uhr.
230 Http://www.pm.ruhr-uni-bochum.de/pm2006/msg00247.htm, 1.5.07.
231 Vgl. GEW (Hrsg.): Privatisierungsreport. Vom Rückzug des Staates aus der Bildung.
    Frankfurt 2006, S. 23.
232 Http://www.coca-cola-gmbh.de/ueberuns/engagement/schule/mmm.html, 1.5.07.
233 Media Smart e.V. (Hrsg.): Augen auf Werbung. Werbung erkennen und hinterfragen:
    Materialien für die Grundschule 3. und 4. Klasse. Köln 2005, S. 6.
234 Ebenda.
235 Ebenda, S. 20.
236 Http://www.wdr.de/tv/monitor/beitrag.phtml?bid=776&sid=142#, 1.5.07.
237 Leitfaden für Schulen: Partnerbetriebe für jede Schule in NRW, S. 3, http://www.partner-
    fuer-schule.nrw.de/partnerbetriebe_leitfaden-schulen.php#druck_unten, 1.5.07.
238 Gute Schulen brauchen starke Partner. Ziele und Leistungen der Stiftung Partner für
    Schule NRW, http://www.partner-fuer-schule.nrw.de/wirueberuns.php, 1.5.07.
239 Landesarbeitsgemeinschaft SchuleWirtschaft (Hrsg.): Partnerschaft Schule-Unternehmen.
    Eine Landkarte der Möglichkeiten. 2005, S. 7, http://www.schule-wirtschaft.de/index.php?
    id=379&no_cache=1&tx_tatermin_pi1[pointer]=0&tx_tatermin_pi1[showUid]=103,
    10.6.07.
240 Http://www.ksw-niederrhein.de/lernpartnerschaften/schulen/partnerschaft_anzeigen?
    koop_id=129, 1.5.07.
241 Http://www.ksw-niederrhein.de/lernpartnerschaften/schulen/partnerschaft_anzeigen?
    koop_id=244, 1.5.07.
242 Leitfaden für Schulen: Partnerbetriebe für jede Schule in NRW, S. 10f., http://www.part-
    ner-fuer-schule.nrw.de/partnerbetriebe_leitfaden-schulen.php#druck_unten, 1.5.07.
243 Vgl. Landesarbeitsgemeinschaft SchuleWirtschaft (Hrsg.): Partnerschaft Schule-Unter-
    nehmen. Eine Landkarte der Möglichkeiten. 2005, S. 10-11, http://www.schule-
    wirtschaft.de/index.php?id=379&no_cache=1&tx_tatermin_pi1[pointer]=0&tx_tater-
    min_pi1[showUid]=103, 10.6.07.
244 Http://www.lise-meitner-schule.de/start.htm, 1.5.07.
245 Vgl. http://www.metro-macht-schule.de/show_meldung_tab?meld_id=511, 1.5.07.
246 Http://www.metro-macht-schule.de/show_meldung_tab?meld_id=741, 1.5.07.
247 Http://www.ja-ye.org/Main/Default.aspx?Template=TProjects.ascx&phContent=Project-
    Show.ascx&CatID=32&ArtID=385&LngID=0, 1.5.07.
248 Http://www.gotoschool.de/UserFiles/File/html/grundschul-koffer.php4, 4.5.07.
249 Eggers, Christian: Kinder brauchen Zuwendung. In: Das Magazin –Wissenschaftszentrum
    NRW, 1/2002, http://www.wz.nrw.de/magazin/artikel.asp?nr=443&ausgabe=2002/
    1&magname=&titel=Kinder^brauchen^Zuwendung, 10.6.07.
250 Bethge, Horst: Krise des Bildungssystems: Privatisierung als Ausweg?. In: Renner, Elke /
    Ribolits, Erich / Zuber, Johannes (Hrsg.): Wa(h)re Bildung: Zurichtung für den Profit.
    Schulheft 113/2004, S. 85.
251 Http://web.worldbank.org/WBSITE/EXTERNAL/TOPICS/EXTEDUCATION/0,,content
    MDK:20161496~menuPK:540092~pagePK:148956~piPK:216618~theSitePK:282386,
    00.html, 6.5.07.
252 World Bank: EDUCATION SECTOR STRATEGY UPDATE: Achieving Education For All,
    Broadening our Perspective, Maximizing our Effectiveness. December 22, 2005 Final
    Draft, http://web.worldbank.org/WBSITE/EXTERNAL/TOPICS/EXTEDUCATION/0,,
    contentMDK:20262538~menuPK:282402~pagePK:148956~piPK:216618~theSi-
    tePK:282386,00.html, 6.5.07.

253 Http://web.worldbank.org/WBSITE/EXTERNAL/TOPICS/EXTEDUCATION/0,,con-
    tentMDK:20756247~menuPK:2448342~pagePK:210058~piPK:210062~theSi-
    tePK:282386,00.html, 6.5.07.

254 Vgl. Sursock, Andrée: Hochschulbildung, Globalisierung und GATS. In: Aus Politik und
    Zeitgeschichte, Nr. 25/2004, 14.6.2004.

255 Flitner, Elisabeth: Pädagogische Wertschöpfung. Zur Rationalisierung von Schulsystemen
    durch *public-private-partnership* am Beispiel von PISA. In: Oelkers, Jürgen et al. (Hrsg.):
    Rationalisierung und Bildung bei Max Weber. Bad Heilbrunn 2006, S. 257.

256 Vgl. Dickhaus, Barbara/ Scherrer, Christoph: Gutachten zu den potentiellen Auswirkungen
    der aktuellen GATS-Verhandlungen sowie der europäischen Dienstleistungsrichtlinie auf den
    Bildungssektor in Deutschland. Gutachten für die Max-Traeger-Stiftung Oktober 2006, http:
    //www.gew.de/Gutachten_zu_GATS_und_EU-Dienstleistungsrichtlinie_2006.html, 6.5.07.

257 Ebenda S.6.

258 Ebenda, S. 27.

259 OECD: Die Globalisierung in den Griff bekommen. Die Rolle der OECD in einer sich
    wandelnden Welt. 2004, S. 23, http://www.oecd.org/dataoecd/6/31/33808614.pdf, 11.6.07.

260 Pagani, Fabrizio: Peer Review. A Tool for Co-Operation and Change. An Analysis of an
    OECD Working Method, http://www.oecd.org/about/0,2337,en_2649_201185_1_1_1_
    1_1,00.html, 3.6.07.

261 Weiß, Manfred: Vier Jahrzehnte Bildungsökonomie: Rückblick und Ausblick – Einfüh-
    rung in den Tagungsband. In: ders./ Weishaupt, S. 10f.

262 Vbw (Hrsg.): Aktionsrat Bildung: Bildungsgerechtigkeit. Jahresgutachten 2007, S. 93,
    http://www.vbw-bayern.de/agv/index.php?StoryID=7790, 7.5.07.

263 Vgl. vbw: Bildung neu denken! Das Zukunftskonzept. Zusammenfassung, S. 14,
    http://www.vbw-bayern.de/agv/index.php?StoryID=523, 7.5.07.

264 Vbw (Hrsg.): Aktionsrat Bildung: Bildungsgerechtigkeit. Jahresgutachten 2007, S. 98,
    http://www.vbw-bayern.de/agv/index.php?StoryID=7790, 7.5.07.

265 Vbw: Bildung neu denken! Das Zukunftskonzept. Zusammenfassung, S. 17,
    http://www.vbw-bayern.de/agv/index.php?StoryID=523, 7.5.07.

266 Vgl. ebenda, S. 7.

267 Vgl. ebenda, S. 9.

268 Http://www.vbw-bayern.de/agv/index.php?StoryID=543, 7.5.07.

269 Vbw (Hrsg.): Aktionsrat Bildung: Bildungsgerechtigkeit. Jahresgutachten 2007 S. 9,
    http://www.vbw-bayern.de/agv/index.php?StoryID=7790, 7.5.07.

270 Ebenda, S. 146.

271 Http://www.vhu.de, 7.5.07.

272 Vbw (Hrsg.): Aktionsrat Bildung: Bildungsgerechtigkeit. Jahresgutachten 2007 S. 9,
    http://www.vbw-bayern.de/agv/index.php?StoryID=7790, 7.5.07.

273 Wie dieses System der Einflussnahme und Korruption funktioniert, wird sehr erhellend
    und verständlich dargestellt in: von Arnim, Hans Herbert: Das System. Die Machenschaf-
    ten der Macht. München 2001.

274 Http://de.indymedia.org/2003/12/69772.shtml, 11.5.07.

275 Http://www.kooperation-das-macht-schule.niedersachsen.de/kooperation, 10.6.07.

276 Vgl. http://www.das-macht-schule.de, 10.6.07.

277 Schumann, Harald: Macht ohne Mandat. In: Der Tagesspiegel, 24.9.06.

278 Vgl. Schuler, Thomas: Die Mohns Vom Provinzbuchhändler zum Weltkonzern: Die Fami-
    lie hinter Bertelsmann. Frankfurt/New York, 2004.

279 Vgl. http://www.bertelsmann.de.

280 Bauer, Rudolph: Die ›Bertelsmannisierung‹ der Bürgergesellschaft. In: Krauß, Jürgen E. /
    Möller, Michael / Münchmeier, Richard (Hrsg.): Soziale Arbeit zwischen Ökonomisierung
    und Selbstbestimmung. Kassel 2007, S. 486.

281 Leitbild der Bertelsmann-Stiftung, S. 4, http://www.bertelsmann-stiftung.de/cps/rde/xchg/SID-0A000F14-8E3BED93/bst/hs.xsl/2085.htm, 10.6.07.

282 Bauer, Rudolph: Die ›Bertelsmannisierung‹ der Bürgergesellschaft. In: Krauß, Jürgen E. / Möller, Michael / Münchmeier, Richard (Hrsg.): Soziale Arbeit zwischen Ökonomisierung und Selbstbestimmung. Kassel 2007, S. 489.

283 Zit. nach GEW (Hrsg.): Privatisierungsreport – 2. Vom Durchmarsch der Stiftungen und Konzerne. Frankfurt 2006, S. 13.

284 Schuler, Thomas: Die Mohns Vom Provinzbuchhändler zum Weltkonzern: Die Familie hinter Bertelsmann. Frankfurt/New York, 2004, S. 287.

285 Http://www.german-foreign-policy.com/de/fulltext/56532, 12.5.07.

286 Schulzki-Haddouti, Christiane : Anleitung zum Umsturz, http://www.heise.de/tp/r4/artikel/19/19596/1.html, 12.5.07.

287 Schuler, Thomas: Die Mohns Vom Provinzbuchhändler zum Weltkonzern: Die Familie hinter Bertelsmann. Frankfurt/New York , 2004, S. 290.

288 Bauer, Rudolph: Die ›Bertelsmannisierung‹ der Bürgergesellschaft. In: Krauß, Jürgen E. / Möller, Michael / Münchmeier, Richard (Hrsg.): Soziale Arbeit zwischen Ökonomisierung und Selbstbestimmung. Kassel 2007, S. 500.

289 Bildungskommission NRW: Zukunft der Bildung, Schule der Zukunft. Denkschrift der Kommission »Zukunft der Bildung – Schule der Zukunft« beim Ministerpräsidenten des Landes Nordrhein-Westfalen. Neuwied 1995, S. XXVII.

290 Vgl. Herzog, Roman / Initiativkreis Bildung / Bertelsmann-Stiftung (Hrsg.): Zukunft gewinnen, Bildung erneuern. München 1999.

291 Barth, Thomas: Listige Lobbyisten. Vom Grundrecht auf Bildung zur Elitezüchtung. Wie Bertelsmanns Think-tank CHE privilegierten Sprösslingen zu Diensten ist. Junge Welt, 3.11.06.

292 Zit. nach Hagenloch, Jörn: Geschäft oder Gütersloher Gutmenschentum? http://www.heise.de/tp/r4/artikel/23/23153/1.html, 12.5.07.

293 Barth, Thomas: Listige Lobbyisten. Vom Grundrecht auf Bildung zur Elitezüchtung. Wie Bertelsmanns Think-tank CHE privilegierten Sprösslingen zu Diensten ist. Junge Welt, 3.11.06

294 Vgl. http://www.anti-bertelsmann.de.

295 Vgl. http://www.ert.be/communications.aspx.

296 Vgl. hierzu und zum weiteren http://www.ert.be/working_group.aspx?wg=15, 12.5.07.

297 Vgl. Weißbuch zur allgemeinen und beruflichen Bildung: Lehren und Lernen. Auf dem Weg zur kognitiven Gesellschaft, S. 16.

298 Zit. nach Hirtt, Nico: Im Schatten der Unternehmenslobby. Die Bildungspolitik der Europäischen Kommission. In: Zur globalen Regulierung des Bildungswesens. Widersprüche 83/2002, S. 38.

299 Lernen in der Informationsgesellschaft: Aktionsplan für eine europäische Initiative in der Schulbildung, S. 2.

300 Ebenda, S. 7.

301 ERT: Investing in knowledge - the integration of technology in European Education, S. 4, http://www.ert.be/working_group.aspx?wg=15, 12.5.07.

302 Bericht der Kommission: Die konkreten künftigen Ziele der Bildungssysteme, S. 11, 14, 21.

303 Http://www.unesco.de/konvention_kulturelle_vielfalt.html, 4.6.07.

304 Http://www.bundesregierung.de/Webs/Breg/DE/Bundesregierung/BeauftragterfuerKulturundMedien/Kulturpolitik/AktuelleThemen/SchutzderKulturellenVielfalt/kulturelle-vielfalt.html, 4.6.07.

305 Versammlung der Regionen Europas: Brixen/Bressanone Erklärung zur Kulturellen Vielfalt und GATS, 18.Oktober 2002, http://www.unesco.de/485.html, 10.6.07.

306 Http://forum-kritische-paedagogik.de/start/e107_files/downloads/frankfurtthesen.doc, 4.6.07.

307 Frankfurter Erklärung, 10. Oktober 2005, http://www.uni-frankfurt.de/fb/fb04/initiati-ven/einsprueche/index.html, 4.6.07.

308 Http://beilsteinerkreis.hs-heilbronn.de, 4.6.07.

309 Http://homepage.uibk.ac.at/~c61710/aufruf.html#forderungen, 4.6.07.

310 Http://www.spiegel.de/unispiegel/studium/0,1518,471312,00.html, 4.6.07.

311 Http://www.ecoledemocratique.org, 4.6.07.

312 Hierzu sehr empfehlenswert: Felten, Michael: Schule besser meistern. Kinder herausfor-dern und ermutigen. Freiburg/Br. 2006.

313 Http://www.kinderhilfe-afghanistan.de, 4.6.07.

314 Zit. nach: »Liebe, Tod und hohe Berge. Ansichten des Schriftstellers John Berger.« Ein Film von John Albert Jansen. Deutsche Bearbeitung: Claus Bredenbrock. Westdeutscher Rund-funk 1997.

315 Humboldt, Wilhelm von: Theorie der Bildung des Menschen. In: ders.: Bildung und Spra-che. Hrsg. von Clemens Menze, Paderborn 1985[4], S. 25.

Tariq Ali
Piraten der Karibik
Castro, Chávez, Morales
Die Achse der Hoffnung

304 Seiten, gebunden mit Schutzumschlag
ISBN 978-3-7205-3001-9

Eines der spannendsten Themen auf der weltpolitischen
Leinwand ist die neue politische Linke in Lateinamerika.
Nach Zusammenbruch von UdSSR und real existierendem
Sozialismus in Osteuropa wächst hier ein neuer ideologischer
Gegenpol zur USA. Als ausgewlesener Kenner der Weltpolitik
diskutiert Tariq Ali den Einfluss der aufsteigenden Bewegung.
In persönlichen Gesprächen mit den politischen Führern
fragt er auch nach der Vorbildfunktion für die
zukünftige Entwicklung in Asien und Afrika.

D i e d e r i c h s

Abdalrachman Munif

Salzstädte

Roman

560 Seiten, gebunden mit Schutzumschlag und Lesebändchen
ISBN 978-3-7205-2425-4

Wadi al-Ujun, das Tal der Wasserquellen. Nur der Regen, die
Karawanen und das Gebet bestimmen den Rhythmus der Oase.
Bis eines Tages Fremde die Stille jäh zerreißen, Amerikaner, die
nur nach einem trachten: dem Öl unter dem Wüstensand. Voller
Schrecken erleben die Dorfbewohner, wie erst die Palmen,
dann sie selbst entwurzelt werden.

»Der einzige Roman, der zeigt, wie das Öl,
die Amerikaner und die örtlichen Machthaber das Leben
in einem Golfstaat bestimmen.«
Edward W. Said

Diederichs

Marion Gräfin Dönhoff

Namen die keiner mehr nennt

192 Seiten, gebunden mit Schutzumschlag
ISBN 978-3-7205-3012-5

Marion Gräfin Dönhoff zeigt in ihren sehr persönlichen
Aufzeichnungen, was Ostpreußen für sie bedeutete.
Sie beschreibt die Landschaft ihrer Kindheit und Jugend
und die wunderbare Natur, die sie auf dem Ritt durch
Masuren erlebte. Ebenso eindrücklich schildert sie die
Schrecken des Krieges und die Flucht in Richtung Westen.
Die tiefe Verbundenheit Marion Gräfin Dönhoffs mit ihrer
Heimat ist in jedem einzelnen Kapitel spürbar,
und ebenso die Gewissheit, dass die Kultur
ihrer Vorfahren unwiederbringlich verloren ging.

Diederichs